DEVIDO PROCESSO LEGAL E PROTEÇÃO DE DIREITOS

M444d   Mattos, Sérgio Luís Wetzel de
       Devido processo legal e proteção de direitos / Sérgio Luís Wetzel de Mattos.
– Porto Alegre: Livraria do Advogado Editora, 2009.
       270 p.; 23 cm.
       ISBN 978-85-7348-632-2

       1. Devido processo legal. 2. Direitos e garantias individuais. I. Título.

CDU – 342.722

Índices para catálogo sistemático:
Direitos e garantias individuais   342.7
Devido processo legal   342.722

(Bibliotecária responsável: Marta Roberto, CRB-10/652)

Sérgio Luís Wetzel de Mattos

DEVIDO PROCESSO LEGAL
E PROTEÇÃO DE DIREITOS

Porto Alegre, 2009

© Sérgio Luís Wetzel de Mattos, 2009

Capa, projeto gráfico e diagramação
Livraria do Advogado Editora

Revisão
Rosane Marques Borba

Direitos desta edição reservados por
Livraria do Advogado Editora Ltda.
Rua Riachuelo, 1338
90010-273 Porto Alegre RS
Fone/fax: 0800-51-7522
editora@livrariadoadvogado.com.br
www.doadvogado.com.br

Impresso no Brasil / Printed in Brazil

Para Andréa, minha esposa.

Agradecimentos

Este livro constitui com sensíveis alterações a tese que, sob a orientação do Professor Titular Carlos Alberto Alvaro de Oliveira, apresentei ao Programa de Pós-Graduação da Faculdade de Direito da Universidade Federal do Rio Grande do Sul – UFRGS, para obtenção do título de Doutor em Direito.

Sob o título "A funcionalidade do devido processo legal: devido processo substantivo e justo processo civil na Constituição da República Federativa do Brasil de 1988", a tese foi defendida em 02/06/2008, tendo sido aprovada com nota máxima e voto de louvor, por banca composta pelos Professores Doutores Carlos Alberto Alvaro de Oliveira, na condição de Presidente, Alexandre Gastal, Daniel Mitidiero (que prontamente substituiu o Prof. Dr. José Rogério Cruz e Tucci, impossibilitado de comparecer à sessão de defesa), José Maria Rosa Tesheiner, Teori Albino Zavascki e Humberto Ávila, na qualidade de examinadores. A todos, meu sincero e profundo agradecimento.

De modo particular, meu muito obrigado ao Prof. Carlos Alberto Alvaro de Oliveira, Titular de Direito Processual Civil da Faculdade de Direito da UFRGS, pela amizade e orientação.

Sou igualmente grato aos meus colegas de escritório, Drs. Danilo Knijnik e Leonardo Vesoloski, pelo estímulo e pela compreensão.

Meu reconhecimento, por sua excelência, ao Programa de Pós-Graduação em Direito da UFRGS, na pessoa de seu Coordenador, Prof. Dr. Carlos Klein Zanini, bem como na de sua Secretária, Sra. Rosmari de Azevedo.

Sou grato, ainda, à Universidade Católica de Pelotas – UCPel, na pessoa do Diretor da Escola de Direito, Prof. Rubens Bellora, pelo suporte financeiro a mim concedido.

Quero também agradecer aos meus pais, Sérgio e Nara, e aos meus irmãos, Annelise e Paulo Fernando, agradecimento esse que estendo à amiga Rubia Vanessa, pelo carinho e constante incentivo. Aos meus sogros, João Baptista e Rosa Maria, bem como à Caren e à Liane, pelas mesmas razões.

Finalmente, meu agradecimento muito especial à Andréa, minha esposa, pelo apoio, respeito e amor.*

---

* *It's all over now, Baby Blue!* (Bob Dylan, Lyrics: 1962-2001, New York, Simon & Schuster, 2004, p. 159)

"The due process clauses ought to go."
Felix Frankfurter

"Due process, like Robin Hood, is a myth."
Jane Rutherford

"(...) procedure lies at the heart of the law."
Sir Maurice Amos

"Liberty finds no refuge in a jurisprudence of doubt."
Justices O'Connor, Kennedy e Souter

Prefácio

A leitura atenta e minudente da brilhante tese de doutoramento de Sérgio Luís Wetzel de Mattos surpreende por vários aspectos.

Antes de tudo, porque contém não uma, mas duas teses, independentes.

A primeira parte, ou a primeira tese, se inicia com a compreensão do *substantive due process of law*, mediante completa pesquisa da jurisprudência e da doutrina na rica experiência norte-americana. Tarefa difícil, sem dúvida, dada a autoridade desfrutada pelas diversas Constituições estaduais e as diferenças culturais que nos separam do "Grande Irmão do Norte". Enquanto estamos muito mais preocupados em limitar o Poder do Estado, a maioria dos direitos declarados nos Estados Unidos outorga ao indivíduo poder de propor ações judiciais, sempre que sinta que os seus direitos sofram ameaça ou estejam sendo infringidos. Além disso, mostra-se problemático determinar, diante da ausência de explicitude adequada, que direitos devem ser qualificados como fundamentais. Outra questão também de difícil solução consiste em estabelecer o limite de aplicação pelos Governos estaduais dos direitos conferidos pela Declaração de Direitos de 1791 (a chamada função incorporativa do *substantive due process*).

Sérgio Mattos parte da ideia de que o *substantive due process of law* visa a garantir a liberdade em geral contra o arbítrio do Estado. De tal modo, com a aplicação dessa provisão constitucional aberta (*open-ended constitutional provision*) evitar-se-ia indevido prejuízo a certos direitos, especialmente os de caráter fundamental. Semelhante direcionamento só pode ser desatendido em casos excepcionais, mediante esforço justificativo suficiente. Registra, ainda, que o *substantive due proces* também é empregado pela *Supreme Court* no controle de indenizações por danos punitivos, quando grosseiramente excessivas ou desproporcionais, atuando aí como metanorma.

Em desenvolvimento dessas premissas, o trabalho dedica-se a investigar da possibilidade de ser adotada a mesma funcionalidade no direito brasileiro.

Observa o autor que atualmente a doutrina brasileira e a jurisprudência do Supremo Tribunal Federal atribuem ao princípio do devido processo legal substantivo um papel que seria melhor exercido pela razoabilidade e pela proporcionalidade. Propõe seja evitada a promiscuidade do princípio com esses postulados normativos aplicativos. Também rejeita a ideia de que tais postulados derivem do devido processo substantivo.

No sentir de Mattos, no direito brasileiro, assim como no direito norte-americano, o devido processo substantivo deve ser entendido como princípio constitucional de garantia da liberdade em geral contra as arbitrariedades do Estado, evitando o prejuízo a direitos fundamentais, a não ser mediante esforço demonstrativo suficiente. A sua *função* precípua consiste em reconhecer e proteger direitos fundamentais implícitos como parte da liberdade assegurada pela disposição do devido processo legal (Constituição da República, art. 5°, inciso LIV), e ao mesmo tempo concretizar o princípio da dignidade humana (Constituição da República, art. 1°, inciso III). Por outro lado, a tese preconiza ser inconfundível a funcionalidade do devido processo legal substantivo com a funcionalidade dos postulados da razoabilidade e da proporcionalidade.

Anota o doutrinador, por outro lado, consoante o minucioso estudo de direito comparado realizado, que o sistema jurídico brasileiro, no confronto com seu par norte-americano, não ostenta função incorporativa porque os direitos fundamentais assegurados na Constituição da República mostram-se vinculativos para todos os entes públicos brasileiros.

A meu parecer, mais relevante ainda, assim do ponto de vista doutrinário como prático, o amplo desenvolvimento doutrinário realizado na segunda parte, a consubstanciar como já ressaltei uma segunda tese, totalmente autônomo em relação à primeira.

Partindo da perspectiva do formalismo-valorativo – o que implica levar em conta tanto o valor da efetividade quanto o valor da segurança e a ponderação entre ambos e, em consequencia, a necessária relativização destes no caso concreto – Sérgio Mattos reelabora de forma absolutamente inovadora a compreensão do devido processo legal. A esse ângulo visual, empresta-lhe não somente o sentido estático de garantia, mas principalmente o sentido dinâmico de direito fundamental em sentido amplo, cuja função centra-se em individualizar um direito à organização e ao procedimento. Cuida-se, em suma, de direito fundamental (formal e material), indispensável para a realização de um processo justo na maior medida possível.

Todavia, não se esgotam aí as virtudes do ensaio. Armado com a melhor doutrina, percucientemente lida e analisada, busca orientar o leitor com o arsenal metodológico da distinção entre princípios, regras e postulados normativos aplicativos, estabelecendo quanto a estes leis gerais da ponderação. Ao mesmo tempo, a teoria do formalismo-valorativo, nascida em plagas do Rio Grande, mereceu outro alentado e sagaz desenvolvimento, a realçar mais uma vez o ineditismo do livro que ora vem a lume.

Para além disso, Sérgio Mattos não se cansa de sugerir soluções para os difíceis problemas postos pela práxis judiciária. Alguns exemplos relevantes: contraditório na exclusão do sócio; alcance do mandado de injunção; a polêmica das peças essenciais e facultativas na formação do instrumento de agravo; o respeito à coisa julgada e a sua relativização; a juntada de documento novo e a ouvida da parte contrária; identificação dos destinatários da intimação; defesa do devedor no cumprimento da sentença com base nos arts. 461 e 461-A do CPC; a fungibilidade dos meios de defesa na execução; direito ao contraditório nos embargos declaratórios com eficácia modificativa; possibilidade ou não de sequestro *ex officio* de bens do sócio da falida; descoberta do véu da personalidade jurídica e contraditório; confiança do jurisdicionado nas informações prestadas pela rede oficial de computadores; possibilidade de o STF examinar os pressupostos de admissibilidade do recurso especial; possibilidade de o STF examinar ofensa ao devido processo legal; boa-fé de todos os integrantes do processo; impossibilidade de o juiz estabelecer requisitos não previstos em lei para a petição inicial; cerceamento de defesa no julgamento antecipado da lide; direito da parte de ver seus argumentos considerados; poderes instrutórios do juiz; nulidade de julgamento em 2° grau por órgão composto majoritariamente por juízes de 1° grau; prova ilícita consistente em material fotográfico furtado; publicidade como pressuposto de validade do julgamento; necessidade de fundamentação no julgamento de embargos declaratórios, não bastando a declaração de inexistir omissão, contradição ou obscuridade na decisão embargada; necessidade de motivação que valore efetivamente as provas relevantes produzidas no processo; insuficiência da fórmula: "sentença mantida por seus próprios e jurídicos fundamentos"; constitucionalidade do art. 557 do CPC.

Este saudável diálogo da academia com a vida merece reflexão, mormente porque a tese (ou a dupla tese) mereceu *suma cum laude* da autorizada banca examinadora que julgou o certame acadêmico, integrada pelos eminentes juristas e professores Alexandre Fernandes Gastal, Daniel Mitidiero, José Maria R. Tesheiner, Humberto Ávila e Teori Albino Zavascki.

Tudo, portanto, está a indicar um novo sucesso editorial de público e de crítica, realçando mais uma vez a sensibilidade e a pujança da Livraria do Advogado Editora.

Professor Carlos Alberto Alvaro de Oliveira

Titular dos Cursos de Graduação e Pós-Graduação da
Faculdade de Direito da Universidade Federal do Rio Grande do Sul

Sumário

Introdução 17

Parte I – A funcionalidade do devido processo substantivo 29

Capítulo I – A funcionalidade do *substantive due process* no direito norte-americano 29
1. Introdução 29
2. *Economic substantive due process of law* 32
   2.1. Antecedentes 32
   2.2. Rejeição inicial. 35
   2.3. Articulação e adoção 36
   2.4. Apogeu: a era *Lochner* 39
      2.4.1. Caso *Lochner* 39
      2.4.2. Casos subsequentes 41
   2.5. Declínio e fim 43
   2.6. Revivificação 48
3. *Substantive due process of law* e direitos fundamentais 50
   3.1. A função incorporativa do *substantive due process of law* 50
      3.1.1. Introdução 50
      3.1.2. Rejeição inicial 51
      3.1.3. Negativa de incorporação por meio da *privileges or immunities clause* 52
      3.1.4. Primeiros casos de incorporação por meio da *due process clause* 54
      3.1.5. Distinção entre incorporação total e incorporação seletiva 56
      3.1.6. Direitos fundamentais incorporados 58
   3.2. A proteção de direitos não-enumerados por meio do *substantive due process* 61
      3.2.1. Introdução 61
      3.2.2. Antecedentes específicos 66
      3.2.3. Direitos fundamentais não-enumerados 68
         3.2.3.1. Direito à privacidade 68
         3.2.3.2. Direito ao aborto 69
         3.2.3.3. Direito ao casamento 70
         3.2.3.4. Direitos decorrentes de relações familiares 71
         3.2.3.5. Direito à morte 74
         3.2.3.6. Direito de orientação sexual 74
4. *Substantive due process* e níveis de escrutínio 76
   4.1. Introdução 76
   4.2. Teste da base racional 80
   4.3. Escrutínio estrito 81
5. Síntese do Capítulo I 84

Capítulo II – A funcionalidade do devido processo substantivo no direito brasileiro 91
1. Do estado da arte 91
2. Exame crítico à luz da funcionalidade do *substantive due process* no direito
   norte-americano 102
3. Breve excurso sobre o direito inglês 121
4. Síntese conclusiva 127

Parte II – A funcionalidade do devido processo legal no contexto do formalismo-valorativo 131
Capítulo I – Devido processo legal na perspectiva dinâmica dos direitos fundamentais ... 131
1. Premissa teórica: o formalismo-valorativo 131
2. Devido processo legal como direito fundamental 137
   2.1. Do texto à norma de direito fundamental 137
   2.2. Fundamentalidade formal e fundamentalidade material do direito fundamental
      ao devido processo legal 140
   2.3. Duplo caráter do direito fundamental ao devido processo legal 145
      2.3.1. Introdução 145
      2.3.2. Direito fundamental ao devido processo legal como elemento fundamental
         objetivo da ordem jurídico-constitucional 145
      2.3.3. Direito fundamental ao devido processo legal como direito subjetivo 151
   2.4. Direito fundamental ao devido processo legal como um todo 155
   2.5. Ainda sobre a distinção entre princípios e regras 167
Capítulo II – Devido processo legal como direito fundamental a um processo justo 177
1. Fundamentos do direito fundamental ao devido processo legal 177
   1.1. Efetividade do processo 177
   1.2. Estado constitucional e segurança jurídica 184
2. Sentido e alcance do direito fundamental ao devido processo legal 190
3. Breve excurso sobre os direitos fundamentais processuais informativos do devido
   processo legal 202
   3.1. Introdução 202
   3.2. Contraditório e ampla defesa 204
   3.3. Igualdade das partes 209
   3.4. Direito à prova 213
   3.5. Juiz natural 218
   3.6. Direito ao juiz imparcial 221
   3.7. Proibição de provas ilícitas 223
   3.8. Publicidade dos atos processuais 228
   3.9. Dever de motivação das decisões judiciais 230
   3.10. Assistência por advogado 234
   3.11. Duplo grau de jurisdição 237
   3.12. Coisa julgada 244
   3.13. Duração razoável do processo 248
4. Síntese conclusiva 252

Conclusão 255

Bibliografia 257

Introdução

Este estudo é dedicado ao exame da funcionalidade do devido processo legal, sob os aspectos substantivo e processual, no direito brasileiro. A perspectiva é analítico-funcional.[1] Serão investigados os elementos estruturais do devido processo legal, com o propósito de identificar critérios intersubjetivamente controláveis para o melhor funcionamento tanto do devido processo substantivo quanto do justo processo civil.

Com efeito, o art. 5°, LIV, da Constituição da República Federativa do Brasil, de 05/10/1988, dispõe que "ninguém será privado da liberdade ou de seus bens sem o devido processo legal". Aí está a disposição do devido processo legal – *pela primeira vez positivada na ordem jurídico-constitucional brasileira*.[2]

Como se sabe, a Constituição de 1988 recepcionou o *due process of law* do direito anglo-americano.[3] "Devido processo legal" é, pois, tradução quase literal da expressão *due process of law*, que foi utilizada, pela primeira vez, no capítulo 3° do 28° Estatuto de Eduardo III, de 1354, segundo o qual "No man of what state or condition he be, shall be put out of his lands or tenements nor taken, nor disinherited, nor put to death, without he be brought to answer by due process of law".[4] A ideia de *due process of law*, contudo, remonta à *Magna Carta* inglesa de 1215, a qual, na célebre cláusula nº 39, estipulava que "Nenhum homem livre será detido

---

[1] Trata-se de *perspectiva* proposta por Humberto Ávila, *Teoria da igualdade tributária*, p. 30-31.

[2] Por sugestão do Professor Carlos Roberto Siqueira Castro e com a fórmula por ele proposta, o que se concretizou por meio de emenda do Deputado constituinte Vivaldo Barbosa, conforme é destacado por José Afonso da Silva, no Prefácio ao livro de Siqueira Castro, sob o título *O devido processo legal e a razoabilidade das leis na nova Constituição do Brasil*, p. XIV. É, aliás, o que admite o próprio Carlos Roberto Siqueira Castro, na Nota Explicativa à 3ª edição de seu livro, publicado sob o novo título *O devido processo legal e os princípios da razoabilidade e da proporcionalidade*, p. XI.

[3] Sobre essa recepção, *vide* Ana Lúcia de Lyra Tavares, *A Constituição brasileira de 1988*: subsídios para os comparatistas, p. 97-101.

[4] Lord Denning, *The due process of law*, p. V. Há quem traduza *due process of law* por "processo jurídico devido", como, por exemplo, Cezar Saldanha Souza Junior, *A supremacia do direito no Estado democrático e seus modelos básicos*, p. 104. No entanto, Carlos Alberto Alvaro de Oliveira adverte que, além de estar consagrada pelo uso, a expressão "devido processo legal" não parece ter sido erroneamente traduzida, pois, "no seu primeiro emprego no Estatuto do Rei Eduardo III (1354), como informa Kenneth Pennington, *The Prince and the Law, 1200-1600 (Sovereignty and Rights in the Western Legal Tradition)*, Berkeley, University of California Press, 1993, p. 145, nota 95, fazia-se referência expressa à lei" (O processo civil na perspectiva dos direitos fundamentais, p. 14, nota de rodapé nº 38). Utilizaremos, aqui, "devido processo legal", por ser a expressão encampada pelo art. 5°, LIV, da Constituição Federal.

ou preso, nem privado de seus bens (*disseisiatur*), banido (*utlagetur*) ou exilado ou, de algum modo, prejudicado (*destruatur*), nem agiremos ou mandaremos agir contra ele, senão mediante um juízo legal de seus pares ou segundo a lei da terra (*nisi per legale iudicium parium suorum vel per legem terrae*)".[5] A propósito, Sir Edward Coke pontificou, em 1628, que "*per legem terrae*" significava "*by the law of the land (that is, to speak it once and for all) by the due course, and process of law*".[6] Destarte, *law of the land* e *due process of law* eram expressões intercambiáveis, que foram concebidas, no direito inglês, com conotação exclusivamente processual.[7] *Due process of law*, no direito inglês, constitui *princípio fundamental de justiça processual*.[8]

Do direito inglês o *due process of law* passou ao direito norte-americano, encontrando-se enunciado na Quinta Emenda, de 1791, e na Décima Quarta, de 1868, à Constituição dos Estados Unidos (1787-1789), nos seguintes termos:

> Emenda V. Nenhuma pessoa será (...) privada da vida, da liberdade ou da propriedade, sem o devido processo legal (...).[9]
>
> Emenda XIV. Seção 1. (...) nenhum Estado privará qualquer pessoa da vida, da liberdade ou da propriedade, sem o devido processo legal (...).[10]

Ressalte-se desde logo que a Constituição brasileira em vigor, no art. 5º, LIV, praticamente reproduz, em vernáculo, o que está disposto na 5ª e na 14ª Emendas à Constituição estadunidense, deixando apenas de explicitar que, *sem o devido processo legal, ninguém será privado da vida*, o que, segundo Carlos Roberto Siqueira Castro, "atendeu ao intuito deliberado de não arrefecer ou pôr

---

[5] A tradução é de Fábio Konder Comparato, *A afirmação histórica dos direitos humanos*, p. 70.

[6] Sir Edward Coke, *The Second Part of the Institutes of the Laws of England*, *Chapter* 29, p. 45-46. Por outro lado, *vide* C. H. McIlwain, *Due process of law in Magna Carta*, p. 44 e segs., concluindo que "*per legem terrae*" não era "*merely a mode of trial*", encerrando, isto sim, "*a costumary, substantive law, (...) a tradicional body of immemorial custom*". Todavia, Rodney Mott, *Due process of law*, p. 75, classifica a conclusão de McIlwain como "extremamente nebulosa".

[7] Raoul Berger, *Government by Judiciary*, p. 223-224; e Antônio Roberto Sampaio Dória, *Direito constitucional tributário e "due process of law"*, p. 12-14.

[8] Neste sentido, *vide* Lord Denning, *Due process of law*, p. V; e Jack I. H. Jacob, *La giustizia civile in Inghilterra*, p. 74, explicitando que "*uno degli aspetti fondamentali della giustizia civile inglese è che il processo deve svolgersi nel rispetto delle garanzie del 'due process of law'. Su questa base la giustizia civile rappresenta um'effettiva salvaguardia contro l'arbitraria violazione o l'ingiustificato diniego dei diritti di ogni soggetto e costituisce uma sorta di scudo protettivo destinato ad impedire che qualunque persona si privata dei propi diritti senza il rispetto delle garanzie del 'due process of law'. Tale espressione ha lê sue origini nella Magna Charta ed è riportata testualmente nel Quattordicesimo Emendamento della Costituzione Statunitense. (...) Si può affermare che la garanzia del 'due process' sta alla base di alcuni principi fondamentali della giustizia civile inglese, quali il principio della 'natural justice', il principio della pubblicità della giustizia e, infine, il principio di ugualglianza nel processo. Non vi è dubbio che la struttura della giustizia civile inglese sia stata enormemente rafforzata dall'amplia recezione ed applicazione del principio del 'due process of law'*".

[9] Traduzido livremente. No original: "*Amendment V. No person shall be (...) deprived of life, liberty, or property, without due process of law (...)*".

[10] Traduzido livremente. No original: "*Amendment XIV. Section 1. (...) nor shall any State deprive any person of life, liberty, or property, without due process of law (...)*".

em dúvida a proscrição constitucional da pena de morte em nosso País".[11] Não obstante, o *direito fundamental à vida*, conferido pelo art. 5º da Constituição de 1988, inclui-se por óbvio no conceito de *"bens"* em sentido amplo, do art. 5º, LIV, encontrando-se, portanto, "sob a tutela do devido processo legal".[12]

A Constituição norte-americana adotou na Quinta Emenda (1791) – e subsequentemente na Décima Quarta (1868) – a expressão *due process of law*, que, consoante discurso proferido por Alexander Hamilton, na Assembleia de Nova York, em 1787, às vésperas da Convenção constitucional, "tem um significado técnico preciso", sendo "apenas aplicável aos processos ou procedimentos das cortes de justiça", de modo que "não pode nunca ser relacionada a um ato do Legislativo". Por sua vez, a maioria das Constituições estaduais então vigentes, como, por exemplo, a de Maryland (1776), empregava a locução *law of the land*, a qual era igualmente compreendida "em termos de processo judicial" – conforme, aliás, a clássica lição de Sir Edward Coke. Tal como no direito inglês, *due process of law* e *law of the land* eram expressões intercambiáveis no direito norte-americano, referindo-se a processos ou procedimentos judiciais – *a princípio, pelo menos*.[13]

De fato, posteriormente exsurge no direito norte-americano a distinção entre *substantive due process of law* (devido processo legal substantivo) e *procedural due process of law* (devido processo legal processual). O conceito de *procedural due process* não é controvertido no direito estadunidense, dizendo respeito aos processos ou procedimentos que o governo deve observar antes de privar alguém da vida, da liberdade ou da propriedade. No entanto, a própria ideia de *substantive due process* é, ali, bastante criticada.[14] Neste sentido, apregoa-se, por exemplo, que "não há simplesmente como evitar o fato de que a palavra que segue *due* é *process*", de modo que *substantive due process* "é uma contradição em termos

---

[11] *O devido processo legal e os princípios da razoabilidade e da proporcionalidade*, p. 406; e *idem, O devido processo legal e a razoabilidade das leis na nova Constituição do Brasil*, p. 379-381, salientando que a disposição constitucional do devido processo legal prima "ao mesmo tempo pela extrema simplicidade e pelas imensuráveis possibilidades exegéticas".

[12] Maria Rosynete Oliveira Lima, *Devido processo legal*, p. 210. Segundo Carlos Alberto Alvaro de Oliveira, "a expressão 'bens' foi empregada no art. 5º, LIV, da Constituição em sentido amplíssimo, compreendendo qualquer situação de vantagem integrante do patrimônio jurídico do sujeito de direito" (*Del formalismo en el proceso civil*, p. 181-182).

[13] Raoul Berger, *Government by Judiciary*, p. 221 e segs.; e Antônio Roberto Sampaio Dória, *Direito constitucional tributário e "due process of law"*, p. 14 e segs., observando que, na segunda metade do século XIX, "*due process of law* refere-se, só e só, a garantias processuais". Em *Murray v. Hoboken Land & Imp. Co.*, 59 U.S. 272 (1855), *Justice* Curtis oferece uma explicação para a adoção de *"due process of law"*, em lugar de *"law of the land"*, na Quinta Emenda: "*By the sixth and seventh articles of amendment, (...) special provisions were separately made for that mode of trial jury in civil and criminal cases. To have followed, as in the state constitutions, (...) the words of Magna Charta, and declared that no person shall be deprived of his life, liberty, or property but by the judgment of his peers or the law of the land, would have been in part superfluous and inappropriate. To have taken the clause, 'law of the land', without its immediate context, might possibly have given rise to doubts, which would be effectually dispelled by using those words which the great commentator on Magna Charta had declared to be the true meaning of the phrase, 'law of the land', in that instrument, and which were undoubtedly then received as their true meaning*".

[14] Erwin Chemerinsky, *Constitutional law*, p. 523-525; e *idem, Substantive due process*, p. 1.501.

Devido Processo Legal e Proteção de Direitos

– algo como *green pastel redness*".[15] Daí dizer-se que o *substantive due process* "é de longe a categoria mais problemática do direito constitucional".[16]

A despeito disso, doutrina e jurisprudência brasileiras, inclusive a do Supremo Tribunal Federal, especialmente a partir do advento da Constituição de 1988, acabaram incorporando o princípio do *substantive due process*, com remissão expressa ao direito constitucional norte-americano, sobretudo à jurisprudência da Suprema Corte estadunidense.

Trata-se de fenômeno conhecido, qual seja, o da *circulação dos modelos jurídicos*, que, modernamente, não consiste senão na *imitação de modelos jurídicos*, malgrado o *sistema imitador* e o *imitado* resultem de experiências históricas e linhas evolutivas muito heterogêneas. Neste sentido, ninguém ignora a existência de um complexo intercâmbio de modelos jurídicos, inclusive entre os sistemas de *common law* e de *civil law*, multiplicando-se os exemplos, especialmente quando se volta a atenção para a influência do sistema norte-americano.[17] Sem dúvida alguma, o *substantive due process* constitui exemplo paradigmático, visto que "copiado" do *common law* norte-americano pelo *civil law* brasileiro.[18]

Emerge daí, no entanto, uma questão fundamental, que consiste em saber se, *do ponto de vista funcional*, o princípio do *substantive due process* foi corretamente "incorporado" por parte da doutrina e da jurisprudência constitucional brasileiras. Afinal de contas, *como deve funcionar o devido processo substantivo*? A resposta a essa questão exige que investiguemos, preliminarmente, a funcionalidade do *substantive due process*, primeiro no direito norte-americano, depois, criticamente, no direito brasileiro.[19] Sucintamente, esta é a questão que pretendemos responder na 1ª parte deste estudo, dedicada, portanto, ao exame da *funcionalidade do devido processo substantivo*.

Por outro lado, queremos examinar a funcionalidade do *procedural due process of law*. Neste caso, contudo, não é preciso que tomemos o direito norte-ame-

---

[15] John Hart Ely, *Democracy and distrust*, p. 18, grifado no original. *Vide*, igualmente, John Harrison, *Substantive due process and the constitutional text*, p. 494-495.

[16] Richard H. Fallon Junior, *Some confusions about due process, judicial review, and constitutional remedies*, p. 314. Esse também é o parecer de Kathleen M. Sullivan e Gerald Gunther: "em nenhuma parte do direito constitucional a busca por elementos legítimos de interpretação constitucional tem sido mais difícil e controvertida que na turbulenta história do *substantive due process*" (*Constitutional law*, p. 485). *Vide*, ainda, George C. Christie, *Due process of law: a confused and confusing notion*, p. 159 e segs.

[17] A esse respeito, *vide* Michele Taruffo, *Aspetti fondamentali del processo civile di civil law e di common law*, p. 42-43. Sobre a *circulação de modelos jurídicos em geral*, *vide*, ainda, Vera Maria Jacob de Fradera, *A circulação de modelos jurídicos europeus na América Latina*, p. 20-26.

[18] Desde logo: a questão – "o" *common law* ou "a" *common law* – não é simples, como bem se sabe. Optamos, aqui, por "o" *common law*, consoante lição de R. C. von Caenegem, *Uma introdução histórica ao direito privado*, p. 4, nota de rodapé nº 2, para quem "o argumento principal é que o masculino se refere a *law* (*droit*, direito) e feminino a *loi* (lei); o *common law* é um *droit* (direito) e não uma *loi* (lei)". Neste sentido, *vide*, ainda, John Gilissen, *Introdução histórica ao direito*, p. 208, nota de rodapé nº 71.

[19] Segue-se, aqui, à risca, "*il tradizionale slogan dei comparatisti per cui il modo migliore di conoscere il proprio ordinamento è quello di conoscere anche altri ordinamenti*" (Michele Taruffo, *Aspetti fondamentali del processo civile di civil law e di common law*, p. 28).

ricano como ponto de partida ou referência exclusiva. As *garantias fundamentais do processo*, como é cediço, constituem *ideal universal*.[20] Com a Declaração Universal dos Direitos do Homem, aprovada pela Assembleia Geral das Nações Unidas em 10 de dezembro de 1948, deu-se a *afirmação histórica dos direitos humanos, de modo geral, e das garantias processuais, de modo particular, como direitos universais*.[21]

Neste sentido, os Artigos VIII e X da Declaração Universal dos Direitos do Homem são explícitos ao dispor, respectivamente, que "todo homem tem direito

---

[20] A propósito, *vide* Michele Taruffo, *Le garanzie fondamentali della giustizia civile nel mondo globalizzato*, p. 117-119; Luigi Paolo Comoglio, *Valori etici e ideologie del "giusto processo": modelli a confronto*, p. 887 e segs.; Ennio Amodio, *Giusto processo, procès équitable e fair trial: la riscoperta del giusnaturalismo processuale in Europa*, p. 93-107; e Eduardo J. Couture, *La garanzia costituzionale del "dovuto processo legale"*, p. 85.

[21] Robert Alexy, Direitos fundamentais no Estado constitucional democrático, p. 204. Segundo Norberto Bobbio, *A era dos direitos*, p. 27-30, "A Declaração Universal dos Direitos do Homem pode ser acolhida como a maior prova histórica até hoje dada do *consensus omnium gentium* sobre um determinado sistema de valores. (...) Com essa declaração, um sistema de valores é – pela primeira vez na história – universal, não em princípio, mas *de fato*, na medida em que o consenso sobre sua validade e sua capacidade para reger os destinos da comunidade futura de todos os homens foi explicitamente declarado. (...) Somente depois da Declaração Universal é que podemos ter a certeza histórica de que a humanidade – toda a humanidade – partilha alguns valores comuns; e podemos, finalmente, crer na universalidade dos valores, no único sentido em que tal crença é historicamente legítima, ou seja, no sentido em que universal significa não algo dado objetivamente, mas algo subjetivamente acolhido pelo universo dos homens. Esse universalismo foi uma lenta conquista. Na história da formação das declarações de direitos podem-se distinguir, pelos menos, três fases. As declarações nascem como teorias filosóficas. Sua primeira fase deve ser buscada na obra dos filósofos. Se não quisermos remontar até a idéia estóica da sociedade universal dos homens racionais – o sábio é cidadão não desta ou daquela pátria, mas do mundo –, a idéia de que o homem enquanto tal tem direitos, por natureza, que ninguém (nem mesmo o Estado) lhe pode subtrair, e que ele mesmo não pode alienar (...), essa idéia foi elaborada pelo jusnaturalismo moderno. (...) Enquanto teorias filosóficas, as primeiras afirmações dos direitos do homem são pura e simplesmente a expressão de um pensamento individual; são universais em relação ao conteúdo, na medida em que se dirigem a um homem racional fora do espaço e do tempo, mas são extremamente limitadas em relação à sua eficácia, na medida em que são (na melhor das hipóteses) propostas para um futuro legislador. No momento em que essas teorias são acolhidas pela primeira vez por um legislador, o que ocorre com as Declarações de Direitos dos Estados Norte-americanos e da Revolução Francesa (um pouco depois), e postas na base de uma nova concepção de Estado – que não é mais absoluto e sim limitado, que não é mais fim em si mesmo e sim meio para alcançar fins que são postos antes e fora de sua própria existência –, a afirmação dos direitos do homem não é mais expressão de uma nobre exigência, mas o ponto de partida para a instituição de um autêntico sistema de direitos no sentido estrito da palavra, isto é, enquanto direitos positivos ou efetivos. O segundo momento da história da Declaração dos Direitos do Homem consiste, portanto, na passagem (...) do direito somente pensado para o direito realizado. Nessa passagem, a afirmação dos direitos do homem ganha em concreticidade, mas perde em universalidade. Os direitos são doravante protegidos (ou seja, são autênticos direitos positivos), mas valem somente no âmbito do Estado que os reconhece. (...) Não são mais direitos do homem e sim apenas do cidadão, ou, pelo menos, são direitos do homem somente enquanto são direitos do cidadão deste ou daquele Estado particular. Com a Declaração de 1948, tem início uma terceira e última fase, *na qual a afirmação dos direitos é, ao mesmo tempo, universal e positiva*: universal no sentido de que os destinatários dos princípios nela contidos não são mais apenas os cidadãos deste ou daquele Estado, mas todos os homens; positiva no sentido de que põe em movimento um processo em cujo final os direitos do homem deverão ser não mais apenas proclamados ou apenas idealmente reconhecidos, porém efetivamente protegidos até mesmo contra o próprio Estado que os tenha violado". De resto, *vide* Luigi Paolo Comoglio, *Etica e tecnica del "giusto processo"*, p. 01, esclarecendo que "la nozione basica del 'giusto processo' e la conseguente identificazione delle sue 'garanzie minime' hanno nobili e vetuste origini, le cui radici storiche risalgono addirittura alle tradizioni angloamericane del 'due process of law', riproponendosi poi con forza anche in Europa, nella seconda meta del Secolo XX, dopo i lutti e le rovine dell'ultimo conflitto mondiale, attraverso le garanzie internazionali del processo 'equo' (o, se si preferiscono espressioni in lingua straniera, del 'procès équitable' e del 'faires Verfahren')".

Devido Processo Legal e Proteção de Direitos

a receber dos tribunais nacionais competentes remédio efetivo para os atos que violem os direitos fundamentais que lhe sejam reconhecidos pela Constituição ou pela lei", e que "toda pessoa tem direito, em plena igualdade, a uma justa e pública audiência por parte de um tribunal independente e imparcial, para decidir de seus direitos e deveres, ou do fundamento de qualquer acusação criminal contra ele".[22]

A seguir, foi celebrada a Convenção Europeia para a Salvaguarda dos Direitos do Homem e das Liberdades Fundamentais, de 1950, estabelecendo-se, no art. 6º, que "qualquer pessoa tem direito a que a sua causa seja examinada, equitativa e publicamente, num prazo razoável por um tribunal independente e imparcial, estabelecido pela lei, o qual decidirá, quer sobre a determinação dos seus direitos e obrigações de caráter civil, quer sobre o fundamento de qualquer acusação em matéria penal dirigida contra ela".[23]

Em 1966, a Assembleia Geral das Nações Unidas adotou o Pacto Internacional sobre Direitos Civis e Políticos, consagrando, no artigo 14, que "todas as pessoas são iguais perante os tribunais e as cortes de justiça. Toda pessoa terá o direito de ser ouvida publicamente e com devidas garantias por um tribunal competente, independente e imparcial, estabelecido por lei, na apuração de qualquer acusação de caráter penal formulada contra ela ou na determinação de seus direitos e obrigações de caráter civil".[24]

Em 1969, com a Convenção Americana sobre Direitos Humanos (Pacto de São José da Costa Rica), estipulou-se, no artigo 8º, que "toda pessoa tem direito a ser ouvida, com as devidas garantias e dentro de um prazo razoável, por um juiz ou tribunal competente, independente e imparcial, estabelecido anteriormente por lei, na apuração de qualquer acusação penal formulada contra ela, ou para que se determinem seus direitos ou obrigações de natureza civil, trabalhista, fiscal ou de qualquer outra natureza".[25]

No plano do direito internacional ou comunitário, sobreveio, ainda, a Carta de Direitos Fundamentais da União Europeia, de 2000, a qual reconhece, no Artigo 47º, que "toda pessoa cujos direitos e liberdades garantidos pelo direito da União tenham sido violados tem direito a uma ação perante um tribunal. Toda

---

[22] Fábio Konder Comparato, *A afirmação histórica dos direitos humanos*, p. 217-218.

[23] A propósito, *vide* os comentários de Mario Chiavario sobre o *"diritto ad un processo equo"*, conferido pelo artigo 6º da Convenção Européia dos Direitos do Homem, na obra coletiva sob o título *Commentario alla Convenzione Europea per la Tutela dei Diritti dell'Uomo e delle Libertà Fondamentali*, p. 153-248; Jacques Velu, *La Convention Européenne des Droits de l'Homme et les garanties fondamentales des parties dans le procès civil*, p. 245-333; Bertrand Favreau, *Aux sources du procès équitable une certaine idée de la qualité de la justice*, p. 09-21; e Hélène Ruiz Fabri, *Égalité des armes et procès équitable dans la jurisprudence de la Cour européenne des droits de l'homme*, p. 47-64.

[24] Fábio Konder Comparato, *A afirmação histórica dos direitos humanos*, p. 276. No Brasil, esse Pacto foi aprovado pelo Congresso Nacional por meio do Decreto Legislativo nº 226, de 12/12/1991, e promulgado pelo Presidente da República por meio do Decreto nº 592, de 06/07/1992.

[25] Vicente Marotta Rangel, *Direito e relações internacionais*, p. 708. No Brasil, essa Convenção foi promulgada pelo Presidente da República por meio do Decreto nº 678, de 06/11/1992.

pessoa tem direito a que a sua causa seja julgada de forma equitativa, publicamente e num prazo razoável, por um tribunal independente e imparcial, previamente estabelecido por lei. Toda a pessoa tem a possibilidade de se fazer aconselhar, defender e representar em juízo. É concedida assistência judiciária a quem não disponha de recursos suficientes, na medida em que essa assistência seja necessária para garantir a efetividade do acesso à justiça".[26]

Paralelamente, desenvolveu-se o fenômeno da constitucionalização das garantias fundamentais do processo.

Assim, na Costituzione della Repubblica Italiana, de 1947, restou positivado que "tutti possono agire in giudizio per la tutela dei propri diritti e interessi legittimi"; que "la difesa è diritto inviolabile in ogni stato e grado del procedimento"; que "sono assicurati ai non abbienti, con appositi istituti, i mezzi per agire e difendersi davanti ad ogni giurisdizione" (art. 24); e que "nessuno può essere distolto dal giudice naturale precostituito per legge" (art. 25). Além disso, a Legge costituzionale de 23 de novembro de 1999 incluiu naquela Constituição o art. 111, estabelecendo que "la giurisdizione si attua mediante il giusto processo regolato dalla legge"; que "ogni processo si svolge nel contraddittorio tra le parti, in condizioni di parità, davanti a giudice terzo e imparziale"; que "la legge ne assicura la ragionevole durata"; e que "tutti i provvedimenti giurisdizionali devono essere motivati".[27]

Semelhantemente, a Lei Fundamental para a República Federal da Alemanha, de 1949, além de consagrar, no artigo 1 (1), que "*a dignidade da pessoa humana é inviolável. Toda autoridade pública terá o dever de respeitá-la e protegê-la*", e, no artigo 3 (1), que "todos serão iguais perante a lei", estipulou: no artigo 19 (4), que "quem tiver seus direitos lesados pelo Poder Público poderá recorrer à via judicial"; no artigo 97 (1), que "os juízes serão independentes e se submeterão apenas à lei"; no artigo 101 (1) e (2), que "não serão admitidos tribunais de exceção. Ninguém poderá ser retirado da jurisdição de seu juízo legítimo" e que "tribunais

---

[26] A propósito, *vide* Nicolò Trocker, *La Carta dei diritti fondamentali dell'Unione europea ed il processo civile*, p. 1.171-1.241. Sobre a Carta dos Direitos Fundamentais, de modo geral, *vide* a obra coletiva organizada por Gustavo Zagrebelsky, sob o título *Diritti e Costituzione nell'Unione Europea*, *passim*.

[27] A propósito, vasta é a bibliografia. Por exemplo, *vide* Luigi Paolo Comoglio, *La garanzia costituzionale dell'azione ed il processo civile*, *passim*; *Etica e tecnica del "giusto processo"*, *passim*; *idem*, *Valori etici e ideologie del "giusto processo"*, p. 887-938; *idem*, *Il "giusto processo" civile in Italia e in Europa*, p. 97-158; Vincenzo Vigoriti, *Garanzie costituzionali del processo civile*, *passim*; Mauro Cappelletti, Vincenzo Vigoriti, *Fundamental guarantees of the litigants in civil proceedings: Italy*, p. 511-566; Vittorio Denti, *Valori constituzionali e cultura processuale*, p. 443-464; Luigi Paolo Comoglio, Corrado Ferri, Michele Taruffo, *Lezione sul processo civile*, p. 55-95; Francesco P. Luiso, *Diritto processuale civile*, v. 1, p. 22-49; Giovani Verde, *Giustizia e garanzie nella giurisdizione civile*, p. 299-317; Sergio Chiarloni, *Il nuovo art. 111 Cost. e il processo civile*, p. 1.010-1.034; *idem*, *Giusto processo, garanzie processuali, giustizia della decisione*, p. 87-108; Nicolò Trocker, *Processo civile e Costituzione*, *passim*; *idem*, *Il nuovo articolo 111 della Costituzione e il "giusto processo" in materia civile: profili generali*, p. 381-410; Andrea Proto Pisani, *Giusto processo e valore della cognizione piena*, p. 265-280; Elio Fazzalari, *Il giusto processo e i "procedimenti speciali" civili*, p. 01-06; e Enrico Tullio Liebman, *Manual de direito processual civil*, v. 1, p. 25-32.

Devido Processo Legal e Proteção de Direitos

para campos legais específicos só poderão ser instituídos por lei"; e, no artigo 103 (1), que "todos terão direito a serem ouvidos perante os tribunais".[28]

Na sequência, a Constituição da República Portuguesa, de 1976, assegurou expressamente, no artigo 20º, o "acesso ao direito e tutela jurisdicional efectiva", como se vê:

> 1. A todos é assegurado o acesso ao direito e aos tribunais para defesa dos seus direitos e interesses legalmente protegidos, não podendo a justiça ser denegada por insuficiência de meios económicos. 2. Todos têm direito, nos termos da lei, à informação e consulta jurídicas, ao patrocínio judiciário e a fazer-se acompanhar por advogado perante qualquer autoridade. 3. A lei define e assegura a adequada protecção do segredo de justiça. 4. Todos têm direito a que uma causa em que intervenham seja objecto de decisão em prazo razoável e mediante processo equitativo. 5. Para defesa dos direitos, liberdades e garantias pessoais, a lei assegura aos cidadãos procedimentos judiciais caracterizados pela celeridade e prioridade, de modo a obter tutela efectiva e em tempo útil contra ameaças ou violações desses direitos.

Mas não é só. Além de prever no artigo 32º, especificamente, *"garantias de processo criminal"*, a Constituição portuguesa averbou: no artigo 203º, que "os tribunais são independentes e apenas estão sujeitos à lei"; no artigo 204º, que "nos feitos submetidos a julgamento não podem os tribunais aplicar normas que infrinjam o disposto na Constituição ou os princípios nela consignados; no artigo 205º (1), (2) e (3) que "as decisões dos tribunais que não sejam de mero expediente são fundamentadas na forma prevista na lei", que "as decisões dos tribunais são obrigatórias para todas as entidades públicas e privadas e prevalecem sobre as de quaisquer outras autoridades", que "a lei regula os termos da execução das decisões dos tribunais relativamente a qualquer autoridade e determina as sanções a aplicar aos responsáveis pela sua inexecução"; no artigo 206º, que "as audiências dos tribunais são públicas, salvo quando o próprio tribunal decidir o contrário, em despacho fundamentado, para salvaguarda da dignidade das pessoas e da moral pública ou para garantir o seu normal funcionamento"; e, no artigo 208º, que "a lei assegura aos advogados as imunidades necessárias ao exercício do mandato e regula o patrocínio forense como elemento essencial à administração da justiça".[29]

Por sua vez, a Constitución Española, de 1978, é expressa ao estatuir, no artigo 24, que (1) "todas las personas tienen derecho a obtener tutela efectiva de los jueces y tribunales en el ejercicio de sus derechos e intereses legítimos, sin que, en ningún caso, pueda producirse indefensión", e que (2) "asimismo, todos tienen derecho al Juez ordinario predeterminado por la ley, a la defensa y a la asistencia al letrado, a ser informados de la acusación formulada contra ellos, a un proceso

---

[28] A esse respeito, *vide* Fritz Baur, *Les garanties fondamentales des parties dans le procès civil en Republique Fédérale d'Allemagne*, 01-30; Gerhard Walter, *I diritti fondamentali nel processo civile tedesco*, p. 733-749; Wolfgang Heyde, *La jurisdicción*, p. 767-822; Othmar Jauernig, *Direito processual civil, passim*; e Hartmut Maurer, Direito processual estatal-jurídico, p. 175-215.

[29] A propósito, *vide* Jorge Miranda, *Constituição e processo civil*, p. 29-42; J. J. Gomes Canotilho, *Tópicos de um curso de mestrado sobre direitos fundamentais, procedimento, processo e organização*, p. 151-201; idem, *Constituição e défice procedimental*, p. 69-84; Adélio Pereira André, *Defesa dos direitos e acesso aos tribunais, passim*; e José Lebre de Freitas, *Introdução ao processo civil, passim*.

público sin dilaciones indebidas y con todas las garantías, a utilizar los medios de prueba pertinentes para su defensa, a no declarar contra sí mismos, a no confesarse culpables y a la presunción de inocencia".[30]

Insere-se em tal contexto a Constituição da República Federativa do Brasil, de 1988. Com efeito, a Constituição Federal estabelece, no artigo 5º, que "a lei não excluirá da apreciação do Poder Judiciário lesão ou ameaça a direito" (XXXV); que "a lei não prejudicará o direito adquirido, o ato jurídico perfeito e a coisa julgada" (XXXVI); que "não haverá juízo ou tribunal de exceção" (XXXVII); que "ninguém será processado nem sentenciado senão pela autoridade competente" (LIII); que "ninguém será privado da liberdade ou de seus bens sem o devido processo legal" (LIV); que "aos litigantes, em processo judicial ou administrativo, e aos acusados em geral são assegurados o contraditório e ampla defesa, com os meios e recursos a ela inerentes" (LV); que "são inadmissíveis, no processo, as provas obtidas por meios ilícitos" (LVI); que "a lei só poderá restringir a publicidade dos atos processuais quando a defesa da intimidade ou o interesse social o exigirem" (LX); e que "o Estado prestará assistência jurídica integral e gratuita aos que comprovarem insuficiência de recursos" (LXXIV). Além disso, a Constituição prevê, no artigo 93, IX, que "todos os julgamentos dos órgãos do Poder Judiciário serão públicos, e fundamentadas todas as decisões, sob pena de nulidade, podendo a lei limitar a presença, em determinados atos, às próprias partes e a seus advogados, ou somente a estes, em casos nos quais a preservação do direito à intimidade do interessado no sigilo não prejudique o interesse público à informação", e, nos arts. 133 e 134, respectivamente, que "o advogado é indispensável à administração da justiça, sendo inviolável por seus atos e manifestações no exercício da profissão, nos limites da lei", e que "a Defensoria Pública é instituição essencial à função jurisdicional do Estado, incumbindo-lhe a orientação jurídica e a defesa, em todos os graus, dos necessitados, na forma do art. 5º, LXXIV". De resto, a Emenda Constitucional nº 45, de 2004, incluiu o inciso LXXVIII no artigo 5º da Constituição de 1988, segundo o qual "a todos, no âmbito judicial e administrativo, são assegurados a razoável duração do processo e os meios que garantam a celeridade de sua tramitação".[31]

---

[30] A propósito, *vide* Joan Picó i Junoy, *Las garantias constitucionales del proceso, passim*; e Francisco Ramos Méndez, *El sistema procesal español*, p. 31-81.

[31] A propósito, *vide* Carlos Alberto Alvaro de Oliveira, *Del formalismo en el proceso civil: propuesta de formalismo-valorativo, passim*; *idem*, O processo civil na perspectiva dos direitos fundamentais, p. 01-15; *idem*, *Os direitos fundamentais à efetividade e à segurança em perspectiva dinâmica*, p. 01-25; Teori Albino Zavascki, Os princípios constitucionais do processo e suas limitações, p. 01-16; José Carlos Barbosa Moreira, *Os princípios do direito processual civil na Constituição de 1988*, p. 238-247; *idem, Les príncipes fondamentaux de la procédure civile dans la nouvelle Constitution brésilienne*, p. 109-129; Cândido Rangel Dinamarco, *Instituições de direito processual civil*, v. 1, p. 171-251; Ada Pellegrini Grinover, *As garantias constitucionais do direito de ação, passim*; Sálvio de Figueiredo Teixeira, *O processo civil na nova Constituição*, p. 78-84; Rogério Lauria Tucci, José Rogério Cruz e Tucci, *Constituição de 1988 e processo, passim*; e Nelson Nery Júnior, *Princípios do processo civil na Constituição Federal, passim*.

Por aí se vê, logo ao primeiro olhar, que o processo está longe de ser "algo de constitucionalmente neutro, insignificativo ou indiferente".[32] No direito processual, aliás, cai muito bem a qualificação de *direito constitucional aplicado*.[33] Com efeito, não é possível negligenciar, na atualidade, as relações entre processo e ordenamento constitucional.[34] Tais relações, como se sabe, manifestam-se em dois sentidos reciprocamente complementares: por um lado, *a Constituição abastece o processo com normas constitucionais, especialmente de direitos fundamentais*; por outro, *o processo serve de instrumento para a concretização de normas constitucionais, sobretudo de direitos fundamentais*.[35]

Neste sentido, o ponto de vista metodológico e sistemático do qual se pode examinar o processo em suas relações com a Constituição recebe a denominação de *direito processual constitucional*.[36] A 2ª parte deste estudo, portanto, é essencialmente de *direito processual constitucional*, dedicando-se ao exame das relações entre processo e Constituição enfeixadas na denominada *tutela constitucional do processo*, vale dizer, nas *garantias fundamentais do processo*.[37] Pretende-se, especificamente, investigar a *funcionalidade da garantia processual do devido processo legal*[38] – que, a bem da verdade, constitui "repositório sintético" e "norma de encerramento" de todas as *garantias fundamentais do processo*.[39] Volta-se a atenção, de conseguinte, para a organização do processo pelo legislador

---

[32] Jorge Miranda, *Constituição e processo civil*, p. 29-30.

[33] Carlos Alberto Alvaro de Oliveira, O processo civil na perspectiva dos direitos fundamentais, p. 03; Gerhard Walter, *I diritti fondamentali nel processo civile tedesco*, p. 734; e Walter Habscheid, *Les grands principes de la procédure civile: nouveaux aspects*, p. 04. Segundo Gustavo Zagrebelsky, *La virtù del dubbio*, p. 89, o direito constitucional é "*il diritto generale dei diritti particolari*". Aliás, Eduardo J. Couture, *Las garantías constitucionales del proceso civil*, p. 94, já observava que "cada um dos institutos do processo (...) significa o desenvolvimento de um preceito constitucional".

[34] A propósito, *vide* José Carlos Barbosa Moreira, *Evoluzione della scienza processuale latino-americana in mezzo secolo*, p. 150-151, chamando a atenção para os estudos precursores de João Mendes Júnior, na doutrina brasileira do final do século XIX e início do século XX. Segundo José Frederico Marques, "no campo doutrinário, o princípio do devido processo legal, como garantia constitucional do processo, foi ventilado, pela primeira vez, por João Mendes Júnior", para quem "o processo deve ser meio para a 'segurança constitucional dos direitos', razão pela qual necessita vir plasmado de forma adequada, pois, do contrário, poderá haver 'ofensa da garantia constitucional da segurança dos direitos'" (*A reforma do Poder Judiciário*, v. 1, p. 98-99).

[35] Cândido Rangel Dinamarco, *Instituições de direito processual civil*, v. 1, p. 191; e Alessandro Pizzorusso, *Uso ed abuso del diritto processuale costituzionale*, p. 908.

[36] Antonio Carlos de Araújo Cintra, Ada Pellegrini Grinover, Cândido R. Dinamarco, *Teoria geral do processo*, p. 79-84; e José Frederico Marques, *Ensaio sobre a jurisdição voluntária*, p. 25.

[37] Antonio Carlos de Araújo Cintra, Ada Pellegrini Grinover, Cândido R. Dinamarco, *Teoria geral do processo*, p. 79-84; e Cândido Rangel Dinamarco, *Instituições de direito processual civil*, v. 1, p. 188 e segs.

[38] Neste trabalho, especialmente na 2ª parte, por economia de linguagem, será utilizada a expressão "devido processo legal" para designar o chamado "devido processo legal processual".

[39] Cândido Rangel Dinamarco, *Instituições de direito processual civil*, v. 1, p. 180-181 e 243-246: "a expressa garantia do *due process of law*, contida no inc. LIV do art. 5º da Constituição Federal, tem o significado sistemático de fechar o círculo das garantias e exigências constitucionais relativas ao processo, numa fórmula sintética destinada a afirmar a indispensabilidade de todas e reafirmar a autoridade de cada uma. Esse enunciado explícito vale ainda como *norma de encerramento* portadora de outras exigências não tipificadas em fórmulas mas igualmente associadas à idéia democrática que deve prevalecer na ordem processual (art. 5º, § 2º)". Sobre a disposição do devido processo legal (art. 5º, LIV, da Constituição de 1988) como "norma de encerramento", *vide* José Carlos Barbosa Moreira, *Os princípios do direito processual civil na Constituição de 1988*, p. 248-249.

à luz das *garantias do devido processo legal*. Sem embargo, *a pretensão é de ir além*, para examinar *a aplicabilidade da garantia do devido processo legal no próprio exercício da função jurisdicional* – aspecto este geralmente deixado de lado pela doutrina brasileira, em especial.[40]

Aliás, segundo Michele Taruffo, impõe-se um exame aprofundado das *garantias constitucionais do processo*, com uma *redefinição* do papel do órgão judicial e das partes, enfim, de todos aqueles que de qualquer forma participam do processo, revelando-se insuficientes ou inadequadas, por um lado, a simples alusão ao "catálogo tradicional dos direitos subjetivos procedente dos códigos" e, por outro, a concepção das *garantias constitucionais do processo* como "garantias meramente formais".[41] Vale dizer, *a interpretação das garantias constitucionais do processo deve dotá-las de significado normativo autônomo*, em lugar de simplesmente reduzi-las "àquele tanto (ou àquele pouco) que já se encontra enunciado – e, bem ou mal, garantido – por normas processuais do código e das leis ordinárias".[42]

Daí a observação certeira de Gerhard Walter: "diritti fondamentali e processo civile – sembra un tema sempre attuale".[43] Todavia, é de rigor um corte epistemológico: a investigação, aqui, vai limitada ao âmbito do processo civil – não apenas em razão do "peso" que no campo do processo penal "exerce o valor liberdade", com repercussão imediata na interpretação e aplicação das *garantias fundamentais do processo*,[44] mas, igualmente, por uma conhecida razão de ordem metodológica, segundo a qual *"quanto mais se restringe o campo, melhor e com mais segurança se trabalha"*.[45]

Enfim, a questão de que nos ocuparemos na 2ª parte deste estudo é a seguinte: *como deve funcionar o devido processo legal sob o aspecto processual, em matéria civil*? Dois são os capítulos da 2ª parte: no primeiro, estudamos *o devido processo legal na perspectiva dinâmica dos direitos fundamentais*; no segundo, investigamos *o devido processo legal como direito fundamental ao justo processo civil*. De resto, destaque-se: o devido processo legal não será examinado, aqui, sob a *óptica das garantias*, que lhe atribui apenas *função de direito de defesa em face do arbítrio estatal*, mas, isto sim, na *perspectiva dinâmica dos direitos fundamen-*

---

[40] Com efeito, segundo Carlos Alberto Alvaro de Oliveira, *O processo civil na perspectiva dos direitos fundamentais*, p. 03, "não se trata mais, bem entendido, de apenas conformar o processo às normas constitucionais, mas de empregá-las no próprio exercício da função jurisdicional, com reflexo direto no seu conteúdo, naquilo que é decidido pelo órgão judicial e na maneira como o processo é por ele conduzido. Esse último aspecto, ressalte-se, de modo geral é descurado pela doutrina".

[41] *Racionalidad y crisis de la ley procesal*, p. 319-320.

[42] Luigi Paolo Comoglio, Corrado Ferri, Michele Taruffo, *Lezioni sul processo civile*, p. 56-57.

[43] Gerhard Walter, *I diritti fondamentali nel processo civile tedesco*, p. 733.

[44] Carlos Alberto Alvaro de Oliveira, *Do formalismo no processo civil*, p. 09. Sobre as *garantias fundamentais do processo penal*, *vide*, por exemplo, Antonio Scarance Fernandes, *Processo penal constitucional*, *passim*.

[45] Umberto Eco, *Como se faz uma tese*, p. 10, grifado no original.

tais, como *direito fundamental a um processo justo* – conforme, aliás, propõe o *formalismo-valorativo*, que constitui a *premissa teórica* da 2ª parte.[46]

Ao fim e ao cabo, concluir-se-á que devido processo substantivo e justo processo civil não são apenas espécies do gênero devido processo legal, mas, sobretudo, dois aspectos de um mesmo fenômeno, qual seja, o da proteção de direitos contra o exercício arbitrário do poder estatal.

Feitos esses esclarecimentos, segue-se o estudo da *funcionalidade do devido processo substantivo*.

---

[46] Carlos Alberto Alvaro de Oliveira, *Del formalismo en el proceso civil*, p. 22-23. Segundo Michele Taruffo, "é necessária uma mutação decisiva na cultura processualista, que deve superar uma série de atitudes obsoletas, formalistas, legadas pela dogmática tradicional", impondo-se "a recuperação e a reformulação dos valores fundamentais e dos princípios gerais que se consideram válidos para o processo civil e penal nos ordenamentos avançados neste momento histórico e para um futuro previsível" (*Racionalidad y crisis de la ley procesal*, p. 319).

Parte I

A funcionalidade do devido processo substantivo

Capítulo I
A funcionalidade do *substantive due process* no direito norte-americano

1. INTRODUÇÃO

Na 5ª e na 14ª Emendas à Constituição dos Estados Unidos da América, de 1791 e de 1868, respectivamente, encontram-se os dispositivos do *due process of law*:

> Emenda V. Nenhuma pessoa será (...) privada da vida, da liberdade ou da propriedade, sem o devido processo legal (...).[47]
>
> Emenda XIV. Seção 1. (...) nenhum Estado privará qualquer pessoa da vida, da liberdade ou da propriedade, sem o devido processo legal (...).[48]

A 5ª Emenda é vinculativa para o governo federal. A 14ª, para os governos estaduais. Nas duas emendas constitucionais, o significado de *due process of law* é idêntico.[49]

De modo geral, como já ressaltado, na interpretação e aplicação da disposição do *due process of law*, distingue-se entre *substantive due process* e *procedu-*

---

[47] Traduzido livremente. No original: "*Amendment V. No person shall be (...) deprived of life, liberty, or property, without due process of law (...)*".

[48] Traduzido livremente. No original: "*Amendment XIV. Section 1. (...) nor shall any State deprive any person of life, liberty, or property, without due process of law (...)*".

[49] Westel Woodbury Willoughby, *The constitutional law of the United States*, v. 2, p. 856; Laurence H. Tribe, *American constitucional law*, p. 663; e Charles Fried, *Saying what the law is*, p. 171. Aliás, em *Malinski v. People of State of New York*, 324 U.S. 401 (1945), *Justice* Frankfurter observou que "supor que 'devido processo legal' signifique uma coisa na Quinta Emenda e outra na Décima Quarta é frívolo demais para exigir rejeição elaborada". Em tempo, *governo* é aqui entendido em sentido amplo, isto é, como "o conjunto de órgãos supremos do Estado a quem incumbe o exercício das *funções do poder político* (...), que fundamentalmente são três: a *legislativa*, a *executiva* e a *jurisdicional*" (José Afonso da Silva, *Curso de direito constitucional positivo*, p. 112, grifado no original).

ral due process.[50] Não se controverte sobre o conceito de *procedural due process*, o qual diz respeito aos processos ou procedimentos que o governo deve observar antes de privar alguém da vida, da liberdade ou da propriedade. Por outro lado, a própria ideia de *substantive due process* recebe muitas críticas.[51]

Neste sentido, segundo John Hart Ely, "não há simplesmente como evitar o fato de que a palavra que segue *due é process*", de modo que *substantive due process* "é uma contradição em termos – algo como *green pastel redness*".[52]

Contudo, Laurence H. Tribe contrapõe que "a expressão que segue *due process é of law*", e que, historicamente, *due process of law* reveste-se de um significado "substantivo".[53] De fato, já em 1855, a Suprema Corte norte-americana, no julgamento do caso *Murray's Lessee v. Hoboken Land & Improvement Co.*, explicitou que *due process* "é uma limitação tanto ao poder legislativo quanto aos poderes executivo e judiciário, e, assim, não pode ser construído de modo a deixar o Congresso livre para criar qualquer *due process of law*, a seu bel-prazer".[54]

"Farsa óbvia", no entanto, é o que diz Robert H. Bork a propósito da criação e desenvolvimento da ideia de *substantive due process*, na medida em que, historicamente, a disposição do *due process of law* vem sendo "manipulada incontáveis vezes por juízes que desejam imprimir suas crenças pessoais em um documento que, muito inconvenientemente, não contém essas crenças".[55]

---

[50] Erwin Chemerinsky, *Constitutional law*, p. 523. *Vide* Frank H. Easterbrook, *Substance and due process*, p. 85 e segs., entendendo que "substância e processo são dois aspectos do mesmo fenômeno".

[51] Erwin Chemerinsky, *Constitutional law*, p. 523-525; e *idem, Substantive due process*, p. 1.501.

[52] *Democracy and distrust*, p. 18, grifado no original. *Vide*, ainda, John Harrison, *Substantive due process and the constitutional text*, p. 494-495.

[53] *American constitutional law*, v. 1, p. 1.333.

[54] 59 U.S. 272 (1855). Segundo Charles Fried, *Saying what the law is*, p. 173, a Suprema Corte, em *Dred Scott v. Sandford*, 60 U.S. 393 (1856), pela primeira vez flertou com o *substantive due process*. Confira-se excerto da decisão proferida no julgamento do caso *Dred Scott v. Sandford*, 60 U.S. 393 (1856): *"the power of Congress over the person or property of a citizen can never be a mere discretionary power under our Constitution and form of Government. (…) No one, we presume, will contend that Congress can not make any law in a Territory respecting the establishment of religion, or the free exercise thereof, or abridging the freedom of speech or of the press, or the right of the people of the Territory peaceably to assemble, and to petition the Government for the redress of grievances. Nor can Congress deny to the people the right to keep and bear arms, nor the right to trial by jury, nor compel any one do be a witness against himself in a criminal proceeding. These powers, and others, in relation to rights of person, (...) are, in express and positive terms, denied to the General Government; and the rights of private property have been guarded with equal care. Thus the rights of property are united with the rights of person, and placed on the same ground by the fifth amendment to the Constitution, which provides that no person shall be deprived of life, liberty, and property, without due process of law. And an act of Congress which deprives a citizen of the United States of his liberty or property, merely because he came himself or brought his property into a particular Territory of the United States, and who had committed no offence against the laws, could hardly dignified with the name of due process of law".*

[55] *The tempting of America*, p. 31. Neste sentido, *Justice* Black, em voto vencido no caso *In Re Winship*, 397 U.S. 358 (1970), declarou o seguinte: *"I believe the Court has no power to add to or subtract from the procedures set forth by the Founders. I realize that it is far easier to substitute individual judges' ideas of 'fairness' for the fairness prescribed by the Constitution, but I shall not at any time surrender my belief that that document itself should be our guide, not our own concept of what is fair, decent, and right. (…) As I have said time and time again, I prefer to put my faith in the words of the written Constitution itself rather than to rely on the shifting, day-to-day standards of fairness of individual judges. (…) When this Court assumes for itself the power to declare any law – state or federal – unconstitutional because it offends the majority's own views of what is*

Apesar das críticas, que não são poucas, a Suprema Corte tem decidido que o *due process of law* não deve ser entendido apenas como uma "cláusula de caráter processual", mas também como uma disposição que impõe "limites substantivos ao que o governo pode fazer, pouco importando quais procedimentos este irá seguir".[56]

Não por outro motivo, já se afirmou que o *substantive due process* é um "oximoro ubiqüitário".[57] Com efeito, no caso *Hurtado v. People of State of California*, julgado em 1884, a Suprema Corte ressaltou que o *due process of law* constitui uma "muralha (...) contra a legislação arbitrária".[58] E, mais recentemente, em *County of Sacramento et al. v. Lewis*, a Corte repisou que o *due process* "protege também uma esfera substantiva, obstando certos atos estatais independentemente da justiça dos procedimentos adotados para implementá-los".[59] De resto, em *Washington v. Glucksberg*, *Chief Justice* Rehnquist, pela Corte, deixou bem claro que "a cláusula do *due process* garante mais que um processo justo, e a 'liberdade', que ela protege, compreende mais que a ausência de limitação física. Tal cláusula também outorga proteção substancial contra a intervenção estatal sobre certos direitos e liberdades fundamentais".[60]

Neste sentido, parece lícito concluir, com Peter J. Rubin, que a Suprema Corte, a despeito das críticas, consolidou a ideia de *substantive due process* no direito constitucional norte-americano.[61]

De modo geral, pode-se conceituar *substantive due process* como o princípio de garantia da liberdade em geral contra as arbitrariedades do Estado.[62] Menos genericamente, o *substantive due process* é disposição constitucional aberta (open-ended constitutional provision),[63] que proíbe que se prejudiquem certos direitos, sobretu-

---

fundamental and decent in our society, our Nation ceases to be governed according to the 'law of the land' and instead becomes one governed ultimately by the 'law of the judges'".

[56] Ronald Dworkin, *Domínio da vida*, p. 177.

[57] *Judge* Richard A. Posner, 669 F.2d 510, *United States Court of Appeals for the Seventh Circuit*, 1982. A propósito, *vide* John Hart Ely, *On constitutional ground*, p. 455; e James W. Ely, *The oxymoron reconsidered: myth and reality in the origins of substantive due process*, p. 315 e segs.

[58] 110 U.S. 516 (1884). Ainda segundo a Corte: *"Law is something more than mere will exerted as an act of power. It (...) thus excludes, as not due process of law, acts of attainder, bills of pains and penalties, acts of confiscation, acts reversing judgments, and acts directly transferring one man's estate to another, legislative judgments and decrees, and other similar special, partial, and arbitrary exertions of power under the forms of legislation. Arbitrary power, enforcing its edicts to the injury of the persons and property of its subjects, is not law, whether manifested as the decree of a personal monarch or of an impersonal multitude".*

[59] 523 U.S. 833 (1998).

[60] 521 U.S. 702 (1997).

[61] *Square pegs and round holes: substantive due process, procedural due process, and the Bill of Rights*, p. 835 e 838-839.

[62] Richard H. Fallon Junior, *Some confusions about due process, judicial review, and constitutional remedies*, p. 310. *Vide*, igualmente, Peter J. Rubin, *Square pegs and round holes: substantive due process, procedural due process, and the Bill of Rights*, p. 835; e Laurence H. Tribe, *American constitutional law*, v. 1, p. 1.335.

[63] Peter J. Rubin, *Square pegs and round holes: substantive due process, procedural due process, and the Bill of Rights*, p. 839.

Devido Processo Legal e Proteção de Direitos

do direitos fundamentais, a não ser por uma razão especialmente irresistível,[64] isto é, que exige uma justificativa suficiente, sem a qual ninguém pode ser privado da vida, da liberdade ou da propriedade.[65]

Dois são, *em tese*, os contextos de aplicação do *substantive due process*: (I) o dos direitos fundamentais (*fundamental rights* ou *civil liberties*) e (II) o das liberdades econômicas (*economic liberties*). No primeiro contexto, o *substantive due process* é aplicável objetivando-se a proteção de certos direitos fundamentais que não estão enumerados na Declaração de Direitos, bem como a incorporação das disposições da Declaração de Direitos, por meio da 14ª Emenda, para aplicação aos governos estaduais. No segundo contexto, o *substantive due process* é aplicável sob a denominação de *economic substantive due process*, objetivando-se a proteção de liberdades econômicas, em especial a liberdade de contratar e o direito de propriedade.[66]

Comecemos pelo exame do contexto de aplicação do *economic substantive due process*.

2. ECONOMIC SUBSTANTIVE DUE PROCESS OF LAW

2.1. Antecedentes

A Suprema Corte do século XVIII encontrava-se dominada pela tradição do direito natural (*natural law tradition*).[67]

Neste sentido, no caso *Calder v. Bull*, julgado em 1798, a Corte pela primeira vez debateu sobre a possibilidade de invalidar leis com base no direito natural. A lei então impugnada – que revogava o ato de um tabelião que havia desaprovado um testamento –, não foi, contudo, declarada inconstitucional, pois, segundo a Corte, afigurava-se compatível com os princípios de "justiça natural".[68]

---

[64] Ronald Dworkin, *A virtude soberana*, p. 646. Por ora, registre-se que a existência ou inexistência de tal razão ou justificativa "depende muito do nível de escrutínio utilizado" (Erwin Chemerinsky, *Constitutional law*, p. 524).

[65] Erwin Chemerinsky, *Constitutional law*, p. 523-524; e *idem, Substantive due process*, p. 1.501.

[66] Peter J. Rubin, *Square pegs and round holes: substantive due process, procedural due process, and the Bill of Rights*, p. 835-836 e 842-844; Erwin Chemerinsky, *Constitutional law*, p. 525-527; e Leonard G. Ratner, *The function of the due process clause*, p. 1.048 e segs.

[67] Kathleen M. Sullivan, Gerald Gunther, *Constitutional law*, p. 486-487; Laurence H. Tribe, *American constitutional law*, v. 1, p. 1.335-1.338; e John E. Nowak, Ronald D. Rotunda, *Constitutional law*, p. 351.

[68] 3 U.S. 386 (1798). A despeito do resultado do julgamento, o caso é importante em razão dos votos divergentes entre si dos *Justices* Chase e Iredell. Trata-se do primeiro debate sobre ativismo judicial na história dos Estados Unidos. Conforme *Justice* Chase, "*I cannot subscribe to the omnipotence of a State legislature, or that it is absolute and without control; although its authority should not be expressly restrained by the Constitution, or fundamental law, of the State. The people of the United States erected their Constitutions, or forms of government, to establish justice, to promote the general welfare, to secure the blessings of liberty; and to protect their persons and property from violence. The purposes for which men enter into society will determine the nature and terms of the social compact; and as they will decide what are the proper objects of it: the nature, and ends of legislative power will limit the exercise of it. This fundamental principle flows from the very nature of our free*

Já em *Fletcher v. Peck*, a Suprema Corte invocou a *contracts clause* da Seção 10 do Artigo 1º da Constituição estadunidense, bem como "os princípios gerais que são comuns às nossas instituições livres", para declarar a nulidade de uma lei estadual revogadora, repristinando, assim, a lei revogada, a qual versava sobre doação de terras que, inclusive, já haviam sido alienadas.[69] E, em *Terret v. Taylor*, a Corte julgou inconstitucional, por "arbitrária, opressiva e injusta", uma lei da Virgínia que subtraíra da Igreja Anglicana a propriedade de certo bem. Pela Corte, *Justice* Story ressaltou que tal subtração era "absolutamente incompatível com um grande e fundamental princípio do governo republicano, o direito dos cidadãos ao livre gozo de sua propriedade legalmente adquirida".[70]

Por aí se vê que a invocação do direito natural, de modo geral, e da *contracts clause*, de modo particular, para a proteção de direitos individuais em face do governo, estava baseada na liberdade irrestrita de usar, gozar e dispor da propriedade.[71] Trata-se, consoante lição de Edward S. Corwin, da "doutrina dos direitos adquiridos de propriedade" (*doctrine of vested property rights*), que "se apóia so-

---

Republican governments, that no man should be compelled to do what the laws do not require; nor to refrain from acts which laws permit. There are acts which the Federal, or State, Legislature cannot do, without exceeding their authority. There are certain vital principles in our free Republican governments, which will determine and overrule an apparent and flagrant abuse of legislative power; as to authorize manifest injustice by positive law; or to take away that security for personal liberty, or private property, for the protection whereof the government was established. An act of the Legislature (for I cannot call it a law) contrary to the great first principles of the social compact, cannot be considered a rightful exercise of legislative authority. The obligation of a law in governments established on express compact, and on republican principles, must be determined by the nature of the power, on which it is founded. A few instances will suffice to explain what I mean. A law that punished a citizen for an innocent action, or, in other words, for an act, which when done, was in violation of no existing law; a law that destroys, or impairs, the lawful private contracts of citizens; a law that makes a man a Judge in his own case; or a law that takes property from A and gives it to B. It is against all reason and justice, for a people to entrust a Legislature with such powers; and, therefore, it cannot be presumed that they have done it. The genius, the nature, and the spirit, of our State Governments, amount to a prohibition of such acts of legislation; and the general principles of law and reason forbid them. The Legislature may enjoin, permit, forbid, and punish; they may declare new crimes; and establish rules of conduct for all its citizens in future cases; they may command what is right, and prohibit what is wrong; but they cannot change innocence into guilt; or punish innocence as a crime; or violate the right of an antecedent lawful private contract; or the right of private property. To maintain that our Federal, or State, Legislature possesses such powers, if they had not been expressly restrained, would, in my opinion, be a political heresy, altogether inadmissible in our free republican governments". Por outro lado, segundo *Justice* Iredell, *"If (...) the Legislature of the Union, or the Legislature of any member of the Union, shall pass a law, within the general scope of their constitutional power, the Court cannot pronounce it to be void, merely because it is, in their judgment, contrary to the principles of natural justice. The ideas of natural justice are regulated by no fixed standard: the ablest and the purest men have differed upon the subject; and all that the Court could properly say, in such an event, would be, that the Legislature (possessed of an equal right of opinion) had passed an act which, in the opinion of the judges, was inconsistent with the abstract principles of natural justice".* A propósito, *vide* John E. Nowak, Ronald D. Rotunda, *Constitutional law*, p. 351; e Erwin Chemerinsky, *Constitutional law*, p. 585.

[69] 10 U.S. 87 (1810). Segundo *Chief Justice* Marshall, pela Corte, *"in this case, the estate having passed into the hands of a purchaser for valuable consideration, without notice, the state of Georgia was restrained, either by general principles which are common to our free institutions, or by the particular provisions of the constitution of the United States, from passing a law whereby the estate of the plaintiff in the premises so purchased could be constitutionally and legally impaired and rendered null and void".*

[70] 13 U.S. 43 (1815).

[71] John E. Nowak, Ronald D. Rotunda, *Constitutional law*, p. 354.

Devido Processo Legal e Proteção de Direitos

bre a teoria dos direitos fundamentais e inalienáveis", e que "foi introduzida pela Suprema Corte na *Obligation of Contracts clause* da Constituição Federal".[72]

Fletcher e *Terret* são casos ainda decididos pela *early Marshall Court* (a partir de 1801). A *later Marshall Court* (até 1835), com efeito, já protegeu direitos fundamentais sob o pálio de disposições constitucionais específicas – a *contracts clause*, mais frequentemente. Não foi diferente com as Cortes imediatamente subsequentes. Sem embargo, a doutrina do direito natural e dos direitos adquiridos continuou sendo útil e influente, não mais como fundamento adequado para a invalidação de leis ou atos estatais, mas, isto sim, como "fonte de valores para preencher o conteúdo de garantias como a *contracts clause* e, posteriormente, o *substantive due process*".[73]

Durante o século XIX, a *contracts clause* da Seção 10 do Artigo 1º da Constituição norte-americana representou, efetivamente, "a principal restrição à intervenção estatal no domínio econômico", cedendo espaço apenas no final daquele século, "quando a Corte começou a desenvolver restrições à regulamentação da economia, sob o influxo do *substantive due process*".[74]

Não obstante, registre-se que, previamente à Guerra Civil americana (1861-1865), a Suprema Corte não deixou de consignar que o "devido processo também

---

[72] *The doctrine of due process of law before the Civil War*, p. 375-379; *idem, Libertad y gobierno*, p. 183-185; e *idem, The "Higher Law" background of american constitutional law*, p. 149 e segs. *Vide*, igualmente, Donald P. Kommers, John E. Finn, *American constitutional law*, v. 2, p. 382-386: "*Fletcher* (...) representa o ponto alto da proteção da propriedade por meio da doutrina dos direitos naturais ou adquiridos".

[73] Kathleen M. Sullivan, Gerald Gunther, *Constitutional law*, p. 488-489. Segundo John E. Nowak e Ronald D. Rotunda, *Constitutional law*, p. 357, a Suprema Corte, a partir de 1865, "utilizou a linguagem específica da Constituição para derrubar a legislação federal ou estadual mais que conceitos de direito natural ou direitos fundamentais. A Corte baseou-se na proibição constitucional de leis *ex post facto* e de *bills of attainder* para invalidar leis estaduais em *Cummings v. Missouri* [71 U.S. 277 (1866)] e *Ex parte Garland* [71 U.S. 333 (1866)]. Em *United States v. De Witt* [76 U.S. 41 (1869)], a Corte derrubou uma lei federal por entender que a *commerce clause* não outorgava ao Congresso o poder de editá-la. Em síntese, a Corte abandonou o conceito de direito natural". Sobre a "teoria do direito natural", *vide* Benjamin N. Cardozo, *A natureza do processo judicial*, p. 96 e segs.

[74] Kathleen M. Sullivan, Gerald Gunther, *Constitutional law*, p. 534; e Donald P. Kommers, John E. Finn, *American constitutional law*, v. 2, p. 386. Vale citar aqui, a título exemplificativo, o caso *Trustees of Dartmouth College v. Woodward*, 17 U.S. 518 (1819), "quiçá o mais famoso" de aplicação da *contracts clause* (Erwin Chemerinsky, *Constitutional law*, p. 607). Nele, a Suprema Corte declarou a nulidade de uma lei de Nova Hampshire que havia alterado o estatuto (*charter*) do *Dartmouth College*, transformando-o de instituição privada em pública. Segundo *Chief Justice* Marshall, "*It is more than possible, that the preservation of rights of this description was not particularly in the view of the framers of the constitution, when the clause under consideration was introduced into that instrument. It is probable, that interferences of more frequent occurrence, to which the temptation was stronger, and of which the mischief was more extensive, constituted the great motive for imposing this restriction on the state legislatures*". E concluiu: "*The opinion of the Court, after mature deliberation, is, that this is a contract, the obligation of which cannot be impaired, without violating the constitution of the United States*". Em voto concorrente, *Justice* Story explicitou que "*If the legislature mean to claim such an authority to alter or amend the charter, it must be reserved in the grant. The charter of Dartmouth College contains no such reservation; and I am, therefore, bound to declare, that the acts of the legislature of New Hampshire, now in question, do impair the obligations of that charter, and are, consequently, unconstitutional and void*".

poderia impor restrições substanciais à legislação".[75] Assim, por exemplo, no julgamento do caso *Murray's Lessee v. Hoboken Land & Improvement Co.*, a Corte explicitou que *due process of law* "é uma limitação tanto ao poder legislativo quanto aos poderes executivo e judiciário, e, assim, não pode ser construído de modo a deixar o Congresso livre para criar qualquer 'due process of law', a seu bel-prazer".[76]

Contudo, a "semente do devido processo substantivo"[77] ainda estava por ser plantada. O solo será preparado com a promulgação da 14ª Emenda à Constituição norte-americana, em 1868, estabelecendo-se, ali, especialmente, que "nenhum Estado privará qualquer pessoa da vida, da liberdade ou da propriedade, sem o devido processo legal".

2.2. Rejeição inicial

Nos *Slaughter-House Cases*, quando interpretou pela primeira vez a 14ª Emenda, a Suprema Corte declarou a constitucionalidade de uma lei da Louisiana que concedera à *Crescent City Livestock Landing and Slaughterhouse Co.*, por vinte e cinco anos, o monopólio do mercado de abrigo e de abate de animais em Nova Orleans.[78]

---

[75] Kathleen M. Sullivan, Gerald Gunther, *Constitutional law*, p. 489. A propósito, *vide* Edward S. Corwin, *The doctrine of due process before the Civil War*, p. 366 e segs.

[76] 59 U.S. 272 (1855). Lembre-se, outrossim, a "infame decisão do caso *Dred Scott*" (Kathleen M. Sullivan, Gerald Gunther, *Constitutional law*, p. 489). Trata-se do caso *Dred Scott v. Sandford*, 60 U.S. 393 (1856). Dred Scott era um escravo que tinha sido levado por seu dono a Illinois e Wisconsin, respectivamente um Estado e um Território onde já decretada a abolição da escravatura, no caso do Território por meio de um ato do Congresso, o *Missouri Compromisse*, e onde permaneceu por um longo período até retornar ao Estado escravagista do Missouri. Scott, então, ajuizou uma ação em face do seu dono para que fosse libertado, sob a alegação de que, tendo vivido em lugares onde já proibida a escravidão, não era mais um escravo, tornara-se, pois, um homem livre. Seu argumento: "uma vez livre, sempre livre". No entanto, a Suprema Corte decidiu por 7 votos a 2 contra a pretensão de Scott, argumentando que os escravos constituíam propriedade de seus donos, e que o *Missouri Compromisse* era inválido à luz da 5ª Emenda, pois privava os donos de escravos de seu direito de propriedade, sem o devido processo legal. Pela Corte, *Chief Justice* Taney ressaltou que "*an act of Congress which deprives a citizen of the United States of his liberty or property, merely because he came himself or brought his property into a particular Territory of the United States, and who had committed no offence against the laws, could hardly dignified with the name of due process of law*". Além disso, a Corte declarou que "*persons who are the descendants of Africans who were imported into this country, and sold as slaves, (...) are constituent members of this sovereignty? We think they are not, and they are not included, and were not intended to be included, under the word 'citizens' in the Constitution, and can therefore claim none of the rights and privileges which that instrument provides for and secures to citizens of the United States*". Ainda no ano de 1856, o caso *Wynehamer v. The People*, 13 N.Y. 378 (1856), é "a sugestão pré-Guerra Civil mais conhecida de um ingrediente substantivo no devido processo" (Kathleen M. Sullivan, Gerald Gunther, *Constitutional law*, p. 489). Nele, a Corte de Nova York declarou a inconstitucionalidade de uma lei local que proibira a posse e o consumo de bebidas alcoólicas, afirmando que, quando "a lei aniquila o valor da propriedade, o proprietário é dele privado contra o espírito de uma disposição constitucional expressamente consagrada para proteger direitos privados em face do exercício arbitrário do poder".

[77] Kathleen M. Sullivan, Gerald Gunther, *Constitutional law*, p. 490.

[78] 83 U.S. 36 (1872).

Devido Processo Legal e Proteção de Direitos

A maioria da Corte, contudo, não invocou a ideia de *substantive due process of law*.[79] Em voto vencido, *Justice* Bradley salientou que:

Aqui, mais uma vez nós temos a grande tripartição dos direitos dos homens livres, reconhecidos como direitos humanos. Os direitos à vida, à liberdade e à busca da felicidade são equivalentes aos direitos à vida, à liberdade e à propriedade. Estes são os direitos fundamentais que só podem ser suprimidos por meio do devido processo legal, e que só podem ser restringidos, ou seu gozo só pode ser modificado, por leis necessárias ou adequadas ao bem de todos; e tais direitos, eu afirmo, pertencem aos cidadãos de todo governo livre. Para a preservação, o exercício e o gozo desses direitos, o cidadão deve ser, necessariamente, deixado livre para exercer esta ou aquela profissão que mais pareça conduzi-lo àquele fim. Sem este direito, ele não pode ser um homem livre. Esse direito de escolher determinada profissão é uma parte essencial daquela liberdade que é objeto da proteção do governo; e uma profissão, quando escolhida, é propriedade e direito de um homem. Liberdade e propriedade não são protegidas quando esses direitos são arbitrariamente assaltados.[80]

Tal orientação, em breve, viria a tornar-se majoritária na jurisprudência da Suprema Corte.[81]

2.3. Articulação e adoção

Pressionada pelos advogados, a Suprema Corte, gradualmente, converteu o *due process of law* em ferramenta apta a restringir a intervenção estatal no domínio econômico, com o objetivo de proteger a liberdade de contratar, em especial.[82] Na realidade, a pressão dos advogados não foi senão reflexo dos profundos desen-

---

[79] Nesse sentido, *Justice* Field observou que "*under no construction of that provision the due process clause that we have ever seen, or any that we deem admissible, can the restraint imposed by the State of Louisiana upon the exercise of their trade by the butchers of New Orleans be held to be a deprivation of property within the meaning of that provision*". A propósito, *vide* Kathleen M. Sullivan, Gerald Gunther, *Constitutional law*, p. 485; e Edward S. Corwin, *The Supreme Court and the Fourteenth Amendment*, p. 643 e segs.

[80] 83 U.S. 36 (1872).

[81] Erwin Chemerinsky, *Constitutional law*, p. 587. Segundo Laurence H. Tribe, *American constitutional law*, v. 1, p. 1.340, "os princípios por trás dos (...) *Slaughter-House Cases* eram claros: a regulação estatal de assuntos econômicos não era vedada por si só; ela era inválida somente quando o Estado ultrapassava a esfera de sua autoridade naturalmente limitada, exercendo os seus poderes para ajudar alguns cidadãos à custa de outros, em vez de promover fins genuinamente públicos para beneficiar a cidadania como um todo".

[82] Kathleen M. Sullivan, Gerald Gunther, *Constitutional law*, p. 489-490, ressaltando que a aplicação do *substantive due process* era frequentemente advogada com base nas lições de Thomas Cooley, expostas no *A treatise on the constitutional limitations*, cuja 1ª edição é de 1868, justamente quando foi promulgada a Décima Quarta Emenda. De Thomas Cooley, *vide*, outrossim, *Princípios gerais de direito constitucional dos Estados Unidos da América do Norte*, p. 253 e segs. e 345 e segs. Efetivamente, como destacado pelo *Justice* Miller, em *Davidson v. City of New Orleans*, 96 U.S. 97 (1877), "*the docket of this court is crowded with cases in which we are asked to hold that State courts and State legislatures have deprived their own citizens of life, liberty, or property without due process of law. There is here abundant evidence that there exists some strange misconception of the scope of this provision as found in the fourteenth amendment. In fact, it would seem, from the character of many of the cases before us, and the arguments made in them, that the clause under consideration is looked upon as a means of bringing to the test of the decision of this court the abstract opinions of every unsuccessful litigant in a State court of the justice of the decision against him, and of the merits of the legislation on which such a decision may be founded*".

volvimentos econômicos e sociais, bem como dos movimentos ideológicos então verificados.[83]

Com efeito, a partir de 1870, "a regulamentação estatal cresceu significativamente, na exata medida em que a industrialização alterou a natureza da economia". Simultaneamente, "o mercado acorreu aos tribunais", objetivando a invalidação das "novas leis regulamentadoras da atividade econômica". Além disso, "juristas e juízes apoiaram, cada vez mais, a crença em uma economia não-regulamentada, *laissez-faire*".[84]

Daí que, no caso *Loan Association v. Topeka*, decidido já em 1874, a Suprema Corte invalidou uma lei local que instituíra um imposto sobre empréstimos pessoais com o propósito de atrair investimentos privados para a cidade de Topeka, sob o fundamento de que "simplesmente em benefício de objetivos pessoais ou privados, a lei (...) estava além do poder legislativo, e era uma invasão não-autorizada de um direito privado. Existem limitações a tal poder que resultam da natureza essencial de todos os governos livres".[85]

Subsequentemente, a Suprema Corte julgou os casos *Munn v. State of Illinois*[86], *Hurtado v. People of State of Califórnia*,[87] *Railroad Comission*[88] e *Mugler*

---

[83] Kathleen M. Sullivan, Gerald Gunther, *Constitutional law*, p. 489.

[84] Erwin Chemerinsky, *Constitutional law*, p. 587-588; e Laurence H. Tribe, *American constitutional law*, v. 1, p. 1.343.

[85] 87 U.S. 655 (1874).

[86] 94 U.S. 113 (1876). Neste caso, a Suprema Corte confirmou a validade de uma lei estadual que estabelecera um preço máximo para a armazenagem de grãos em depósitos. No entanto, a Corte indicou que, "sob determinadas circunstâncias", leis que regulamentassem o uso da propriedade privada poderiam violar o devido processo legal. Segundo a Corte, *"when private property is 'affected with a public interest, it ceases to be juris privati only'. (...) Property does become clothed with a public interest when used in a manner to make it of public consequence, and affect the community at large. When, therefore, one devotes his property to a use in which the public has an interest, he, in effect, grants to the public an interest in that use, and must submit to be controlled by the public for the common good, to the extend of the interest he has thus created"*. Ainda segundo a Corte, *"Undoubtedly, in mere private contracts, relating to matters in which the public has no interest, what is reasonable must be ascertained judicially. But this is because legislature has no control over such a contract. So, too, in matters which do affect the public interest, and as to which legislative control may be exercised, if there are no statutory regulations upon the subject, the courts must determine what is reasonable. The controlling fact is the power to regulate at all. If that exists, the right to establish the maximum of charge, as one of the means of regulation, is implied. In fact, the common-law rule, which requires the charge to be reasonable, is itself a regulation as to price. Without it the owner could make his rates at will, and compel the public to yield to his terms, or forego the use"*.

[87] 110 U.S. 516 (1884). Neste caso, a Corte sublinhou que *"Law is something more than mere will exerted as an act of power. It (...) thus exclude es, as not due process of law, acts of attainder, bills of pains and penalties, acts of confiscation, acts reversing judgments, and acts directly transferring one man's estate to another, legislative judgments and decrees, and other similar special, partial, and arbitrary exertions of power under the forms of legislation. Arbitrary power, enforcing its edicts to the injury of the persons and property of its subjects, is not law, whether manifested as the decree of a personal monarch or of an impersonal multitude"*. Neste sentido, o devido processo legal é uma *"bulwark (...) against arbitrary legislation"*.

[88] 116 U.S. 307 (1886). Nos *Railroad Comission Cases*, a Suprema Corte declarou a constitucionalidade de uma lei estadual que regulamentava as tarifas ferroviárias, mas não deixou de explicitar que o *"power to regulate is not a power to destroy, and limitation is not the equivalent of confiscation. Under pretense of regulating fares and freights, the state cannot require a railroad corporation to carry persons or property without reward; neither can it do that which in law amounts to a taking of private property for public use without just compensation,*

v. Kansas,[89] nos quais, aí sim, acabou por plantar a "semente do devido processo substantivo",[90] prenunciando, pois, "a filosofia que dominaria o direito constitucional durante as três primeiras décadas do século XX".[91]

Assim, em *Allgeyer v. State of Louisiana*,[92] a Suprema Corte pela primeira vez invalidou uma lei sob invocação expressa do *substantive due process*.[93] Neste caso, a Corte declarou a inconstitucionalidade de uma lei estadual que proibira a contratação de seguro marítimo com companhias de outros Estados que não tivessem sido aprovadas pelo Estado da Louisiana, explicitando que "o princípio de que o direito de celebrar contratos era parte da liberdade garantida pela disposição do devido processo legal".[94] Confira-se, *in verbis*:

> A 'liberdade' mencionada em tal disposição significa não apenas o direito do cidadão de ser livre em face da simples restrição física à sua pessoa, como por encarceramento, mas o termo é pensado para compreender o direito do cidadão de ser livre no gozo de todas as suas faculdades; de ser livre para exercê-las de todos os modos legais; de viver ou trabalhar onde ele queira; de ganhar a sua vida por meio de qualquer profissão legal; de buscar qualquer ganha-pão [*livelihood*] ou ofício; e, para esse fim, de celebrar todos os contratos que possam ser adequados, necessários ou essenciais para conduzi-lo a uma realização bem sucedida das finalidades acima mencionadas.[95]

No caso *Allgeyer*, a Corte deixou de aludir ao devido processo substantivo como simples *obiter dictum*, convertendo-o em *ratio decidendi* para a invalidação de leis e atos estatais de intervenção sobre o domínio econômico, e, com isto, para a proteção de liberdades econômicas. Segundo Erwin Chemerinsky, em *Allgeyer*, a Corte "expressou os conceitos-chave do *economic substantive due process* que seriam observados nos próximos 40 anos, até 1937".[96]

---

or without due process of law". Aliás, alguns anos depois, ao julgar o caso *Chicago, Milwaukee & St. Paul Railway Co. v. State of Minnesota*, 134 U.S. 418 (1890), a Corte entendeu que "*The question of the reasonableness of a rate of charge for transportation by a railroad company, involving, as it does, the element of reasonableness both as regards the company and as regards the public, is eminently a question for judicial investigation, requiring due process of law for its determination. If the company is deprived of the power of charging reasonable rates for the use of its property, and such deprivation takes place in the absence of an investigation by judicial machinery, it is deprived of the lawful use of its property, and thus, in substance and effect, of the property itself, without due process of law, and in violation of the constitution of the United States*".

[89] 123 U.S. 623 (1887). Neste caso, a Suprema Corte julgou constitucional uma lei estadual que proibira a venda de bebidas alcoólicas. Contudo, a Corte afirmou que, "*If, therefore, a statute purporting to have been enacted to protect the public health, the public morals, or the public safety, has no real or substantial relation to those objects, or is a palpable invasion of rights secured by the fundamental law, it is the duty of the courts to so adjudge, and thereby give effect to the constitution*".

[90] Kathleen M. Sullivan, Gerald Gunther, *Constitutional law*, p. 490.

[91] Erwin Chemerinsky, *Constitutional law*, p. 589.

[92] 165 U.S. 578 (1897).

[93] Kathleen M. Sullivan, Gerald Gunther, *Constitutional law*, p. 490.

[94] Ralph A. Rossum, G. Alan Tarr, *American constitutional law*, v. 2, p. 83.

[95] 165 U.S. 578 (1897).

[96] *Constitutional law*, p. 589-590.

2.4. Apogeu: a era *Lochner*

2.4.1. Caso Lochner

Em *Lochner v. People of State of New York*, a Suprema Corte declarou a inconstitucionalidade de uma lei de Nova Iorque que limitava a jornada de trabalho dos padeiros, no máximo, a dez horas por dia e sessenta horas por semana, por violação à disposição do devido processo legal da 14ª Emenda, sob o aspecto substantivo, na medida em que dita lei restringia indevidamente "a liberdade do empregador e do empregado de contratar um com o outro em relação a seu emprego".[97]

Em primeiro lugar, a Corte ressaltou que a liberdade de contratar era protegida como parte da liberdade assegurada pela disposição do devido processo legal da Décima Quarta Emenda, *in verbis*:

> O direito geral de celebrar um contrato em relação a seu negócio é parte da liberdade do indivíduo protegida pela 14ª Emenda da Constituição Federal. (...) Sob essa disposição, nenhum Estado pode privar qualquer pessoa da vida, da liberdade ou da propriedade, sem o devido processo legal. O direito de comprar ou vender trabalho é parte da liberdade protegida por tal emenda, a não ser que existam circunstâncias que excluam esse direito.

Em segundo lugar, a Corte afirmou que o Estado poderia restringir a liberdade de contratar apenas para proteger a segurança, a saúde, a moral pública ou o bem comum de todos, *in verbis*:

> O poder de polícia (...) relaciona-se à segurança, à saúde, à moral e ao bem geral do povo. Tanto a propriedade quanto a liberdade são limitadas por estas condições razoáveis, que podem ser impostas pelo governo estatal no exercício daquele poder, e a 14ª Emenda não foi criada para interferir naquelas condições.

Em terceiro lugar, a Corte salientou que caberia ao Poder Judiciário controlar a legislação que restringisse a liberdade de contratar para verificar se efetivamente protegia a segurança, a saúde, a moral pública ou o bem comum de todos, *in verbis*:

> A lei é um justo, razoável e apropriado exercício do poder de polícia do Estado, ou é uma desarrazoada, desnecessária ou arbitrária interferência no direito do indivíduo à sua liberdade pessoal, ou a celebrar contratos em relação ao trabalho que lhe possa parecer apropriado ou necessário para sustentar a si mesmo e à sua família?[98]

Assentadas essas premissas, a Corte entendeu que a lei que limitava a jornada de trabalho dos padeiros não protegia qualquer interesse público, *in verbis*:

---

[97] 198 U.S. 45 (1905).

[98] Aliás, a propósito, a Corte consignou que "é impossível que fechemos os nossos olhos ao fato de que muitas das leis desta natureza, embora sejam editadas sob o que é alegadamente poder polícia para o fim de proteger a saúde pública ou o bem de todos, são, em verdade, editadas por outros motivos".

Devido Processo Legal e Proteção de Direitos

Não existe argumento de que os padeiros como uma classe não sejam iguais em inteligência e capacidade a homens em outras profissões ou ocupações, ou que eles não sejam capazes de fazer valer os seus direitos e de cuidar de si mesmos, sem o braço protetor do Estado interferindo em sua independência de julgamento e de ação. Eles não são, em qualquer sentido, tutelados do Estado. (...) Uma lei como a que está diante de nós não envolve segurança ou moral pública, nem o bem comum de todos, e o interesse público não é, em grau mínimo, afetado por tal ato.

Segundo a Corte, a proteção da saúde não constituía justificativa suficiente para que se restringisse a liberdade de contratar, *in verbis*:

Se esse fosse um argumento válido e uma justificativa para esse tipo de lei, (...) não apenas a jornada dos empregados, mas a jornada dos empregadores poderia ser regulamentada, e médicos, advogados, cientistas, todos os profissionais, bem como atletas e artistas, poderiam ser proibidos de cansar seus cérebros e corpos por horas prolongadas de exercício.

Ainda segundo a Corte, a limitação da jornada de trabalho não tinha qualquer relação com a proteção da saúde pública, *in verbis*:

Pão limpo e salubre não depende de o padeiro trabalhar apenas dez horas por dia ou sessenta horas por semana. A limitação da jornada de trabalho não conduz o poder de polícia a esse nível. (...) A lei já possibilita a fiscalização das instalações onde a padaria funciona, no que diz respeito aos equipamentos apropriados aos banheiros, além do próprio local onde se faz o pão, também com relação à pintura, ao encanamento e ao esgoto adequados.

Destarte, a Suprema Corte concluiu o seguinte:

O limite do poder de polícia foi alcançado e aprovado neste caso. Não há, em nosso julgamento, fundamento razoável para entender que esta lei seja necessária ou apropriada para salvaguardar a saúde pública, ou a saúde dos indivíduos que exerçam a profissão de padeiro. (...) O ato não é, em qualquer sentido justo do termo, uma lei, mas é uma interferência ilegal nos direitos dos indivíduos, tanto dos empregadores quanto dos empregados, de celebrar contratos com relação ao trabalho, sob determinados termos que eles possam pensar sejam os melhores.[99]

---

[99] É interessante registrar que, em 1898, ao julgar o caso *Holden v. Hardy*, 169 U.S. 366 (1898), a Suprema Corte julgou válida uma lei que limitava a jornada de trabalho de mineradores de carvão. Contudo, em *Lochner*, a Corte fez questão de frisar que "não há nada em *Holden v. Hardy* que diga respeito ao caso ora diante de nós". Também cabe o registro de que, apenas três anos depois de julgar o caso *Lochner*, a Suprema Corte, em *Muller v. State of Oregon*, 208 U.S. 412 (1908), confirmou a validade de uma lei que limitava a jornada de trabalho das mulheres no Estado do Oregon, em razão de "*a widespread belief that woman's physical structure, and the functions she performs in consequence thereof, justify special legislation restricting or qualifying the conditions under which she should be permitted to toil*". Segundo a Corte, "*That woman's physical structure and the performance of maternal functions place her at a disadvantage in the struggle for subsistence is obvious*". A propósito, Erwin Chemerinsky lembra que "*Muller* é especialmente famoso porque o advogado, e depois *Justice* da Suprema Corte, Louis Brandeis redigiu um detalhado memorial de 113 páginas a fim de demonstrar que a saúde reprodutiva das mulheres exigia a limitação do trabalho não-doméstico. Depois de, em *Lochner*, entender-se que tinha de haver prova de que a lei era intimamente relacionada à promoção da saúde, da segurança ou da moral pública, os advogados começaram a preparar memoriais detalhados, cheios de dados científico-sociais, procurando demonstrar a necessidade da lei. Frequentemente denominados de 'memoriais Brandeis', em razão daquele que Louis Brandeis apresentou em *Muller*, esses documentos utilizam dados científico-sociais para demonstrar a necessidade de uma lei específica" (*Constitutional law*, p. 593-594). De registrar, por último, que, em 1917, ao julgar o caso *Bunting v. State of Oregon*, 243 U.S. 426 (1917), uma Suprema Corte dividida julgou válida uma lei

A Corte chegou a essa conclusão em *Lochner* por 5 votos a 4. Com fraca maioria, portanto. Segundo *Justice* Harlan, a lei que limitava a jornada de trabalho mostrava-se um meio razoável de proteger a saúde dos padeiros, já que "a média de vida de um padeiro está abaixo da de outros trabalhadores; eles raramente vivem mais de cinqüenta anos, a maioria deles morre entre os quarenta e os cinqüenta".[100] Por sua vez, *Justice* Oliver Wendell Holmes, em célebre voto divergente, observou que:

A 14ª Emenda não positiva a Estatística Social do Sr. Herbert Spencer. (...) Uma Constituição não é criada para incorporar uma teoria econômica específica, seja de paternalismo e de relação orgânica do cidadão com o Estado, seja de *laissez-faire*. Ela é feita para pessoas com pontos de vista fundamentalmente diferentes, e o acidente de descobrirmos certas opiniões naturais e familiares, ou novas, e até mesmos conflitantes, não deve encerrar o nosso julgamento sobre a questão de saber se leis que as incorporam são compatíveis com a Constituição dos Estados Unidos.

Não obstante, entre 1905 e 1937, a Suprema Corte, *de regra*, observou rigorosamente os três princípios fundamentais articulados no julgamento do caso *Lochner*: (I) a liberdade de contratar constituía direito fundamental protegido como parte da liberdade assegurada pelas disposições do devido processo legal da Quinta e da Décima Quarta Emendas; (II) o governo poderia restringir a liberdade de contratar para proteger a saúde, a segurança ou a moral pública; (II) caberia ao Poder Judiciário escrutinar cuidadosamente a legislação para verificar se esta realmente protegia a saúde, a segurança ou a moral pública.[101]

Não por outro motivo, o período compreendido entre 1905 e 1937 é conhecido como era *Lochner*.[102]

2.4.2. Casos subsequentes

Durante a era *Lochner*, estima-se que a Suprema Corte tenha invalidado cerca de duzentas leis regulamentadoras da atividade econômica com fundamento na disposição do devido processo legal, sob o aspecto substantivo, geralmente combinada com a disposição da igual proteção das leis.[103]

---

que limitava a jornada de trabalho de operários, tanto do sexo feminino quanto do masculino, ao máximo de dez horas diárias, permitindo que trabalhassem três horas extraordinárias por dia *"conditioned that payment be made for such overtime at the rate of time and one half of the regular wage"*. De acordo com Kathleen M. Sullivan e Gerald Gunther, *"the ruling effectively overruled Lochner"* (*Constitutional law*, p. 501).

[100] Ainda segundo *Justice* Harlan, *"If there be doubt as to the validity of the statute, that doubt must therefore be resolved in favor of its validity, and the courts must keep their hands off, leaving the legislature to meet the responsibility for unwise legislation. If the end which the legislature seeks to accomplish be one to which its power extends, and if the means employed to that end, although not the wisest or best, are yet not plainly and palpably unauthorized by law, then the court cannot interfere"*.

[101] Erwin Chemerinsky, *Constitutional law*, p. 590-592.

[102] A esse respeito, *vide* Cass R. Sunstein, *Lochner's legacy*, p. 873 e segs.; *idem*, *Lochnering*, p. 65 e segs.; e David E. Bernstein, *Lochner's legacy's legacy*, p. 01 e segs.

[103] Erwin Chemerinsky, *Substantive due process*, p. 1.503; *idem*, *Constitutional law*, p. 592; e Laurence H. Tribe, *American constitutional law*, v. 1, p. 1.344. Todavia, segundo pesquisa de campo de Michael J. Phillips,

---

Devido Processo Legal e Proteção de Direitos

Vejamos alguns exemplos.

Nos casos *Adair v. U.S*[104] e *Coppage v. State of Kansas*,[105] a Suprema Corte declarou a inconstitucionalidade de leis que proibiam os chamados *yellow dog contracts*, por meio dos quais os empregadores poderiam exigir, como condição de contratação para trabalhar, que os empregados não se filiassem a um sindicato.

Outrossim, em *Adkins v. Children's Hospital of District of Columbia*, a Suprema Corte declarou a inconstitucionalidade de uma lei que instituía um salário mínimo para mulheres – não deixando de observar que estas cada vez mais se equiparavam aos homens em direitos e deveres, como, aliás, demonstrava a Décima Nona Emenda, então recentemente promulgada, que lhes conferiu o direito de votar.[106]

Já nos casos *Tyson & Bro.-United Theatre Ticket Offices v. Banton*[107] e *Williams v. Standard Oil Co. of Louisiana*,[108] a Suprema Corte declarou a inconstitucionalidade de duas leis que controlavam os preços, respectivamente, de in-

---

How many times was Lochner-era substantive due process effective?, p. 1.090, "a Suprema Corte invalidou pouco mais que cinqüenta leis com base no devido processo substantivo, durante a era *Lochner*".

[104] 208 U.S. 161 (1908). Neste caso, segundo a Corte, "*it is not within the functions of government – at least, in the absence of contract between the parties – to compel any person, in the course of his business and against his will, to accept or retain the personal services of another, or to compel any person, against his will, to perform personal services for another*". Ainda segundo a Corte, o "*right of a person to sell his labor upon such terms as he deems proper is, in its essence, the same as the right of the purchaser of labor to prescribe the conditions upon which he will accept such labor from the person offering to sell it. (...) In all such particulars the employer and the employee have equality of right, and any legislation that disturbs that equality is an arbitrary interference with the liberty of contract which no government can legally justify in a free land*".

[105] 238 U.S. 1 (1915). Neste caso, a Suprema Corte afirmou que, "*Conceding the full right of the individual to join the union, he has no inherent right to do this and still remain in the employ o fone who is unwilling to employ a union man, any more than the same individual has a right to join the union without the consent of that organization*". Vale, no entanto, reproduzir excerto do voto divergente do *Justice* Holmes: "*In present conditions a workman not unnaturally may believe that only by belonging to a union can he secure a contract that shall be fair to him. If that belief, whether right or wrong, may be held by a reasonable man, it seems to me that it may be enforced by law in order to establish the equality of position between the parties in which liberty of contract begins. Whether in the long run it is wise for the workingmen to enact legislation of this sort is not my concern, but I am strongly of opinion that there is nothing in the Constitution of the United States to prevent it*".

[106] 261 U.S. 525 (1923). Em igual sentido, *Morehead v. People of State of New York*, 298 U.S. 587 (1936). No caso *Adkins*, a Suprema Corte explicitou que "*the ancient inequality of the sexes, otherwise than physical, (...) has continued 'with diminishing intensity'. In view of the great-not to say revolutionary changes which have taken place since that utterance, in the contractual, political, and civil status of women, culminating in the Nineteenth Amendment, it is not unreasonable to say that these differences have now come almost, if not quite, to the vanishing point*". Outra vez, *Justice* Holmes divergiu: "*I confess that I do not understand the principle on which the power to fix a minimum for the wages of women can be denied by those who admit the power to fix a maximum for their hours of work. (...) The bargain is equally affected whichever half you regulate. (...) It will need more than the Nineteenth Amendment to convince me that there are no differences between men and women, or that legislation cannot take those differences into account*".

[107] 273 U.S. 418 (1927).

[108] 278 U.S. 235 (1929). Neste caso, a Corte decidiu, como regra geral, que "*a state Legislature is without constitutional power to fix prices at which commodities may be sold, services rendered, or property used, unless the business or property involved is 'affected with a public interest'*".

gressos em teatros e de combustíveis, suplantando o que havia decidido em *Munn v. State of Illinois*.[109]

De resto, em *New State Ice Co. v. Liebmann*, a Suprema Corte invalidou uma lei que proibira qualquer pessoa de produzir ou fornecer gelo, a não ser que obtivesse, previamente, uma permissão estatal, a qual, no entanto, seria denegada se qualquer daqueles serviços já fosse adequadamente prestado.[110]

2.5. Declínio e fim

Em meados da década de 30, a Suprema Corte começou a sofrer fortes pressões para abandonar a filosofia do *laissez-faire*, bem como o princípio do *substantive due process*. Consoante a lição de Laurence H. Tribe:

> Em grande medida, (...) foi a realidade econômica da Grande Depressão que literalmente minou as premissas de *Lochner*. (...) A 'liberdade' de contratar e a propriedade jurídicas começaram cada vez mais a ser vistas como uma ilusão, submetidas, como eram, a forças econômicas impessoais. A intervenção positiva do governo veio a ser mais largamente aceita como essencial à sobrevivência econômica, e as doutrinas jurídicas, doravante, teriam de funcionar a partir dessa premissa.[111]

Ainda consoante a lição de Laurence H. Tribe:

> Um número crescente de juristas, inclusive os mais proeminentes defensores do realismo jurídico, acabaram por rejeitar a noção de que o *common law* representasse o estado 'natural' das coisas, para, em lugar disso, caracterizar as doutrinas e decisões do *common law* como expressões da intervenção governamental positiva para a realização de finalidades humanas identificáveis, embora nem sempre louváveis. (...) Houve uma mudança de perspectiva, que configurava toda a fábrica do direito e de decisões jurídicas como algo 'escolhido' mais que 'dado'. Portanto, a justificativa básica para a intervenção judicial sob *Lochner* – que os tribunais estavam restaurando a ordem natural que tinha sido perturbada pelo legislador –, foi cada vez mais percebida como fundamentalmente defeituosa. Não havia ordem econômica 'natural' alguma para perturbar ou restaurar, e decisões legislativas ou judiciais em qualquer sentido não poderiam ser limitadas nem justificadas sobre essa base.[112]

---

[109] 94 U.S. 113 (1876). Lembre-se que, no caso *Munn*, a Suprema Corte havia confirmado a validade de uma lei estadual que fixava um preço máximo para a armazenagem de grãos em depósitos.

[110] 285 U.S. 262 (1932). Segundo a Corte, *"a regulation which has the effect of denying or unreasonably curtailing the common right to engage in a lawful private business, such as that under review, cannot be upheld consistent with the Fourteenth Amendment"*. Ainda segundo a Corte, *"There is no difference in principle between this case and the attempt of the dairyman under state authority to prevent another from keeping cows and selling milk on the ground that there are enough dairymen in the business; or to prevent a shoemaker from making or selling shoes because shoemakers already in that occupation can make and sell the shoes that are needed"*.

[111] *American constitutional law*, v. 1, p. 1.358, grifado no original. *Vide*, também, Erwin Chemerinsky, *Constitutional law*, p. 597; e Bruce Ackerman, *Nós, o povo soberano*, p. 65-144.

[112] *American constitutional law*, v. 1, p. 1.358, grifado no original. Segundo Erwin Chemerinsky, "tudo era sobre fazer escolhas políticas", de modo que "não havia razão para a Corte reformar decisões resultantes do processo político" (*Constitutional law*, p. 597). *Vide*, ainda, Ray A. Brown, *Due process, police power, and the Supreme Court*, p. 943 e segs.

Devido Processo Legal e Proteção de Direitos

Por último, mas não menos importante, fortes pressões de ordem política também foram exercidas sobre a Suprema Corte.[113] Reeleito em 1936, o Presidente Franklin Roosevelt, seriamente preocupado com o fato de que a Suprema Corte havia invalidado leis relevantes do *New Deal*, propôs o chamado *Court-packing plan*, pelo qual poderia indicar outro *Justice* para cada qual que completasse setenta anos de idade e não se aposentasse nos seis meses subsequentes, até o máximo de quinze *Justices* – que "interpretariam a Constituição de modo tal que permitisse a subsistência da legislação do *New Deal*".[114] No entanto, o Congresso não aprovaria o *Court-packing plan* de Roosevelt. Não seria necessário. A própria Suprema Corte, ao julgar o caso *West Coast Hotel Co. v. Parrish*,[115] em 1937, consoante voto proferido pelo *Justice* Roberts, cuidaria de promover "a mudança em favor da legislação do salário mínimo", isto é, "*the switch in time that saved the Nine*" – a mudança em tempo que salvou os *Justices* do *Court-packing plan*, cabendo ressaltar, aliás, que em 1941, dos *Justices* pré-Roosevelt, apenas *Justice* Roberts remanescia na Corte.[116]

Fato é que, já em 1934, a Suprema Corte deu pelo menos uma indicação de que estava pronta para permitir a intervenção do governo sobre o domínio econômico.[117] Em *Nebbia v. People of State of New York*,[118] a Corte reputou válida uma lei de Nova Iorque que tabelava os preços do leite, sob o fundamento de que:

> Os direitos de propriedade e de contratar não são absolutos; o governo não poderia existir, se o cidadão pudesse, a seu bel-prazer, usar a sua propriedade em detrimento de seus colegas, ou exercitar a sua liberdade de contratar para prejudicá-los. (...) Assim, esta Corte, desde os primórdios, tem afirmado que o poder de promover o bem estar geral é inerente ao governo.

Além disso, a Corte ressaltou ser imperioso o respeito da ordem jurídico-econômica pelo Poder Judiciário:

> Até onde a exigência do devido processo seja pertinente, e à falta de outra restrição constitucional, um Estado é livre para adotar qualquer diretriz econômica que, segundo o seu julgamento, possa razoavelmente promover o bem estar público, e para fazer valer tal diretriz por meio de uma legislação adequada à sua finalidade. Os tribunais não têm autoridade para positivar tal diretriz, ou, quando ela é positivada pelo Legislativo, para invalidá-la.

---

[113] Erwin Chemerinsky, *Constitutional law*, p. 597; e Laurence H. Tribe, *American constitutional law*, v. 1, p. 1.360.

[114] Erwin Chemerinsky, *Constitutional law*, p. 597-598. *Vide*, ainda, John E. Nowak, Ronald D. Rotunda, *Constitutional law*, p. 368. Segundo Donald P. Kommers e John E. Finn, *American constitutional law*, v. 2, p. 389, "a Corte derrubou importantes partes do *New Deal*, principalmente em *Schechter Poultry Company v. United States* (1935), *United States v. Butler* (1935) e *Carter v. Carter Coal Company* (1936).

[115] 300 U.S. 379 (1937).

[116] Kathleen M. Sullivan, Gerald Gunther, *Constitutional law*, p. 506; e Laurence H. Tribe, *American constitutional law*, v. 1, p. 1.360-1.361.

[117] Erwin Chemerinsky, *Constitutional law*, p. 598.

[118] 291 U.S. 502 (1934).

Todavia, a era *Lochner* ainda não havia chegado ao fim. Segundo Kathleen M. Sullivan e Gerald Gunther, "a linha de relaxamento das restrições do devido processo não foi homogênea".[119] Com efeito, em 1936, ao julgar o caso *Morehead v. People of State of New York*,[120] a Suprema Corte declarou a inconstitucionalidade de uma lei que instituíra um salário mínimo para mulheres, explicitando que "o Estado não tem poder, por qualquer forma de legislação, para proibir, modificar ou invalidar contratos entre empregadores e trabalhadoras adultas, no que diz respeito ao valor do salário que deve ser pago".

Apenas em 1937 a era *Lochner* realmente conheceu o seu fim.[121] Conforme Ralph A. Rossum e G. Alan Tarr, "o que começou em *Nebbia*, completou-se em *West Coast Hotel Company v. Parrish*".[122] De fato, no julgamento do caso *West Coast Hotel Co. v. Parrish*, a Suprema Corte confirmou a validade de uma lei estadual que estipulara um salário mínimo para mulheres, revogando expressamente o que havia decidido em *Adkins v. Children's Hospital of District of Columbia* (1923) e em *Morehead v. People of State of New York* (1936), bem como rejeitando, enfaticamente, os princípios básicos que havia articulado em *Lochner v. People of State of New York* (1905). Pela Corte, *Chief Justice* Hughes afirmou que:

> A Constituição não fala em liberdade de contratar. Ela fala em liberdade e proíbe a privação da liberdade sem o devido processo legal. Ao proibir tal privação, a Constituição não reconhece uma liberdade absoluta e incontrolável. Liberdade, em cada uma de suas fases, tem a sua história e conotação. Mas a liberdade salvaguardada é a liberdade em uma organização social que exige proteção jurídica contra os males que ameaçam a saúde, a segurança, a moral e o bem estar do povo. Liberdade sob a Constituição está, assim, necessariamente sujeita às restrições do devido processo, e a lei que é razoável em relação à sua matéria e é adotada nos interesses da comunidade é devido processo.[123]

Como facilmente se percebe, o julgamento dos casos *Nebbia* e *Parrish* engendrou uma verdadeira mudança de paradigma na jurisprudência da Suprema Corte.[124] Com efeito, logo a seguir, em *United States v. Carolene Products Co.*, a Suprema Corte julgou constitucional o *Filled Milk Act* de 1923, que proibira

---

[119] *Constitutional law*, p. 506.

[120] 298 U.S. 587 (1936).

[121] Laurence H. Tribe, *American constitutional law*, v. 1, p. 1.352.

[122] *American constitutional law*, v. 2, p. 85.

[123] 300 U.S. 379 (1937). Além disso, a Corte ressaltou que *"There is an additional and compelling consideration which recent economic experience has brought into a strong light. The exploitation of a class of workers who are in an unequal position with respect to bargaining power and are thus relatively defenseless against the denial of a living wage is not only detrimental to their health and well being, but casts a direct burden for their support upon the community"*. Segundo Gary L. MacDowell, *The perverse paradox of privacy*, p. 67, "embora a Corte, em *West Coast Hotel*, tenha declinado de invalidar uma lei estadual sob a doutrina do devido processo substantivo, ela também, pontualmente, recusou-se a aniquilar a própria doutrina, deixando-a livre para retornar outro dia".

[124] Kathleen M. Sullivan, Gerald Gunther, *Constitutional law*, p. 490.

Devido Processo Legal e Proteção de Direitos

o comércio de *filled milk*, uma mistura de leite com óleo vegetal.[125] O caso é especialmente importante pelo fato de que, na célebre *Footnote 4, Justice* Stone, pela Corte, ditou que uma "investigação judicial mais profunda" (*more searching judicial inquiry*) deveria ser feita apenas quando tivesse por objeto uma lei que restringisse direitos fundamentais, ou que discriminasse "minorias segregadas e insulares" (*discrete and insular minorities*), como se vê:

> Pode haver um alcance mais limitado para a atuação da presunção de constitucionalidade, quando a legislação pareça, à primeira vista, estar de acordo com uma proibição específica da Constituição, tal como aquelas das dez primeiras Emendas, que são julgadas igualmente específicas quando consideradas como compreendidas dentro da Décima Quarta. (...) É desnecessário considerar agora se a legislação que restringe aqueles processos políticos, dos quais se pode ordinariamente esperar que importem rejeição de legislação indesejável, deve estar submetida a um escrutínio judicial mais rigoroso que muitos outros tipos de legislação, sob as proibições gerais da Décima Quarta Emenda. (...) Nem nós precisamos indagar (...) se o preconceito contra minorias segregadas e insulares pode ser uma condição especial, que tenda a limitar seriamente o funcionamento daqueles processos políticos, aos quais ordinariamente é confiada a proteção de minorias, e que possa demandar, correlativamente, uma investigação judicial mais profunda.[126]

Tal Nota de Rodapé, como bem observado por Laurence H. Tribe, posteriormente servirá de justificativa para o "aumento da intervenção judicial em assuntos não-econômicos", melhor dizendo, para a proteção de direitos fundamentais (*civil liberties*) não-enumerados na Declaração de Direitos da Constituição estadunidense.[127]

Outrossim, em *Olsen v. State of Nebraska ex rel. Western Reference & Bond*, a Suprema Corte julgou constitucional uma lei que estabelecera um teto máximo

---

[125] 304 U.S. 144 (1938). Segundo *Justice* Stone, "*the existence of facts supporting the legislative judgment is to presumed, for regulatory legislation affecting ordinary commercial transactions is not to be pronounced unconstitutional unless in the light of the facts made know or generally assumed it is of such a character as to preclude the assumption that it rests upon some rational basis within the knowledge and experience of the legislators*".

[126] Traduzido livremente. No original: "*There may be narrower scope for operation of the presumption of constitutionality when legislation appears on its face to be within a specific prohibition of the Constitution, such as those of the first ten Amendments, which are deemed equally specific when held to be embraced within the Fourteenth. (...). It is unnecessary to consider now whether legislation which restricts those political processes which can ordinarily be expected to bring about repeal of undesirable legislation, is to be subjected to more exacting judicial scrutiny under the general prohibitions of the Fourteenth Amendment than are most other types of legislation. (...) Nor need we enquire (...) whether prejudice against discrete and insular minorities may be a special condition, which tends seriously to curtail the operation of those political processes ordinarily to be relied upon to protect minorities, and which may call for a correspondingly more searching judicial inquiry*".

[127] *American constitutional law*, v. 1, p. 1.362. A propósito, *vide* Bruce A. Ackerman, *Beyond Carolene Products*, p. 713 e segs.; e Elizabeth Zoller, Esplendores e misérias do constitucionalismo, p. 99-102, aduzindo que, "com o caso *Carolene Products*, o Supremo Tribunal passou a presumir a constitucionalidade das leis do Congresso em matéria econômica, desde que racionalmente fundadas. O novo modo de controle da constitucionalidade inaugurado pela decisão *Carolene Products* continha todavia uma exceção. (...) E a exceção à presunção de constitucionalidade era cheia de sentido e rica de desenvolvimento futuro. Não há qualquer dúvida de que, ao formulá-la, o Supremo Tribunal pretendia reservar-se o poder de opor *Marbury* a certas formas de tirania moderna e, em particular, aos procedimentos de exclusão política (...). Como poderia ser de outra forma? A não ser que se renegasse, o juiz constitucional da democracia não pode fazer da defesa dos direitos do cidadão outra coisa que não a primeira das suas missões".

para os honorários de agências de emprego.[128] Em *Lincoln Union v. Northwestern Co.*, a Corte confirmou a validade de uma lei segundo a qual não poderia ser negado emprego a quem não fosse filiado a um sindicato.[129] Em *Williamson v. Lee Optical Co.*, a Corte declarou a constitucionalidade de uma lei de Oklahoma que proibira o fornecimento de lentes por ópticos sem a prescrição de um oftalmologista.[130] E, em *Ferguson v. Skrupa*, a Corte reputou válida uma lei do Kansas consoante a qual apenas advogados poderiam prestar serviços de cobrança de créditos.[131]

---

[128] 313 U.S. 236 (1941). No caso, segundo *Justice* Douglas, "*We are not concerned, however, with the wisdom, need, or appropriateness of the legislation. (...) There is no necessity for the state to demonstrate before us that evils persist despite the competition which attends the bargaining in this field. In final analysis, the only constitutional prohibitions or restraints which respondents have suggested for the invalidation of this legislation are those notions of public policy embedded in earlier decisions of this Court but which, as Mr. Justice Holmes long admonished, should not be read into the Constitution. (...) Since they do not find expression in the Constitution, we cannot give them continuing vitality as standards by which the constitutionality of the economic and social programs of the states is to be determined*".

[129] 335 U.S. 525 (1949). Neste caso, a Suprema Corte sublinhou que "A doutrina constitucional de '*Allgeyer-Lochner-Adair-Coppage*' foi por alguns anos observada por esta Corte", e que "os Estados tem o poder de legislar contra o que entendem ser práticas prejudiciais em seus assuntos internos comerciais e econômicos, até onde suas leis não contrariem alguma proibição constitucional federal específica, ou alguma lei federal válida".

[130] 348 U.S. 483 (1955). Neste caso, a Corte explicitou que "*The Oklahoma law may exact a needless, wasteful requirement in many cases. But it is for the legislature, not the courts, to balance the advantages and disadvantages of the new requirement*". Ainda segundo a Corte, "*The legislature might have concluded that the frequency of occasions when a prescription is necessary was sufficient to justify this regulation of the fitting eyeglasses. Likewise, when it is necessary to duplicate a lens, a written prescription may or may not be necessary. But the legislature might have concluded that one was needed often enough to require one in every case. Or the legislature may have concluded that eye examinations were so critical, not only for correction of vision but also for detection of latent ailments or diseases, that every change in frames and every duplication of a lens should be accompanied by a prescription from a medical expert*". De resto, a Corte pontificou que "*The day is gone when this Court uses the Due Process Clause of the Fourteenth Amendment to strike down state laws, regulatory of business and industrial conditions, because they may be unwise, improvident, our out of harmony with a particular school of thought*".

[131] 372 U.S. 726 (1963). Neste caso, *Justice* Black, pela Corte, afirmou que "*Under the system of government created by our Constitution, it is up to the legislatures, not courts, to decide on the wisdom and utility of legislation. There was a time when the Due Process Clause was used by this Court to strike down laws which were thought unreasonable, that is, unwise or incompatible with some particular economic or social philosophy*". Ainda de acordo com *Justice* Black, "*The doctrine that prevailed in Lochner, Coppage, Adkins, Burns, and like cases – that due process authorizes courts to hold laws unconstitutional when they believe the legislature have acted unwisely – has long since been discarded. (...) It is now settled that States 'have power to legislate against what are found to be injurious practices in their internal commercial and business affairs, so long as their laws do not run afoul of some specific federal constitutional prohibition, or of some valid federal law*". Ressaltando o "abandonment of the use of the 'vague contours' of the Due Process Clause to nullify laws which a majority of the Court believed to be economically unwise", *Justice* Black concluiu que "*the Kansas Legislature was free to decide for itself that legislation was needed to deal with the business of debt adjusting. (...) We refuse to sit as a 'superlegislature to weigh the wisdom of legislation', and we emphatically refuse to go back to the time when courts used the Due Process Clause 'to strike down state laws, regulatory of business and industrial conditions, because they may be unwise, improvident, or out of harmony with a particular school of thought'. (...) Whether the legislature takes for its textbook Adam Smith, Herbert Spencer, Lord Keynes, or some other is no concern of ours*".

Fato é, portanto, que a partir de 1937 a Suprema Corte deixou de invalidar leis regulamentadoras da atividade econômica, sob a invocação do devido processo substantivo.[132]

Desde então, liberdades econômicas como o direito de propriedade e a liberdade de contratar passaram a ser protegidas sob o pálio de duas disposições constitucionais específicas: a *contracts clause* do Artigo I, § 10, e a *takings clause* da Quinta Emenda da Constituição dos Estados Unidos.[133] O Artigo I, § 10, estabelece que "nenhum Estado editará qualquer lei prejudicando a força obrigatória dos contratos *the Obligation of Contracts*".[134] A Quinta Emenda, por sua vez, dispõe que "a propriedade privada não será tomada para uso público, sem justa indenização".[135]

Sem embargo, a partir da década de 90 começou a ensaiar-se na jurisprudência da Suprema Corte a revivificação do *economic substantive due process*, pelo menos no contexto dos chamados danos punitivos (*punitive damages*).

2.6. Revivificação

Efetivamente, a Suprema Corte tem revivificado o *economic substantive due process* para impor limites à quantificação dos chamados danos punitivos (*punitive damages*), quando esta se apresenta grosseiramente desproporcional (*grossly disproportionate*). Consoante lição de Kathleen M. Sullivan e Gerald Gunther, "a questão do devido processo substantivo, nestes casos, é se o julgamento proferido por um júri, sobre danos punitivos, sem critérios suficientemente claros e objetivos, equivale a um enriquecimento indevido, ou se pode ser adequadamente descrito como 'direito'".[136]

---

[132] Kathleen M. Sullivan, Gerald Gunther, *Constitutional law*, p. 511.

[133] Erwin Chemerinsky, *Constitutional law*, p. 605.

[134] A propósito, *vide* Erwin Chemerinsky, *Constitutional law*, p. 605-615; Kathleen M. Sullivan, Gerald Gunther, *Constitutional law*, p. 534-544; e Bernard Schwartz, *Old wine in old bottles? The renaissance of the contract clause*, p. 95 e segs. Na jurisprudência da Suprema Corte, *vide*: *Home Building & Loan Ass'n v. Blaisdell*, 290 U.S. 398 (1934); *El Paso v. Simmons*, 379 U.S. 497 (1965); *United States Trust Co. v. New Jersey*, 431 U.S. 1 (1977); *Allied Structural Steel Co. v. Spannaus*, 438 U.S. 234 (1978); *Energy Reserves Group v. Kansas Power & Light*, 459 U.S. 400 (1983); *Exxon Corp. v. Eagerton*, 462 U.S. 176 (1983); *General Motors Corp. v. Romein*, 503 U.S. 181 (1992); *United States v. Winstar Corp.*, 518 U.S. 839 (1996).

[135] A esse respeito, *vide* Erwin Chemerinsky, *Constitutional law*, p. 615-639; Kathleen M. Sullivan, Gerald Gunther, *Constitutional law*, p. 514-534; e Stewart M. Wiener, *Substantive due process in the twilight zone: protecting property interests from arbitrary land use decisions*, p. 1.467 e segs. Na jurisprudência da Suprema Corte, *vide*: *Pennsylvania Coal Co. v. Mahon*, 260 U.S. 393 (1922); *Miller v. Schoene*, 276 U.S. 272 (1928); *Berman v. Parker*, 348 U.S. 26 (1954); *Penn Central Transp. Co. v. New York City*, 438 U.S. 104 (1978); *Loretto v. Teleprompter Manhattan Catv Corp.*, 458 U.S. 419 (1982); *Hawaii House Authoroty v. Midkiff*, 467 U.S. 229 (1984); *Nollan v. California Coastal Commission*, 483 U.S. 825 (1987); *Keystone Bituminous Coal Ass'n v. DeBenedictis*, 480 U.S. 470 (1987); *First Lutheran Church v. Los Angeles County*, 482 U.S. 304 (1987); *Lucas v. South Carolina Coastal Council*, 505 U.S. 1.003 (1992); *Dolan v. City of Tigard*, 512 U.S. 374 (1994); *Palazzolo v. Rhode Island*, 533 U.S. 606 (2001); *Tahoe-Sierra Preservation Council, Inc. v. Tahoe Regional Planning Agency*, 535 U.S. 302 (2002).

[136] *Constitutional law*, p. 512.

No julgamento do caso *BMW of North America, Inc. v. Gore*, a Suprema Corte pela primeira vez revisou uma indenização excessiva por danos punitivos (*an excessive punitive damages award*), mais precisamente, uma indenização de dois milhões de dólares, imposta porque, "depois de ter comprado um automóvel BMW novo, de uma concessionária do Alabama, Gore descobriu que o carro tinha sido repintado".[137] Citando *TXO Production Corp. v. Alliance Resources Corp.*[138] *Justice* Stevens, pela Corte, ressaltou que "a disposição do devido processo da Décima Quarta Emenda proíbe um Estado de impor, a um infrator, uma punição 'grosseiramente excessiva'". Segundo *Justice* Stevens, "somente quando uma indenização pode ser seguramente caracterizada como 'grosseiramente excessiva' em relação àqueles interesses [os interesses legítimos do Estado em punir e dissuadir], ela ingressa na zona de arbitrariedade que malfere a disposição do devido processo da Décima Quarta Emenda".[139]

Por outro lado, no julgamento do caso *Eastern Enterprises v. Apfel*, a Suprema Corte, por 5 votos a 4, declarou a inconstitucionalidade de uma lei com efeito retroativo, o *Coal Industry Retiree Health Benefit Act* de 1992, que obrigava empresas do setor carbonífero ao pagamento de auxílios de assistência à saúde de mineradores, "mesmo que eles há muito estivessem aposentados, e mesmo que eles não tivessem subscrito os mais recentes acordos coletivos celebrados para cobrir tais custos".[140] *Justices* O'Connor, Scalia e Thomas, bem como o *Chief Justice* Rehnquist, revelando séria preocupação com a aplicação do devido processo substantivo para invalidar leis de caráter econômico, entenderam que a lei então impugnada, com efeito retroativo, constituía "inadmissível desapropriação sem justa compensação", sob invocação da disposição da justa compensação da Quin-

---

[137] 571 U.S. 559 (1996).

[138] 509 U.S. 443 (1993). Neste caso, *Justice* Scalia proferiu voto divergente, do qual vale reproduzir o seguinte excerto: "*I am willing to accept the proposition that the Due Process Clause of the Fourteenth Amendment, despite its textual limitation to procedure, incorporates certain substantive guarantees specified in the Bill of Rights; but I do not accept the proposition that it is the secret repository of all sorts of other, unenumerated, substantive rights – however fashionable that proposition may have been (even as to economic rights of the sort involved here) at the time of the Lochner-era cases the plurality relies upon. It is particularly difficult to imagine that 'due process' contains the substantive right not to be subjected to excessive punitive damages, since if it contains that, it would surely also contain the substantive right not to be subjected to excessive fines, which would make the Excessive Fines Clause of the Eighth Amendment superfluous in light of the Due Process Clause of the Fifth Amendment*".

[139] 571 U.S. 559 (1996). Em igual sentido, *Justice* Breyer observou que "*this constitutional concern, itself harkening back to the Magna Carta, arises out of the basic unfairness of depriving citizens of life, liberty, or property, through the application, not of law and legal processes, but of arbitrary coercion. (...) Requiring the application of law, rather than a decisionmaker's caprice, does more than simply provide citizens notice of what actions may subject them to punishment; it also helps to assure the uniform general treatment of similarly situated persons that is the essence of law itself*". De ressaltar, no entanto, o voto divergente proferido pelo *Justice* Scalia, segundo o qual "eu não considero a disposição do devido processo da Décima Quarta Emenda como um repositório secreto de garantias substantivas contra a 'injustiça' – nem a injustiça de uma indenização civil excessiva, nem a injustiça de uma indenização punitiva 'irrazoável'".

[140] 524 U.S. 498 (1998). A propósito, *vide* Kathleen M. Sullivan, Gerald Gunther, *Constitutional law*, p. 512.

Devido Processo Legal e Proteção de Direitos

ta Emenda.[141] Por sua vez, *Justice* Kennedy igualmente reputou inválida essa lei, porém, com fundamento nas "implicações substantivas da disposição do devido processo".[142] Não passou, no entanto, de voto isolado.[143]

Examinemos, agora, o outro contexto de aplicação do *substantive due process*.

3. *SUBSTANTIVE DUE PROCESS OF LAW* E DIREITOS FUNDAMENTAIS

3.1. A função incorporativa do *substantive due process of law*

3.1.1. Introdução

A *Bill of Rights* é a Declaração de Direitos da Constituição norte-americana, compondo-se das dez primeiras emendas que em 1791 foram propostas pelo Congresso e ratificadas pelos legislativos estaduais. A bem da verdade, apenas as oito primeiras emendas conferem direitos individuais, visto que na Nona encontra-se a disposição dos "direitos não-enumerados" e na Décima, a dos "poderes reservados".[144]

---

[141] Erwin Chemerinsky, *Constitutional law*, p. 604; e Kathleen M. Sullivan, Gerald Gunther, *Constitutional law*, p. 512.

[142] 524 U.S. 498 (1998). No voto proferido pelo *Justice* Kennedy, lê-se que: "*Although we have been hesitant to subject economic legislation to due process scrutiny as a general matter, the Court has given careful consideration to due process challenges to legislation with retroactive effects. (...) For centuries our law has harbored a singular distrust of retroactive statutes. (...) Retroactive lawmaking is a particular concern for the courts because of the legislative 'tempt[ation] to use retroactive legislation as a means of retribution against unpopular groups or individuals'. (...) If retroactive laws change the legal consequences of transactions long closed; the change can destroy the reasonable certainty and security which are the very objects of property ownership. As a consequence, due process protection for property must be understood to incorporate our settled tradition against retroactive laws of great severity. (...) The case before us represents one of the rare instances where the Legislature has exceeded the limits imposed by due process. (...) In creating liability for events which occurred 35 years ago the Coal Act has a retroactive effect of unprecedented scope. (...) While we have upheld the imposition of liability on former employers based on past employment relationships, the statutes at issue were remedial, designed to impose an 'actual, measurable cost of the employer's business' which the employer had been able to avoid in the past. (...) The Coal Act, however, does not serve this purpose. Eastern was once in the coal business and employed many of the beneficiaries, but (...) their expectation of lifetime health benefits (...) was created by promises and agreements made long after Eastern left the coal business. (...) This case is far outside the bounds of retroactivity permissible under our law*". A esse respeito, *vide* Kathleen M. Sullivan, Gerald Gunther, *Constitutional law*, p. 512.

[143] Erwin Chemerinsky, *Constitutional law*, p. 604.

[144] No original: "*Amendment I: Congress shall make no law respecting an establishment of religion, or prohibiting the free exercise thereof; or abridging the freedom of speech, or of press; or the right of the people peaceably to assemble, and to petition the Government for a redress of grievances. Amendment II: A well regulated Militia, being necessary to the security of a free State, the right of the people to keep and bear Arms, shall not be infringed. Amendment III: No Soldier shall, in time of peace be quartered in any house, without the consent of the Owner, nor in time of war, but in a manner to be prescribed by law. Amendment IV: The right of the people to be secure in their persons, houses, papers, and effects, against unreasonable searches and seizures, shall not be violated, and no Warrants shall issue, but upon probable cause, supported by Oath or affirmation, and particularly describing the place to be searched, and the persons or things to be seized. Amendment V: No person shall*

Inicialmente, essa Declaração outorgava proteção a direitos individuais apenas em face do governo federal. Os governos estaduais, por assim dizer, estavam livres para lidar como bem entendessem com os direitos ali reconhecidos.[145]

3.1.2. Rejeição inicial

Em *Barron v. City of Baltimore*, a Suprema Corte enfrentou pela primeira vez a questão relativa à aplicação da Declaração de Direitos aos governos esta-

be held to answer for a capital, or otherwise infamous crime, unless on a presentment or indictment of a Grand Jury, except in cases arising in the land or naval forces, or in the Militia, when in actual service in time of War or public danger; nor shall any person be subject for the same offence to be twice put in jeopardy of life or limb; nor shall be compelled in any criminal case to be a witness against himself, nor be deprived of life, liberty, or property, without due process of law; nor shall private property be taken for public use, without just compensation. Amendment VI: In all criminal prosecutions, the accused shall enjoy the right to a speedy and public trial, by an impartial jury of the State and district wherein the crime shall have been committed, which district shall have been previously ascertained by law, and to be informed of the nature and cause of the accusation; to be confronted with the witnesses against him; to have compulsory process for obtaining witnesses in his favor, and to have the Assistance of Counsel for his defense. Amendment VII: In Suits at common law, where the value in controversy shall exceed twenty dollars, the right of trial by jury shall be preserved, and no fact tried by a jury, shall be otherwise re-examined in any Court of the United States, than according to the rules of the common law. Amendment VIII: Excessive bail shall not be required, nor excessive fines imposed, nor cruel and unusual punishments inflicted. Amendment IX: The enumeration in the Constitution, of certain rights, shall not be construed to deny or disparage others retained by the people. Amendment X: The powers not delegated to the United States by the Constitution, nor prohibited by it to the States, are reserved to the States respectively, or to the people". Tradução livre: "Emenda I: O Congresso não poderá criar lei impondo religião, ou proibindo o seu livre exercício; ou restringindo a liberdade de expressão, ou de imprensa; ou o direito das pessoas de reunir-se pacificamente, ou de peticionar ao Governo por desagravos. Emenda II: Sendo necessária uma milícia bem organizada para a segurança de um Estado livre, não será violado o direito das pessoas de ter e portar armas. Emenda III: Nenhum soldado, em tempo de paz, será aquartelado em qualquer casa, sem o consentimento do proprietário, nem em tempo de guerra, senão na forma prevista em lei. Emenda IV: O direito das pessoas à segurança de si mesmas, de suas casas, papéis e bens, contra buscas e apreensões arbitrárias, não será violado, e nenhum mandado será expedido senão sob fundadas razões, confirmadas por juramento ou compromisso, e descrevendo, particularmente, o lugar objeto da busca, e as pessoas ou coisas objeto da apreensão. Emenda V: Ninguém será chamado a responder por crime capital, ou de qualquer modo infamante, senão em razão de denúncia ou na presença de um Grande Júri, exceto em casos surgidos no âmbito das forças de mar ou de terra, ou da milícia, quando em serviço efetivo em tempo de guerra ou de perigo público; nem qualquer pessoa, pelo mesmo crime, será submetida duas vezes a um processo que lhe ponha em risco de vida ou apuros; nem será obrigada, em qualquer caso criminal, a testemunhar contra si mesma, nem será privada da vida, da liberdade ou da propriedade, sem o devido processo legal; nem a propriedade privada será tomada para uso público, sem justa compensação. Emenda VI: Em todas persecuções penais, o acusado terá direito a um julgamento rápido e público, por júri imparcial do Estado e do distrito onde o crime houver sido cometido, distrito esse que deverá ter sido previamente determinado em lei, e de ser informado sobre a natureza e o motivo da acusação; de ser confrontado com as testemunhas contrárias a si; e de obter, compulsoriamente, o depoimento de testemunhas a seu favor, e de ser assistido por advogado em sua defesa. Emenda VII: Em processos sujeitos ao direito comum, nos quais o valor em litígio exceder a vinte dólares, o direito a julgamento por júri será preservado, e nenhuma causa julgada por um júri será de outro modo reexaminada em qualquer Corte dos Estados Unidos, senão de acordo com as regras do direito comum. Emenda VIII: Não poderá ser exigida fiança excessiva, nem impostas multas excessivas, nem infligidas punições cruéis e incomuns. Emenda IX: A enumeração de certos direitos, na Constituição, não poderá ser interpretada para negar ou restringir outros pertencentes às pessoas. Emenda X: Os poderes não delegados aos Estados Unidos pela Constituição, nem por ela proibidos aos Estados, são reservados respectivamente aos Estados, ou ao povo". A propósito, *vide* Erwin Chemerinsky, *Constitutional law*, p. 470.

[145] Ralph A. Rossum, G. Alan Tarr, *American constitutional law*, v. 2, p. 51. Segundo John E. Nowak e Ronald D. Rotunda, *Constitutional law*, p. 352, "a Declaração de Direitos poderia ter consagrado disposições específicas para controlar a atuação dos governos estaduais. A história da Declaração de Direitos, contudo, mostra claramente que a intenção dos autores das emendas era de que estas se aplicassem somente ao governo federal".

Devido Processo Legal e Proteção de Direitos

duais. No entanto, por unanimidade, decidiu que a Declaração de Direitos positivava restrições apenas ao governo federal.[146]

Segundo Erwin Chemerinsky, atualmente é difícil compreender que os governos estaduais estivessem livres para violar direitos fundamentais assegurados na Constituição norte-americana. Contudo, quando o caso *Barron* foi decidido, as Constituições estaduais eram efetivamente levadas a sério pelos respectivos governos, compartilhando-se, ademais, o entendimento de que a Declaração de Direitos havia sido criada para aplicar-se apenas ao governo federal.[147]

Entretanto, em 1868 a 14ª Emenda foi promulgada, com o que passou a ser exigida a reconsideração da decisão proferida pela Corte em *Barron*. Com efeito, nos termos da 1ª Seção da 14ª Emenda, os governos estaduais foram proibidos não apenas de restringir privilégios e imunidades dos cidadãos dos Estados Unidos, mas também de negar, a qualquer pessoa, a igual proteção das leis. De resto, foram obrigados a observar o devido processo legal antes de privar qualquer pessoa da vida, da liberdade ou da propriedade.[148]

3.1.3. Negativa de incorporação por meio da privileges or immunities clause

De acordo com Charles Fairman, o alvitre de que a Declaração de Direitos eventualmente poderia ser incorporada por meio da disposição dos privilégios e imunidades, prevista na Décima Quarta Emenda, para então aplicar-se aos gover-

---

[146] 32 U.S. 243 (1833). Pela Corte, *Chief Justice* Marshall declarou, antes de tudo, que "*the question thus presented is, we think, of great importance, but not of much difficulty*". A seguir, afirmou que "*the constitution was ordained and established by the people of the United States for themselves, for their own government, and not for the government of the individual states*", pois, "*had the framers of these amendments intended them do be limitations on the powers of the state governments, (...) they would have declared this purpose in plain and intelligible language*". Outrossim, "*the limitations on power, if expressed in general terms, are naturally, and, we think, necessarily, applicable to the government created by the instrument. They are limitations of power granted in the instrument itself; not of distinct governments, framed by different persons and for different purposes*". E concluiu o seguinte: "*Each state established a constitution for itself, and in that constitution, provided such limitations and restrictions on the powers of its particular government, as its judgment dictated. (...) We are of opinion, that the provision in the fifth amendment to the constitution, declaring that private property shall not be taken for public use, without just compensation, is intended solely as a limitation on the exercise of power by the government of the United States, and is not applicable to the legislation of the states*". A propósito, *vide* Ralph A. Rossum, G. Alan Tarr, *American constitutional law*, v. 2, p. 52.

[147] *Constitutional law*, p. 472. Neste diapasão, John Hart Ely observa que, "em termos de *original understanding*, é quase certo que '*Barron*' foi corretamente decidido" (*Democracy and distrust*, p. 196).

[148] No original: "*Amendment XIV. Section 1. All persons born or naturalized in the United States and subject to the jurisdiction thereof, are citizens of the United States and of the State wherein they reside. No State shall make or enforce any law which shall abridge the privileges or immunities of citizens of the United States; nor shall any State deprive any person of life, liberty, property, without due process of law; nor deny to any person within its jurisdiction the equal protection of the laws*". Tradução livre: "Emenda XIV. Seção 1. Todas as pessoas nascidas ou naturalizadas nos Estados Unidos e sujeitas à sua jurisdição são cidadãos dos Estados Unidos e do Estado onde residem. Nenhum Estado criará ou aplicará qualquer lei que possa restringir os privilégios e imunidades dos cidadãos dos Estados Unidos; nenhum Estado privará qualquer pessoa da vida, da liberdade ou da propriedade, sem o devido processo legal; nem negará a qualquer pessoa dentro de sua jurisdição a igual proteção das leis". A esse respeito, *vide* Ralph A. Rossum, G. Alan Tarr, *American constitutional law*, v. 2, p. 54-55.

nos estaduais, não tem respaldo "na prática do Congresso, nem na atuação dos legislativos estaduais, das convenções constitucionais ou dos tribunais". Categoricamente, conclui Fairman, "o Congresso não tentaria algo assim, o País não o apoiaria, os legislativos estaduais não o ratificariam".[149]

De fato, no julgamento dos *Slaughter-House Cases*, quando pela primeira vez interpretou a 14ª Emenda, a Suprema Corte decidiu que a disposição dos privilégios e imunidades não havia sido criada para proteger direitos individuais em face dos governos estaduais, nem para servir de fundamento para a invalidação de leis estaduais.[150]

Destarte, a Corte interpretou restritivamente a disposição dos privilégios e imunidades,[151] no sentido de que contemplava apenas "the right of the citizen (...) 'to come to the seat of government to assert any claim he may have upon that government, to transact any business he may have with it, to seek its protection, to share its offices, to engage in administering its functions. He has the right of free access to its seaports, through which all operations of foreign commerce are conducted, to the subtreasuries, land offices, and courts of justice in the several States', (...) and to demand the care and protection of the Federal government over his life, liberty, and property when on the high seas or within the jurisdiction of a foreign government".[152]

Todos esses direitos, no entanto, já existiam antes da positivação da garantia dos privilégios e imunidades na 14ª Emenda. Neste diapasão, é lícito afirmar que, no julgamento dos *Slaughter-House Cases*, a Suprema Corte acabou por esvaziar a disposição de seu significado potencial.[153] Diga-se mais: o sentido e alcance do

---

[149] *Does the Fourteenth Amendment incorporate the Bill of Rights?*, p. 132 e 137.

[150] 83 U.S. 36 (1872). Segundo a Corte, "*such a construction (...) would constitute this court a perpetual censor upon legislation of the States, on the civil rights of their own citizens, with authority to nullify such as it did not approve as consistent with those rights, as they existed at the time of the adoption of this amendment. (...) We are convinced that no such results were intended by the Congress which proposed these amendments, nor by the legislatures of the States which ratified them*". Ainda segundo a Corte, "*the privileges and immunities (...) are left to the State governments for security and protection, and not by this article placed under the special care of the Federal government*". Por um lado, *Justice* Miller, pela Corte, observou que "*no questions so far-reaching and pervading in their consequences, so profoundly interesting to the people of this country, and so important in their bearing upon the relations of the United States, and of the several States to each other and to the citizens of the States and of the United States, have been before this court during the official life of any of its present members*". No entanto, por outro lado, explicitou que "*The most cursory glance at these articles the Thirteenth and Fourteenth Amendments discloses a unity of purpose, when taken in connection with the history of the times, (...) that no one can fail to be impressed with the one pervading purpose found in them all, lying at the foundation of each, and without which none of them would have been even suggested; we mean the freedom of the slave race, the security and firm establishment of that freedom, and the protection of the newly-made freeman and citizen from the oppressions of those who had formerly exercised unlimited dominion over him*". A esse respeito, *vide* Erwin Chemerinsky, *Constitutional law*, p. 475; e Ralph A. Rossum, G. Alan Tarr, *American constitutional law*, v. 2, p. 57.

[151] Ralph A. Rossum, G. Alan Tarr, *American constitutional law*, v. 2, p. 57.

[152] 83 U.S. 36 (1872).

[153] O que, aliás, é confirmado em voto divergente do *Justice* Field: "*If the privileges and immunities clause (...) only refers, as held by the majority of the court (...), to such privileges and immunities as were before its adoption specially designated in the Constitution or necessarily implied as belonging to citizens of the United States,*

Devido Processo Legal e Proteção de Direitos

dispositivo dos privilégios e imunidades não sofreu alteração das mais substanciais desde o julgamento dos *Slaughter-House Cases* – o qual, lembre-se, ocorreu em 1872.[154]

Por conseguinte, nos casos subsequentes, o cerne do debate – sobre a proteção de direitos individuais conferidos pela Constituição em face dos governos estaduais – foi deslocado da disposição dos privilégios e imunidades para a do devido processo legal.[155]

3.1.4. Primeiros casos de incorporação por meio da due process clause

No caso *Chicago, B. & Q. R. Co. v. City of Chicago*, julgado em 1897, a Suprema Corte pela primeira vez decidiu que a Declaração de Direitos poderia ser aplicada aos governos estaduais, por meio da Décima Quarta Emenda. Neste caso,

---

it was a vain and idle enactment, which accomplished nothing, and most unnecessarily excited Congress and the people on its passage".

[154] Ralph A. Rossum, G. Alan Tarr, *American constitutional law*, v. 2, p. 57; Erwin Chemerinsky, *Constitutional law*, p. 476; e *idem, The Supreme Court and the Fourteenth Amendment: the unfulfilled promise*, p. 1.145-1.147, concluindo que "a Corte poderia ter usado a disposição dos privilégios ou imunidades para proteger direitos fundamentais, tornando, com isto, desnecessário o conceito de devido processo substantivo. Talvez a Corte se sentisse mais confortável e, por isto, mais disposta a proteger direitos não-enumerados sob a linguagem da disposição dos privilégios ou imunidades, em lugar do processo analítico mais difícil de justificar direitos implícitos sob a disposição do devido processo". Notável exceção, contudo, verificou-se no caso *Saenz v. Roe*, 526 U.S. 489 (1999), em que a Suprema Corte, pela primeira vez, declarou a inconstitucionalidade de uma lei estadual com fundamento na *privileges and immunities clause* da 14ª Emenda. Tal lei limitava os benefícios sociais de qualquer família que fixasse seu novo domicílio no Estado da Califórnia *"to the amount payable by the State of the family's prior residence".* Segundo *Justice* Stevens, pela Corte, *"Despite fundamentally differing views concerning the coverage of the Privileges or Immunities Clause of the Fourteenth Amendment, most notably expressed in the majority and dissenting opinions in the 'Slaughter-House Cases', it has always been common ground that this Clause protects (...) the right to travel (...) and the citizen's right to be treated equally in her new State of residence".* Ainda segundo *Justice* Stevens, *"First, although it is reasonable to assume that some persons may be motivated to move for the purpose of obtaining higher benefits, the empirical evidence reviewed by the District Judge, which takes into account the high cost of living in California, indicates that the number of such persons is quite small – surely not large enough to justify a burden on those who had no such motive. Second, California has represented to the Court that the legislation was not enacted for any such reason. Third, even if it were, as we squarely held in 'Shapiro v. Thompson', 394 U.S. 618 (1969), such a purpose would be unequivocally impermissible".* No caso *Saenz*, houve apenas dois votos divergentes. Um deles, proferido pelo *Chief Justice* Rehnquist: *"The Court today breathes new life into the previously dormant Privileges or Immunities Clause of the Fourteenth Amendment – a Clause relied upon by this Court in only one other decision, 'Colgate v. Harvey' (1935), overruled five years later by 'Madden v. Kentucky' (1940). It uses this Clause to strike down what I believe is a reasonable measure falling under the head of a 'good-faith residency requirement'. Because I do not think any provision of the Constitution – and surely not a provision relied upon for only the second time since its enactment 130 years ago – requires this result, I dissent".* De modo semelhante, *Justice* Thomas afirmou que *"the majority attributes a meaning to the Privileges or Immunities Clause that likely was unintended when the Fourteenth Amendment was enacted and ratified",* de modo que *"I would be open to reevaluating its meaning in an appropriate case. Before invoking the Clause, however, we should endeavor to understand what the framers of the Fourteenth Amendment thought that it meant. We should also consider whether the Clause should displace, rather than augment, portions of our equal protection and substantive due process jurisprudence".* Finalmente, objetou que *"the Privileges or Immunities Clause will become yet another convenient tool for inventing new rights, limited solely by the 'predilections of those who happen at the time to be Members of this Court".*

[155] Ralph A. Rossum, G. Alan Tarr, *American constitutional law*, v. 2, p. 57.

a Corte deu aplicação à garantia de desapropriação por utilidade pública mediante justa indenização, prevista na Quinta Emenda.[156]

A seguir, todavia, a Suprema Corte, em *Twining v. State of New Jersey*, deixou de aplicar a garantia contra a autoincriminação, igualmente conferida pela Quinta Emenda, confirmando julgamento penal condenatório proferido por júri que, com fundamento em lei estadual, havia sido instruído a interpretar como uma espécie de confissão a recusa dos réus a depor. Sem embargo, a Corte reconheceu que "é possível que alguns dos direitos individuais protegidos pelas oito primeiras emendas contra o governo nacional sejam igualmente protegidos contra os governos estaduais, porque uma negação deles seria uma negação do devido processo legal. Se isso é assim, não é porque esses direitos estão enumerados nas oito primeiras emendas, mas porque eles são de uma natureza tal que estão incluídos na concepção de devido processo legal".[157]

Além disso, no julgamento do caso *Gitlow v. People of State of New York*, a Suprema Corte, pela primeira vez, declarou "que a liberdade de expressão e de imprensa – que são protegidas pela Primeira Emenda em face de restrição pelo Congresso – estão entre os direitos fundamentais individuais e liberdades protegidos pela disposição do devido processo legal da 14ª Emenda em face de violação pelos Estados". Neste caso, contudo, a Corte reputou válida uma lei de Nova Iorque que criminalizava a defesa, oral ou por escrito, do recurso à violência para derrubada de um governo legitimamente instituído, confirmando, destarte, a condenação de membros do Partido Socialista pelo crime de anarquia.[158]

De resto, em *Powell v. State of Alabama*, a Suprema Corte reverteu o *"infamous Scottsboro trial"*, no qual, sem direito à assistência de advogado, negado por uma Corte Estadual, negros acusados do crime de estupro foram condenados à pena de morte por um júri do qual pessoas de sua própria raça ou cor haviam sido sistematicamente excluídas.[159] Segundo a Corte, "a Sexta Emenda, em geral, prevê que em todas persecuções criminais o acusado gozará do direito de ter um advogado para sua defesa", e "o direito a um advogado, além de ser especificamente consagrado pela Sexta Emenda, faz parte da intenção do devido processo legal da Décima Quarta Emenda".[160] Citando os precedentes *Twining v. New Jersey* e *Chicago Burlington & Quincy Railroad v. Chicago*, a Corte concluiu que o devido processo legal da 14ª Emenda protege direitos fundamentais em face da

---

[156] 166 U.S. 226 (1897). Segundo a Corte, *"a judgment of a state court, even if it be authorized by statute, whereby private property is taken for the state or under its direction for public use, without compensation made or secured to the owner, is, upon principle and authority, wanting in the due process of law required by the fourteenth amendment of the constitution of the United States, and the affirmance of such judgment by the highest court of the state is a denial by that state of a right secured to the owner by that instrument"*. Em outros termos, a Corte ressaltou *"the potency of the fourteenth amendment to restrain action by a state through either its legislative, executive, or judicial department, which deprives a party of his property without due compensation"*.

[157] 211 U.S. 78 (1908).

[158] 268 U.S. 652 (1925).

[159] Erwin Chemerinsky, *Constitutional law*, p. 479.

[160] 287 U.S. 45 (1932).

Devido Processo Legal e Proteção de Direitos

intervenção dos Estados, e que nesses direitos estão incluídas as disposições da Declaração de Direitos.[161] De acordo com a Suprema Corte, "é claro que o direito à assistência de um advogado é de natureza fundamental".[162]

3.1.5. Distinção entre incorporação total e incorporação seletiva

São duas as *teorias* sobre a incorporação dos direitos conferidos pela Declaração de Direitos, por meio da 14ª Emenda, para aplicação aos governos estaduais: a *total* e a *seletiva*.

Segundo a *teoria da incorporação total*, como o próprio nome indica, a Décima Quarta Emenda incorpora todos os direitos conferidos pela Declaração de Direitos para que sejam aplicados aos governos estaduais. Por outro lado, a *teoria da incorporação seletiva* parte da premissa de que nem todos os direitos enumerados na Declaração de Direitos são *fundamentais*, de modo que, apenas se for qualificado como *fundamental*, um direito, conferido pelas oito primeiras emendas, poderá ser incorporado por meio da 14ª Emenda e aplicado aos governos estaduais, em princípio sem distinção de qualquer espécie no que diz respeito à sua aplicação ao governo federal.[163]

Em *Palko v. State of Connecticut, Justice* Cardozo, pela Corte, explicitou que "o processo de absorção (...) aplica-se apenas aos direitos sem os quais, se fossem sacrificados, não existiria liberdade nem justiça". Em outros termos, aplica-se apenas aos "princípios de justiça mais enraizados nas tradições e na consciência do nosso povo, que são classificados como fundamentais", ou, ainda, àqueles direitos que são "da própria essência de um projeto de liberdade ordenada", isto é, que estão "implícitos no conceito de liberdade ordenada".[164] Semelhantemente, em *Adamson v. People of State of California, Justice* Frankfurter sublinhou, pela maioria da Corte, que "o devido processo legal da Décima Quarta Emenda" proíbe apenas que sejam ofendidos "aqueles cânones de decência e de justiça que expressam as noções de justiça dos povos de língua inglesa".[165]

Todavia, *Justice* Black, em voto divergente proferido no julgamento do caso *Adamson*, declarou que "meu estudo dos eventos históricos que culminaram na Décima Quarta Emenda, e das afirmações tanto daqueles que apoiaram quanto

---

[161] Erwin Chemerinsky, *Constitutional law*, p. 479.

[162] 287 U.S. 45 (1932).

[163] Ralph A. Rossum, G. Alan Tarr, *American constitutional law*, v. 2, p. 58-60. A propósito, *vide* Hugo Lafayette Black, *Crença na Constituição*, p. 53 e segs.; e Donald P. Kommers, John E. Finn, *American constitutional law*, v. 2, p. 340-345.

[164] 302 U.S. 319 (1937). Segundo Gary L. McDowell, *The perverse paradox of privacy*, p. 68, em *Palko*, "*Justice* Benjamin Cardozo suscitou, como questão, se a disposição do devido processo da Décima Quarta Emenda incorporava a Declaração de Direitos e a tornava aplicável aos Estados. (...) As duas principais contribuições de *Palko* foram, primeira, a idéia de que nem todos os direitos são iguais, que existe uma hierarquia; e, segunda, que é tarefa dos juízes determinar quais direitos são fundamentais e aplicáveis aos Estados e quais não são. O velho *standard* de 'razoabilidade' do devido processo substantivo foi deixado vivo e bem".

[165] 332 U.S. 46 (1947).

daqueles que se opuseram a sua proposição e aprovação, convence-me de que um dos principais objetivos perseguidos com a criação das disposições da primeira seção daquela Emenda, separadamente, e como um todo, foi o de tornar a Declaração de Direitos aplicável aos Estados". Não obstante, Erwin Chemerinsky contrapõe que, como "não existe uma única intenção original, dos *framers* ou *founding fathers*, os pais da Constituição estadunidense discernível em matéria de incorporação", o *argumento histórico* jamais pode ser considerado decisivo.[166]

Além disso, a *teoria da incorporação seletiva*, sob o influxo do *federalismo*, ressalta que a aplicação da Declaração de Direitos importaria demasiadas restrições de ordem substantiva aos governos estaduais, e que esses governos, por si próprios, seriam capazes de promover a realização de direitos fundamentais. Por sua vez, a *teoria da incorporação total* sublinha que o *federalismo* não constituiria razão suficiente para deixar de exigir dos governos estaduais a proteção de direitos fundamentais, pois "a história mostra que há casos exemplares em que esses direitos não são adequadamente protegidos pelos governos e tribunais estaduais".[167]

Finalmente, a *teoria da incorporação total* sustenta que, com a adoção da *teoria oposta*, seria outorgada aos juízes ampla margem de discricionariedade para decidir quais direitos são fundamentais, o que não passaria de simples variação da "filosofia do devido processo do direito natural". Já a *teoria da incorporação seletiva* vaticina que, com a adoção da *teoria contrária*, os governos estaduais ficariam sujeitos a intenso controle judicial, e, consequentemente, sobraria menos espaço para a democracia.[168]

---

[166] *Constitutional law*, p. 481. A esse respeito, Charles Fairman, *Does the Fourteenth Amendment incorporate the Bill of Rights?*, p. 130, conclui o seguinte: *"The due process clause was increasingly invoked by litigants claiming protection against state action, and in passing upon those contentions the Court has gradually established that that provision embraces certain of the rights specifically mentioned in the first eight Amendments, yet not all of them. This is the selective process against which Justice Black has rebelled. In his contention that Section I was intended and understood to impose Amendments I to VIII upon the states, the record of history is overwhelmingly against him"*.

[167] Erwin Chemerinsky, *Constitutional law*, p. 481-482. Neste sentido, *Justice* Frankfurter, em *Adamson*, 332 U.S. 46 (1947), observou que *"A construction which gives to due process no independent function but turns it into a summary of the specific provisions of the Bill of Rights would (...) tear up by the roots much of the fabric of law in the several States, and would deprive States of opportunity for reforms in legal process designed for extending the area of freedom"*.

[168] Erwin Chemerinsky, *Constitutional law*, p. 482; e Ralph A. Rossum, G. Alan Tarr, *American constitutional law*, v. 2, p. 60. A propósito, ainda em *Adamson*, 332 U.S. 46 (1947), *Justice* Black salientou que *"to pass upon the constitutionality of statutes by looking to the particular standards enumerated in the Bill of Rights and other parts of the Constitution is one thing; to invalidate statutes because of application of 'natural law' deemed to be above and undefined by the Constitution is another. In the one instance, courts proceeding within clearly marked constitutional boundaries seek to execute policies written into the Constitution; in the other key roam at will in the limitless area of their own beliefs as to reasonableness and actually select policies, a responsibility which the Constitution entrusts to the legislative representatives of the people"*. Por outro lado, *Justice* Frankfurter explicitou que *"The judicial judgment in applying the Due Process Clause must move within the limits accepted notions of justice and is not to be based upon the idiosyncrasies of a merely personal judgment. (...) An important safeguard against such merely individual judgment is an alert deference to the judgment of the State court under review"*.

Sem embargo do acirrado debate, a *teoria da incorporação seletiva*, como é intuitivo, acabou prevalecendo na jurisprudência da Suprema Corte,[169] o que, aliás, foi admitido pelo principal expoente da *teoria da incorporação total*, o próprio *Justice* Black: "jamais consegui, em nenhuma época, obter que a maioria da Corte concordasse com a minha opinião de que a Décima Quarta Emenda incorpora *todas* as prescrições do *Bill of Rights* (as primeiras oito emendas à Constituição) e as torna aplicáveis aos Estados".[170] De resto, no voto vencido que proferiu no caso *Adamson*, *Justice* Black não deixou de afirmar que, "se a escolha tem de ser entre o processo seletivo definido no julgamento do caso *Palko*, aplicando-se algumas das disposições da Declaração de Direitos aos Estados, e a decisão do caso *Twining*, segundo a qual nenhuma delas é aplicável, escolho o processo seletivo de *Palko*".[171]

3.1.6. Direitos fundamentais incorporados

A Suprema Corte, como já destacado, acabou encampando a *teoria da incorporação seletiva*. Atualmente, contudo, a quase-totalidade das disposições da Declaração de Direitos já foi incorporada por meio da 14ª Emenda. Tais disposições, *de regra*, são aplicáveis ao governo federal e aos governos estaduais com o mesmo sentido e alcance. Destarte, pode-se dizer que "os partidários da incorporação total foram extremamente bem sucedidos em seu intento".[172]

A propósito, a Suprema Corte, no julgamento do caso *Duncan v. Louisiana*, esclareceu que "o teste, para determinar se um direito protegido pela Declaração de Direitos em face do governo federal (...) é igualmente protegido em face dos governos estaduais pela Décima Quarta Emenda, tem sido expressado de diversas formas nos precedentes desta Corte". A seguir, explicitou que "a questão tem consistido em saber se um direito está entre aqueles 'princípios fundamentais de liberdade e de justiça que repousam na base de todas as nossas instituições políticas e civis', ou se ele é 'básico em nosso sistema de jurisprudência', ou se é 'um direito fundamental, essencial para um julgamento justo'".[173]

Muito bem. De acordo com a jurisprudência da Suprema Corte, dos direitos conferidos pelas oito primeiras emendas à Constituição norte-americana, são suscetíveis de incorporação por meio da 14ª Emenda e aplicáveis aos governos estaduais, como *direitos fundamentais*: a) da 1ª Emenda, a liberdade religiosa,[174]

---

[169] Ralph A. Rossum, G. Alan Tarr, *American constitutional law*, v. 2, p. 60.

[170] Hugo Lafayette Black, *Crença na Constituição*, p. 56.

[171] 332 U.S. 46 (1947).

[172] Erwin Chemerinsky, *Constitutional law*, p. 482. *Vide*, igualmente, Ralph A. Rossum, G. Alan Tarr, *American constitutional law*, v. 2, p. 61; John E. Nowak, Ronald D. Rotunda, *Constitutional law*, p. 385; e Donald P. Kommers, John E. Finn, *American constitutional law*, v. 2, p. 340-345.

[173] 391 U.S. 145 (1968).

[174] *Cantwell v. State of Connecticut*, 310 U.S. 296 (1940).

a proteção aos locais de culto,[175] a liberdade de expressão[176] e de imprensa,[177] a liberdade de reunião[178] e o direito de petição;[179] b) da 4ª Emenda, a proteção contra buscas e apreensões abusivas, bem como a proibição de mandados gerais[180] e de provas ilícitas (*the exclusionary rule*);[181] c) da 5ª Emenda, a garantia de que ninguém será processado duas vezes pelo mesmo crime (*prohibition of double jeopardy*),[182] o privilégio contra a autoincriminação[183] e a desapropriação por utilidade pública mediante justa indenização;[184] d) da 6ª Emenda, o direito a um julgamento criminal público[185] e rápido[186] por um júri[187] competente e imparcial,[188] o direito de ser informado da acusação,[189] o de ser confrontado com testemunhas contrárias[190] e de obter, compulsoriamente, o depoimento de testemunhas favoráveis,[191] bem como o direito à assistência de um advogado;[192] e) da 8ª Emenda, a vedação de fianças excessivas,[193] bem como de penas cruéis ou incomuns.[194]

Por outro lado, a Suprema Corte há muito decidiu que o direito de portar armas (*right to bear arms*), previsto na 2ª Emenda, não é aplicável aos governos estaduais.[195] Segundo Erwin Chemerinsky, os tribunais têm sistematicamente declarado a validade de leis estaduais sobre controle de armas sob a justificativa de que a Segunda Emenda não tem aplicabilidade no âmbito dos Estados.[196] Registre-se, aliás, que a Suprema Corte ainda não interpretou a 2ª Emenda no sentido de que esta assegure um *direito fundamental de portar armas de fogo*. No entendimento da Corte, a 2ª Emenda apenas proíbe o Congresso de legislar sobre armamento de modo que os Estados fiquem desprovidos de polícia civil ou militar.[197]

---

[175] *Everson v. Board of Education of Ewing Tp.*, 330 U.S. 1 (1947).

[176] *Gitlow v. People of State of New York*, 268 U.S. 652 (1925).

[177] *Near v. State of Minnesota ex rel. Olson*, 283 U.S. 697 (1931).

[178] *De Jonge v. State of Oregon*, 299 U.S. 353 (1937).

[179] *Hague v. Committee for Industrial Organization*, 307 U.S. 496 (1939).

[180] *Wolf v. People of the State of Colorado*, 338 U.S. 25 (1949).

[181] *Mapp v. Ohio*, 367 U.S. 643 (1961)

[182] *Benton v. Maryland*, 395 U.S. 784 (1969).

[183] *Malloy v. Hogan*, 378 U.S. 1 (1964).

[184] *Chicago, B. & Q. R. Co. v. City of Chicago*, 166 U.S. 226 (1897).

[185] *In Re Oliver*, 333 U.S. 257 (1948).

[186] *Klopfer v. North Carolina*, 386 U.S. 213 (1967).

[187] *Duncan v. Louisiana*, 391 U.S. 145 (1968).

[188] *Irvin v. Dowd*, 366 U.S. 717 (1961).

[189] *Cole v. Arkansas*, 333 U.S. 196 (1948).

[190] *Pointer v. Texas*, 380 U.S. 400 (1965).

[191] *Washington v. Texas*, 388 U.S. 14 (1967).

[192] *Gideon v. Wainwright*, 372 U.S. 335 (1963).

[193] *Schilb v. Kuebel*, 404 U.S. 357 (1971).

[194] *Robinson v. California*, 370 U.S. 660 (1962).

[195] *Presser v. State of Illinois*, 116 U.S. 252 (1886).

[196] *Constitutional law*, p. 483.

[197] *Lewis v. United States*, 445 U.S. 55 (1980).

Ademais, a Suprema Corte ainda não teve a oportunidade de pronunciar-se sobre a incorporação do direito previsto na 3ª Emenda, qual seja, a que nenhum soldado se aquartele em qualquer casa sem o consentimento do respectivo proprietário, nem sobre a incorporação da proibição de multas excessivas, estipulada na 8ª Emenda. Trata-se, por conseguinte, de *direitos não-incorporados e não-aplicáveis aos Estados.*[198]

Além disso, a Suprema Corte há muito assentou orientação segundo a qual o direito a um *Grand Jury*, em casos criminais, e o direito ao julgamento por júri, em casos cíveis, previstos, respectivamente, na 5ª e na 7ª Emendas, não são vinculativos para os governos estaduais.[199]

Finalmente, a Suprema Corte tem entendido que, *de regra*, as disposições da Declaração de Direitos, incorporadas por meio da 14ª Emenda, são aplicáveis aos governos estaduais com o mesmo sentido e alcance com o qual se aplicam ao governo federal. Trata-se da *bag and baggage theory* – que pode ser livremente traduzida por "teoria da mala e cuia"[200] –, segundo a qual, "quando uma disposição da Declaração de Direitos é aplicável aos Estados, ela é aplicada exatamente com o *mesmo sentido* que já lhe foi conferido por ocasião de sua aplicação ao governo federal – ela vai para os Estados de 'mala e cuia'".[201] Por exceção, a Suprema Corte tem julgado que *a Sexta Emenda não é aplicável aos governos estaduais e ao governo federal com o mesmo sentido e alcance.* As exceções são, portanto, as exigências de um júri de 12 pessoas e de um veredicto unânime.[202]

---

[198] Erwin Chemerinsky, *Constitutional law*, p. 484.

[199] *Hurtado v. People of State of California*, 110 U.S. 516 (1884), e *Minneapolis & St. L. R. Co. v. Bombolis*, 241 U.S. 211 (1916), respectivamente.

[200] Segundo o *Dicionário Houaiss da Língua Portuguesa*, p. 1.816, "de mala e cuia" é um brasileirismo informal, o mesmo que "com armas e bagagens".

[201] John E. Nowak, Ronald D. Rotunda, *Constitutional law*, p. 387-388, grifado no original; e Erwin Chemerinsky, *Constitutional law*, p. 485. Por exemplo, em *Wallace v. Jaffree*, 472 U.S. 38 (1985), a Corte declarou que "*it is firmly embedded in our constitutional jurisprudence (...) the proposition that the several States have no greater power to restrain the individual freedoms protected by the First Amendment than does the Congress of the United States*". Outro exemplo: no caso *Malloy v. Hogan*, 378 U.S. 1 (1964), a Corte ressaltou que "*the guarantees of the First Amendment, the prohibition of unreasonable searches and seizures of the Fourth Amendment, and the right to counsel guaranteed by the Sixth Amendment, are all to be enforced against the States under the Fourteenth Amendment according to the same standards that protect those personal rights against federal encroachment*", e que "*The Court thus has rejected the notion that the Fourteenth Amendment applies to the States only a 'watered-down, subjective version of the individual guarantees of the Bill of Rights*".

[202] Assim, em *Williams v. Florida*, 399 U.S. 78 (1970), a Corte confirmou a constitucionalidade de uma lei estadual que autorizava a composição do júri, em casos criminais, por apenas seis, em lugar de doze jurados, sob o fundamento de que "*The constitutional guarantee of a trial by jury of the Sixth Amendment does not require that jury membership be fixed at 12*", e, incisivamente, que "*the fact that the jury at common law was composed of precisely 12 is a historical accident, unnecessary to effect the purposes of the jury system and wholly without significance 'except to mystics'*". Outrossim, nos casos *Apodaca v. Oregon*, 406 U.S. 404 (1972), e *Johnson v. Louisiana*, 406 U.S. 356 (1972), a Suprema Corte explicitou, respectivamente, que "*The Sixth Amendment guarantee of a jury trial in criminal cases, made applicable to the States by the Fourteenth, does not require that the jury's vote be unanimous*", e que "*The provisions of Louisiana law requiring less-than-unanimous jury verdicts in criminal cases do not violate the Due Process Clause*". A propósito, *vide* Erwin Chemerinsky, *Constitutional law*, p. 485-486.

Investiguemos, a seguir, a outra função do *substantive due process*, no contexto dos direitos fundamentais.

3.2. A proteção de direitos não-enumerados por meio do *substantive due process*

3.2.1. Introdução

A disposição do *due process of law*, da 5ª e da 14ª Emendas, é igualmente invocada para reconhecimento e proteção de direitos constitucionais não-enumerados, vale dizer, de certos direitos fundamentais que não se encontram expressamente previstos na Declaração de Direitos da Constituição norte-americana.[203]

A propósito, recorde-se que, de conformidade com a Nona Emenda, "a enumeração de certos direitos, na Constituição, não poderá ser interpretada para negar ou restringir outros pertencentes às pessoas". Todavia, consoante lição de Erwin Chemerinsky, a 9ª Emenda não constitui exatamente "fonte de direitos" ou "repositório de direitos", isto é, "não existem direitos da 9ª Emenda". Apenas excepcionalmente a Nona Emenda é invocada pela Suprema Corte como "justificativa textual" para salvaguardar direitos não-enumerados.[204]

Fato é que, sem embargo, a Suprema Corte tem qualificado determinados direitos como fundamentais, malgrado esses direitos não sejam expressamente conferidos pela Constituição ou por qualquer de suas emendas. Tais direitos, gize-se, são reconhecidos e protegidos pela Corte como "parte da 'liberdade' que é assegurada pelas disposições do devido processo da Décima Quarta Emenda (para controle de leis estaduais ou locais) e da Quinta Emenda (para controle de leis federais)".[205] Ressalte-se, ademais, que *a Suprema Corte não tem dado aplicação ao princípio do substantive due process quando o caso atrai a incidência de disposição constitucional específica.*[206]

---

[203] Erwin Chemerinsky, *Substantive due process*, p. 1.509; e Peter J. Rubin, *Square pegs and round holes: substantive due process, procedural due process, and the Bill of Rights*, p. 843.

[204] *Constitutional law*, p. 764. Segundo John E. Nowak e Ronald D. Rotunda, *Constitutional law*, p. 389, "Embora a Nona Emenda não seja utilizada como fundamento para definir direitos individuais e invalidar leis federais e estaduais, ela tem sido mencionada como fundamento possível para justificar a proteção judicial de direitos implícitos na Constituição ou em outras emendas. Referências à Nona Emenda no âmbito da Suprema Corte aparecem apenas *in dicta* ou em votos de determinados *Justices*". Notável exceção foi o voto concorrente do *Justice* Goldberg, no caso *Griswold v. Connecticut*, 381 U.S. 479 (1965), segundo o qual, em síntese, "o direito à privacidade na relação conjugal é fundamental e básico – um direito pessoal '*retained by the people*', de acordo com o significado da Nona Emenda". Neste caso, a Suprema Corte declarou a inconstitucionalidade de uma lei de Connecticut que proibia a prescrição e o uso de contraceptivos.

[205] John E. Nowak, Ronald D. Rotunda, *Constitutional law*, p. 370; e Kathleen M. Sullivan, Gerald Gunther, *Constitutional law*, p. 544.

[206] Por exemplo, em *Graham v. Connor*, 490 U.S. 386 (1989), a Corte ressaltou que "*All claims that law enforcement officials have used excessive force – deadly or not – in the course of an arrest, investigatory stop, or other 'seizure' of a free citizen are properly analyzed under the Fourth Amendment's 'objective reasonableness' standard, rather than under a substantive due process standard'*". Igualmente, em *United States v. Lanier*, 520 U.S. 259 (1997), a Corte explicitou que, "*if a constitutional claim is covered by a specific constitutional provi-*

Daí que a grande questão consiste em saber "quais liberdades a cláusula do devido processo trata como fundamentais".[207] Neste contexto, o expediente utilizado pela Suprema Corte, para estabelecer se determinado direito merece ser protegido como fundamental, tem sido descrito por meio das mais variadas fórmulas.[208] Segundo o entendimento da Corte, são fundamentais, em princípio, os direitos que estão "implícitos no conceito de liberdade ordenada",[209] ou "profundamente enraizados na tradição e na história desta Nação",[210] ou "mais enraizados nas tradições e na consciência do nosso povo",[211] ou que constituem "os princípios fundamentais de liberdade e de justiça que repousam na base de todas as nossas instituições políticas e civis",[212] ou ainda "certos princípios imutáveis de justiça, que residem na própria ideia de governo livre",[213] etc.

Contudo, é importante ressaltar que, a propósito da questão de saber quais liberdades devem ser qualificadas como fundamentais segundo a disposição do devido processo, há muito, no direito norte-americano, "debatem-se duas opiniões totalmente opostas em uma Guerra dos *Roses* constitucional, com o predomínio temporário de um lado ou de outro".[214]

De um lado está o chamado "originalismo" (*originalism*), segundo o qual o juiz deve interpretar e aplicar a Constituição conforme os princípios originalmente concebidos pelos *framers* ou *founding fathers*, inclusive a casos por estes não previstos.[215] Segundo Robert H. Bork, "tudo o que um juiz comprometido com o originalismo exige é que o texto, a estrutura e a história da Constituição lhe forneça uma premissa maior, e não uma conclusão. Essa premissa maior é um princípio

---

sion, such as the Fourth or Eighth Amendment, the claim must be analyzed under the standard appropriate to that specific provision, not under the rubric of substantive due process".

[207] Ronald Dworkin, *A virtude soberana*, p. 647.

[208] Peter J. Rubin, *Square pegs and round holes: substantive due process, procedural due process, and the Bill of Rights*, p. 841.

[209] *Palko v. State of Connecticut*, 302 U.S. 319 (1937).

[210] *Moore v. East Cleveland*, 431 U.S. 494 (1977).

[211] *Snyder v. Commonwealth of Massachusetts*, 291 U.S. 97 (1934).

[212] *Hebert v. State of Louisiana*, 272 U.S. 312 (1926).

[213] *Holden v. Hardy*, 169 U.S. 366 (1898).

[214] Ronald Dworkin, *A virtude soberana*, p. 647. A esse respeito, *vide* Michele Taruffo, *Il giudice e la "Rule of Law"*, p. 938-941, esclarecendo que tal debate, no fundo, é uma espécie de *"neverending story"* concernente ao "papel institucional dos juízes". Por um lado, "a idéia tradicional do juiz como *faithful and honest agent* do poder legislativo", ou seja, o "princípio da supremacia legislativa", que "restringe fortemente o campo de atuação do poder judiciário e amplia o papel do poder legislativo, entendido como o único poder apto a desenvolver as funções de fazer política e de criar direito". Por outro lado, uma "teoria criativa da interpretação", bem como um "juiz que, em sede de interpretação e aplicação das normas ordinárias e constitucionais, dispõe de amplos poderes para criar direito, quando determina o significado de determinada norma sob o influxo dos valores e dos fins que emergem como relevantes no momento e no contexto social em que profere a sua decisão". Sobre a questão da legitimidade democrática da *judicial review*, a bibliografia é vastíssima, impondo-se a consulta, pelo menos, do clássico de Alexander M. Bickel, *The least dangerous branch: the Supreme Court at the bar of politics*, *passim*. Para uma visão geral dos métodos de interpretação constitucional, com citação de ampla bibliografia, *vide* John H. Garvey, T. Alexander Aleinikoff, *Modern constitutional theory*, p. 91-218.

[215] Robert H. Bork, *Introduction*, p. XXX. Vide, ainda, Robert H. Bork, *The tempting of America*, p. 143 e segs.; e Antonin Scalia, *Originalism: the lesser evil*, p. 849 e segs.

ou valor que o legislador constituinte quis proteger em face de leis ou atos executivos hostis. Portanto, o juiz deve verificar se tal princípio ou valor está ameaçado pela lei ou ato questionado, no caso diante de si. A resposta a essa questão lhe fornece uma premissa menor, e a conclusão vem a seguir".[216]

Consoante o "originalismo", o julgador não pode efetuar juízos de valor.[217] Neste sentido, Robert H. Bork preleciona que "juízos de valor são da competência dos *Founding Fathers*, e não da Suprema Corte. (...) Se nós já temos direitos e liberdades constitucionais, direitos e liberdades especificados pela Constituição, a Suprema Corte não precisa efetuar qualquer juízo de valor fundamental para protegê-los (...). (...) O juiz deve manter-se junto ao texto e à história, bem como às suas justas implicações, e não construir novos direitos. (...) Os tribunais devem aceitar qualquer juízo de valor efetuado pelo legislador, a não ser que tal juízo seja manifestamente contrário a um juízo efetuado no ato de criação da Constituição".[218] Destarte, segundo o "originalismo", a disposição do devido processo somente é suscetível de conferir "proteção legal a uma lista limitada de direitos que foram reconhecidos e aplicados durante toda a história dos Estados Unidos", quer dizer, "os direitos constitucionais são limitados, mesmo em princípio, aos direitos concretos estabelecidos na história".[219]

O "originalismo" contrapõe-se, especialmente, à criação de direitos fundamentais pela Suprema Corte, como, por exemplo, o *direito de privacidade*, sob invocação da liberdade protegida pelas disposições do devido processo legal, argumentando que esse ativismo judicial – segundo o qual o significado da Constituição "provém apenas da visão moral cambiante das gerações sucessivas de *justices*" – é antidemocrático, já que "absolutamente contrário à própria possibilidade de autogoverno constitucional", sendo este o "mais importante direito dos indivíduos".[220] Consoante lição de Antonin Scalia, "é simplesmente incompatível

---

[216] *The tempting of America*, p. 162-163. Antonin Scalia, contudo, ressalva que "o que eu procuro na Constituição é precisamente o que eu procuro em uma lei: o significado original do texto, não o que o legislador constituinte quis" (*A matter of interpretation*, p. 38).

[217] Erwin Chemerinsky, *The jurisprudence of Justice Scalia: a critical appraisal*, p. 389.

[218] *Neutral principles and some First Amendment problems*, p. 4-11.

[219] Ronald Dworkin, *A virtude soberana*, p. 647 e 651. A título exemplificativo, no caso *Bowers v. Hardwick*, 478 U.S. 186 (1986), *Justice* White sublinhou que a cláusula do devido processo protege apenas "liberdades que estão 'profundamente enraizadas na tradição e na história desta Nação'". Nesse caso, a Suprema Corte declarou a constitucionalidade de uma lei da Geórgia que proibira o coito anal entre homossexuais, porque "A Constituição não confere a homossexuais um direito fundamental à prática de sodomia". Segundo *Justice* White, "afirmar que um direito de praticar tal ato sodomia está 'profundamente enraizado na tradição e na história desta Nação', (...) é, na melhor das hipóteses, um chiste". A propósito, *vide* Earl M. Maltz, *The Court, the Academy, and the Constitution: a comment on Bowers v. Hardwick and its critics*, p. 59 e segs.

[220] Gary L. McDowell, *The perverse paradox of privacy*, p. 57-60 e 80-83, concluindo que "Autogoverno constitucional não é possível se a Suprema Corte dos Estados Unidos assume – e está autorizada a assumir – o poder de invalidar, com base no direito de privacidade, leis estaduais que procuram expressar escolhas morais. Que a Corte tem-se encarregado de fazer isto, por causa da noção de devido processo substantivo, é a má notícia. Mas não é a pior notícia. Muito mais problemático é o fato de que, agora, não há na Corte qualquer *justice* querendo repudiar a idéia de que as disposições do devido processo não dizem respeito simplesmente a processos, mas alcançam a 'validade substantiva' das leis. (...) A não ser que essa doutrina seja repudiada e expungida como inconstitucional do corpo do direito constitucional da Nação – e isso é provável que aconteça somente por meio de

---

Devido Processo Legal e Proteção de Direitos

63

com a teoria democrática que leis signifiquem o que quer que devam significar, e que juízes não-eleitos decidam o que seja isso".[221]

Por outro lado, tem-se o "não-originalismo" (*nonoriginalism*) ou "evolucionismo" (*evolutionism*), segundo o qual a Constituição é um *documento vivo* que só pode ser compreendido à luz das interpretações que dele a Suprema Corte tem feito ao longo do tempo.[222] Neste sentido, em *Regents of University of Michigan v. Ewing*, a Suprema Corte explicitou que "deve-se sempre ter em mente que o conteúdo substantivo da cláusula do devido processo não é sugerido por sua linguagem, nem pela história pré-constitucional; que esse conteúdo é nada mais que o produto acumulado da interpretação judicial da Quinta e da Décima Quarta Emendas".[223]

Neste contexto, Ronald Dworkin propõe um modo particular de interpretar e aplicar a Constituição, denominado "leitura moral" (*moral reading*), no sentido de que disposições constitucionais que conferem direitos fundamentais devem ser interpretadas e aplicadas "sob o entendimento de que elas invocam princípios morais sobre justiça e decência política". Mais precisamente: "os princípios estabelecidos na Declaração de Direitos, em conjunto, comprometem os Estados Unidos com os seguintes ideais jurídicos e políticos: o governo deve tratar todos aqueles submetidos a seu domínio como tendo igual *status* moral e político; deve tentar, de boa-fé, tratar a todos com igual preocupação; e deve respeitar qualquer das liberdades individuais que são indispensáveis para esses fins, inclusive as liberdades mais especificamente designadas no documento, mas não apenas estas".[224]

---

uma emenda constitucional enfatizando que devido processo legal é uma questão processual, e não substantiva –, o governo pelo Judiciário continuará e, com isto, haverá mais erosão do autogoverno constitucional em qualquer sentido que seja significativo. De fato, é impossível evitar a conclusão de que o tipo de ativismo judicial nos casos de direito de privacidade é inconsistente não apenas com a origem, a história e o significado da Constituição, mas com o entendimento de governo popular em seu sentido mais fundamental".

[221] *A matter of interpretation*, p. 22. Outrossim, em *City of Chicago v. Morales*, 527 U.S. 41 (1999), *Justice* Scalia afirmou que "*The entire practice of using the Due Process Clause to add judicially favored rights to the limitations upon democracy set forth in the Bill of Rights (usually under the rubric of so-called 'substantive due process') is in my view judicial usurpation*".

[222] Robert H. Bork, *Introduction*, p. XXX, esclarecendo, também, que o "originalismo", por sua vez, repele expressamente a idéia de uma "*Living Constitution*, um corpo jurídico que cresce e transforma-se de tempos em tempos, para satisfazer as necessidades de uma sociedade em mudança". Nesse sentido, Antonin Scalia é categórico: "a Constituição é estática" (*A matter of interpretation*, p. 38-47). *Vide*, ainda, William Rehnquist, *The notion of a living Constitution*, p. 693 e segs. De resto, vale reproduzir, aqui, excerto do voto vencido do *Justice* Scalia, no caso *Board of County Commisioners, Wabaunsee County, Kansas v. Umbehr*, 518 U.S. 668 (1996): "Que conhecimento secreto, alguém deve perguntar-se, é adquirido pelos juristas quando se tornam *Justices* desta Corte, que os capacita a discernir que uma prática que o texto da Constituição claramente não proíbe, e que o nosso povo tem considerado como constitucional por 200 anos, é de fato inconstitucional? (...) A Corte deve estar vivendo em outro mundo. Dia após dia, caso por caso, ela está ocupada desenhando uma Constituição para um país que eu não reconheço".

[223] 474 U.S. 214 (1985). Segundo Laurence H. Tribe e Michael C. Dorf, a Constituição é fundamentalmente "um texto a ser interpretado e reinterpretado em uma busca sem fim por compreensão" (*On reading the Constitution*, p. 32-33).

[224] *Freedom's law*, p. 2-15.

Portanto, se os direitos constitucionalmente reconhecidos "pressupõem mais princípios gerais que dariam apoio a outros direitos constitucionais", estes últimos, então, devem ser igualmente reconhecidos e protegidos. Em outros termos, nos direitos reconhecidos pela Constituição "estão incluídos os direitos ainda não reconhecidos", quer dizer, estes últimos, "ainda não reconhecidos", podem ser inferidos dos "princípios que justificam os historicamente reconhecidos".[225] Neste sentido, no caso *Poe v. Ullman, Justice* Harlan ressaltou que "o alcance pleno da liberdade garantida pela disposição do devido processo não pode ser encontrado nos termos precisos das garantias específicas conferidas em qualquer lugar da Constituição, nem limitado por tais termos. Essa 'liberdade' não é um conjunto de pontos isolados traduzidos em termos de desapropriação, liberdade de expressão, de imprensa ou de religião, direito de ter e de portar armas, liberdade em face de buscas e apreensões arbitrárias, e assim por diante. Ela é um *continuum* racional que, em termos gerais, inclui uma liberdade em face de todas imposições arbitrárias e restrições despropositadas, de caráter substancial".[226]

Por conseguinte, aduz Ronald Dworkin, "é muito provável que, mesmo que não existisse a Primeira Emenda, os tribunais norte-americanos já teriam há muito encontrado as liberdades de expressão, imprensa e religião nas garantias de liberdade básica estipuladas na Quinta e na Décima Quarta Emendas".[227] De fato, a Suprema Corte há muito vem invocando as "garantias de liberdade básica" previstas nas disposições do *due process of law* da Quinta e da Décima Quarta Emendas para reconhecimento e proteção de direitos constitucionais não-enumerados, o que, haja vista, remonta à chamada era *Lochner* (1890-1937).[228] Lembre-se, com efeito, que no próprio caso *Lochner v. New York* a Suprema Corte proclamou que *a liberdade de contratar qualificava-se como direito fundamental sob a disposição do devido processo legal*.[229] Destarte, é lícito dizer que casos mais recentes, como *Griswold v. Connecticut* (1965)[230] ou *Roe v. Wade* (1973),[231] "em certo sentido, foram construídos sobre um aspecto da tradição de *Lochner* que nunca morreu totalmente".[232] A bem da verdade, a proteção de direitos constitucionais não-enu-

---

[225] Ronald Dworkin, *A virtude soberana*, p. 647 e 651. Semelhantemente, *vide* Laurence H. Tribe, Michael C. Dorf, *On reading the Constitution*, p. 45-58 e 65-80; Laurence H. Tribe, *Constitutional choices*, p. 10 e segs.; Michael J. Perry, *The Constitution in the Courts*, p. 161-191; e Cass R. Sunstein, *One case at a time, passim*. No entanto, segundo Robert H. Bork, "um tribunal evolucionista inventa mais que desenvolve um direito novo. Somente um juiz originalista pode ser politicamente neutro. O juiz que mira para fora da Constituição histórica, mira para dentro de si mesmo e para nenhum outro lugar" (*Introduction*, p. XXXVI).

[226] 367 U.S. 497 (1961).

[227] *Domínio da vida*, p. 179; e *idem, Freedom's law*, p. 72 e segs.

[228] Erwin Chemerinsky, *Substantive due process*, p. 1.509. Destaque-se, aliás, que, em 1890, foi publicado o pioneiro ensaio de Louis D. Brandeis e Samuel D. Warren, sob o título *The right of privacy*, p. 193 e segs.

[229] 198 U.S. 45 (1905).

[230] 381 U.S. 479 (1965).

[231] 410 U.S. 113 (1973).

[232] Kathleen M. Sullivan, Gerald Gunther, *Constitutional law*, p. 544. Segundo David A. Strauss, *Why was Lochner wrong?*, p. 380 e segs., "o ataque a *Lochner* como *outside the mainstream* não pode contar com o argumento de que a liberdade contratual não está enumerada na Constituição", na medida em que esse "direito é valioso

---

Devido Processo Legal e Proteção de Direitos

merados pela Suprema Corte, sob o pálio do *substantive due process*, sobreviveu à bancarrota da era *Lochner*, assim como à do chamado *economic due process*.[233] Senão vejamos.

3.2.2. Antecedentes específicos

Nas três primeiras décadas do século XX, durante a era *Lochner*, a Suprema Corte invocou o *substantive due process* para proteger não apenas liberdades econômicas, mas igualmente liberdades civis (*civil liberties*).[234]

Neste sentido, no julgamento do caso *Meyer v. State of Nebraska*, a Suprema Corte declarou a inconstitucionalidade de uma lei de Nebraska que proibira o ensino da língua alemã. Liberdade, segundo a Corte, "denota não meramente liberdade em face de restrição física, mas também o direito do indivíduo de contratar, de envolver-se em qualquer das ocupações comuns de vida, de adquirir conhecimento útil, de casar, de fixar domicílio e de educar crianças, de cultuar Deus de acordo com os ditados de sua própria consciência, e geralmente de desfrutar desses privilégios há muito reconhecidos no *common law* como essenciais para a busca ordenada da felicidade por homens livres".[235]

Outrossim, em *Pierce v. Society of the Sisters of the Holy Names of Jesus and Mary*, a Suprema Corte declarou a inconstitucionalidade de uma lei de Oregon que exigia, de crianças e adolescentes entre oito e dezesseis anos de idade, que frequentassem apenas escolas públicas, em vez de escolas privadas ou religiosas.[236]

---

aos indivíduos e à sociedade; tem raízes constitucionais plausíveis; e não são obstáculos insuperáveis a falta de uma referência explícita no texto da Constituição e o fato de que tal direito seria realizado pelos tribunais contra maiorias democráticas".

[233] Donald P. Kommers, John E. Finn, *American constitutional law*, v. 2, p. 443; Erwin Chemerinsky, *Substantive due process*, p. 1.510; e John V. Orth, *Due process of law: a brief history*, p. 97, chamando a atenção para "a transformação da disposição do devido processo, de cão-de-guarda do livre mercado, em guardião da privacidade nas relações pessoais".

[234] Erwin Chemerinsky, *Substantive due process*, p. 1.505; e John E. Nowak, Ronald D. Rotunda, *Constitutional law*, p. 368.

[235] 262 U.S. 390 (1923). Ainda segundo a Corte, "*the statute as applied is arbitrary and without reasonable relation to any end within the competency of the state*". Com efeito, "*the Legislature has attempted materially to interfere with the calling of modern language teachers, with the opportunities of pupils to acquire knowledge, and with the power of parents t control the education of their own*". Pela Corte, *Justice* Reynolds explicou que "*the state may do much (…) in order to improve the quality of its citizens, physically, mentally and morally (…); but the individual has certain fundamental rights which must be respected. The protection of the Constitution extends to all, to those who speak other languages as well as to those born with English on the tongue. Perhaps it would be highly advantageous if all had ready understanding of our ordinary speech, but this cannot be coerced by methods which conflict with the Constitution – a desirable [sic] and cannot be promoted by prohibited means*".

[236] 268 U.S. 510 (1925). Conforme a Corte, "*The fundamental theory of liberty upon which all governments in this Union repose excludes any general power of the state to standardize its children by forcing them to accept instruction from public teachers only. The child is not the mere creature of the state; those who nurture him and direct his destiny have the right, coupled with the high duty, to recognize and prepare him for additional obligations*". Ainda conforme a Corte, "*rights guaranteed by the Constitution may not be abridged by legislation which has no reasonable relation to some purpose within the competency of the state*". De fato, "*there are no peculiar*

Depois, quando a era *Lochner* chegou ao fim, a Suprema Corte deixou de invocar o *substantive due process* para proteção de direitos fundamentais não-enumerados.[237] Segundo Kathleen M. Sullivan e Gerald Gunther, entre 1937 e 1965, isto é, entre o final da era *Lochner* e o julgamento do caso *Griswold*, "apenas uma decisão importante efetuou escrutínio em favor de uma 'liberdade fundamental' não-enumerada em uma garantia constitucional específica". Em *Skinner v. State of Oklahoma*, a Suprema Corte declarou a inconstitucionalidade de uma lei que tornava compulsória a esterilização de pessoas que tivessem sido condenadas mais de duas vezes por crimes hediondos (*felonies involving moral turpitude*).[238] Tal decisão, no entanto, "evitou a questão do devido processo substantivo, fundamentando-se, em vez disso, na disposição da igual proteção das leis".[239]

Sem embargo, ressalte-se que em duas decisões proferidas ainda em 1937-1938 a Suprema Corte estabeleceu certos princípios que permitiriam a "criatividade judicial de *Griswold v. Connecticut* (1965)". Por um lado, em *Palko v. State of Connecticut* (1937), a Corte debateu sobre a possibilidade de a Décima Quarta Emenda incorporar a Declaração de Direitos, com o objetivo de torná-la aplicável aos governos estaduais, concluindo que "nem todos os direitos são iguais, que existe uma hierarquia", e que "é tarefa dos juízes determinar quais direitos são fundamentais e aplicáveis aos Estados e quais não são". Por outro lado, em *United States v. Carolene Products Co.* (1938), a Suprema Corte entendeu que uma "investigação judicial mais profunda" (*more searching judicial inquiry*) deveria ser feita apenas quando tivesse por objeto uma lei que restringisse direitos fundamentais, ou que discriminasse "minorias segregadas e insulares" (*discrete and insular minorities*).[240]

Apontemos, agora, alguns direitos fundamentais não-enumerados que já foram objeto de reconhecimento e proteção pela Suprema Corte norte-america-

---

circumstances or present emergencies which demand extraordinary measures relative to primary education", de modo que "*the Act of 1922 unreasonably interferes with the liberty of parents and guardians to direct the upbringing and education of children under their control*".

[237] Erwin Chemerinsky, *Substantive due process*, p. 1.506.

[238] 316 U.S. 535 (1942). Pela Corte, *Justice* Douglas observou que "*We are dealing here with legislation which involves one of the basic civil rights of man. Marriage and procreation are fundamental to the very existence and survival of the race. (...) There is no redemption for the individual whom the law touches. Any experiment which the State conducts is to his irreparable injury. He is forever deprived of a basic liberty. We mention these matters not to reexamine the scope of the police power of the States. We advert to them merely in emphasis of our view that strict scrutiny of the classification which a State makes in a sterilization law is essential, lest unwittingly or otherwise invidious discriminations are made against groups or types of individuals in violation of the constitutional guaranty of just and equal laws. (...) Sterilization of those who have thrice committed grand larceny with immunity for those who are embezzlers is a clear, pointed, unmistakable discrimination*". Neste diapasão, ressalte-se que, em *Buck v. Bell*, 274 U.S. 200 (1927), a Suprema Corte confirmou a validade de uma lei da Virginia que autorizava a esterilização de doentes mentais internados, no caso particular a de Carrie Buck, mãe e filha de doentes mentais. Pela Corte, *Justice* Holmes rejeitou sumariamente "*The attack (...) upon the substantive law*", explicitando, em uma opinião muito criticada, que "*Three generations of imbelcils are enough*". A propósito, *vide* Kathleen M. Sullivan, Gerald Gunther, *Constitutional law*, p. 546; e Stephen Jay Gould, *Carrie Buck's daughter*, p. 331 e segs.

[239] *Constitutional law*, p. 545, grifado no original.

[240] Gary L. McDowell, *The perverse paradox of privacy*, p. 67-69.

Devido Processo Legal e Proteção de Direitos

na. Advirta-se, desde logo, que esses direitos, *de regra*, foram reconhecidos e protegidos como *direitos de privacidade*. Não obstante, em nome da clareza da exposição, será examinado destacadamente o *direito à privacidade*, conforme reconhecido e protegido pela primeira vez no julgamento do caso *Griswold v. Connecticut* (1965), seguindo-se a análise dos seguintes direitos: *direito ao aborto, direito ao casamento, direitos decorrentes de relações familiares, direito à morte* e *direito de orientação sexual*.

3.2.3. Direitos fundamentais não-enumerados

3.2.3.1. Direito à privacidade

Em *Griswold v. Connecticut*, a Suprema Corte declarou a inconstitucionalidade de uma lei de Connecticut que proibia a prescrição e o uso de contraceptivos.[241]

Antes de mais nada, *Justice* Douglas observou, pela Corte, que "alguns argumentos (...) sugerem que *Lochner v. New York* (...) deva ser nosso guia. Mas nós declinamos desse convite como fizemos em *West Coast Hotel Co. v. Parrish* (...); *Olsen v. Nebraska* (...); *Lincoln Union v. Northwestern Co.* (...); *Williamson v. Lee Optical Co.* (...); *Giboney v. Empire Storage Co.* (...). Nós não nos colocamos como uma superlegislatura para determinar a sabedoria, a necessidade ou a propriedade de leis que dizem respeito a problemas econômicos, temas comerciais ou condições sociais. Esta lei, no entanto, atua diretamente sobre uma relação íntima de marido e mulher, e o papel de seu médico, em um aspecto dessa relação".

Tal lei, como acabou concluindo a Corte, restringia indevidamente "um direito de privacidade mais antigo que a Declaração de Direitos". Neste sentido, *Justice* Douglas afirmou que o direito à privacidade (*right to privacy*) encontrava-se nas "penumbras" da Declaração de Direitos: "garantias específicas na Declaração de Direitos têm penumbras, formadas por emanações daquelas garantias que ajudam a dar-lhes vida e substância. (...) Várias garantias criam zonas de privacidade".[242]

Outrossim, em *Carey v. Population Services International*, a Suprema Corte declarou a inconstitucionalidade de uma lei de Nova Iorque que proibia a venda e a distribuição de contraceptivos a menores de dezesseis anos de idade. Segundo *Justice* Brennan, "tal acesso a contraceptivos é essencial para o exercício do direito constitucionalmente protegido de decisão em tema de nascimento de crianças *decision in matters of childbearing*". A seu ver, a proibição de venda ou distribuição de contraceptivos não poderia ser justificada "como uma regulamentação da

---

[241] 381 U.S. 479 (1965). A propósito, *vide* Jed Rubenfeld, *The right of privacy*, p. 737 e segs.

[242] Segundo Robert G. Dixon, *The "new" substantive due process and the democratic ethic: a prolegomenon*, p. 84, *Justice* Douglas poderia ser comparado a uma líder de torcida (*cheerleader*), saltitando através da Declaração de Direitos e gritando dê-me um P, dê-me um R, dê-me um I, e assim por diante, até encontrar P-R-I-V-A-C-Y nas "penumbras" daquela Declaração.

moralidade de menores", não se convencendo, assim, de que, "se contraceptivos estiverem disponíveis, um número significativo de menores, que agora se abstém de sexo, deixará de abster-se, porque os menores não mais temerão gravidez ou doenças", ou seja, que "limitar o acesso a contraceptivos, de fato, desencorajará a atividade sexual antes do tempo". Por sua vez, *Justice* Powell, conquanto tenha objetado "a extraordinária proteção que a Corte outorgava a todas as decisões pessoais em tema de sexo", explicitou que "a proibição contra a distribuição de contraceptivos a pessoas com menos de 16 anos de idade é defeituosa (...) porque proíbe os pais de distribuir contraceptivos a seus filhos, interferindo, assim, injustificadamente nos interesses paternais de criar os filhos".[243]

3.2.3.2. Direito ao aborto

Em *Roe v. Wade*, a Suprema Corte declarou a inconstitucionalidade de leis do Texas que criminalizavam o aborto, "salvo por ordem médica com o objetivo de salvar a vida da mãe".[244]

Neste caso, "a Suprema Corte afirmou que a cláusula do devido processo dá às mulheres o direito ao aborto ao princípio da gravidez".[245] A propósito, *Justice* Blackmun observou que "o direito de privacidade, esteja ele fundado no conceito de liberdade pessoal e de restrições à ação estatal da Décima Quarta Emenda, (...) ou (...) na reserva de direitos às pessoas da Nona Emenda, é abrangente o bastante para compreender a decisão de uma mulher de terminar ou não sua gravidez". Ainda segundo *Justice* Blackmun, "uma (...) lei (...) que descriminaliza apenas um procedimento para salvar a vida da mãe, sem considerar o estágio da gravidez e sem reconhecer outros interesses envolvidos, é ofensiva à disposição do devido processo da Décima Quarta Emenda".

A seguir, em *Planned Parenthood of Southeastern PA. v. Casey*, a Suprema Corte explicitou que "o entendimento fundamental de *Roe v. Wade* deve ser lembrado e mais uma vez reafirmado". Em *Casey*, a Suprema Corte observou que "as fronteiras do devido processo substantivo não são suscetíveis de expressão como

---

[243] 431 U.S. 678 (1978). Antes, em *Eisenstadt v. Baird*, 405 U.S. 438 (1972), a Corte já havia declarado a inconstitucionalidade de uma lei de Massachusetts com base na qual William Baird fora condenado criminalmente *"for giving a woman a contraceptive foam at the close of his lecture to students on contraception"*. Tal lei tipificava como crime *"to give away a drug, medicine, instrument, or article for the prevention of conception except in the case of (1) a registered physician administering or prescribing it for a married person or (2) na active registered pharmacist furnishing it to a married person presenting a registered physician's prescription"*. Consoante a Corte, *"By providing dissimilar treatment for married and unmarried persons who are similarly situated, the statute violates the Equal Protection Clause of the Fourteenth Amendment"*.

[244] 410 U.S. 113 (1973). A propósito, *vide* John Hart Ely, *The wages of crying wolf: a comment on Roe v. Wade*, p. 920 e segs.

[245] Ronald Dworkin, *A virtude soberana*, p. 646-647. Ainda conforme Ronald Dworkin, *"No judicial decision in our time aroused as much sustained public outrage, emotion, and physical violence, or as much intemperate professional criticism, as the Supreme Court's 1973 decision in 'Roe v. Wade', which declared, by a seven to two majority, that women have a constitutionally protected right to abortion in the early stages of pregnancy"* (*Freedom's law*, p. 44-71). De resto, *vide* Kathleen M. Sullivan, Gerald Gunther, *Constitutional law*, p. 564: *"Roe roots the privacy right it protects in the liberty clause of the 14th Amendment due process clause"*.

Devido Processo Legal e Proteção de Direitos

uma regra simples. Isso não significa que nós estejamos livres para invalidar escolhas político-estatais com as quais não concordemos; nem nos permite esquivar dos deveres de nosso ofício". Destarte, a Corte concluiu que "a proteção constitucional da decisão da mulher de terminar sua gravidez deriva da disposição do devido processo da Décima Quarta Emenda"; por outros termos, que "a decisão de dar à luz, ou não, uma criança" é inerente à "liberdade protegida contra a intervenção estatal, pelo componente substantivo da disposição do devido processo da Décima Quarta Emenda".[246]

3.2.3.3. Direito ao casamento

Segundo a Suprema Corte, "o direito de casar é um direito fundamental protegido sob a liberdade da disposição do devido processo".[247]

---

[246] 505 U.S. 833 (1992). Ainda segundo a Corte, "*Men and women of good conscience can disagree, and we suppose some always shall disagree, about the profound moral and spiritual implications of terminating a pregnancy, even in its earliest stage. Some of us as individuals find abortion offensive to our most basic principles of morality, but that cannot control our decision. Our obligation is to define the liberty of all, not to mandate our own moral code. The underlying constitutional issue is whether the State can resolve these philosophic questions in such a definitive way that a woman lacks all choice in the matter, except perhaps in those rare circumstances in which the pregnancy is itself a danger to her own life or health, or is the result of rape or incest*". Por outro lado, no julgamento do caso *Stenberg v. Carhart*, 530 U.S. 914 (2000), a Suprema Corte invalidou uma lei de Nebraska que havia proibido o "*partial birth abortion*", igualmente conhecido como "*D&X (dilation and extraction abortion)*". De conformidade com a Corte, "*Nebraska's statute criminalizing the performance of 'partial birth abortions' violates the Federal Constitution, as interpreted in 'Casey' and 'Roe'*", porque "*lacks the requisite exception 'for the preservation of the (...) health of the mother'*". Consoante se colhe do voto proferido pelo *Justice* Breyer, "*D&X significantly obviates health risks in certain circumstances (...). (...) A statute that altogether forbids D&X creates a significant health risk. The statute consequently must contain a health exception. (...) Where substantial medical authority supports the proposition that banning a particular abortion procedure could endanger women's health, Casey requires the statute to include a health exception when the procedure is 'necessary, in appropriate medical judgment, for the preservation of the life or health of the mother'. Requiring such an exception in this case is no departure from Casey, but simply a straightforward application of its holding*". Em voto concorrente, *Justice* Stevens observou que "*during the past 27 years, the central holding of Roe v. Wade (1973), has been endorsed by all but 4 of the 17 Justices who have addressed the issue. That holding — that the word 'liberty' in the Fourteenth Amendment includes a woman's right to make this difficult and extremely personal decision — makes it impossible for me to understand how a State has any legitimate interest in requiring a doctor to follow any procedure other than the one that he or she reasonably believes will best protect the woman in her exercise of this constitutional liberty*". Por sua vez, *Justice* Ginsburg ressaltou que "*Nebraska's 'partial birth abortion' law (...) seek to chip away at the private choice shielded by Roe v. Wade, even as modified by Casey*". De resto, Segundo *Justice* O'Connor, "*If Nebraska's statute limited its application to the D&X procedure and included an exception for the life and health of the mother, the question presented would be quite different than the one we face today. As we held in Casey, an abortion regulation constitutes an undue burden if it 'has the purpose or effect of placing a substantial obstacle in the path of a woman seeking an abortion of a nonviable fetus'. If there were adequate alternative methods for a woman safely to obtain an abortion before viability, it is unlikely that prohibiting the D&X procedure alone would 'amount in practical terms to a substantial obstacle to a woman seeking an abortion'. Thus, a ban on partial-birth abortion that only proscribed the D&X method of abortion and that included an exception to preserve the life and health of the mother would be constitutional in my view. Nebraska's statute, however, does not meet these criteria. It contains no exception for when the procedure, in appropriate medical judgment, is necessary to preserve the health of the mother; and it proscribes not only the D&X procedure but also the D&E procedure, the most commonly used method for previability second trimester abortions, thus making it an undue burden on a woman's right to terminate her pregnancy. For these reasons, I agree with the Court that Nebraska's law is unconstitutional*".

[247] Erwin Chemerinsky, *Substantive due process*, p. 1.510.

Sérgio Luís Wetzel de Mattos

Neste sentido, ao julgar o caso *Loving v. Virginia*, a Corte derrubou uma lei da Virginia que havia proibido o casamento entre pessoas de raças diferentes, explicitando que "a liberdade de casar há muito tem sido reconhecida como um dos direitos pessoais vitais e essenciais para a busca ordenada da felicidade por homens livres".[248]

Outrossim, no julgamento do caso *Zablocki v. Redhail*, a Suprema Corte invalidou uma lei de Wisconsin que condicionava o direito ao casamento, conferido a pais de filhos menores que não estivessem sob sua guarda, à prova da inexistência de prestação alimentícias vencidas. De conformidade com a Corte, "o direito de casar é parte do direito fundamental de privacidade implícito na disposição do devido processo da Décima Quarta Emenda".[249]

De resto, em *Turner v. Safley*, a Suprema Corte decretou a nulidade de um regulamento promulgado pela Divisão Correcional do Missouri, que condicionava o direito de prisioneiros ao casamento à permissão do diretor da respectiva prisão, que seria outorgada "apenas quando houvesse razões impositivas para tanto". Novamente a Corte pontificou que "a decisão de casar é um direito fundamental, sob *Zablocki v. Rehail* (1978) e *Loving v. Virginia* (1967)".[250]

3.2.3.4. Direitos decorrentes de relações familiares

Ao julgar o caso *Moore v. East Cleveland*, a Suprema Corte declarou a inconstitucionalidade de uma lei de zoneamento de East Cleveland (*an East Cleveland zoning ordinance*), que instituía um conceito estreito de família para o efeito de limitar o número de pessoas que, apesar de aparentadas, poderiam viver sob o

---

[248] 388 U.S. 1 (1967).

[249] 434 U.S. 374 (1978). Ainda segundo a Corte, "*It is not surprising that the decision to marry has been placed on the same level of importance as decisions relating to procreation, childbirth, child rearing, and family relationships. (...) It would make little sense to recognize a right of privacy with respect to other matters of family life and not with respect to the decision to enter the relationship that is the foundation of the family in our society. (...) If (...) right to procreate means anything at all, it must imply some right to enter the only relationship in which the State of Wisconsin allows sexual relations legally to take place*". Finalmente, a Corte explicitou que "*By reaffirming the fundamental character of the right to marry, we do not mean to suggest that every state regulation which relates in any way to the incidents of or prerequisites for marriage must be subjected to rigorous scrutiny. To the contrary, reasonable regulations that do not significantly interfere with decisions to enter into the marital relationship may legitimately be imposed. The statutory classification at issue here, however, clearly does interfere directly and substantially with the right to marry*".

[250] 482 U.S. 78 (1987). Ainda conforme a Corte, "*The right to marry, like many other rights, is subject to substantial restrictions as a result of incarceration. Many important attributes of marriage remain, however, after taking into account the limitations imposed by prison life. First, inmate marriages, like others, are expressions of emotional support and public commitment. These elements are an important and significant aspect of the marital relationship. In addition, many religions recognize marriage as having spiritual significance; for some inmates and their spouses, therefore, the commitment of marriage may be an exercise of religious faith as well as an expression of personal dedication. Third, most inmates eventually will be released by parole or commutation, and therefore most inmate marriages are formed in the expectation that they ultimately will be fully consummated. Finally, marital status often is a precondition to the receipt of government benefits (e.g., Social Security benefits), property rights (e.g., tenancy by the entirety, inheritance rights), and other, less tangible benefits (e.g., legitimation of children born out of wedlock). (...) Taken together, we conclude that these remaining elements are sufficient to form a constitutionally protected marital relationship in the prison context*".

Devido Processo Legal e Proteção de Direitos

mesmo teto. De acordo com *Justice* Powell, pela Corte, "a menos que fechemos os nossos olhos às razões básicas por que certos direitos associados à família têm sido protegidos sob a disposição do devido processo da Décima Quarta Emenda, nós não podemos deixar de aplicar a força e a *ratio* destes precedentes [*Meyer-Pierce*] à família que se viu envolvida neste caso".[251]

Além disso, no julgamento do caso *Michael H. v. Gerald D.*, a Suprema Corte declarou a constitucionalidade de uma lei da Califórnia segundo a qual "um filho nascido de uma mulher casada, que vive com seu marido, é, por presunção [*juris et de jure*], um filho do casamento". Segundo *Justice* Scalia, pela Corte, "na tentativa de limitar e guiar a interpretação da disposição do devido processo, nós temos insistido não apenas que o interesse denominado como uma 'liberdade' seja 'fundamental' (um conceito que, isoladamente, é difícil de objetivar), mas também que ele seja um interesse tradicionalmente protegido em nossa sociedade. (...) A disposição do devido processo permite-se apenas aquelas proteções 'tão enraizadas nas tradições e na consciência de nosso povo que sejam qualificadas como fundamentais'".

Ainda segundo *Justice* Scalia, "a questão legal no caso presente limita-se a se o relacionamento entre duas pessoas na situação de Michael o pai biológico e Victoria, a criança, tem sido tratado como uma entidade familiar protegida sob as práticas históricas de nossa sociedade, ou se, sobre qualquer outra base, tal relacionamento tem recebido proteção especial. Nós entendemos impossível que o te-

---

[251] 431 U.S. 494 (1977). Segue: *"Substantive due process has at times been a treacherous field for this Court. There are risks when the judicial branch gives enhanced protection to certain substantive liberties without the guidance of the more specific provisions of the Bill of Rights. As the history of the Lochner era demonstrates, there is reason for concern lest the only limits to such judicial intervention become the predilections of those who happen at the time to be Members of this Court. That history counsels caution and restraint. But it does not counsel abandonment, nor does it require what the city urges here: cutting off any protection of family rights at the first convenient, if arbitrary boundary – the boundary of the nuclear family. Appropriate limits on substantive due process come not from drawing arbitrary lines but rather from careful 'respect for the teachings of history and solid recognition of the basic values that underlie our society'. Our decisions establish that the Constitution protects the sanctity of the family precisely because the institution of the family is deeply rooted in this Nation's history and tradition. It is through the family that we inculcate and pass down many of our most cherished values, moral and cultural. Ours is by no means a tradition limited to respect for the bonds uniting the members of the nuclear family. The tradition of uncles, aunts, cousins, and especially grandparents sharing a household along with parents and children has roots equally venerable and equally deserving of constitutional recognition. Over the years millions of our citizens have grown up in just such an environment, and most, surely, have profited from it. Even if conditions of modern society have brought about a decline in extended family households, they have not erased the accumulated wisdom of civilization, gained over the centuries and honored throughout our history, that supports a larger conception of the family. Out of choice, necessity, or a sense of family responsibility, it has been common for close relatives to draw together and participate in the duties and the satisfactions of a common home. Decisions concerning child rearing, which Yoder, Meyer, Pierce and other cases have recognized as entitled to constitutional protection, long have been shared with grandparents or other relatives who occupy the same household – indeed who may take on major responsibility for the rearing of the children. Especially in times of adversity, such as the death of a spouse or economic need, the broader family has tended to come together for mutual sustenance and to maintain or rebuild a secure home life. This is apparently what happened here. Whether or not such a household is established because of personal tragedy, the choice of relatives in this degree of kinship to live together may not lightly be denied by the State. (...) The Constitution prevents East Cleveland from standardizing its children – and its adults – by forcing all to live in certain narrowly defined family patterns".*

nha. De fato, muito ao contrário, nossas tradições têm protegido a família marital (Gerald, Carole e a criança que eles reconhecem como sendo sua) contra o tipo de pretensão deduzida por Michael. A presunção de legitimidade é um princípio fundamental do *common law*". Por conseguinte, a Suprema Corte concluiu que essa presunção não é suscetível de infringir "os direitos do devido processo de um homem que deseja estabelecer sua paternidade em relação a uma criança nascida da esposa de outro homem".[252]

De resto, julgando o caso *Troxel v. Granville*, a Suprema Corte reputou inválida uma lei do Estado de Washington que autorizava "qualquer pessoa a peticionar por direitos de visitação a qualquer tempo, e os tribunais estaduais a garantir esses direitos sempre que a visitação pudesse servir aos melhores interesses de uma criança". Tal lei, segundo a Corte, "como aplicada a Granville e sua família, ofende o seu direito do devido processo de tomar decisões relativas ao cuidado, à guarda e ao controle de suas filhas". Neste sentido, a Suprema Corte pontificou que "a disposição do devido processo da Décima Quarta Emenda tem um componente substantivo que confere proteção intensa contra a intervenção governamental sobre certos direitos e liberdades fundamentais, inclusive o direito fundamental dos pais de tomar decisões relativas ao cuidado, à guarda e ao controle de seus filhos".[253]

---

[252] 491 U.S. 110 (1989). Cabe reproduzir, aqui, excerto do voto divergente proferido pelo *Justice* Brennan: "*Apparently oblivious to the fact that (...) the concept of tradition can be as malleable and as elusive as 'liberty' itself, the plurality pretends that tradition places a discernible border around the Constitution. The pretense is seductive; it would be comforting to believe that a search for 'tradition' involves nothing more idiosyncratic or complicated than poring through dusty volumes on American history. (...) Because reasonable people can disagree about the content of particular traditions, and because they can disagree even about which traditions are relevant to the definition of 'liberty', the plurality has not found the objective boundary that it seeks. (...) If we had looked to tradition with such specificity in past cases, many a decision would have reached a different result. (...) If we had asked, therefore, in Eisenstadt, Griswold, Ingraham, Vitek, or Stanley itself whether the specific interest under consideration had been traditionally protected, the answer would have been a resounding 'no'. (...) The plurality's interpretive method is more than novel; it is misguided. It ignores the good reasons for limiting the role of 'tradition' in interpreting the Constitution's deliberately capacious language. In the plurality's constitutional universe, we may not take notice of the fact that the original reasons for the conclusive presumption of paternity are out of place in a world in which blood tests can prove virtually beyond a shadow of a doubt who sired a particular child and in which the fact of illegitimacy no longer plays the burdensome and stigmatizing role it once did. (...) In construing the Fourteenth Amendment to offer shelter only to those interests specifically protected by historical practice, moreover, the plurality ignores the kind of society in which our Constitution exists. We are not an assimilative, homogeneous society, but a facilitative, pluralistic one, in which we must be willing to abide someone else's unfamiliar or even repellent practice because the same tolerant impulse protects our own idiosyncracies. (...) In a community such as ours, 'liberty' must include the freedom not to conform. The plurality today squashes this freedom by requiring specific approval from history before protecting anything in the name of liberty. The document that the plurality construes today is unfamiliar to me. It is not the living charter that I have taken to be our Constitution; it is instead a stagnant, archaic, hidebound document steeped in the prejudices and superstitions of a time long past. This Constitution does not recognize that times change (...). I cannot accept an interpretive method that does such violence to the charter that I am bound by oath to uphold*".

A esse respeito, *vide* Erwin Chemerinsky, *Substantive due process*, p. 1.512.

[253] 530 U.S. 57 (2000).

Devido Processo Legal e Proteção de Direitos

3.2.3.5. Direito à morte

No julgamento do caso *Cruzan v. Director, MDH*, a Suprema Corte pela primeira vez debateu sobre a existência de um "direito constitucional de morrer".[254] Segundo a Corte, "uma pessoa capaz tem, sob a disposição do devido processo, uma liberdade de recusar tratamento médico indesejado", ou seja, "um direito constitucionalmente protegido de recusar hidratação e nutrição para salvar sua vida", o qual "pode ser inferido de nossas decisões pretéritas".[255]

Contudo, na sequência, ao julgar o caso *Washington v. Glucksberg*, a Suprema Corte não reconheceu o "direito de cometer suicídio assistido por um médico". Consoante o voto proferido pelo *Chief Justice* Rehnquist, pela Corte, "um exame da história de nossa Nação, bem como das tradições e práticas jurídicas, demonstra que o *common law* anglo-americano tem punido ou, de qualquer modo, desaprovado o suicídio assistido há mais de 700 anos; que prestar essa assistência é ainda um crime em quase todos os Estados; que essa proibição jamais admitiu exceções para aqueles que estavam próximos da morte; que essa proibição, nos últimos tempos, tem sido reexaminada e reafirmada em um número significativo de Estados; e que o Presidente, recentemente, sancionou o *Federal Assisted Suicide Funding Act* de 1997, que proíbe o uso de verbas federais em favor do suicídio assistido por um médico. À luz dessa história, esta Corte é levada à conclusão de que o alegado direito à assistência para cometer suicídio não é uma liberdade fundamental protegida pela disposição do devido processo".[256]

3.2.3.6. Direito de orientação sexual

No julgamento do caso *Bowers v. Hardwick*, a Suprema Corte, por 5 votos a 4, declarou a constitucionalidade de uma lei da Georgia que havia proibido o coito anal entre homossexuais, sob o fundamento de que "a Constituição não confere aos homossexuais um direito fundamental à prática de sodomia".[257]

---

[254] Kathleen M. Sullivan, Gerald Gunther, *Constitutional law*, p. 614.

[255] 497 U.S. 261 (1990). De sublinhar que, conquanto tenha acompanhado a maioria da Corte, *Justice* Scalia ressalvou que "Eu preferiria que nós anunciássemos, clara e prontamente, que os tribunais federais nada têm a fazer neste campo; que o direito americano sempre outorgou ao Estado o poder de impedir, se necessário pelo uso da força, o suicídio – inclusive o suicídio por meio da recusa à adoção de medidas necessárias e adequadas para preservar a vida de alguém".

[256] 521 U.S. 702 (1997). Em igual sentido, *Vacco v. Quill*, 521 U.S. 793 (1997). A propósito, *vide* Cass R. Sunstein, *The right to die*, p. 1.123 e segs.; Ronald Dworkin, *Freedom's law*, p. 130-146; e Brian Hawkins, *The "Glucksberg" renaissance: substantive due process since "Lawrence v. Texas"*, p. 409 e segs.

[257] 478 U.S. 186 (1986). A título de curiosidade, Ronald Dworkin revela que *Justice* Powell, que proferiu o voto de minerva em *Bowers*, "disse após a aposentadoria que esse voto foi o pior erro de sua carreira" (*A virtude soberana*, p. 663). Conforme *Justice* White, "*Pierce v. Society of Sisters (1925), and Meyer v. Nebraska (1923) were described as dealing with child rearing and education; Prince v. Massachusetts (1944), with family relationships; Skinner v. Oklahoma ex rel. Williamson (1942), with procreation; Loving v. Virginia (1967), with marriage; Griswold v. Connecticut, and Eisenstadt v. Baird, with contraception; and Roe v. Wade (1973), with abortion. The latter three cases were interpreted as construing the Due Process Clause of the Fourteenth Amendment to confer a fundamental individual right to decide whether or not to beget or bear a child. (...) Accepting the decisions in these cases and the above description of them, we think it evident that none of the rights*

Contudo, *dezoito anos depois*, ao julgar o caso *Lawrence v. Texas*, a Suprema Corte, consoante voto proferido pelo *Justice* Kennedy, proclamou que "*Bowers* não estava correto quando foi decidido, e não está correto hoje. Ele não deve subsistir como precedente. *Bowers v. Hardwick* deve ser e agora é revogado". Em *Lawrence v. Texas*, a Corte explicitou que "a lei do Texas, que tipifica como crime a prática de certa intimidade sexual por duas pessoas do mesmo sexo, ofende a disposição do devido processo", porquanto "a liberdade protegida pela Constituição sob a disposição do devido processo confere a pessoas homossexuais o direito de manter relacionamentos nos limites de seus lares e de suas vidas privadas, e ainda conservar sua dignidade como pessoas livres".[258]

---

announced in those cases bears any resemblance to the claimed constitutional right of homosexuals to engage in acts of sodomy that is asserted in this case. No connection between family, marriage, or procreation on the one hand and homosexual activity on the other has been demonstrated (...)". Ainda conforme *Justice* White, "*Proscriptions against that conduct have ancient roots. Sodomy was a criminal offense at common law and was forbidden by the laws of the original 13 States when they ratified the Bill of Rights. In 1868, when the Fourteenth Amendment was ratified, all but 5 of the 37 States in the Union had criminal sodomy laws. In fact, until 1961, 7 all 50 States outlawed sodomy, and today, 24 States and the District of Columbia continue to provide criminal penalties for sodomy performed in private and between consenting adults. Against this background, to claim that a right to engage in such conduct is 'deeply rooted in this Nation's history and tradition' or 'implicit in the concept of ordered liberty' is, at best, facetious. Nor are we inclined to take a more expansive view of our authority to discover new fundamental rights imbedded in the Due Process Clause. The Court is most vulnerable and comes nearest to illegitimacy when it deals with judge-made constitutional law having little or no cognizable roots in the language or design of the Constitution. (...) Illegal conduct is not always immunized whenever it occurs in the home. Victimless crimes, such as the possession and use of illegal drugs, do not escape the law where they are committed at home. (...) It would be difficult, except by fiat, to limit the claimed right to homosexual conduct while leaving exposed to prosecution adultery, incest, and other sexual crimes even though they are committed in the home. We are unwilling to start down that road. (...) The law (...) is constantly based on notions of morality, and if all laws representing essentially moral choices are to be invalidated under the Due Process Clause, the courts will be very busy indeed*". Por outro lado, cabe reproduzir, aqui, excerto do voto divergente do *Justice* Blackmun, no sentido de que "*this case is about 'the most comprehensive of rights and the right most valued by civilized men', namely, 'the right to be let alone'. (...) I believe we must analyze respondent Hardwick's claim in the light of the values that underlie the constitutional right to privacy. (...) We protect privacy rights not because they contribute, in some direct and material way, to the general public welfare, but because they form so central a part of an individual's life. (...) Only the most willful blindness could obscure the fact that sexual intimacy is 'a sensitive, key relationship of human existence, central to family life, community welfare, and the development of human personality'. The fact that individuals define themselves in a significant way through their intimate sexual relationships with others suggests, in a Nation as diverse as ours, that there may be many 'right' ways of conducting those relationships, and that much of the richness of a relationship will come from the freedom an individual has to choose the form and nature of these intensely personal bonds. (...) The Court claims that its decision today merely refuses to recognize a fundamental right to engage in homosexual sodomy; what the Court really has refused to recognize is the fundamental interest all individuals have in controlling the nature of their intimate associations with others*". A esse respeito, *vide* Earl M. Maltz, *The Court, the Academy, and the Constitution: a comment on Bowers v. Hardwick and its critics*, p. 59 e segs.

[258] 539 U.S. 558 (2003). A propósito, *vide* Laurence H. Tribe, *Lawrence v. Texas: the 'fundamental right' that dare not speak its name*, p. 1.894 e segs, caracterizando a decisão da Suprema Corte como uma "*decision laying down a landmark that open vistas*" e concluindo que "*the decision's unmistakable heart is an understanding that liberty is centered in equal respect and dignity for both conventional and unconventional human relationships. (...) After 'Lawrence', it can no longer be claimed that substantive due process turns on an 'ad hoc' naming game focused on identifying discrete and essentiality unconnected individual rights corresponding to the private activities our legal system has traditionally valued (or at least tolerated). What is truly 'fundamental' in substantive due process, 'Lawrence' tells us, is not the 'set of specific acts' that have been found to merit constitutional protection, but rather the 'relationships' and 'self-governing commitments' out of which those acts arise – the network of human connection over time that makes genuine freedom possible*". Contudo, *vide* Brian Hawkins, *The "Glucksberg" renaissance: substantive due process since "Lawrence v. Texas"* (2006), p. 409 e segs.,

Isso posto, analisemos na sequência o *substantive due process* e os *níveis de escrutínio*.

4. *SUBSTANTIVE DUE PROCESS* E NÍVEIS DE ESCRUTÍNIO

4.1. Introdução

Níveis de escrutínio (*levels of scrutiny*) são testes empregados pelos tribunais e, de modo particular, pela Suprema Corte, para exercer o controle de constitucionalidade das leis e dos atos estatais em geral. *Tais níveis determinam quão deferente ou quão exigente o Poder Judiciário deve ser em relação aos Poderes Legislativo e Executivo.*[259]

Conforme já destacado, o princípio do *substantive due process* exige uma *justificativa suficiente*, sem a qual ninguém deve ser privado da vida, da liberdade ou da propriedade. Trata-se de disposição constitucional aberta (*open-ended constitutional provision*),[260] que proíbe que se prejudiquem certos direitos, sobretudo fundamentais, a não ser por uma *razão especialmente irresistível.*[261] Neste sentido, a Suprema Corte, para dar aplicação ao princípio do *substantive due process*, desenvolveu o chamado escrutínio de meio-fim (*means-end scrutiny*).[262]

Tal escrutínio constitui um "método sistemático para verificar a suficiência de uma justificativa do governo para sua atuação". Trata-se de um "processo analítico que envolve o exame dos objetivos (fins), a que se destina a atuação governamental, bem como dos métodos (meios) escolhidos para atingir esses objetivos".[263]

Ressalte-se, ademais, que esse escrutínio não é empregado para dar aplicação apenas ao *substantive due process of law*, mas, também, às disposições da igual proteção das leis, da liberdade de expressão, da liberdade religiosa, dos privilégios e imunidades, etc.[264]

---

ressaltando, com base em pesquisa de campo, que "*'Lawrence' itself has not reappeared in a Supreme Court majority opinion since the day it was decided*", bem como "*the marginalization of 'Lawrence'*" pelas cortes inferiores.

[259] Erwin Chemerinsky, *Constitutional law*, p. 457. Segundo Jeffrey M. Shaman, *Constitutional interpretation: illusion and reality*, p. 71, "*the levels of scrutiny consist of different methods and standards that the Supreme Court uses to evaluate the constitutionality of government action*".

[260] Peter J. Rubin, *Square pegs and round holes: substantive due process, procedural due process, and the Bill of Rights*, p. 839.

[261] Ronald Dworkin, *A virtude soberana*, p. 646. Em igual sentido, *vide* Erwin Chemerinsky, *Constitutional law*, p. 523-524; e idem, *Substantive due process*, p. 1.501.

[262] Russel W. Galloway, *Basic substantive due process analysis*, p. 627; e John E. Nowak, Ronald D. Rotunda, *Constitutional law*, p. 574 e segs.

[263] Russel W. Galloway, *Means-end scrutiny in american constitutional law*, p. 449.

[264] Russel W. Galloway, *Means-end scrutiny in american constitutional law*, p. 449. Segundo Jeffrey M. Shaman, *Constitutional interpretation: illusion and reality*, p. 72, o *escrutínio de meio-fim* "*cuts across a wide*

Quando o *substantive due process* é invocado, dois são os testes ou níveis de escrutínio de meio-fim normalmente empregados: (I) o teste da base racional (*rational basis test*), ou controle de racionalidade (*rationality review*), ou, ainda, teste de arbitrariedade ou irracionalidade (*arbitrariness ou irrationality test*); e (II) o escrutínio estrito (*strict scrutiny*).[265] Neste diapasão, em Poe v. Ullman, a Suprema Corte afirmou que "a liberdade garantida pela disposição do devido processo (...) inclui uma liberdade de caráter substancial, em face de todas imposições arbitrárias e restrições despropositadas, e (...) também reconhece (...) que determinados interesses, particularmente, exigem escrutínio cuidadoso das necessidades do Estado deduzidas para justificar sua restrição".[266] Quer dizer, no contexto dos direitos fundamentais, é empregável, de regra, apenas o escrutínio estrito.[267]

Destarte, se um direito for qualificado como fundamental, aplicar-se-á, de regra, o *escrutínio estrito*. Do contrário, será aplicável, de regra, o *teste da base racional*.[268] Aliás, esse é o princípio de controle judicial que se colhe da célebre Nota de Rodapé n° 4 de *United States v. Carlorene Products Co.* (1938), segundo o qual "o Judiciário respeitará a legislação, a não ser que haja discriminação contra uma minoria segregada e insular ou infringência de um direito fundamental".[269]

Destaque-se, ainda, que o escrutínio de meio-fim "não é o único teste utilizado para impor limites constitucionais".[270] De fato, "há um verdadeiro espectro

---

spectrum of constitutional provisions. Its basic outline was originally articulated under the Due Process Clause, then more fully elaborated in equal protection cases, and did not take long to spread to other areas of constitutional law. The system of tiers has completely permeated free speech jurisprudence, and also is prominent in cases involving the dormant Commerce Clause, the Free Exercise Clause, the Takings Clause, the Privileges and Immunities Clause, and the Contracts Clause. Its details may vary a bit under different constitutional provisions. (...) But in its essential characteristics, the same system is used extensively, regardless of what constitutional provision is in question".

[265] Russel W. Galloway, *Basic substantive due process analysis*, p. 632; e Ronald Dworkin, *Freedom's law*, p. 64-65. Registre-se a existência de um nível intermediário de escrutínio, o *intermediate scrutiny*, o qual, todavia, ainda não foi empregado para dar aplicação ao princípio do *substantive due process*. A propósito, Jeffrey M. Shaman, *Constitutional interpretation: illusion and reality*, p. 71-72, esclarece que "*the standards of intermediate scrutiny have yet make an appearance in a due process case*"; e que, "*by the Court's own adimission, there are at least three distinct levels of review, referred to as strict, intermediate, and minimal scrutiny rationality review. (...) As the term indicates, intermediate scrutiny is somewhere between strict and minimal scrutiny. (...) While strict scrutiny asks if there is a compelling state interest and minimal scrutiny asks only if there is a valid state interest, intermediate scrutiny asks for something in between – an important or substantial interest. While strict scrutiny asks if the legislative means are absolutely necessary to accomplish their ends and minimal scrutiny asks only if the means are reasonably related to the ends, intermediate scrutiny requires a close, though not perfect, fit between means and ends. Intermediate scrutiny seems to offer more flexibility than strict or minimal scrutiny*".

[266] 367 U.S. 497 (1961).

[267] Peter J. Rubin, *Square pegs and round holes: substantive due process, procedural due process, and the Bill of Rights*, p. 845.

[268] De acordo com Jeffrey M. Shaman, *Constitutional interpretation: illusion and reality*, p. 72, "*if legislation (...) affects a fundamental right, such as the right to vote, strict scrutiny will be used*".

[269] Erwin Chemerinsky, *Constitutional law*, p. 764.

[270] Russel W. Galloway, *Means-end scrutiny in american constitutional law*, p. 449.

de *standards* de controle".[271] Há, por exemplo, o "teste do ônus indevido" (*undue burden test*), que a Suprema Corte elaborou para apreciar restrições ao direito fundamental ao aborto. Assim, em *Planned Parenthood of Southeastern PA. v. Casey*, a Corte entendeu que "o teste do ônus indevido deve ser empregado. Existe um ônus indevido, e por isto uma disposição de lei é inválida, se o seu objetivo ou efeito e colocar obstáculos substanciais no caminho de uma mulher que busca um aborto antes de o feto tornar-se viável".[272] Por outro lado, ainda a título exemplificativo, em *Rochin v. California*, a Suprema Corte instituiu o chamado "teste do choque de consciência" (*shock-the-conscience test*), para a partir daí examinar, especialmente, casos de uso excessivo da força policial.[273]

---

[271] Erwin Chemerinsky, *Constitutional law*, p. 520-521. A propósito, *vide* Charles Fried, *Types*, p. 55 e segs.; Richard H. Fallon Junior, *Implementing the Constitution*, p. 54 e segs.; T. Alexander Aleinikoff, *Constitutional law in the age of balancing*, p. 943 e segs.; e Peter Preiser, *Rediscovering a coherent rationale for substantive due process*, p. 01 e segs.

[272] 505 U.S. 833 (1992). A esse respeito, *vide* Erwin Chemerinsky, *Constitutional law*, p. 520-521.

[273] 342 U.S. 165 (1952). Neste caso, conforme relatado pela Suprema Corte, "tendo 'alguma informação' de que o requerente [*Rochin*] estava vendendo narcóticos, três policiais entraram em sua casa e, à força, ingressaram no quarto ocupado por ele e sua esposa. Quando questionado sobre duas cápsulas que estavam sobre a mesa de cabeceira, o requerente as engoliu. Depois de uma mal-sucedida luta para extraí-las à força, os policiais levaram o requerente a um hospital, onde um emético lhe foi subministrado, contra a sua vontade. Ele vomitou duas cápsulas que, descobriu-se, continham morfina. Essas cápsulas, a despeito da objeção do requerente, foram admitidas como prova, e ele foi condenado por uma Corte estadual por violar uma lei estadual que proibia a posse de morfina". Julgando o caso, a Suprema Corte declarou que "*this is conduct that shocks the conscience. Illegally breaking into the privacy of the petitioner, the struggle to open his mouth and remove what was there, the forcible extraction of his stomach's contents – this course of proceeding by agents of government to obtain evidence is bound to offend even hardened sensibilities. They are methods too close to the rack and the screw to permit of constitutional differentiation. (…) Due process of law, as a historic and generative principle, precludes defining, and thereby confining, these standards of conduct more precisely than to say that convictions cannot be brought about by methods that offend 'a sense of justice'*". Posteriormente, contudo, no julgamento do caso *Graham v. Connor*, 490 U.S. 386 (1989), a Suprema Corte entendeu que "*all claims that law enforcement officials have used excessive force – deadly or not – in the course of an arrest, investigatory stop, or other 'seizure' of a free citizen are properly analyzed under the Fourth Amendment's 'objective reasonableness' standard, rather than under a substantive due process standard*". Ainda segundo a Corte: "*courts must identify the specific constitutional right allegedly infringed by the challenged application of force and then judge the claim by reference to the specific constitutional standard which governs that right. Claims that law enforcement officials have used excessive force in the course of an arrest, investigatory stop, or other 'seizure' of a free citizen are most properly characterized as invoking the protections of the Fourth Amendment, which guarantees citizens the right 'to be secure in their persons (…) against unreasonable seizures', and must be judged by reference to the Fourth Amendment's 'reasonableness' standard. The Fourth Amendment 'reasonableness' inquiry is whether the officers' actions are 'objectively reasonable' in light of the facts and circumstances confronting them, without regard to their underlying intent or motivation. The 'reasonableness' of a particular use of force must be judged from the perspective of a reasonable officer on the scene, and its calculus must embody an allowance for the fact that police officers are often forced to make split-second decisions about the amount of force necessary in a particular situation*". Em igual sentido, *Albright v. Oliver*, 510 U.S. 266 (1994). Por outro lado, registre-se que, ao julgar o caso *United States v. Salerno*, 481 U.S. 739 (1987), a Suprema Corte explicitou que "a disposição do devido processo protege os indivíduos contra dois tipos de atos governamentais. O chamado 'devido processo substantivo' impede que o governo pratique atos que choquem a consciência, ou prejudique direitos 'implícitos no conceito de liberdade ordenada'". Semelhantemente, em *County of Sacramento et al. v. Lewis*, 523 U.S. 833 (1998), a Suprema Corte observou que "*the substantive component of the Due Process Clause is violated by executive action only when it 'can properly be characterized as arbitrary, or conscience shocking, in a constitutional sense'*", consignando, ainda, que especificamente "*in the circumstances of a high-speed chase aimed at apprehending a suspected offender, where unforeseen circumstances demand an instant judgment on the part of an officer who feels the pulls of competing obligations, only a purpose to cause harm unrelated to the legitimate object of arrest will satisfy the shocks-the-conscience test. Such chases with no intent to harm suspects physically or to worsen their legal*

Não obstante, há quem argumente que os níveis de escrutínio de meio-fim deveriam ser substituídos por uma abordagem com escala móvel (*sliding scale approach*). "Nada na Décima Quarta Emenda" – como é enfatizado por Erwin Chemerinsky – "prescreve estes níveis rígidos de escrutínio": o teste da base racional e o escrutínio estrito. Propugna-se, assim, a adoção de uma abordagem mais flexível e contextualizada, valorando-se "a importância constitucional e social dos interesses desfavoravelmente afetados", bem como "a natureza da classificação legislativa". Tal abordagem, sustenta-se, promoveria "debates mais sinceros sobre os interesses concorrentes" e, consequentemente, "melhores decisões". Todavia, essa abordagem com escala móvel (*sliding scale approach*) jamais foi endossada pela jurisprudência majoritária da Suprema Corte.[274]

De resto, é importante reproduzir, aqui, lição de Ronald Dworkin, no sentido de que os níveis de escrutínio são apenas "mecanismos e categorias especialmente inventados para disciplinar princípios jurídicos abstratos com um vocabulário técnico. Os princípios, contudo, resistem a tal disciplina, e os expedientes técnicos têm uma vida limitada – em geral muito curta. Cada um deles começa como uma estratégia útil e modesta, mostrando as implicações dos princípios gerais em relação a um conjunto limitado de problemas. Porém, alguns, então, desenvolvem vida e força próprias e se tornam velhos tiranos, cujos cuidados de saúde vão criando mais problemas que soluções, até que são finalmente despachados – *sans teeth, sans everything* – por um juiz criativo com novos expedientes".[275]

---

plight do not give rise to substantive due process liability". Igualmente, *Collins v. Harker Heights*, 503 U.S. 115 (1992). A propósito do *teste do choque de consciência*, *vide* Laurence H. Tribe, *American constitutional law*, v. 1, p. 1.363; Peter J. Rubin, *Square pegs and round holes: substantive due process, procedural due process, and the Bill of Rights*, p. 845-847; e Erwin Chemerinsky, *Substantive due process*, p. 1.526-1.527.

[274] Erwin Chemerinsky, *Constitutional law*, p. 521; *idem*, *The Supreme Court and the Fourteenth Amendment: the unfulfilled promise*, p. 1.153-1.155; e Russel W. Galloway, *Means-end scrutiny in american constitutional law*, p. 460-461. *Vide*, ainda, o explicativo, porém isolado, voto proferido pelo *Justice* Marshall, em *San Antonio School District v. Rodriguez*, 411 U.S. 01 (1973): "*The Court apparently seeks to establish today that equal protection cases fall into one of two neat categories which dictate the appropriate standard of review – strict scrutiny or mere rationality. But this Court's decisions in the field of equal protection defy such easy categorization. A principled reading of what this Court has done reveals that it has applied a spectrum of standards in reviewing discrimination allegedly violative of the Equal Protection Clause. This spectrum clearly comprehends variations in the degree of care with which the Court will scrutinize particular classifications, depending, I believe, on the constitutional and societal importance of the interest adversely affected and the recognized invidiousness of the basis upon which the particular classification is drawn. I find in fact that many of the Court's recent decisions embody the very sort of reasoned approach to equal protection analysis for which I previously argued – that is, an approach in which 'concentration is placed upon the character of the classification in question, the relative importance to individuals in the class discriminated against of the governmental benefits that they do not receive, and the asserted state interests in support of the classification*'".

[275] *Freedom's law*, p. 35-36. Tenha-se presente, por outro lado, a observação de Jeffrey M. Shaman, *Constitutional interpretation: illusion and reality*, p. 73: "*in fact, in constitutional adjudication, the level of scrutiny to be used is more meaningful than the respective constitutional provision to be applied. Determining the level of scrutiny to be utilized in a particular case has a greater impact on its outcome than deciding what constitutional provision will be applied to it. At times, it becomes almost irrelevant whether a case is treated under, say, the Equal Protection Clause or the Free Speech Clause; what really matters is what level of scrutiny will be chosen*".

4.2. Teste da base racional

De modo geral, atos governamentais "irracionais" ou "arbitrários" são inadmissíveis, segundo o teste da base racional (*rational basis test*). Tal teste, no entanto, não é aplicável no caso, por assim dizer, de *entrincheiramento de direitos fundamentais*. Somente é aplicável no contexto de liberdades que não recebem o epíteto de direitos fundamentais, como é, *de regra*, a partir de 1937, o caso das liberdades econômicas (*economic liberties*).[276]

O teste da base racional é o nível mínimo de controle. Sob esse teste, uma lei será julgada constitucional quando estiver racionalmente relacionada a um objetivo governamental legítimo. Logo, o objetivo governamental deve ser legítimo. Além disso, o meio escolhido, para atingir esse objetivo, deve ser adequado, racional ou razoável. Quando o teste da base racional é aplicável, quem impugna uma lei, tem o ônus de demonstrar que o objetivo perseguido não é legítimo, ou, então, que a lei impugnada não é um meio adequado, racional ou razoável para alcançar o objetivo supostamente legítimo.[277]

Esse teste, ademais, é extremamente deferente em relação às leis impugnadas. São raros, raríssimos, os casos em que a Suprema Corte invalidou alguma lei porque esta não tenha passado no teste da base racional. Quando o controle de racionalidade é aplicável, presume-se a constitucionalidade das leis e dos atos estatais em geral.[278] Não por outro motivo, já foi dito do teste da base racional que é *"minimal scrutiny in theory and virtually none in fact"*.[279]

Destarte, o teste de racionalidade apenas requer, da lei impugnada, que seja um "método racional para atingir algum interesse estatal legítimo".[280] E, conforme a *fórmula básica* há muito consagrada na jurisprudência da Suprema Corte, "todos os objetivos que se referem à saúde, à segurança, à moral ou ao bem estar da população, são legítimos".[281] Assim, por exemplo, em *Mugler v. Kansas*, a Suprema Corte explicitou que "if, therefore, a statute purporting to have been enacted to protect *the public health, the public morals, or the public safety*, has no real or

---

[276] Peter J. Rubin, *Square pegs and round holes: substantive due process, procedural due process, and the Bill of Rights*, p. 844.

[277] Erwin Chemerinsky, *Constitutional law*, p. 518.

[278] Erwin Chemerinsky, *Constitutional law*, p. 518; Jeffrey M. Shaman, *Constitutional interpretation: illusion and reality*, p. 71; e Russel W. Galloway, *Basic substantive due process analysis*, p. 643. *Romer v. Evans*, 517 U.S. 620 (1996), é um exemplo desses casos raros. No julgamento dele, a Suprema Corte declarou a inconstitucionalidade da 2ª Emenda à Constituição do Estado do Colorado, que havia proibido *"all legislative, executive, or judicial action at any level of state or local government designed to protect the status of persons based on their 'homosexual, lesbian or bisexual orientation, conduct, practices or relationships"*. Segundo a Corte, *"Amendment 2 violates the Equal Protection Clause"*, porque *"it lacks a rational relationship to legitimate state interests"*.

[279] Gerald Gunther, *In search of evolving doctrine on a changing Court: a model for a newer equal protection*, p. 08.

[280] Russel W. Galloway, *Basic substantive due process analysis*, p. 643; e *idem, Means-end scrutiny in american constitutional law*, p. 451-453.

[281] Russel W. Galloway, *Basic substantive due process analysis*, p. 644.

substantial relation to those objects, or is a palpable invasion of rights secured by the fundamental law, it is the duty of the courts to so adjudge, and thereby give effect to the constitution".[282]

De resto, para evitar qualquer mal-entendido, cabe esclarecer que, nas decisões proferidas durante a era *Lochner*, quando aplicava o *economic substantive due process*, a Suprema Corte normalmente empregava uma *versão não-deferente do teste de racionalidade*, a qual pode ser comparada ao escrutínio estrito. O *teste da base racional não-deferente* exige "(1) que o governo realmente tenha um objetivo válido, e (2) que o meio escolhido para servir a esse objetivo seja comprovadamente racional (efetivo)".[283] De fato, esse foi o teste utilizado pela Suprema Corte no julgamento do caso *Lochner v. People of State of New York*, como se vê: "*it is manifest to us that the limitation of the hours of labor* as provided for in this section of the statute (...) *has no such direct relation to, and no such substantial effect upon, the health of the employee, as to justify us* in regarding the section *as really a health law. It seems to us that the real object and purpose were simply to regulate the hours of labor between the master and his employees (all being men, Sui juris), in a private business, not dangerous in any degree to morals, or in any real and substantial degree to the health of the employees.* Under such circumstances the freedom of master and employee to contract with each other in relation to their employment, and in defining the same, cannot be prohibited or interfered with, without violating the Federal Constitution".[284]

Examinemos, agora, o escrutínio estrito.

4.3. Escrutínio estrito

Toda lei que seja suscetível de restringir direitos qualificados como fundamentais (*civil liberties*, especialmente), deve submeter-se ao *escrutínio estrito*, o qual é, sem dúvida alguma, *o tipo mais intenso de controle judicial*. Sob esse nível de escrutínio, *uma lei será julgada constitucional quando for necessária para atingir um objetivo governamental impositivo*. Logo, o objetivo governamental

---

[282] 123 U.S. 623 (1887). Outro exemplo: em *Nebbia v. People of State of New York*, 291 U.S. 502 (1934), a Suprema Corte positivou que "*If the laws passed are seen to have a reasonable relation to a proper legislative purpose, and are neither arbitrary nor discriminatory, the requirements of due process are satisfied*". Ainda a título exemplificativo, em *Williamson v. Lee Optical Co.*, 348 U.S. 483 (1955), a Suprema Corte decidiu que "*in some cases the directions contained in the prescription from an optometrist or ophthalmologist are essential, if the glasses are to be fitted so as to correct the particular defects of vision or alleviate the eye condition. The legislature might have concluded that the frequency of occasions when a prescription is necessary was sufficient to justify this regulation of the fitting of eyeglasses. (...) Or the legislature may have concluded that eye examinations were so critical, not only for correction of vision but also for detection of latent ailments or diseases, that every change in frames and every duplication of a lens should be accompanied by a prescription from a medical expert. (...) The law need not be in every respect logically consistent with its aims to be constitutional. It is enough that there is an evil at hand for correction, and that it might be thought that the particular legislative measure was a rational way to correct it*".

[283] Russel W. Galloway, *Basic substantive due process analysis*, p. 644; e *idem*, *Means-end scrutiny in american constitutional law*, p. 452.

[284] 198 U.S. 45 (1905).

Devido Processo Legal e Proteção de Direitos

deve ser vital, indispensável ou impositivo (*compelling*). Além disso, o meio escolhido, para atingir esse objetivo, deve ser comprovadamente necessário.[285]

Quando o escrutínio estrito é aplicável, o governo tem o ônus de demonstrar que a lei impugnada é necessária para atingir um objetivo impositivo, e que não restringe os direitos fundamentais afetados mais do que seja indispensável para alcançar o objetivo governamental. Leis submetidas a esse nível de escrutínio, por conseguinte, são normalmente declaradas inconstitucionais.[286] Não por outro motivo, já foi dito do escrutínio estrito que é "strict in theory and fatal in fact".[287]

De forma esquemática, o escrutínio estrito impõe ao governo, em primeiro lugar, o ônus de demonstrar que um interesse governamental impositivo está em risco.[288] Por exemplo, no julgamento do caso Roe v. Wade, a Suprema Corte ressaltou que *"the State does have an important and legitimate interest in preserving and protecting the health of the pregnant woman, (...) and (...) it has still another important and legitimate interest in protecting the potentiality of human life*. These interests are separate and distinct. Each grows in substantiality as the woman approaches term and, at a point during pregnancy, *each becomes 'compelling'. With respect to the State's important and legitimate interest in the health of the mother, the 'compelling' point, in the light of present medical knowledge, is at approximately the end of the first trimester. (...)* It follows that, *from and after this point, a State may regulate the abortion procedure to the extent that the regulation reasonably relates to the preservation and protection of maternal health.* (...) This means, on the other hand, that, *for the period of pregnancy prior to this 'compelling' point, the attending physician, in consultation with his patient, is free to determine, without regulation by the State, that, in his medical judgment, the patient's pregnancy should be terminated.* If that decision is reached, the judgment may be effectuated by an abortion free of interference by the State. *With respect to the State's important and legitimate interest in potential life, the 'compelling' point is at viability.* This is so because the fetus then presumably has the capability of meaningful life outside the mother's womb. *State regulation protective of fetal life after viability thus has both logical and biological justifications. If the State is interested in protecting fetal life after viability, it may go so far as to proscribe abortion during that period, except when it is necessary to preserve the life or health of the mother.* Measured against *these standards,*

---

[285] Peter J. Rubin, *Square pegs and round holes: substantive due process, procedural due process, and the Bill of Rights*, p. 842 e 844; Russel W. Galloway, *Basic substantive due process analysis*, p. 632; e Erwin Chemerinsky, *Constitutional law*, p. 519-520.

[286] Erwin Chemerinsky, *Constitutional law*, p. 520; e Jeffrey M. Shaman, *Constitutional interpretation: illusion and reality*, p. 72. Segundo Russel W. Galloway, *Basic substantive due process analysis*, p. 638, "as restrições governamentais de direitos fundamentais estão normalmente sujeitas a uma forte presunção de inconstitucionalidade".

[287] Gerald Gunther, *In search of evolving doctrine on a changing Court: a model for a newer equal protection*, p. 08.

[288] Russel W. Galloway, *Basic substantive due process analysis*, p. 639; e *idem, Means-end scrutiny in american constitutional law*, p. 454.

Art. 1196 of the Texas Penal Code, in restricting legal abortions to those 'procured or attempted by medical advice for the purpose of saving the life of the mother', sweeps too broadly. *The statute makes no distinction between abortions performed early in pregnancy and those performed later, and it limits to a single reason, 'saving' the mother's life, the legal justification for the procedure. The statute, therefore, cannot survive the constitutional attack made upon it here*".[289] Em segundo lugar, o governo tem o ônus de demonstrar que a lei impugnada é um meio substancialmente efetivo ou necessário para atingir o interesse governamental supostamente impositivo.[290] Por exemplo, no julgamento do caso Moore v. East Cleveland, a Suprema Corte observou que *"the city seeks to justify it a zoning ordinance as a means of preventing overcrowding, minimizing traffic and parking congestion, and avoiding an undue financial burden on East Cleveland's school system. Although these are legitimate goals, the ordinance before us serves them marginally, at best.* For example, the ordinance permits any family consisting only of husband, wife, and unmarried children to live together, even if the family contains a half dozen licensed drivers, each with his or her own car. At the same time it forbids an adult brother and sister to share a household, even if both faithfully use public transportation. The ordinance would permit a grandmother to live with a single dependent son and children, even if his school-age children number a dozen, yet it forces Mrs. Moore to find another dwelling for her grandson John, simply because of the presence of his uncle and cousin in the same household. *We need not labor the point.* Section 1341.08 has but a tenuous relation to alleviation of the conditions mentioned by the city".[291]

Em terceiro e último lugar, cabe ao governo o ônus de demonstrar que a lei impugnada é, dos meios disponíveis para atingir o interesse governamental alegadamente impositivo, o menos restritivo dos direitos fundamentais afetados.[292] Por exemplo, no julgamento do caso Griswold v. Connectitcut, a Suprema Corte declarou que "the present case (…) concerns a law which, in forbidding the use of

---

[289] 410 U.S. 113 (1973). Semelhantemente, em *Carey v. Population Services International*, 431 U.S. 678 (1977), a Suprema Corte sublinhou que *"There remains the inquiry whether the provision serves a compelling state interest. Clearly 'interests (…) in maintaining medical standards, and in protecting potential life', cannot be invoked to justify this statute. Insofar as 6811 (8) applies to nonhazardous contraceptives, it bears no relation to the State's interest in protecting health. Nor is the interest in protecting potential life implicated in state regulation of contraceptives. Appellants therefore suggest that 6811 (8) furthers other state interests. (…) Appellants argue that the limitation of retail sales of nonmedical contraceptives to pharmacists (1) expresses 'a proper concern that young people not sell contraceptives'; (2) 'allows purchasers to inquire as to the relative qualities of the varying products and prevents anyone from tampering with them'; and (3) facilitates enforcement of the other provisions of the statute".* Todavia, a Corte decidiu que *"none of them is comparable to those interests the Court has heretofore recognized as compelling".*

[290] Russel W. Galloway, *Basic substantive due process analysis*, p. 640; e *idem, Means-end scrutiny in american constitutional law*, p. 454.

[291] 431 U.S. 494 (1977). Outro exemplo: consoante se colhe do voto proferido pelo *Justice* White, no julgamento do caso *Griswold v. Connecticut*, 381 U.S. 479 (1965), *"I wholly fail to see how the ban on the use of contraceptives by married couples in any way reinforces the State's ban on illicit sexual relationships. (…) At most the broad ban is of marginal utility to the declared objective".*

[292] Russel W. Galloway, *Basic substantive due process analysis*, p. 641-642; e *idem, Means-end scrutiny in american constitutional law*, p. 454.

Devido Processo Legal e Proteção de Direitos

contraceptives rather than regulating their manufacture or sale, seeks to achieve its goals by *means having a maximum destructive impact upon that relationship*. Such a law cannot stand in light of the familiar principle, so often applied by this Court, that *a 'governmental purpose to control or prevent activities constitutionally subject to state regulation may not be achieved by means which sweep unnecessarily broadly and thereby invade the area of protected freedoms'"*.[293]

Feitos esses esclarecimentos sobre os *níveis de escrutínio*, segue-se uma síntese da funcionalidade do *substantive due process* no direito norte-americano.

5. SÍNTESE DO CAPÍTULO I

A 5ª e a 14ª Emendas à Constituição norte-americana abrigam os dispositivos do *due process of law*, estabelecendo, respectivamente, que "nenhuma pessoa será (...) privada da vida, da liberdade ou da propriedade, sem o devido processo legal", e que "nenhum Estado privará qualquer pessoa da vida, da liberdade ou da propriedade, sem o devido processo legal".

A 5ª Emenda, de 1791, é vinculativa para o governo federal. A 14ª, de 1868, para os governos estaduais. O significado do *due process of law* é idêntico, tanto na 5ª quanto na 14ª Emenda. O *due process of law* é, simultaneamente, garantia processual (*procedural due process*) e princípio constitucional que impõe limites substantivos ao poder estatal (*substantive due process*).

Apesar das críticas, o *substantive due process* encontra-se consolidado no direito constitucional norte-americano.

De modo geral, substantive due process é o princípio de garantia da liberdade em geral contra as arbitrariedades do Estado. Trata-se de disposição constitucional aberta (*open-ended constitutional provision*), que proíbe que se prejudiquem certos direitos, sobretudo os direitos fundamentais, a não ser por uma justificativa suficiente.

Neste sentido, o princípio do *substantive due process* é aplicável com dois objetivos bem específicos: (I) incorporação de direitos fundamentais conferidos pela Declaração de Direitos, por meio da disposição do *due process of law* da 14ª Emenda, para aplicação aos governos estaduais; e (II) reconhecimento e proteção de direitos fundamentais não-enumerados pela Constituição norte-americana,

---

[293] 381 U.S. 479 (1965). Em voto concorrente, *Justice* Goldberg esclareceu que *"the state interest in safeguarding marital fidelity can be served by a more discriminately tailored statute, which does not, like the present one, sweep unnecessarily broadly, reaching far beyond the evil sought to be dealt with and intruding upon the privacy of all married couples. (...) The State of Connecticut does have statutes, the constitutionality of which is beyond doubt, which prohibit adultery and fornication. (...) These statutes demonstrate that means for achieving the same basic purpose of protecting marital fidelity are available to Connecticut without the need to 'invade the area of protected freedoms'"*.

como parte da liberdade garantida pelas disposições do *due process of law* da 5ª e da 14ª Emendas.

A primeira função do *substantive due process* é a *incorporativa*. A Declaração de Direitos de 1791, composta das dez primeiras emendas à Constituição norte-americana, é aplicável, *em princípio*, apenas ao governo federal. Ademais, nem todos os direitos conferidos pela Declaração de Direitos são qualificados como *direitos fundamentais*. Destarte, os *direitos fundamentais* conferidos pela Declaração de Direitos são incorporados por meio da disposição do *due process of law*, da 14ª Quarta Emenda, para aplicação aos governos estaduais.

São exemplos de direitos fundamentais incorporados e aplicáveis aos governos estaduais: a liberdade de expressão e de imprensa, da 1ª Emenda (*Gitlow v. People of State of New York*, 1925); a desapropriação por utilidade pública mediante justa indenização, da 5ª Emenda (*Chicago, B & Q. R. Co. v. City of Chicago*, 1897); e o direito à assistência por advogado, da 6ª Emenda (*Powell v. State of Alabama*, 1932).

De regra, os *direitos fundamentais*, conferidos pela Declaração de Direitos e incorporados por meio da disposição do *due process of law* da 14ª Emenda, são interpretados e aplicados aos governos estaduais e ao governo federal com o mesmo sentido e alcance.

A segunda função do *substantive due process* é a *protetiva de direitos fundamentais não-enumerados pela Constituição*. Esses direitos fundamentais são reconhecidos e protegidos como parte da liberdade garantida pelas disposições do *due process of law*, da 5ª e da 14ª Emendas, em face do governo federal e dos governos estaduais. Atualmente, são protegidas, como direitos fundamentais não-enumerados, *de regra*, apenas as chamadas liberdades não-econômicas ou cíveis (*civil liberties*), como, por exemplo, o direito de privacidade, o direito ao aborto, o direito de orientação sexual, etc.

Liberdades ditas econômicas, como, por exemplo, a liberdade de contratar e o direito de propriedade, foram protegidas, durante a era *Lochner* (1905-1937), sob o pálio do *economic substantive due process*, como direitos fundamentais compreendidos na liberdade assegurada pelas disposições do *due process of law*, da 5ª e da 14ª Emendas. Ao julgar o próprio caso *Lochner v. People of State of New York* (1905), a Suprema Corte proclamou que a liberdade de contratar caracterizava-se como *direito fundamental*. No entanto, a partir de 1937, com o julgamento do caso *West Coast Hotel Co. v. Parrish*, a Suprema Corte passou a proteger liberdades econômicas com fundamento em disposições constitucionais específicas, como, por exemplo, a *takings clause*, da 5ª Emenda, e a *contracts clause*, do Artigo I, § 10, da Constituição norte-americana, e não mais sob invocação do princípio do *substantive due process*.

Notável exceção é a aplicação do princípio do *substantive due process* no contexto dos chamados danos punitivos (*punitive damages*), revivificando-se, com isto, o *economic substantive due process*. Assim, indenizações por danos pu-

Devido Processo Legal e Proteção de Direitos

85

nitivos, quando grosseiramente excessivas ou desproporcionais (*grossly excessive* ou *disproportionate*), são controladas pela Suprema Corte, com fundamento nas disposições do *due process of law* da 5ª e da 14ª Emendas, obstando-se, pois, o enriquecimento indevido da vítima ou de seus sucessores, como, por exemplo, no julgamento do caso *BMW of North America Inc. v. Gore* (1996).

Ademais, o princípio do *substantive due process* não é aplicável, no contexto dos direitos fundamentais não-enumerados pela Constituição, quando *o caso concreto atrai a incidência de disposição constitucional específica*, como restou decidido pela Suprema Corte, por exemplo, no julgamento do caso *Graham v. Connor* (1989).

A grande questão, como visto, quer no contexto da proteção de direitos não-enumerados pela Constituição, quer no da incorporação dos direitos conferidos pela Declaração de Direitos para aplicação aos governos estaduais, consiste em saber *quais direitos devem ser qualificados como direitos fundamentais*.

E, a propósito, reina o dissenso, digladiando-se entre si partidários de dois métodos hermenêuticos totalmente opostos, naquilo que Ronald Dworkin, com propriedade, chamou de "Guerra dos *Roses* constitucional". De um lado, os defensores do "originalismo" (*originalism*), entendendo que o juiz não pode efetuar juízos de valor, devendo interpretar e aplicar a Constituição conforme o seu texto, a sua história e os princípios originalmente concebidos pelos *Founding Fathers*, inclusive a casos por estes não previstos. De outro lado, os partidários do "não-originalismo", preconizando que a Constituição é um documento vivo que alberga princípios morais de justiça e de decência política, somente podendo ser compreendido à luz das interpretações que a Suprema Corte lhe tem conferido ao longo do tempo. Em última análise, esta "Guerra dos *Roses* constitucional" põe no tablado das discussões a questão da legitimidade democrática do controle jurisdicional de constitucionalidade, em face dos princípios da separação de poderes e majoritário.

Sem embargo, a Suprema Corte tem empregado incontáveis fórmulas para qualificar, como *direitos fundamentais*, direitos conferidos pela Declaração de Direitos ou não-enumerados pela Constituição. Neste sentido, são *direitos fundamentais* aqueles: "sem os quais, se fossem sacrificados, não existiria liberdade nem justiça"; "princípios de justiça mais enraizados nas tradições e na consciência do nosso povo"; "da própria essência de um projeto de liberdade ordenada"; "implícitos no conceito de liberdade ordenada" (*Palko v. State of Connecticut*, 1937); "cânones de decência e de justiça que expressam as noções de justiça dos povos de língua inglesa" (*Adamson v. People of State of California*, 1947); "princípios fundamentais de liberdade e de justiça que repousam na base de todas as nossas instituições políticas e civis"; "básicos em nosso sistema de jurisprudência"; "essenciais para um julgamento justo" (*Duncan v. Louisiana*, 1968); "profundamente enraizados na tradição e na história desta Nação" (*Moore v. East Cleveland*,

1977); "certos princípios imutáveis de justiça, que residem na própria idéia de governo livre" (*Holden v. Hardy*, 1898), etc.

Ressalte-se que, recentemente, no julgamento do caso *Lawrence v. Texas* (2003), a Suprema Corte pontificou que "a liberdade protegida pela Constituição confere a pessoas homossexuais o direito de manter relacionamentos nos limites de seus lares e de suas vidas privadas, e ainda conservar sua dignidade como pessoas livres". Citando *Southeastern Pa. v. Casey* (1992), a Corte reafirmou "a força substantiva da liberdade protegida pela disposição do devido processo", deixando claro, com isto, que direitos relativos a casamento, procriação, contra-cepção, etc. são "fundamentais *central* para a dignidade e autonomia pessoal, são fundamentais *central* para a liberdade protegida pela Décima Quarta Emenda". Neste diapasão, é lícito dizer que, em *Lawrence*, a Suprema Corte encampou o entendimento segundo o qual os direitos fundamentais são concretizações da liberdade e da dignidade da pessoa humana protegidas pelas disposições do *due process of law*.

Cabe, aqui, uma pequena digressão. São célebres, no direito norte-america-no, afirmações do tipo que o *due process of law* é conceito "de conveniente vague-za" (*of convenient vagueness*);[294] que "o que é devido processo legal depende das circunstâncias";[295] e, sobretudo, que "'devido processo' não pode ser aprisionado dentro dos limites traiçoeiros de qualquer fórmula. (...) 'Devido processo' é pro-duto da história, da razão, das decisões pretéritas e da firme confiança na força da fé democrática que nós professamos. Devido processo não é um instrumento mecânico. Não é uma bitola *yardstick*. É um processo. É um delicado processo de ajustamento, que envolve, inescapavelmente, o exercício de julgamento por aqueles a quem a Constituição confiou a revelação desse processo".[296] Ou, ainda, que: "além do risco iminente de um fracasso em dar qualquer definição que possa ser simultaneamente clara, compreensiva e satisfatória, há sabedoria, pensamos nós, na apuração do sentido e alcance de uma expressão devido processo legal tão importante na Constituição Federal, por meio do gradativo processo de inclusão e exclusão judicial, à medida que os casos submetidos a julgamento o exijam".[297]

---

[294] Charles M. Hough, *Due process of law: to-day*, p. 218. "Conveniente para quem ou para que fim?", já se perguntou Felix Frankfurter, *The red terror of judicial reform*, p. 113.

[295] *Justice* Holmes, em *Moyer v. Peabody*, 212 U.S. 78 (1909). Semelhantemente, *Chief Justice* Warren obser-vou, em *Hannah v. Larche*, 363 U.S. 420 (1960), que "'*Due process' is an elusive concept. Its exact boundaries are indefinable, and its content varies according to specific factual contexts*".

[296] *Justice* Frankfurter, *Anti-Fascist Committe v. McGrath*, 341 U.S. 123 (1951). Outrossim, em *Malinski v. Pe-ople of State of New York*, 324 U.S. 401 (1945), *Justice* Frankfurter ditou que, "aqui, nós estamos preocupados com a exigência do devido processo legal (...). A experiência tem confirmado a sabedoria de nossos predeces-sores ao recusar a dar um sentido rígido a essa expressão. Ela significa uma demanda por *standards* jurídicos civilizados". Segundo John Hart Ely, sarcástico a não mais poder, "Parte da 'experiência', é claro, envolveu a elevação do Professor Frankfurter à condição de *Justice*" (*Democracy and distrust*, p. 189). Com efeito, em 1924, o então Professor Frankfurter apregoava a expulsão das disposições do devido processo legal: "*The due process clauses ought to go*" (*The red terror of judicial reform*, p. 113). Sarcasmo idêntico ao de John Hart Ely é manifestado por Raoul Berger, *Government by Judiciary*, p. 221.

[297] *Justice* Miller, em *Davidson v. City of New Orleans*, 96 U.S. 97 (1877).

Devido Processo Legal e Proteção de Direitos

Ora bem, como é intuitivo, isto tudo quer significar apenas que não se pode dizer, de uma vez para sempre, quais direitos, conferidos pela Declaração de Direitos ou não-enumerados pela Constituição, merecem a qualificação de direitos fundamentais, e que, de conseguinte, devem ser protegidos como parte da liberdade assegurada pelas disposições do devido processo legal, da 5ª e da 14ª Emendas. Daí por que a qualificação deste ou daquele direito como direito fundamental "depende das circunstâncias", de um "gradativo processo de inclusão e exclusão judicial", sendo "produto da história, da razão, das decisões pretéritas e da firme confiança na força da fé democrática que nós professamos". Daí, portanto, a "conveniente vagueza" do princípio do *due process of law*. Nada além disso, pois, como já demonstrado, o princípio do *substantive due process* é aplicável com dois objetivos bem específicos: (I) incorporação de direitos fundamentais conferidos pela Declaração de Direitos, por meio da disposição do *due process of law* da 14ª Emenda, para aplicação aos governos estaduais; e (II) reconhecimento e proteção de direitos fundamentais não-enumerados pela Constituição norte-americana, como parte da liberdade garantida pelas disposições do *due process of law* da 5ª e da 14ª Emendas. A funcionalidade do princípio do devido processo substantivo, como se vê, está bem longe de ser vaga, imprecisa ou inespecífica.

Na sequência, são empregados, então, os chamados *testes ou níveis de escrutínio*, para o efeito de dar aplicação ao princípio do *substantive due process*.

Se o direito em jogo for fundamental, aplicar-se-á o escrutínio estrito (*strict scrutiny*). Do contrário, será aplicável o teste da base racional ou da arbitrariedade (*rational basis* ou *arbitrariness test*), também denominado controle de racionalidade (*rationality review*).

Trata-se de testes ou níveis de escrutínio de meio-fim, que determinam quão deferente ou quão exigente o Poder Judiciário deve ser em relação aos Poderes Legislativo e Executivo, no exercício do controle jurisdicional de constitucionalidade das leis e dos atos estatais em geral.

São empregados, gize-se, não apenas na hipótese de incidência do princípio do *substantive due process*, mas, também, na hipótese de incidência dos princípios da igual proteção das leis, da liberdade de expressão, da liberdade religiosa, dos privilégios ou imunidades, etc.

Além do teste da base racional e do escrutínio estrito, destacam-se outros testes ou *standards* de controle, como, por exemplo, o teste do ônus indevido (*undue burden test*) e o teste do choque de consciência (*shock-the-conscience test*), que são igualmente utilizados quando o princípio do *substantive due process* é aplicável. Ademais, há quem propugne a substituição do teste da base racional e do escrutínio estrito por uma abordagem com escala móvel (*sliding scale approach*), mais flexível e contextualizada, levando-se em consideração "a importância constitucional e social dos interesses desfavoravelmente afetados", bem como "a natureza da classificação legislativa". Isto porque, argumenta-se, as disposições do *due process of law*, da 5ª e da 14ª Emendas, não prescrevem níveis rígidos de escrutínio de meio-fim como o teste da base racional e o escrutínio estrito.[298] Aliás, como bem observado por Ronald Dworkin, os testes ou níveis de escrutínio em geral são apenas "mecanismos e categorias especialmente inventados para disciplinar princípios jurídicos abstratos com um vocabulário técnico. Os princípios, contudo, resistem a tal disciplina, e os expedientes técnicos têm uma vida limitada – em geral muito curta. Cada um deles começa como uma estratégia útil e modesta, mostrando as implicações dos princípios gerais em relação a um conjunto limitado de problemas. Porém, alguns, então, desenvolvem vida e força próprias e se tornam velhos tiranos, cujos cuidados de saúde vão criando mais problemas que soluções, até que são finalmente despachados – *sans teeth, sans everything* – por um juiz criativo com novos expedientes".[299]

Seja como for, o *teste da base racional* é o nível mínimo de controle, com aplicabilidade no contexto de liberdades que não recebem o epíteto de direitos fundamentais. Sob esse teste, *uma lei será reputada constitucional quando estiver racionalmente relacionada a um objetivo governamental legítimo, quer dizer, quando for um meio adequado, racional ou razoável para atingir dito objetivo, o qual, consoante jurisprudência da Suprema Corte, há de referir-se à saúde, à segurança, à moral pública ou ao bem comum de todos*. Quando o teste da base racional é aplicável, *quem impugna uma lei tem o ônus de demonstrar* que (I) *o objetivo governamental não é legítimo*; ou (II) *que a lei impugnada não é um meio adequado, racional ou razoável para alcançar o objetivo supostamente legítimo.*

Por outro lado, quando certo direito for considerado fundamental, aplicar-se-á o *escrutínio estrito*, que é o tipo mais intenso de controle judicial. Sob esse nível de escrutínio, *uma lei será julgada constitucional quando for necessária para atingir um objetivo governamental vital, indispensável ou impositivo*. Quando o escrutínio estrito é aplicável, *o governo tem o ônus de demonstrar* que: (I) *há um objetivo governamental impositivo*; (II) *a lei impugnada é um meio necessário ou efetivo para atingir o objetivo governamental supostamente impositivo*; e (III) *a lei impugnada é, dos meios disponíveis para alcançar o objetivo governamental alegadamente impositivo, o menos restritivo dos direitos fundamentais afetados.*

Eis, então, o esquema básico de aplicação do princípio do *substantive due process* no direito norte-americano:

1º) Alguma pessoa foi ou está na iminência de ser privada de um direito seu, à vida, à liberdade ou à propriedade, por força de uma lei ou ato estatal?

2º) Esse direito, conferido pela Declaração de Direitos ou não-enumerado pela Constituição Federal, pode ser qualificado como *direito fundamental*? Pode ser protegido como parte da liberdade assegurada pelas disposições do *due process of law*, da 5ª e da 14ª Emendas?

---

[298] Erwin Chemerinsky, *Constitutional law*, p. 521; idem, *The Supreme Court and the Fourteenth Amendment: the unfulfilled promise*, p. 1.153-1.155; e Russel W. Galloway, *Means-end scrutiny in american constitutional law*, p. 460-461.

[299] *Freedom's law*, p. 35-36.

Devido Processo Legal e Proteção de Direitos

3°) Há uma justificativa suficiente para a privação do direito afetado?

Se o direito é fundamental, então: (a) o objetivo perseguido pela lei ou ato estatal é vital, indispensável ou impositivo? (b) a lei ou ato estatal é um meio necessário ou efetivo para alcançar o objetivo supostamente impositivo? (c) a lei ou ato estatal é, dos meios disponíveis para atingir o objetivo alegadamente impositivo, o menos restritivo do direito fundamental afetado?

Se o direito não é fundamental, então: (a) o objetivo perseguido pela lei ou ato estatal é legítimo? (b) a lei ou ato estatal é um meio adequado, racional ou razoável para alcançar o objetivo supostamente legítimo?

Feita essa síntese, cumpre, então, examinar criticamente a funcionalidade do devido processo substantivo no direito brasileiro.

Capítulo II
A funcionalidade do devido processo substantivo no direito brasileiro

1. DO ESTADO DA ARTE

No art. 5º, LV, da Constituição da República Federativa do Brasil de 1988, encontra-se a *disposição do devido processo legal*, pela primeira vez *positivada* no direito constitucional brasileiro, *in verbis*: "ninguém será privado da liberdade ou de seus bens sem o devido processo legal".

À falta de *previsão expressa* nas *Constituições pretéritas*, o devido processo legal ingressou "paulatinamente no direito pátrio como uma 'garantia inominada', mas em sua figuração apenas '*adjetiva*' ou processualista (*procedural due process*)", sendo deduzido: (I) dos "princípios emergentes dos §§ 12 a 16 do art. 153 da Constituição de 1969 e de seus congêneres nas Cartas Políticas anteriores", especialmente o contraditório e a ampla defesa; e (II) do § 36 do citado art. 153, segundo o qual "a especificação dos direitos e garantias expressos nesta Constituição de 1969 não exclui outros direitos e garantias decorrentes do regime e dos princípios que ela adota". Sem embargo, não teríamos alcançado, sob a égide das *Constituições pretéritas*, "o estágio da utilização 'substantiva'" do devido processo legal.[300]

Assim sendo, comecemos desde logo pela jurisprudência do Supremo Tribunal Federal pós-Constituição brasileira de 1988.

---

[300] É o que registra Carlos Roberto Siqueira Castro, *O devido processo legal e a razoabilidade das leis na nova Constituição do Brasil*, p. 369-370, grifado no original, explicitando, ainda, que "impende reconhecer que a ausência de contemplação explícita do 'devido processo legal', como também do salutar princípio da 'razoabilidade' dos atos do Poder Público, no texto de nossas sucessivas Constituições, foi grandemente responsável pelo acanhamento da proteção dos direitos humanos e das liberdades públicas em nosso País, a par do autoritarismo latente e cíclico que tem conspurcado a trajetória das instituições políticas brasileiras".

Segundo o Supremo Tribunal Federal, o *devido processo substantivo*: (I) "hoje integra o Direito Constitucional positivo brasileiro";[301] (II) "oriundo do direito norte-americano, de conceito tão impreciso", permite que "o Poder Judiciário declare, como inconstitucionais, (...) leis que se apresentem de tal forma aberrantes da razão que possam ferir, indiretamente, direitos constitucionais";[302]

---

[301] Na ADI 2591/DF (data de julgamento: 07/06/2006, DJ 29/09/2006, p. 31), Relator p/ o Acórdão o Ministro Eros Grau, o Pleno do Supremo Tribunal Federal decidiu, de modo particular, que "as instituições financeiras estão, todas elas, alcançadas pela incidência das normas veiculadas pelo Código de Defesa do Consumidor". Cabe reproduzir excerto do voto proferido pelo Ministro Carlos Velloso: "A alegação no sentido de que a norma do § 2° do art. 3° da Lei 8.078/90 – 'inclusive as de natureza bancária, financeira, de crédito e securitária' – seria desarrazoada, ou ofensiva ao princípio da proporcionalidade, porque estaria tratando as entidades bancárias da mesma forma como trata os demais fornecedores de produtos e serviços, assim violadora do devido processo legal em termos substantivos – CF, art. 5°, LIV – não tem procedência. Desarrazoado seria se o Código de Defesa do Consumidor discriminasse em favor das entidades bancárias. Aí, sim, porque inexistente fator justificador do discrímen, teríamos norma desarrazoada, ofensiva, por isso mesmo, ao 'substantive due process of law', que hoje integra o Direito Constitucional positivo brasileiro (CF, art. 5°, LIV)". Do voto emitido pelo Ministro Eros Grau, destaque-se isto: "Quanto à ofensa – na expressão 'inclusive as de natureza bancária, financeira, de crédito e securitária', do § 2° do art. 3° do CDC – ao 'princípio da razoabilidade', anoto desde logo que ela, tal qual a 'proporcionalidade', não constitui um princípio. (...) Uma e outra, 'razoabilidade' e 'proporcionalidade', são postulados normativos da interpretação/aplicação do direito – um novo nome dado aos velhos cânones da interpretação, que a nova hermenêutica despreza – e não princípios. E assim é ainda que a nossa doutrina e certa jurisprudência pretendam aplicá-los, como se princípios fossem, a casos concretos, de modo a atribuir ao Poder Judiciário capacidade de 'corrigir' o legislador. Isso me parece inteiramente equivocado, mesmo porque importa desataviada afronta ao princípio – este sim, princípio – da harmonia e equilíbrio entre os Poderes. De modo que não se sustenta a tentativa (...) de inovar texto normativo o Código de Defesa do Consumidor no âmbito do Judiciário, pretendendo que este atue usurpando competência legislativa. O que se admite, unicamente, é a aplicação, pelo Judiciário, da razoabilidade como instrumento de eqüidade. Mas isso não no momento da produção da norma jurídica, porém no instante da norma de decisão".

[302] Na ADI 223/DF (data do julgamento: 05/04/1990, DJ 29/06/1990, p. 6.218), Relator p/ o Acórdão o Ministro Sepúlveda Pertence, o Pleno do Supremo Tribunal Federal indeferiu cautelar requerida com o objetivo de suspender a eficácia de medida provisória que proibia a concessão de liminar em mandado de segurança ou processo de conhecimento ou cautelar, em que fossem deduzidas relações jurídicas decorrentes do plano econômico de emergência instituído pelo Governo por meio de medidas provisórias. De modo particular, o Pretório Excelso considerou a "generalidade, diversidade e imprecisão de limites do âmbito de vedação de liminar da MP 173, que, se lhe podem vir a final, a comprometer a validade, dificultam demarcar, em tese, no juízo de delibação sobre o pedido de sua suspensão cautelar, até onde são razoáveis as proibições nela impostas, enquanto contenção ao abuso do poder cautelar, e onde se inicia, inversamente, o abuso das limitações e a conseqüente afronta a plenitude da jurisdição e ao Poder Judiciário". Contudo, o STF ressalvou que o indeferimento da cautelar não prejudicava "o exame judicial em cada caso concreto da constitucionalidade, incluída a razoabilidade, da aplicação da norma proibitiva da liminar". Neste sentido, confira-se excerto do voto proferido pelo Ministro Sepúlveda Pertence: "Assim, creio que a solução estará no manejo do sistema difuso, porque nele, em cada caso concreto, nenhuma medida provisória pode subtrair ao juiz da causa um exame da constitucionalidade, inclusive sob o prisma da razoabilidade, das restrições impostas ao seu poder cautelar, para, se entender abusiva essa restrição, se a entender inconstitucional, conceder a liminar, deixando de dar aplicação, no caso concreto, à medida provisória, na medida em que, em relação àquele caso, a julgue inconstitucional, porque abusiva". No que se refere ao devido processo substantivo, cabe reproduzir excerto do voto emitido pelo Ministro Moreira Alves: "Começo pelo princípio constitucional do 'due process of law', oriundo do direito norte-americano, de conceito tão impreciso que o 'Justice' Felix Frankfurter chegou a afirmar que a sua essência não admite os limites inseguros de uma conceituação que sua aplicação os exemplos de sua aplicação e de seus significados em manual jurídico como o 'Words and Phrases', editado em 1940, em Mineapolis, ocupam mais de uma centena de páginas, e que o verbete respectivo do 'Novissimo Digesto Italiano' não é assinado por jurista italiano ou norte-americano mas por um 'cientista político'. E mais: conceito que tem variado no tempo, perdendo seu significado primitivo (que foi o acolhido nos USA por cerca de um século) restrito ao campo dos procedimentos irregulares e iníquos das autoridades executivas e judiciárias especialmente no terreno processual penal, para, paulatinamente, passar a permitir que o Poder Judiciário declare, como inconstitucionais – e nos Estados Unidos da América só há esse controle no caso concreto –, leis que se apresentem de tal forma aberrantes da razão que possam ferir, indireta-

(III) "abarca as hipóteses em que falta razoabilidade à lei";[303] (IV) "atua como decisivo obstáculo à edição de atos legislativos de conteúdo arbitrário e irrazoável";[304] (V) é "justificação dogmática" do "postulado da proporcionalidade", que "veda os excessos normativos e as prescrições irrazoáveis do Poder Públi-

---

mente, direitos constitucionais. Ora, parece difícil sustentar-se que vedação de medida liminar quanto a relações jurídicas resultantes de plano econômico de emergência – e ninguém nega que o País atravessa a mais grave crise econômica de sua história até pelas condições que os tempos modernos apresentam –, quer em mandado de segurança, quer em ação ordinária ou em ação cautelar, seja tão aberrante da razão que se afigure desarrazoada, quando é certo que, há mais de trinta anos – inclusive sob a vigência da democrática Constituição de 1946 –, as liminares em mandado de segurança (que era e é instrumento processual constitucional inscrito entre as garantias individuais) foram restringidas amplamente por uma série de leis sucessivas (...), inclusive com referência à liberação de mercadorias, bens ou coisas de procedência estrangeira em geral, e quanto a prestações de natureza alimentar como o pagamento de vencimentos de servidores públicos, vedações essas que se impuseram, não em razão da natureza mesma dessas relações jurídicas, mas, precipuamente, por suspeita de que o Poder Judiciário tornasse de uso comum o abuso de concessões que, na época, se fizeram. Aliás, restrições ao próprio mandado de segurança (que, obviamente, é o mais em face de uma simples liminar revogável a qualquer momento) – já as tinha a própria Lei nº 1.533/51, que lhe estabelecia prazo de decadência (cuja inconstitucionalidade foi discutida a princípio, mas não vingou) e, indiretamente, vedava que nele se pleiteassem efeitos patrimoniais dos direitos por ele reconhecidos, o que levou esta Corte a editar a Súmula 271 (...), jamais acoimada de inconstitucional, inclusive por desarrazoabilidade". A propósito, nos termos da Súmula nº 271 do STF, "Concessão de mandado de segurança não produz efeitos patrimoniais em relação a período pretérito, os quais devem ser reclamados administrativamente ou pela via judicial própria" (Sessão Plenária de 13/12/1963).

[303] Na ADI 958/RJ, bem como na ADI 966/DF, julgadas em conjunto (data do julgamento: 11/05/1994, DJ 25/08/1995, p. 26.021), Relator o Ministro Marco Aurélio, o Pleno do Supremo Tribunal Federal declarou a inconstitucionalidade dos §§ 1º e 2º e seus incisos do art. 5º da Lei nº 8.713/93, "no que vincularam a indicação de candidatos a Presidente e Vice-Presidente da República, Governador e Vice-Governador e Senador a certo desempenho do partido político no pleito que a antecedeu e, portanto, a dados fáticos conhecidos", limitando, com isto, "a participação, nos certames eleitorais, dos pequenos partidos, afastando, assim, a representação das minorias", em violação ao que é, justamente, reconhecido pela "Carta de 1988", a qual "não repetiu a restrição contida no artigo 152 da pretérita". A propósito, consoante observação de Gilmar Ferreira Mendes (O princípio da proporcionalidade na jurisprudência do Supremo Tribunal Federal: novas leituras: p. 366-367), "menos do que na idéia de uma liberdade de organização partidária ilimitada e ilimitável, o fundamento central da tese da inconstitucionalidade parece residir exatamente na falta de razoabilidade do critério fixado pelo legislador para restringir a atividade dos pequenos partidos". Destarte, "o Supremo Tribunal Federal considerou que, ainda que fosse legítimo o estabelecimento de restrição ao direito dos partidos políticos de participar do processo eleitoral, a adoção de critério relacionado com fatos passados para limitar a atuação futura desses partidos parecia manifestamente inadequada e, por conseguinte, desarrazoada". Neste sentido, vale reproduzir excerto do voto proferido pelo Ministro Moreira Alves: "O problema capital que se apresenta, em face desta lei, é que ela fere, com relação aos dispositivos que estão sendo impugnados, o princípio constitucional do devido processo legal, que, evidentemente, não é apenas o processo previsto em lei, mas abarca as hipóteses em que falta razoabilidade à lei. Ora, os dispositivos em causa partem de fatos passados, e portanto já conhecidos do legislador quando da elaboração desta lei, para criar impedimentos futuros em relação a eles, constituindo-se, assim, em verdadeiros preceitos 'ad hoc', por terem como destinatários não a generalidade dos partidos, mas apenas aqueles relacionados com esses fatos passados e, por isso, lhes cerceiam a liberdade por esse procedimento legal que é de todo desarrazoado".

[304] Na ADI-MC 1.158/AM (data do julgamento: 19/12/1994, DJ 26/05/1995, p. 15.154), Relator o Ministro Celso de Mello, o Pleno do Supremo Tribunal Federal deferiu liminar para suspender a eficácia de lei estadual que havia concedido a servidores inativos "gratificação de férias correspondentes a um terço (1/3) do valor da remuneração mensal", sob o fundamento de que tal vantagem pecuniária revelava-se "irrazoável e destituída de causa", malferindo "o critério da razoabilidade que atua, enquanto projeção concretizadora do *substantive due process of law*, como insuperável limitação do poder normativo do Estado". Destaque-se, no pertinente, excerto do voto proferido pelo Ministro Relator: "Todos sabemos que a cláusula do devido processo legal – objeto de expressa proclamação pelo art. 5º, LIV, da Constituição – deve ser entendida, na abrangência de sua noção conceitual, não só sob o aspecto meramente formal, que impõe restrições de caráter ritual à atuação do Poder Público, mas, sobretudo, em sua dimensão material, que atua como decisivo obstáculo à edição de atos legislativos de conteúdo arbitrário ou irrazoável. A essência do 'substantive due process of law' reside na necessidade de

---

Devido Processo Legal e Proteção de Direitos

co";[305] (VI) "constitui limite ao Legislativo, no sentido de que as leis devem ser elaboradas com justiça, devem ser dotadas de razoabilidade ('reasonableness') e de racionalidade ('rationality'), devem guardar, segundo W. Holmes, um real e substancial nexo com o objetivo que se quer atingir";[306] (VII) caracteriza-se como "critério da razoabilidade e proporcionalidade";[307] (VIII) é "princípio constitucional" que proíbe "violação da razoabilidade e da proporcionalidade";[308] (IX) resta

---

proteger os direitos e as liberdades das pessoas contra qualquer modalidade de legislação que se revele opressiva ou, como no caso, destituída do necessário coeficiente de razoabilidade".

[305] Na ADI-MC 1.407/DF (data do julgamento: 07/03/1996, DJ 24.11.2000, p. 86), o Pleno do Supremo Tribunal Federal, Relator o Ministro Celso de Mello, indeferiu cautelar requerida com o objetivo de suspender a eficácia do art. 6º da Lei nº 9.100/95, o qual proibia "coligações partidárias apenas nas eleições proporcionais". Tal "proibição legal", segundo o Pretório Excelso, não era "arbitrária ou irrazoável", garantindo, antes, o "respeito à cláusula de *substantive due process of law*", como se vê: "Ação direta de inconstitucionalidade – Eleições municipais de 1996 – Coligações partidárias apenas para eleições proporcionais – Vedação estabelecida pela Lei nº 9.100/95 (art. 6º) – Alegação de ofensa ao princípio da autonomia partidária (CF, art. 17, § 1º) e de violação aos postulados do pluripartidarismo e do regime democrático – Ausência de plausibilidade jurídica – Medida cautelar indeferida. (...) Vedação de coligações partidárias apenas nas eleições proporcionais – Proibição legal que não se revela arbitrária ou irrazoável – Respeito à cláusula do 'substantive due process of law'. O Estado não pode legislar abusivamente. A atividade legislativa está necessariamente sujeita à rígida observância de diretriz fundamental, que, encontrando suporte teórico no princípio da proporcionalidade, veda os excessos normativos e as prescrições irrazoáveis do Poder Público. O princípio da proporcionalidade – que extrai a sua justificação dogmática de diversas cláusulas constitucionais, notadamente daquela que veicula a garantia do 'substantive due process of law' – acha-se vocacionado a inibir e a neutralizar os abusos do Poder Público no exercício de suas funções, qualificando-se como parâmetro de aferição da própria constitucionalidade material dos atos estatais. A norma estatal, que não veicula qualquer conteúdo de irrazoabilidade, presta obséquio ao postulado da proporcionalidade, ajustando-se à cláusula que consagra, em sua dimensão material, o princípio do 'substantive due process of law' (CF, art. 5º, LIV). Essa cláusula tutelar, ao inibir os efeitos prejudiciais decorrentes do abuso de poder legislativo, enfatiza a noção de que a prerrogativa de legislar outorgada ao Estado constitui atribuição jurídica essencialmente limitada, ainda que o momento de abstrata instauração normativa possa repousar em juízo meramente político ou discricionário do legislador".

[306] Na ADI-MC 1.511/DF (data do julgamento: 16/10/1996, DJ 06/06/2003, p. 29), argüia-se a inconstitucionalidade do art. 3º da Lei nº 9.131/95, que havia instituído o chamado "provão", isto é, a "avaliação periódica das instituições e dos cursos de nível superior, mediante exames nacionais". O Pleno do Supremo Tribunal Federal, Relator o Ministro Carlos Velloso, indeferiu o pedido de "cautelar", por não divisar, no citado dispositivo legal, ofensa ao "princípio da razoabilidade, assim (...) ao *substantive due process* inscrito no art. 5º, LIV, da CF". Veja-se excerto do voto emitido pelo Ministro Relator: "Deixo expresso que a Constituição de 1988 consagra o devido processo legal nos seus dois aspectos, substantivo e processual, nos incisos LIV e LV, do art. 5º, respectivamente. (...) 'Due process of law', com conteúdo substantivo – 'substantive due process' – constitui limite ao Legislativo, no sentido de que as leis devem ser elaboradas com justiça, devem ser dotadas de razoabilidade ('reasonableness') e de racionalidade ('rationality'), devem guardar, segundo W. Holmes, um real e substancial nexo com o objetivo que se quer atingir. Paralelamente, 'due process of law', com caráter processual – 'procedural due process' – garante às pessoas um procedimento judicial justo, com direito de defesa".

[307] Na SS 1.320/DF (data do julgamento: 06/04/1999, DJ 14/04/1999, p. 23), o Ministro Celso de Mello, por decisão singular, indeferiu "pedido de contracautela formulado pela União Federal" em face de acórdão Tribunal Regional Federal da 1ª Região que havia concedido, em grau de recurso, mandado de segurança, declarando que a obrigatoriedade de "comércio de cigarros em embalagem de vinte unidades", conforme o Decreto nº 2.637, de 25/06/1998, não se compatibilizava com o "critério da razoabilidade e proporcionalidade". Na fundamentação do *decisum*, o Ministro Celso de Mello, além de reproduzir o que já havia explicitado nos votos proferidos na ADI-MC 1.158/AM e na ADI-MC 1.407DF, enfatizou que "transgride o princípio do devido processo legal (CF, art. 5º, LIV) – analisado este na perspectiva de sua projeção material (*substantive due process of law*) – a regra estatal que veicula, em seu conteúdo, prescrição normativa qualificada pela nota da irrazoabilidade".

[308] Na ADI-MC 1.922/DF, bem como na ADI-MC 1.976/DF, julgadas em conjunto (data de julgamento: 06/10/1999, DJ 24/11/2000, p. 89), Relator o Ministro Moreira Alves, o Pleno do Supremo Tribunal Federal

"ofendido" quando o ato estatal "não é sequer adequado a produzir o resultado almejado (...), nem atende à proporcionalidade em sentido estrito";[309] (X) corresponde ao "princípio da razoabilidade", exigindo a "observância de padrões mínimos de razoabilidade, (...) fundados no princípio da proporcionalidade";[310] (XI) é igualmente denominado "princípio da proporcionalidade", ditando a necessidade de "perquirir-se (...) se, em face do conflito entre dois bens constitucionais contrapostos, o ato impugnado afigura-se adequado (isto é, apto para produzir o resultado desejado), necessário (isto é, insubstituível por outro meio menos gravoso e igualmente eficaz) e proporcional em sentido estrito (ou seja, se estabelece uma relação ponderada entre o grau de restrição de um princípio e o grau de realização

---

deferiu em parte liminar para suspender a eficácia do art. 33 da Medida Provisória nº 1.863-53, de 24/09/1999, segundo o qual "O direito de pleitear judicialmente a desconstituição de exigência fiscal fixada pela primeira instância no julgamento de litígio em processo administrativo fiscal regulado pelo Decreto nº 70.235, de 1972, extingue-se com o decurso do prazo de cento e oitenta dias, contados da intimação da respectiva decisão". No caso, o Pretório Excelso reputou relevante a "alegação de ofensa ao princípio constitucional do devido processo legal em sentido material (art. 5º, LIV, da Constituição), por violação da razoabilidade e da proporcionalidade em que se traduz esse princípio constitucional".

[309] Na ADI-MC 2290/DF (data do julgamento: 18/10/2000, DJ 23/02/2001, p. 83), Relator o Ministro Moreira Alves, o Pleno do Supremo Tribunal Federal deferiu liminar para suspender a eficácia do art. 6º da Medida Provisória nº 2.045-4, de 26/09/2000, que determinava a suspensão, até 31/12/2000, do registro de arma de fogo, "por se afigurar (...) ofendido o princípio do devido processo legal em sentido material (art. 5º, LIV, da Constituição)", como se vê: "o dispositivo ora impugnado visa, sem dúvida, a, provisoriamente, impedir, de modo indireto, por meio da suspensão do registro que torna lícita a posse de arma de fogo, a compra e venda de arma dessa natureza em todo o território nacional a qualquer pessoa física ou jurídica que não os entes, órgãos ou empresas excetuadas nos três incisos de que Forças Armadas, órgãos de segurança pública federais e estaduais, guardas municipais, órgão de inteligência federal, empresas de segurança privada regularmente constituídas. (...) Com isso, em verdade, restringe, de maneira tão drástica que praticamente a inviabiliza, a comercialização de armas de fogo, especialmente no tocante ao comércio varejista, apesar de continuar ela lícita nesse período de suspensão de registro. Ora, sem necessidade de entrar no exame de todos os diversos dispositivos tidos, pela inicial, como violados, um me basta para conferir plausibilidade jurídica suficiente à concessão da liminar requerida: a da ofensa ao princípio do devido processo legal em sentido material (art. 5º, LIV, da Carta Magna). Com efeito, afigura-se-me desarrazoada norma que, sem proibir a comercialização de armas de fogo, que continua, portanto, lícita, praticamente a inviabiliza de modo indireto e provisório, o que não é sequer adequado a produzir o resultado almejado (as permanentes segurança individual e coletiva e proteção do direito à vida), nem atende à proporcionalidade em sentido estrito".

[310] Na ADI 2.019/MS (data do julgamento: 02/08/2001, DJ 21/06/2001, p. 95), o Pleno do Supremo Tribunal Federal, Relator o Ministro Ilmar Galvão, declarou a inconstitucionalidade de lei estadual que outorgava "pensão mensal para crianças geradas a partir de estupro", por "contrariedade ao art. 5º, LIV, da Constituição Federal", como é a seguir destacado: "Ato normativo que, ao erigir em pressuposto de benefício assistencial não o estado de necessidade dos beneficiários, mas sim as circunstâncias em foram eles gerados, contraria o princípio da razoabilidade, consagrado no mencionado dispositivo constitucional art. 5º, LIV, da Constituição Federal". E na ADI-MC 2.667/DF (data do julgamento: 19/06/2002, DJ 12/03/2004, p. 05), Relator o Ministro Celso de Mello, o Pleno do Supremo Tribunal Federal deferiu liminar para suspender a eficácia de lei do Distrito Federal que autorizava a emissão de certificado de conclusão de curso, em favor de alunos da terceira série do ensino médio, que, independentemente de sua freqüência às aulas, comprovassem sua aprovação em vestibular para ingresso em curso de nível superior, sob o fundamento de que não foram observados, por tal lei, os "padrões mínimos de razoabilidade" impostos pelo "princípio do *substantive due process of law*", como se vê: "Todos os atos emanados do Poder Público estão necessariamente sujeitos, para efeito de sua validade material, à indeclinável observância de padrões mínimos de razoabilidade. As normas legais devem observar, no processo de sua formulação, critérios de razoabilidade que guardem estrita consonância com os padrões fundados no princípio da proporcionalidade, pois todos os atos emanados do Poder Público devem ajustar-se à cláusula que consagra, em sua dimensão material, o princípio do 'substantive due process of law'. Lei distrital que, no caso, não observa padrões mínimos de razoabilidade".

Devido Processo Legal e Proteção de Direitos

do princípio contraposto)";[311] e (XII) abriga o "postulado da proporcionalidade", qualificando-se como "parâmetro de aferição da própria constitucionalidade material dos atos estatais" e exigindo a "observância do necessário coeficiente de razoabilidade".[312]

---

[311] Na IF 2915/SP (data do julgamento: 03/02/2003, DJ 28/11/2003, p. 11), Relator p/ o Acórdão o Ministro Gilmar Mendes, o Pleno do Pretório Excelso indeferiu pedido de intervenção federal no Estado de São Paulo, em face da "evidente ausência de proporcionalidade da intervenção para o caso", especificando, ademais, que "o princípio da proporcionalidade também é denominado princípio do devido processo legal em sentido substantivo". Confira-se a ementa do Acórdão: "Intervenção Federal. 2. Precatórios judiciais. 3. Não configuração de atuação dolosa e deliberada do Estado de São Paulo com finalidade de não pagamento. 4. Estado sujeito a quadro de múltiplas obrigações de idêntica hierarquia. Necessidade de garantir eficácia a outras normas constitucionais, como, por exemplo, a continuidade de prestação de serviços públicos. 5. A intervenção, como medida extrema, deve atender à máxima da proporcionalidade. 6. Adoção da chamada relação de precedência condicionada entre princípios constitucionais concorrentes. 7. Pedido de intervenção indeferido". E na ADI 3.324/DF (data do julgamento: 16/12/2004, DJ 05/08/2005, p. 05), Relator o Ministro Marco Aurélio, o Pleno do Supremo Tribunal Federal interpretou o art. 1º da Lei nº 9.536/97, que viabilizava a transferência de servidor público federal civil ou militar estudante, ou de seu dependente estudante, conforme a Constituição de 1988, no sentido de que "pressupõe a observância da natureza jurídica do estabelecimento educacional de origem, a congeneridade das instituições envolvidas – de privada para privada, de pública para pública –, mostrando-se inconstitucional interpretação que resulte na mesclagem – de privada para pública". Consoante se colhe do voto proferido pelo Ministro Gilmar Mendes, este deu aplicação ao "princípio da proporcionalidade, também denominado princípio do devido processo legal em sentido substantivo".

[312] No RE 413.782/SC (data do julgamento: 17/03/2005, DJ 03/06/2005, p. 04), Relator o Ministro Marco Aurélio, o Pleno do Supremo Tribunal Federal decidiu que "surge conflitante com a Carta da República arts. 5º, XIII, e 170 legislação estadual que proíbe a impressão de notas fiscais em bloco, subordinando o contribuinte, quando este se encontra em débito para com o fisco, ao requerimento de expedição, negócio a negócio, de nota fiscal avulsa". Do voto proferido pelo Ministro Celso de Mello extrai-se que: "Não se pode perder de vista (...), em face do conteúdo arbitrário da exigência estatal ora questionada (...), o fato de que, especialmente quando se tratar de matéria tributária, impõe-se, ao Estado, no processo de elaboração das leis, a observância do necessário coeficiente de razoabilidade, pois, como se sabe, todas as normas emanadas do Poder Público devem ajustar-se à cláusula que consagra, em sua dimensão material, o princípio do 'substantive due process of law' (CF, art. 5º, LIV), eis que (...) o postulado da proporcionalidade qualifica-se como parâmetro de aferição da própria constitucionalidade material dos atos estatais, consoante tem proclamado a jurisprudência do Supremo Tribunal Federal". Em igual sentido: "Sanções políticas no direito tributário. Inadmissibilidade da utilização, pelo Poder Público, de meios gravosos e indiretos de coerção estatal destinados a compelir o contribuinte inadimplente a pagar o tributo (Súmulas 70, 323 e 547 do STF). Restrições estatais que, fundadas em exigências que transgridem os postulados da razoabilidade e da proporcionalidade em sentido estrito, culminam por inviabilizar, sem justo fundamento o exercício, pelo sujeito passivo da obrigação tributária, de atividade econômica ou profissional lícita. Limitações arbitrárias que não podem ser impostas pelo Estado ao contribuinte em débito, sob pena de ofensa ao 'substantive due process of law'. Impossibilidade constitucional de o Estado legislar de modo abusivo ou imoderado (RTJ 160/140-141 – RTJ 173/807-808 – RTJ 178/22-24). O poder de tributar – que encontra limitações essenciais no próprio texto constitucional, instituídas em favor do contribuinte – 'não pode chegar à desmedida do poder de destruir' (Min. Orosimbo Nonato, RDA 34/132). A prerrogativa estatal de tributar traduz poder cujo exercício não pode comprometer a liberdade de trabalho, de comércio e de indústria do contribuinte. A significação tutelar, em nosso sistema jurídico, do 'Estatuto Constitucional do Contribuinte'. Doutrina. Precedentes. Recurso extraordinário conhecido e provido" (RE 402769/RS, Relator: Min. Celso de Mello, data do julgamento: 10/03/2005, DJ 06/04/2005, p. 49). Contudo, registre-se que, no julgamento da AC-MC 1657/RJ (data do julgamento: 27/06/2007, DJ 31/08/2007, p. 28), Relator p/ o Acórdão o Ministro Cezar Peluso, o Pleno do Supremo Tribunal Federal não concedeu efeito suspensivo a recurso extraordinário admitido na origem, em face da interdição de estabelecimento industrial pela Secretaria da Receita Federal, decorrente do cancelamento do registro especial para fabricação de cigarros, por inadimplemento sistemático e isolado da obrigação de pagar Imposto sobre Produtos Industrializados – IPI, sob o fundamento de que, "conquanto se reconheça e reafirme a aturada orientação desta Corte que, à luz da ordem constitucional, não admite imposição de sanções políticas tendentes a compelir contribuinte inadimplente a pagar tributo, nem motivadas por descumprimentos de menor relevo, estou convencido de que se não configura, aqui, caso estreme de sanção política, diante, não só da finalidade jurídica autônoma de que se reveste a norma, em tutela da livre concorrência, mas também de sua razoa-

Portanto, consoante a jurisprudência do Supremo Tribunal Federal pós-Constituição de 1988, devido processo substantivo, razoabilidade e proporcionalidade são princípios ou postulados intercambiáveis, fungíveis entre si. Trata-se de fenômenos normativos praticamente idênticos. Menos genericamente: segundo a jurisprudência do STF, devido processo substantivo pode significar desde a proibição de "leis que se apresentem de tal forma aberrantes da razão", passando pela exigência "de que as leis devem ser elaboradas com justiça, devem ser dotadas de razoabilidade ('reasonableness') e de racionalidade ('rationality'), devem guardar, segundo W. Holmes, um real e substancial nexo com o objetivo que se quer atingir", até a necessidade de "perquirir-se (...) se, em face do conflito entre dois bens constitucionais contrapostos, o ato impugnado afigura-se adequado (isto é, apto para produzir o resultado desejado), necessário (isto é, insubstituível por outro meio menos gravoso e igualmente eficaz) e proporcional em sentido estrito (ou seja, se estabelece uma relação ponderada entre o grau de restrição de um princípio e o grau de realização do princípio contraposto)".

Semelhantemente, na *doutrina pós-Constituição Federal de 1988*, apregoa-se que "o postulado da *'razoabilidade das leis'* e, ainda, da proporcionalidade promanam forçosamente da aplicação de caráter *'substantivo'* (*substantive due process*) da cláusula do *devido processo legal*".[313]

Neste sentido, Carlos Roberto Siqueira Castro preleciona que o *due process of law*, previsto na 5ª e na 14ª Emendas à Constituição estadunidense, configurava-se, inicialmente, como garantia de ordem processual (*procedural due process of law*), e que, por construção jurisprudencial da *Supreme Court*, adquiriu aspecto substantivo (*substantive due process of law*), convertendo-se, assim, "ao lado do princípio da igualdade (*equal protection of the laws*), no mais importante instrumento jurídico protetor das liberdades públicas, com destaque para a sua novel função de controle do arbítrio legislativo e da discricionariedade governamental, notadamente da 'razoabilidade' (*reasonableness*) e da 'racionalidade' (*rationality*) das normas jurídicas e dos atos em geral do Poder Público".[314]

---

bilidade, porque, conforme acentua Tércio Sampaio Ferraz Júnior, coexistem aqui os requisitos da necessidade ('em setor marcado pela sonegação de tributos, falsificação do produto, o aproveitamento de técnicas capazes de facilitar a fiscalização e a arrecadação, é uma exigência indispensável'), da adequação ('o registro especial, sob condição de regularidade fiscal, é específico para a sua destinação, isto é, o controle necessário da fabricação de cigarros') e da proporcionalidade ('não há excesso, pois a prestação limita-se 'ao suficiente para atingir os fins colimados')".

[313] Carlos Roberto Siqueira Castro, *O devido processo legal e os princípios da razoabilidade e da proporcionalidade*, p. 409. Em igual sentido, *vide*, por exemplo, Maria Rosynete Oliveira Lima, *Devido processo legal*, p. 287; Roberto Rosas, Devido processo legal: proporcionalidade e razoabilidade, p. 11; e Tercio Sampaio Ferraz Jr., *Do amálgama entre razoabilidade e proporcionalidade na doutrina e na jurisprudência brasileiras e seu fundamento no devido processo legal substantivo*, p. 37-46.

[314] *O devido processo legal e a razoabilidade das leis na nova Constituição do Brasil*, p. 03. Igualmente, Luís Roberto Barroso preleciona que o princípio da razoabilidade tem "sua origem e desenvolvimento ligados à garantia do devido processo legal", remontando ao "sistema jurídico anglo-saxão" e destacando-se, de modo especial, no "direito norte-americano, como desdobramento do conceito de devido processo legal substantivo". Reside, portanto, "na cláusula do devido processo legal, constante das Emendas 5ª e 14ª à Constituição dos Estados Unidos". Com remissão expressa à lição de Carlos Roberto Siqueira Castro, Luís Roberto Barroso refere que,

Devido Processo Legal e Proteção de Direitos

Ainda segundo Carlos Roberto Siqueira Castro, a *Supreme Court* divisou no *due process of law* "a fórmula feita 'sob medida' para patrocinar a expansão da *judicial review*, a ponto de controlar a 'razoabilidade' e a 'racionalidade' das leis e dos atos de governo em geral". De modo que qualquer lei que se revele "arbitrária", incorrendo "na falta de 'razoabilidade' ou de 'racionalidade'", não pode ser "considerada uma *law of the land*, ou consentânea com o *due process of law*". Sob invocação do *substantive due process*, a Suprema Corte estadunidense há muito exige que "as classificações legislativas sejam razoáveis", isto é, que "apresentem uma plausível relação de congruência entre a classificação em si e os fins visados pela norma classificante". O *due process of law*, sob o influxo de uma "interpretação construtiva (*constructive interpretation*)" da Suprema Corte norte-americana, fez-se "amálgama entre o princípio da 'legalidade' (*rule of law*) e o da 'razoabilidade' (*rule of reasonableness*) para o controle da validade dos atos normativos e da generalidade das decisões estatais".[315]

Por outro lado, consoante o magistério de Luís Roberto Barroso, o *princípio da razoabilidade* mantém uma "relação de fungibilidade" com o *princípio da proporcionalidade*, este último com origem e desenvolvimento na jurisprudência do Tribunal Constitucional Federal alemão como "norma constitucional não escrita,

---

"no direito norte-americano", o devido processo legal, em sua "versão substantiva", consiste, "ao lado do princípio da igualdade perante a lei", em um "importante instrumento de defesa dos direitos individuais, ensejando o controle do Legislativo e da discricionariedade governamental". Sob o pálio do *substantive due process of law*, é possível efetuar um "exame de razoabilidade (*reasonableness*) e de racionalidade (*rationality*) das normas jurídicas e dos atos do Poder Público em geral" (*Interpretação e aplicação da Constituição*, p. 198-199 e 213; *idem, O direito constitucional e a efetividade de suas normas*, p. 314-315). Semelhantemente, *vide*, ainda, Raquel Denize Stumm, *Princípio da proporcionalidade no direito constitucional brasileiro*, p. 148-170; Daniel Sarmento, *A ponderação de interesses na Constituição Federal*, p. 82-86; Maria Rosynete Oliveira Lima, *Devido processo legal*, p. 106-146 e 200; Adhemar Ferreira Maciel, *Devido processo legal e a Constituição de 1988*, p. 234; e Fábio de Oliveira, *Por uma teoria dos princípios*: o princípio constitucional da razoabilidade, p. 81-124.

[315] *O devido processo legal e a razoabilidade das leis na nova Constituição do Brasil*, p. 03, 55-57, 76-77, 152, 159-163, 173 e 383, grifado no original, afirmando, ainda, que "a fantástica evolução desse instituto o *due process of law* no Direito Constitucional estadunidense foi ao ponto de transmudar uma garantia na origem destinada a assegurar a regularidade do processo penal, depois estendida ao processo civil e administrativo, em particular no que tange ao princípio do contraditório e da ampla defesa ('procedural due process'), num postulado de caráter substantivo ('substantive due process'), capaz de condicionar, no mérito, a validade das leis e da generalidade das ações (e omissões) do Poder Público. A cláusula erigiu-se, com isso, num requisito de 'razoabilidade' ('reasonableness') e de 'racionalidade' ('rationality') dos atos estatais, o que importa num papel de termômetro axiológico acerca da 'justiça' das regras de direito". Portanto, sob o aspecto substantivo, o *due process of law* caracteriza-se como um "postulado genérico de legalidade a exigir que os atos do Poder Público se compatibilizem com a noção de um *direito justo*, isto é, consentâneo com o conjunto de valores incorporados à ordem jurídica democrática segundo a evolução do sentimento constitucional quanto à organização do convívio social". Registre-se, de resto, que, segundo Carlos Roberto Siqueira Castro, o *due process of law* conjuga-se, ainda, com o "princípio da isonomia ou da igualdade jurídica" para impedir "o abuso do poder normativo governamental", repelindo "os males da *irrazoabilidade* e da *irracionalidade*", ou seja, o destempero das instituições governativas". E desta conjugação resulta o "princípio da legalidade igualitária" como "técnica de controle das classificações normativas", que pode ser vulnerado nas hipóteses de "*subabrangência*" ou de "*superabrangência*" – respectivamente, "*underinclusiveness*" e "*overinclusiveness*", na "doutrina norte-americana". A "*subabrangência*" verifica-se "quando a classificação inclui no tipo legal menos do que deveria ter incluído, deixando de lado pessoas ou bens, que por semelhança de situação deveriam estar abrangidas pela norma classificatória". Dá-se a "*superabrangência*", por outro lado, "quando a lei (...) é por demais abrangente, colhendo no seu bojo situações que, em virtude de dessemelhança, mereceriam tratamento jurídico singularizado".

derivada do Estado de direito".[316] Daí que, para Luís Roberto Barroso, considerando-se que a Constituição Federal de 1988 "inscreveu, expressamente, no inciso LIV do art. 5º, a cláusula do *due process of law*", é possível extrair, "por influência norte-americana", o princípio da razoabilidade ou proporcionalidade do "caráter substantivo" da disposição do devido processo legal. Neste caso, a razoabilidade ou proporcionalidade configura-se como princípio implícito na Constituição de 1988, com "fundamento nas idéias de devido processo legal substantivo e de justiça".[317] Por outro lado, sob o influxo da "doutrina alemã", é possível caracterizar "o princípio da razoabilidade como inerente ao Estado de direito", caso em que também compõe "de modo implícito o sistema, como um princípio constitucional não escrito". De qualquer modo, conclui Luís Roberto Barroso, o *princípio da razoabilidade ou proporcionalidade* faz-se presente no "direito constitucional brasileiro".[318]

Portanto, com Luís Roberto Barroso, o *princípio da razoabilidade ou proporcionalidade* é suscetível de permitir ao Poder Judiciário a invalidação de leis ou atos estatais em geral quando "a) não haja adequação entre o fim perseguido e o instrumento empregado (adequação); b) a medida não seja exigível ou necessária, havendo meio alternativo menos gravoso para chegar ao mesmo resultado (necessidade/vedação de excesso); c) não haja proporcionalidade em sentido estrito, ou seja, o que se perde com a medida é de maior relevo do que aquilo que se ganha (proporcionalidade em sentido estrito)". Tal princípio, ademais, é suscetível de permitir que o órgão judicial gradue "o peso da norma, em uma determinada incidência", obstando que "ela produza uma resultado indesejado pelo sistema, assim fazendo a justiça do caso concreto".[319]

---

[316] *Interpretação e aplicação da Constituição*, p. 204 e 213; e *idem*, *O direito constitucional e a efetividade de suas normas*, p. 314-315, explicitando, ainda, que, "sem embargo da origem e do desenvolvimento diversos, um e outro abrigam os mesmos valores subjacentes: racionalidade, justiça, medida adequada, senso comum, rejeição aos atos arbitrários ou caprichosos. Por essa razão, razoabilidade e proporcionalidade são conceitos próximos o suficiente para serem intercambiáveis". Neste sentido, *vide*, por exemplo, Daniel Sarmento, *A ponderação de interesses na Constituição Federal*, p. 87; Fábio de Oliveira, *Por uma teoria dos princípios*: o princípio constitucional da razoabilidade, p. 95-98; e Suzana de Toledo Barros, *O princípio da proporcionalidade e o controle de constitucionalidade das leis restritivas de direitos fundamentais*, p. 54, segundo a qual "o princípio da proporcionalidade, (...) como uma construção dogmática dos alemães, corresponde a nada mais do que o princípio da razoabilidade dos norte-americanos, desenvolvido mais de meio século antes, sob o clima de maior liberdade dos juízes na criação do direito".

[317] *O direito constitucional e a efetividade de suas normas*, p. 314-315. Igualmente, *vide* Maria Rosynete Oiveira Lima, *Devido processo legal*, p. 287; e Roberto Rosas, *Devido processo legal*: proporcionalidade e razoabilidade, p. 11.

[318] *Interpretação e aplicação da Constituição*, p. 217. Em igual ou semelhante sentido, *vide*, por exemplo, Raquel Denize Stumm, *Princípio da proporcionalidade no direito constitucional brasileiro*, p. 172; Suzana de Toledo Barros, *O princípio da proporcionalidade e o controle de constitucionalidade das leis restritivas de direitos fundamentais*, p. 87-94 e 210; Gilmar Ferreira Mendes, *O princípio da proporcionalidade na jurisprudência do Supremo Tribunal Federal*: novas leituras, p. 364 e 366; e Maria Rosynete Oliveira Lima, *Devido processo legal*, p. 279-280.

[319] *O direito constitucional e a efetividade de suas normas*, p. 315-316. Semelhantemente, a título de exemplo, o magistério de Daniel Sarmento: "o princípio da proporcionalidade desenvolveu-se na França e na Alemanha, a partir do direito administrativo, e nos Estados Unidos, por força da interpretação evolutiva da cláusula do devido processo legal. Ele é acolhido pela doutrina e jurisprudência brasileiras, representando um instrumento potente

Por sua vez, Carlos Roberto Siqueira Castro observa que, "no rigor histórico e também teórico", há "singularidades específicas" que distinguem "o esquema de aplicação das cláusulas da proporcionalidade e da razoabilidade, bem como suas respectivas conexões ou assentos constitucionais". O amálgama entre razoabilidade e proporcionalidade, a seu ver, deve-se "em larga medida a um esforço de simplificação explicativa ou da percepção pragmática quanto à suposta fungibilidade na utilização de uma e outra", o que é até mesmo "natural". Neste sentido, parece lícito o amálgama do "princípio da proporcionalidade com a garantia do devido processo legal em sua acepção substantiva (*substantive due process*), tal como um século antes já se fizera com relação ao postulado da razoabilidade sob o influxo da memorável tradição jurídica anglo-americana". Com efeito, o que realmente importa, segundo Carlos Roberto Siqueira Castro, é que razoabilidade e proporcionalidade são "institutos de controle e remediação de abusos e excessos", servindo "a um único e mesmo propósito, qual seja o de possibilitar uma análise de valoração de critérios, custos, resultados e conseqüências em variados cenários envolvendo o exercício de direitos (ou restrições de direitos) com repercussão nos bens e valores tutelados pela Constituição".[320]

Não obstante, Carlos Roberto Siqueira Castro apressa-se a sublinhar que razoabilidade e proporcionalidade são "conceitos jurídicos indeterminados", prestando-se, assim, "a toda sorte de determinações advindas dos escólios da doutrina e da jurisprudência". E, como não se compadecem com "entendimentos e

---

para a análise da razoabilidade e da justiça das leis. O princípio em questão impõe que as normas sejam adequadas para os fins a que se destinam, seja o meio mais brando para a consecução destes fins e gerem benefícios superiores aos ônus que acarretam (trinômio: adequação, necessidade e proporcionalidade em sentido estrito)" (*A ponderação de interesses na Constituição Federal*, p. 196). Destaque-se, ainda, que, segundo Luís Roberto Barroso, *Interpretação e aplicação da Constituição*, p. 204-209, o princípio da razoabilidade, em particular, é "um parâmetro de valoração dos atos do Poder Público para aferir se eles estão informados pelo valor superior inerente a todo ordenamento jurídico: a justiça". Destarte, "é *razoável* o que seja conforme à razão, supondo equilíbrio, moderação e harmonia; o que não seja arbitrário ou caprichoso; o que corresponda ao senso comum, aos valores vigentes em dado momento ou lugar". Inclui-se, assim, a razoabilidade, entre os "princípios gerais da hermenêutica", dos quais é "mais fácil de ser sentido do que conceituado", diluindo-se "em um conjunto de proposições que não o libertam de uma dimensão excessivamente subjetiva". Destarte, a verificação da razoabilidade dos atos estatais reclama elementos mais objetivos, normativos, sob pena de tal princípio esvaziar-se de sentido, "por excessivamente abstrato", ou perverter-se em um "critério para julgamentos *ad hoc*". Neste diapasão, razoabilidade pode ser entendida, mais precisamente, como "adequação de sentido" ou "relação racional e proporcional", entre os motivos, os meios e os fins das leis e dos atos em geral do Poder Público. Já o princípio da proporcionalidade exige que "as medidas adotadas pelo Poder Público se mostrem aptas a atingir os objetivos pretendidos" (adequação); "a verificação da inexistência de meio menos gravoso para atingimento dos fins visados" (necessidade ou exigibilidade); e "a ponderação entre o ônus imposto e o benefício trazido, para constatar se é justificável a interferência na esfera dos direitos dos cidadãos" (proporcionalidade em sentido estrito). Por conseguinte, a razoabilidade equivale à adequação na "tríplice caracterização do princípio da proporcionalidade", visto que compreende a "exigência de conformação ou adequação dos meios aos fins".

[320] *O devido processo legal e os princípios da razoabilidade e da proporcionalidade*, p. 212-214, grifado no original, concluindo que, "seja como for, quer se fale de proporcionalidade, ou de razoabilidade, certo é que tais princípios decorrem do imperativo de que os atos intersubjetivos, no campo público ou privado, se coadunem com a noção de um 'direito justo' ou da 'justa medida' no regramento das relações intersubjetivas ou no arbitramento das situações de conflito". *Vide*, ainda, Tercio Sampaio Ferraz Jr., *Do amálgama entre razoabilidade e proporcionalidade na doutrina e na jurisprudência brasileiras e seu fundamento no devido processo legal substantivo*, p. 37-46.

aplicações unívocas", o sentido e alcance de cada qual depende dos "propósitos que inspiram o usuário ou o expositor do princípio, ora mais recatados ora mais expansivos, ora com maior rigor científico ora mais retóricos". Daí que, no alvitre de Carlos Roberto Siqueira Castro, é de rigor "uma melhor e mais aprofundada diferenciação de cada uma dessas categorias, inclusive para melhor precisar a oportunidade e serventia da aplicação de cada qual e, até mesmo e eventualmente, de sua aplicação conjunta".[321]

Neste contexto, o *princípio da razoabilidade*, para Carlos Roberto Siqueira Castro, exige uma relação de "compatibilidade e congruência entre a classificação normativa em si e o fim a que ela se destina", configurando-se como "paradigma para medir a plausibilidade da relação entre os meios e os fins (*means-ends relationship*) ínsitos na atuação do Poder Público", de modo que, "se tal relação de identidade entre meio e fim (*means-ends relationship*, segundo a nomenclatura norte-americana) da norma classificatória não se fizer presente, de modo que a classificação legislativa resulte injustificada e incongruente, padecerá ela da mácula da arbitrariedade e da irrazoabilidade, por isso que nem mesmo ao legislador constituído é dado estabelecer discriminações levianas e despropositadas". Já o *princípio da proporcionalidade*, ainda segundo Carlos Roberto Siqueira Castro, lastreia-se no "trinômio *necessidade-adequação-proporcionalidade estrita*", o que impede o Poder Público de "atuar de modo desproporcional, descurando da justa gradação na distribuição dos custos e benefícios entre as partes e interesses em conflito nas relações jurídicas".[322]

---

[321] *O devido processo legal e os princípios da razoabilidade e da proporcionalidade*, p. 212-213. Semelhantemente, Humberto Ávila apregoa que deve ser atribuído e cultivado, "em obséquio à clareza", um "*significado normativo autônomo*" à proporcionalidade, visto que constitui "fenômeno normativo" diverso da razoabilidade. Trata-se de "fenômenos distintos a explicar", e "tratar fenômenos diversos empregando um só termo dificulta a interpretação e a aplicação do Direito, impede a fundamentação (intersubjetiva) baseada em critérios racionais, limita a possibilidade de controle das decisões. Quanto mais consistentes forem as definições de categorias utilizadas na interpretação e na aplicação do Direito, mais se ganhará em certeza e segurança jurídica. Finalidades essas, aliás, instituídas pelo próprio ordenamento jurídico brasileiro, e não podem ser, simplesmente, ignoradas" (A distinção entre princípios e regras e a redefinição do dever de proporcionalidade, p. 154, 173 e 178). Por conseguinte, o problema não está, *sic et simpliciter*, em utilizar esta ou aquela expressão (proporcionalidade ou razoabilidade), "mas em confundir exames concretos diferentes pelo uso unificado de uma só expressão ou pelo uso alternativo de várias expressões" (*idem*, Conteúdo, limites e intensidade dos controles de razoabilidade, de proporcionalidade e de excessividade das leis, p. 383). Conquanto estabeleça distinção rigorosa entre razoabilidade e proporcionalidade, Humberto Ávila tem para si que é "plausível" o enquadramento da razoabilidade, como eqüidade, no exame da proporcionalidade em sentido estrito, conforme se vê: "se a proporcionalidade em sentido estrito compreender a ponderação de vários interesses em conflito, inclusive dos interesses pessoais dos titulares dos direitos fundamentais restringidos, a razoabilidade como eqüidade será incluída no exame da proporcionalidade". Neste sentido, Humberto Ávila concede que não se deve "afirmar que este ou aquele modo de explicar a proporcionalidade seja correto, e outros equivocados", já que "um mesmo problema teórico pode ser analisado sob diferentes enfoques e com diversas finalidades, todas com igual dignidade teórica" (*Teoria dos princípios*, p. 111).

[322] *O devido processo legal e os princípios da razoabilidade e da proporcionalidade*, p. XII e 234, grifado no original. De acordo com Willis Santiago Guerra Filho, a proporcionalidade é o "'princípio dos princípios', verdadeiro *principium* ordenador do direito", que tem por "essência e destinação" a proteção dos "direitos fundamentais", por meio de sua "tríplice manifestação", no sentido de que "uma medida é *adequada*, se atinge o fim almejado; *exigível*, por causar o menor prejuízo possível; e, finalmente, *proporcional em sentido estrito*, se as vantagens que trará superarem as desvantagens" (*Princípio da proporcionalidade e devido processo legal*, p. 262 e 265, grifado no original).

Devido Processo Legal e Proteção de Direitos

Sem embargo, *razoabilidade* e *proporcionalidade*, para Carlos Roberto Siqueira Castro, resultam "forçosamente da aplicação do caráter 'substantivo' (*substantive due process*) da cláusula do *devido processo legal*", quer dizer, o "postulado do devido processo legal" constitui o "*habitat* natural" dos *princípios da razoabilidade e da proporcionalidade.*[323]

Em síntese, no que diz respeito ao estado da arte, pode-se concluir que, na doutrina brasileira e na jurisprudência do Supremo Tribunal Federal pós-Constituição de 1988, prevalece o entendimento de que a funcionalidade do devido processo substantivo corresponde à da razoabilidade ou proporcionalidade. Vale dizer, não lhe é atribuída outra funcionalidade senão a dos princípios ou postulados da razoabilidade e da proporcionalidade.

Tal conclusão, no entanto, deve ser examinada criticamente. A seguir.

2. EXAME CRÍTICO À LUZ DA FUNCIONALIDADE DO *SUBSTANTIVE DUE PROCESS* NO DIREITO NORTE-AMERICANO

Pelo que se vê logo ao primeiro olhar, no direito brasileiro, a doutrina e a jurisprudência do Supremo Tribunal Federal, a bem da verdade, atribuem ao prin-

---

[323] Carlos Roberto Siqueira Castro, *O devido processo legal e os princípios da razoabilidade e da proporcionalidade*, p. XII e 409. Igualmente, *vide* Tercio Sampaio Ferraz Jr., *Do amálgama entre razoabilidade e proporcionalidade na doutrina e na jurisprudência brasileiras e seu fundamento no devido processo legal substantivo*, p. 37-46. Parece ser esse, com o clássico grão de sal, o entendimento de Willis Santiago Guerra Filho, que, embora remarque a "diversa origem, por assim dizer, cultural" dos princípios da proporcionalidade e da razoabilidade, "sendo o primeiro de origem germânica e o outro, anglo-saxônica", e associe a razoabilidade "ao aspecto substantivo do devido processo legal, como é feito no ambiente anglo-saxônico", acaba concluindo que nada obsta a "vinculação do princípio da proporcionalidade à cláusula do devido processo legal", visto que descendem, "por derivação (...) daquele princípio estruturante que é o do Estado de Direito". A seu ver, o princípio da proporcionalidade é "um direito fundamental com uma dimensão processual, de tutela de outros direitos – e garantias – fundamentais, passível de ser derivar da 'cláusula do devido processo'" (*Princípio da proporcionalidade e devido processo legal*, p. 265-267, grifado no original). Por outro lado, há quem entenda que, "à luz do desenvolvimento jurisprudencial constitucional norte-americano, não restam dúvidas de que o princípio da razoabilidade deriva do *due process of law*. (...) É da dimensão substantiva que deriva a noção de razoabilidade. É no 'due process of law' em sentido substantivo que se fundamenta o controle de razoabilidade das leis e dos atos normativos de todos os Poderes Públicos. (...) Assim, o princípio da razoabilidade (...) tem origem norte-americana, e fundamento no 'due process of law' em sentido substantivo". A razoabilidade é "princípio consolidado no direito brasileiro", com "*status* constitucional (CRFB/88, art. 5º, LIV)" (Wilson Antônio Steinmetz, *Colisão de direitos fundamentais e princípio da proporcionalidade*, p. 166 e 184-185, com remissão expressa à lição de Carlos Roberto Siqueira Castro, *O devido processo legal e a razoabilidade das leis na nova Constituição do Brasil*, *passim*; e Luís Virgílio Afonso da Silva, *O proporcional e o razoável*, p. 30 e 32). E que o princípio da proporcionalidade, por sua vez, não decorre "deste ou daquele dispositivo" (por exemplo, do devido processo legal ou do art. 5º, § 2º, da Constituição Federal), "*mas da própria estrutura dos direitos fundamentais*". Resulta "*logicamente da estrutura dos direitos fundamentais como princípios jurídicos*". Sua fundamentação é de "caráter estritamente lógico" (Luís Virgílio Afonso da Silva, *O proporcional e o razoável*, p. 43 e 45, grifado no original). Neste sentido, Wilson Antônio Steinmetz afirma que "o princípio da proporcionalidade é deduzível ou infere-se, logicamente, do caráter ou da natureza dos princípios". Deriva, portanto, "das normas-princípios de direitos fundamentais, ou seja, dos direitos fundamentais enquanto princípios". Há "uma co-implicação – uma implicação recíproca – entre princípios e máxima da proporcionalidade. Aqueles implicam esta, esta implica aqueles" (*Colisão de direitos fundamentais e princípio da proporcionalidade*, p. 168-171). Compartilhando a observação sobre o *fundamento* da proporcionalidade, *vide*, de resto, Humberto Ávila, *A distinção entre princípios e regras e a redefinição do dever de proporcionalidade*, p. 153 e 170; e *Sistema constitucional tributário*, p. 394.

cípio do devido processo substantivo, sob a denominação de "razoabilidade" ou "proporcionalidade", *funcionalidade muito semelhante, quase idêntica, à dos testes ou níveis de escrutínio (teste da base racional e escrutínio estrito)* empregados pela Suprema Corte estadunidense, para o efeito de dar aplicação ao princípio do *substantive due process*, no direito norte-americano.

Neste sentido, a "razoabilidade", no direito brasileiro, como exigência de adequação dos meios aos fins, assemelha-se ao teste da base racional, que, no direito norte-americano, exige que o ato estatal seja um meio adequado, racional ou razoável para alcançar um objetivo legítimo. Por sua vez, a "proporcionalidade", no direito brasileiro, como exigência de adequação, necessidade e proporcionalidade em sentido estrito entre meios e fins, guarda semelhança com o escrutínio estrito, que, no direito norte-americano, exige que o ato estatal seja, dos meios disponíveis, o necessário e o menos restritivo de direitos fundamentais, para alcançar um objetivo impositivo.

No direito norte-americano, substantive due process é princípio de garantia da liberdade em geral contra as arbitrariedades do Estado. Trata-se de disposição constitucional aberta (open-ended constitutional provision), que proíbe que se prejudiquem certos direitos, sobretudo os direitos fundamentais, a não ser por uma justificativa suficiente.

Assim sendo, o princípio do *substantive due process* cumpre *duas funções bem específicas*: (I) incorporação de direitos fundamentais conferidos pela Declaração de Direitos, por meio da disposição do *due process of law* da 14ª Emenda, para aplicação aos governos estaduais; e (II) reconhecimento e proteção de direitos fundamentais não-enumerados pela Constituição norte-americana, como parte da liberdade garantida pelas disposições do *due process of law* da 5ª e da 14ª Emendas.

O princípio do substantive due process, no direito norte-americano, não se confunde, do ponto de vista funcional, com os chamados testes ou níveis de escrutínio. Não se identifica com o teste da base racional ou de arbitrariedade, também denominado controle de racionalidade, nem com o escrutínio estrito. Na verdade, esses testes são expedientes utilizados para dar aplicação ao princípio do *substantive due process*, bem como a outras disposições constitucionais, como, por exemplo, os princípios da igual proteção das leis, da liberdade de expressão, da liberdade religiosa, dos privilégios ou imunidades, etc., determinando quão deferente ou quão exigente o Poder Judiciário deve ser em relação aos Poderes Legislativo e executivo, no exercício do controle jurisdicional de constitucionalidade das leis e dos atos estatais em geral. Além disso, os testes ou *standards* de controle judicial não se esgotam no teste da base racional e no escrutínio estrito. Há, por exemplo, o teste do ônus indevido (*undue burden test*), também empregável no caso de aplicabilidade do princípio do *substantive due process*, especialmente quando é reconhecido e protegido o direito fundamental ao aborto como parte da liberdade assegurada pelas disposições do *due process of law*, da 5ª e da 14ª

Emendas. De resto, o teste da base racional e o escrutínio estrito não são sequer prescritos pelas disposições do devido processo legal, da 5ª e da 14ª Emendas.[324] Esses testes, como bem observado por Ronald Dworkin, são apenas "mecanismos e categorias especialmente inventados para disciplinar princípios jurídicos abstratos com um vocabulário técnico. Os princípios, contudo, resistem a tal disciplina, e os expedientes técnicos têm uma vida limitada – em geral muito curta. Cada um deles começa como uma estratégia útil e modesta, mostrando as implicações dos princípios gerais em relação a um conjunto limitado de problemas. Porém, alguns, então, desenvolvem vida e força próprias e se tornam velhos tiranos, cujos cuidados de saúde vão criando mais problemas que soluções, até que são finalmente despachados – *sans teeth, sans everything* – por um juiz criativo com novos expedientes".[325]

Repetindo, *substantive due process*, no direito norte-americano, é *princípio de garantia da liberdade em geral contra as arbitrariedades do Estado*, que proíbe que se prejudiquem certos direitos, sobretudo os direitos fundamentais, a não ser por uma *justificativa suficiente*. Por sua vez, o *teste da base racional* e o *escrutínio estrito*, bem como os respectivos *congêneres* no direito brasileiro, quais sejam, a *razoabilidade* e a *proporcionalidade*, são *princípios ou cânones hermenêuticos*, melhor dizendo, *postulados normativos aplicativos*, isto é, *normas imediatamente metódicas, que estruturam a interpretação e aplicação dos princípios e das regras jurídicas*.[326]

Todavia, no direito brasileiro, não é atribuída ao princípio do devido processo substantivo outra funcionalidade a não ser a dos postulados da razoabilidade e da proporcionalidade. Não lhe é atribuída funcionalidade própria ou autônoma. No direito norte-americano, repita-se, como princípio constitucional, o *substantive due process* é aplicável com dois objetivos bem específicos: (I) incorporação de direitos fundamentais conferidos pela Declaração de Direitos, por meio da disposição do *due process of law* da 14ª Emenda, para aplicação aos governos estaduais; e (II) reconhecimento e proteção de direitos fundamentais não-enumerados pela Constituição norte-americana, como parte da liberdade garantida pelas disposições do *due process of law* da 5ª e da 14ª Emendas.

---

[324] Erwin Chemerinsky, *Constitutional law*, p. 521; *idem, The Supreme Court and the Fourteenth Amendment: the unfulfilled promise*, p. 1.153-1.155; e Russel W. Galloway, *Means-end scrutiny in american constitutional law*, p. 460-461.

[325] *Freedom's law*, p. 35-36. Igualmente, *vide* Jeffrey M. Shaman, *Constitutional interpretation: illusion and reality*, p. 72-73.

[326] Neste sentido, Luís Roberto Barroso, já na 1ª edição, de 1996, da *Interpretação e aplicação da Constituição*, p. 198 e segs., qualificava a razoabilidade e a proporcionalidade como "princípios de interpretação especificamente constitucional", podendo "radicar-se perfeitamente nos princípios gerais da hermenêutica". Sobre os *postulados normativos aplicativos, vide* Humberto Ávila, *Teoria dos princípios*, p. 70 e 87-94. A propósito, no julgamento da ADI 2591/DF pelo Supremo Tribunal Federal (data do julgamento: 07/06/2006, DJ 29/09/2006, p. 31), o Ministro Eros Grau ressaltou que "ela a razoabilidade, tal qual a 'proporcionalidade', não constitui um princípio. (...) Uma e outra, 'razoabilidade' e 'proporcionalidade', são postulados normativos da interpretação/aplicação do direito – um novo nome dado aos velhos cânones da interpretação, que a nova hermenêutica despreza – e não princípios".

Ora, se realmente queremos dar aplicação ao princípio do devido processo substantivo no direito brasileiro, então é de rigor que o apliquemos corretamente, respeitando a *funcionalidade* que lhe é inerente. E, para tanto, o referencial há de ser, exclusivamente, o direito norte-americano, por óbvias razões: a uma, porque o princípio do *substantive due process* foi criado e desenvolvido pelo direito estadunidense; depois, porque do direito estadunidense o devido processo substantivo passou ao direito brasileiro.

Cabe, então, investigar se é compatível com o direito brasileiro a aplicação que se dá ao princípio do devido processo substantivo no direito norte-americano – sem prejuízo, adiante-se, de seguir-se aplicando, aqui, os postulados da razoabilidade ou da proporcionalidade, o que é perfeitamente possível.

Em primeiro lugar, o princípio do *substantive due process* cumpre *função incorporativa*, no direito norte-americano. Retome-se: a Declaração de Direitos de 1791, composta das dez primeiras emendas à Constituição norte-americana, é aplicável, *em princípio*, apenas ao governo federal. Ademais, nem todos os direitos conferidos pela Declaração de Direitos são qualificados como *direitos fundamentais*. Destarte, os *direitos* conferidos pela Declaração de Direitos e considerados *fundamentais* são incorporados por meio da disposição do *due process of law*, da 14ª Quarta Emenda, para aplicação aos governos estaduais.

Ora, como é evidente, não se faz necessária a transposição da função incorporativa do princípio do devido processo substantivo, do direito norte-americano para o direito brasileiro, pela singela razão de que a Constituição da República Federativa do Brasil de 1988 e os direitos fundamentais nela assegurados são igualmente vinculativos para a União Federal, os Estados-membros, o Distrito Federal e os Municípios.

Neste sentido, a "dignidade da pessoa humana" é fundamento da "República Federativa do Brasil, formada pela união indissolúvel dos Estados e Municípios e do Distrito Federal" (art. 1º, III); "a organização político-administrativa da República Federativa do Brasil compreende a União, os Estados, o Distrito Federal e os Municípios, todos autônomos, nos termos desta Constituição" (art. 18); "é competência comum da União, dos Estados, do Distrito Federal e dos Municípios zelar pela guarda da Constituição, das leis e das instituições democráticas" (art. 23, I); "os Estados organizam-se e regem-se pelas Constituições e leis que adotarem, observados os princípios desta Constituição (art. 25); "o Município reger-se-á por lei orgânica, (...) atendidos os princípios estabelecidos nesta Constituição" (art. 29); "o Distrito Federal (...) reger-se-á por lei orgânica, (...) atendidos os princípios estabelecidos nesta Constituição (art. 32); a União poderá intervir nos Estados e no Distrito Federal para assegurar a observância dos "direitos da pessoa humana" (art. 34, VI, *b*), "os Estados organizarão sua Justiça, observados os princípios estabelecidos nesta Constituição" (art. 125), etc.

Portanto, visto que os direitos fundamentais conferidos pela Constituição da República Federativa do Brasil de 1988 são aplicáveis não apenas à União, mas

---

Devido Processo Legal e Proteção de Direitos

também aos Estados-membros, em particular, não há necessidade de transpor a função incorporativa do princípio do devido processo substantivo, do direito norte-americano para o direito brasileiro.

Em segundo lugar, o princípio do *substantive due process* cumpre *função protetiva* de direitos fundamentais não-enumerados pela Constituição norte-americana. Tais direitos são reconhecidos e protegidos como parte da liberdade garantida pelas disposições do *due process of law*, da 5ª e da 14ª Emendas, em face do governo federal e dos governos estaduais.

Isso resulta do fato de que a Constituição norte-americana é sabidamente sintética ou concisa. Por sua vez, a Constituição brasileira de 1988 é analítica.[327] Diversamente da Declaração de Direitos da Constituição norte-americana, o rol de direitos e garantias fundamentais da Constituição brasileira de 1988 é prolixo a não mais poder, espraiando-se, inclusive, para além do Título II e alcançando, por exemplo, o direito fundamental ao meio ambiente (art. 225).[328]

Essa *prolixidade de direitos fundamentais* explicitados pela Constituição Federal de 1988, por si só, já teria o condão de reduzir sensivelmente o âmbito de aplicação do princípio do devido processo substantivo no direito brasileiro, *pressupondo-se, por hipótese, no comum dos casos, a incidência de disposições específicas de direitos fundamentais*.

Isso, contudo, não basta para impedir o reconhecimento e proteção de direitos fundamentais implícitos na Constituição brasileira de 1988. A questão, pois, consiste em saber se esses direitos fundamentais implícitos podem ser reconhecidos e protegidos como parte da liberdade assegurada pela disposição do devido processo legal, do art. 5º, LIV, da Constituição de 1988.

Tal questão, obviamente, não é de fácil solução. A propósito, no direito norte-americano, "originalistas" e "não-originalistas", como já destacado, há muito travam entre si uma verdadeira "Guerra dos *Roses* constitucional", na feliz expressão de Ronald Dworkin.[329]

---

[327] Sobre a classificação das constituições quanto à extensão, *vide* Gilmar Ferreira Mendes, Inocêncio Mártires Coelho, Paulo Gustavo Gonet Branco, *Curso de direito constitucional*, p. 16-17.

[328] A propósito, *vide* Anízio Pires Gavião Filho, *Direito fundamental ao ambiente*, p. 21 e segs. Outro exemplo: no julgamento da ADI 939/DF, Relator o Ministro Sydney Sanches, o Pleno do Supremo Tribunal Federal concebeu o princípio da anterioridade tributária como direito fundamental do contribuinte, com remissão aos arts. 5º, § 2º, 60, § 4º, IV, e 150, III, *b*, da Constituição (data do julgamento: 15/12/1993, DJ 18/03/1994, p. 5165).

[329] *A virtude soberana*, p. 647. A propósito, *vide* Robert H. Bork, Laurence H. Tribe, *Interpretação da Constituição*, p. 05-12. Por um lado, o "originalista" Robert H. Bork, argumentando que, segundo a "filosofia do originalismo", os "juízes que se incumbem de derrubar leis e atos do Executivo em nome da Constituição, só devem fazer isto de acordo com as intenções daqueles que redigiram, propuseram e ratificaram as várias disposições da Constituições"; que "o debate sobre a intenção original é um debate sobre até onde a vida – até onde a moralidade, os arranjos sociais e econômicos norte-americanos – deve ser governada pelos juízes e até onde deve ser governada pelo provo, atuando este através das instituições da democracia"; que "o público precisa saber se os tribunais estão aplicando suas próprias predileções morais, sociais e filosóficas em lugar da Constituição", se estão "usurpando autoridade que pertence, apropriadamente, ao povo e a seus representantes eleitos"; que os "juízes que se puserem a aplicar uma 'moralidade em evolução' para invalidar uma lei democraticamente promulgada estarão, na verdade, impondo sua própria moralidade ao resto dos norte-americanos e chamando-a de Constituição"; que somente o "método da intenção original" pode fazer com que "uma lei seja outra coisa

Não é possível oferecer, aqui, resposta definitiva a essa questão, a qual, aliás, remete às questões controvertidas do significado material dos direitos fundamentais e da legitimidade democrática da jurisdição constitucional.

Algumas breves observações, no entanto, podem ser feitas.

Direitos fundamentais, como é cediço, não são apenas aqueles direitos que o direito constitucional vigente "qualifica de direitos fundamentais". Esse conceito meramente formal é "insuficiente", porque o direito vigente pode reconhecer, *fora do catálogo* de direitos fundamentais, direitos que, em seu significado material, "não se distinguem dos direitos qualificados expressamente de direitos fundamentais".[330] Por exemplo: o direito fundamental ao meio ambiente, conferido pelo art. 225 da Constituição Federal.[331] Por outro lado, o direito constitucional positivo pode contemplar uma cláusula de "abertura da constituição a outros direitos, também fundamentais, mas não constitucionalizados".[332] No art. 5º, § 2º, da Constituição brasileira de 1988, segundo o qual "os direitos e garantias expressos nesta Constituição não excluem outros decorrentes dos regimes e dos princípios por ela adotados, ou dos tratados internacionais em que a República Federativa do Brasil seja parte", encontra-se essa *cláusula aberta* ou de *não tipicidade* de direitos fundamentais".[333] Daí a "idéia de fundamentalidade material", que serve de "suporte para a abertura da constituição a outros direitos, também fundamentais, mas não constitucionalizados".[334]

Neste sentido, argumenta-se que os direitos fundamentais, de modo geral, são "concretizações das exigências do princípio da dignidade da pessoa huma-

---

que não a vontade dos juízes e que seja superior a esta"; e que, enfim, os "originalistas procuram discernir os princípios que os Autores promulgaram, os valores que procuraram proteger. Tudo que a filosofia da intenção original exige é que o texto, a estrutura e a história da Constituição dotem o juiz não de uma conclusão a respeito de um caso específico, mas de uma premissa de onde começar a raciocinar sobre o caso. O juiz originalista precisa proteger a liberdade ou o processo constitucional que os Autores pretenderam preservar em circunstâncias que os Autores não podiam prever". Por outro lado, Laurence H. Tribe, contrapondo que "a Constituição, ao contrário de um livro de culinária, não especifica que ingredientes, combinados em que ordem e em que volume, produzirão 'liberdade' ou 'igual proteção das leis'. Em muitos casos, as majestosas expressões da Constituição, isoladas, são irritantemente opacas. E isto não é por acaso. A razão é que os Fundadores procuraram produzir um documento que, na imortal expressão do Juiz John Marshall, 'durasse muito tempo e (...) se adaptasse às crises dos assuntos humanos'"; que a "tarefa importante para os juízes e para todos os cidadãos é assim a tarefa de interpretar aqueles propósitos amplos da Constituição – e não uma tarefa de adivinhar, como um enigma de história hipotética, o que os Fundadores teriam dito se os problemas de hoje houvessem sido colocados diante deles como uma matéria original. Imaginar o que eles teriam dito é um exercício freqüentemente estéril e sem significado. Muita coisa mudou"; que "valores básicos", como "liberdade, devido processo e igual proteção", devem "derivar não da filosofia pessoal do juiz e sim da melhor compreensão da Constituição por parte do juiz – seu texto, sua estrutura, os princípios que ela manifesta, a história de sua elaboração e a evolução de sua interpretação pela comunidade jurídica e política"; e que "os originalistas procuram negar sua própria responsabilidade pelas escolhas que estão fazendo – e impondo a outros- enquanto seus oponentes, para melhor ou para pior, aceitam tal responsabilidade como inevitavelmente deles".

[330] Konrad Hesse, *Elementos de direito constitucional da República Federal da Alemanha*, p. 225.

[331] Por todos, *vide* Anízio Pires Gavião Filho, *Direito fundamental ao ambiente*, p. 21-38.

[332] J. J. Gomes Canotilho, *Direito constitucional e Teoria da Constituição*, p. 373.

[333] Jorge Miranda, *Manual de direito constitucional*, t. 4, p. 152.

[334] J. J. Gomes Canotilho, *Direito constitucional e Teoria da Constituição*, p. 373.

na".[335] Direitos fundamentais são, portanto, "garantias de uma convivência digna, livre e igual de todas as pessoas", isto é, "situações jurídicas sem as quais a pessoa humana não se realiza, não convive e, às vezes, nem mesmo sobrevive".[336]

Não por outro motivo, entende-se que a dignidade da pessoa humana, assegurada no art. 1º, III, da Constituição Federal de 1988, "é um valor supremo que atrai o conteúdo de todos os direitos fundamentais".[337]

Neste diapasão, direitos fundamentais implícitos, *em tese*, podem ser reconhecidos e protegidos, no direito brasileiro, como parte da liberdade garantida pela disposição do devido processo legal (art. 5º, LIV, da Constituição Federal), com a condição de que, destarte, concretizem o princípio da dignidade da pessoa humana (art. 1º, III, da Constituição).[338]

De conseguinte, o princípio do devido processo substantivo, em tese, pode ser aplicado no direito brasileiro com o objetivo de reconhecer e proteger direitos fundamentais implícitos como parte da liberdade assegurada pela disposição do devido processo legal, prevista no art. 5º, LIV, da Constituição Federal, concretizando, assim, o princípio constitucional da dignidade da pessoa humana. Essa possibilidade, de resto, é franqueada pelo disposto no art. 5º, § 2º, da Constituição de 1988, segundo o qual "os direitos e garantias expressos nesta Constituição não excluem outros decorrentes do regime e dos princípios por ela adotados". Destarte, vai atribuída funcionalidade própria e autônoma ao princípio do devido processo substantivo no direito brasileiro, à semelhança do direito norte-americano.

---

[335] Ingo Wolfang Sarlet, *A eficácia dos direitos fundamentais*, p. 109.

[336] José Afonso da Silva, *Curso de direito constitucional positivo*, p. 182. Por sua vez, Robert Alexy, *Direitos fundamentais no Estado constitucional democrático*, p. 208-209, chega ao ponto de afirmar que a qualificação de certos direitos como direitos fundamentais depende de duas condições: "Deve tratar-se, em primeiro lugar, de interesses e carências que, em geral, podem e devem ser fomentados por direito. Assim, muitos homens têm uma carência fundamental de amor. (...) Contudo, não existe um direito do homem ao amor, porque amor não se deixa forçar pelo direito. A segunda condição é que o interesse ou carência seja tão fundamental que a necessidade de seu respeito, sua proteção ou seu fomento se deixe fundamentar pelo direito. (...) Um interesse ou carência é, nesse sentido, fundamental quando sua violação ou não-satisfação significa ou a morte ou sofrimento grave ou toca no núcleo essencial da autonomia".

[337] José Afonso da Silva, *Curso de direito constitucional positivo*, p. 109. Como se sabe, Kant inclui entre os imperativos categóricos, que devem reger a conduta moral de qualquer pessoa, o de tratá-la como fim em si mesmo, e não como meio. Segundo Kant, o princípio primeiro da ética é o de que "o homem, e, duma maneira geral, todo o ser racional, *existe* como fim em si mesmo, *não só como meio* para o uso arbitrário desta ou daquela vontade". E prossegue: "os seres cuja existência depende, não em verdade da nossa vontade, mas da natureza, têm, contudo, se são seres irracionais, apenas um valor relativo como meios e por isso se chamam *coisas*, ao passo que os seres racionais se chamam *pessoas*, porque a sua natureza os distingue já como fins em si mesmos, quer dizer como algo que não pode ser empregado como simples meio e que, por conseguinte, limita nessa medida todo o arbítrio". Logo, todo homem tem *dignidade*, e não um *preço*, como as coisas. O homem, não apenas como espécie, mas também em sua individualidade, é insubstituível: não tem equivalente, não pode ser trocado por coisa alguma. "No reino dos fins", conclui Kant, "tudo tem ou um *preço* ou uma *dignidade*. Quando uma coisa tem um preço, pode-se pôr em vez dela qualquer outra como *equivalente*; mas quando uma coisa está acima de todo o preço, e portanto não permite equivalente, então tem ela *dignidade*" (*Fundamentação da metafísica dos costumes*, p. 68 e segs.).

[338] Lembre-se: não foi outra a fórmula utilizada pela Suprema Corte norte-americana, no julgamento do caso *Lawrence v. Texas*, 539 U.S. 558 (2003), para reconhecer e proteger o direito de orientação sexual como direito fundamental não-enumerado pela Constituição estadunidense.

Daí, no entanto, emerge a *questão da legitimidade democrática da jurisdição constitucional*. Segundo Luís Roberto Barroso, pelo menos duas fortes objeções podem ser deduzidas contra a legitimidade democrática da jurisdição constitucional. A primeira delas consiste na chamada dificuldade contramajoritária (*countermajoritarian difficulty*), segundo a qual "órgãos compostos por agentes públicos não eletivos não deveriam ter competência para invalidar decisões dos órgãos legitimados pela escolha popular". A segunda é a de que "os pronunciamentos dos órgãos judiciais, uma vez esgotados os recursos processuais cabíveis – e que se exaurem no âmbito do próprio Judiciário –, não estão sujeitos a qualquer tipo de controle democrático, salvo a hipótese complexa e pouco comum de sua superação por via de emenda à Constituição". No entanto, ainda segundo Luís Roberto Barroso, "é certo que a democracia não se assenta apenas no princípio majoritário, mas também na realização de valores substantivos, na concretização dos direitos fundamentais e na observância de procedimentos que assegurem a participação livre e igualitária das pessoas", de modo que "a tutela desses valores, direitos e procedimentos é o fundamento de legitimidade da jurisdição constitucional". De resto, o princípio da separação de poderes há de ser adaptado à realidade de que a interpretação da Constituição frequentemente envolve, "além de um ato de conhecimento, um ato de vontade por parte do intérprete", e que essa vontade "não deve ser tida como livre ou discricionária, mas subordinada aos princípios que regem o sistema constitucional, às circunstâncias do caso concreto, ao dever de fundamentação racional e ao debate público".[339]

Dentro desses limites, parece lícito concluir que, no direito brasileiro, é possível dar aplicação ao princípio do devido processo substantivo, objetivando-se, assim, o reconhecimento e proteção de direitos fundamentais implícitos como parte da liberdade assegurada pela disposição do devido processo legal (art. 5º, LIV, da Constituição Federal), com a concretização do princípio da dignidade da pessoa humana (art. 1º, III, da Constituição de 1988).

Todavia, conforme já destacado, no direito brasileiro, essa funcionalidade própria e autônoma do princípio do devido processo substantivo não lhe é reconhecida. Em lugar disso, a doutrina brasileira e a jurisprudência do Supremo Tribunal Federal, pós-Constituição Federal de 1988, atribuem ao princípio do devido processo substantivo funcionalidade que é mais propriamente dos postulados da razoabilidade e da proporcionalidade.

Isso, porém, não quer significar que razoabilidade e proporcionalidade devem deixar de ser aplicadas. *Esses postulados podem e devem continuar sendo*

---

[339] *Controle de constitucionalidade no direito brasileiro*, p. 50-57 e 266. A propósito, *vide*, por exemplo, Alexander M. Bickel, *The least dangerous branch: the Supreme Court at the bar of politics*, *passim*; Robert Alexy, *Balancing, constitutional review, and representation*, p. 572 e segs.; Gustavo Zagrebelsky, *Principî e voti: la Corte Costituzionale e la politica, passim*; Mauro Cappelletti, *Juízes legisladores?*, p. 92-107; e *idem, Repudiando Montesquieu?* A expansão e a legitimidade da "justiça constitucional", p. 40 e segs. De resto, *vide* José Maria Rosa Tesheiner, *Sobre o princípio do devido processo em sentido substancial*, http://www.tex.pro. br, 16/01/06, entendendo que "a verdade é que, se há leis pouco razoáveis, imensamente maior é o número de sentenças desarrazoadas".

Devido Processo Legal e Proteção de Direitos

aplicados, sem dúvida alguma. O que deve ser evitado, apenas, é a *promiscuidade* do princípio do devido processo substantivo com os postulados da razoabilidade e da proporcionalidade.

Devido processo substantivo, no direito brasileiro, deve ser entendido como princípio de garantia da liberdade em geral contra as arbitrariedades do Estado, que proíbe que se prejudiquem determinados direitos fundamentais, a não ser por uma justificativa suficiente. Neste sentido, o princípio do devido processo substantivo, em tese, pode cumprir a função de reconhecer e proteger direitos fundamentais implícitos como parte da liberdade assegurada pela disposição do devido processo legal (art. 5º, LIV, da Constituição Federal), concretizando, igualmente, o princípio da dignidade da pessoa humana (art. 1º, III, da Constituição de 1988).

Razoabilidade e proporcionalidade, por sua vez, são princípios ou cânones hermenêuticos, vale dizer, postulados normativos aplicativos que estruturam a interpretação e aplicação de princípios e regras jurídicas, sobretudo de caráter jurídico-constitucional, inclusive, e não exclusive, o princípio do devido processo substantivo (art. 5º, LIV, da Constituição de 1988).[340]

Ademais, conforme já destacado, a disposição do *due process of law*, da 5ª ou da 14ª Emendas à Constituição estadunidense, não é *sedes materiae* do teste da base racional (*rational basis test*) e do escrutínio estrito (*strict scrutiny*), no direito norte-americano. Igualmente, a disposição do devido processo legal (art. 5º, LIV, da Constituição Federal) não é *sedes materiae* dos postulados da razoabilidade e da proporcionalidade, no direito brasileiro. *No art. 5º, LIV, da Constituição brasileira de 1988, não se prescreve a utilização dos postulados da razoabilidade ou da proporcionalidade.*

A *proporcionalidade* decorre, "por implicação lógica", da "estrutura dos direitos fundamentais como princípios jurídicos", do "caráter principial das normas jurídicas", ou, ainda, do próprio "modo de solução da colisão de princípios".[341] A *razoabilidade*, por sua vez, é da própria "essência do direito", encontrando-se, por assim dizer, nas "dobras" do ordenamento jurídico.[342] Trata-se, com efeito, de

---

[340] A propósito, *vide* Humberto Ávila, *Teoria dos princípios*, p. 87-94; e *idem*, Conteúdo, limites e intensidade dos controles de razoabilidade, de proporcionalidade e de excessividade, p. 384, observando que "sempre há uma outra norma por trás da aplicação da razoabilidade e da proporcionalidade".

[341] Humberto Ávila, A distinção entre princípios e regras e a redefinição do dever de proporcionalidade, p. 153, 158, 160 e 170; e *idem*, *Sistema constitucional tributário*, p. 394, concluindo que, por isso, revela-se "incongruente", "frustrada" e até mesmo "inútil" a tentativa de extrair o postulado da proporcionalidade do texto da Constituição Federal (por exemplo, da disposição do devido processo legal ou do art. 5º, § 2º): "é que ele o postulado da proporcionalidade não pode ser deduzido ou induzido de um ou mais textos normativos, antes resulta, por implicação lógica, da estrutura das próprias normas jurídicas estabelecidas pela Constituição brasileira e da própria atributividade do Direito, que estabelece proporções entre bens jurídicos exteriores e divisíveis". Igualmente, *vide* Luís Virgílio Afonso da Silva, O proporcional e o razoável, p. 43 e 45; e Wilson Antônio Steinmetz, *Colisão de direitos fundamentais e princípio da proporcionalidade*, p. 168-171.

[342] Eros Roberto Grau, *Ensaio e discurso sobre a interpretação/aplicação do direito*, p. 181, com remissão a Humberto Ávila, A distinção entre princípios e regras e a redefinição do dever de proporcionalidade, p. 170. Mais precisamente, Humberto Ávila tem para si que a razoabilidade decorre do "princípio do Estado de Direito (art. 1º, CF/88), que proíbe o exercício arbitrário do poder" (*Conteúdo, limites e intensidade dos controles de razoabilidade, de proporcionalidade e de excessividade*, p. 370). De resto, *vide* Gustavo Zagrebelsky, *La virtù*

noção de conteúdo extremamente variável, comportando diversos tipos de aplicação no direito.[343]

Sem embargo do conteúdo variável, o postulado da razoabilidade pode ser bem aplicado, se não como exigência de adequação dos meios aos fins, então, em especial, como equidade, exigindo a "harmonização da norma geral com o caso individual", com a "consideração daquilo que normalmente acontece", bem como do "aspecto individual do caso nas hipóteses em que ele é sobremodo desconsiderado pela generalização legal".[344] Neste sentido, a razoabilidade pode permitir que "o juiz gradue o peso da norma, em uma determinada incidência", obstando

---

del dubbio, p. 52, observando que *"l'essenza del 'giuridico' è, per l'appunto, la 'ragionevolezza', un altro modo di dire 'giustezza'. La legge irragionevole, sproporzionata, arbitraria, como ci dice la giurisprudenza di tutte le Corti Costituzionali di questo mondo, è un non-diritto, um diritto invalido".*

[343] A propósito, *vide* Chaïm Perelman, O razoável e o desarrazoado em direito, p. 427-437; *idem, As noções com conteúdo variável em direito,* p. 659-671; Luis Recaséns Siches, *Introducción al estudio del derecho,* p. 231-262; Aulis Aarnio, *Le rationnel comme raisonnable,* p. 227-279; Neil MacCormick, *On reasonableness,* p. 131 e segs.; Manuel Atienza, *Para una razonable definicón de "razonable",* p. 189 e segs.; e *idem, As razões do direito, passim.* Segundo Humberto Ávila, não há, contudo, uma razoabilidade, mas diferentes usos ou diferentes tipos de aplicação da razoabilidade: esta "é utilizada em vários contextos e com várias finalidades, possuindo, portanto, vários significados" e podendo ser classificada, a seu ver, em eqüidade, congruência, equivalência e coerência. Tal classificação, ainda segundo Humberto Ávila, é suscetível de "permitir um discurso estruturado do Direito". Assim, "o aplicador não poderá lançar mão da razoabilidade se a Ciência do Direito, em vez de apresentar a forma com que ela deve ser utilizada e o fundamento para sua utilização, limitar-se a afirmar, em flagrante tautologia, que a razoabilidade exige que o aplicador seja razoável. Ou bem a Ciência do Direito fornece critérios consistentes de aplicação para conter o arbítrio, ou, a pretexto de coibi-lo, terminará por legitimá-lo". O cientista do direito não pode utilizar "uma só palavra para vários fenômenos". Impõe-se, na ciência do direito, o "emprego rigoroso da linguagem". Para designar "fenômenos" distintos, devem ser empregadas "palavras" distintas. Destarte, "a utilização do postulado da razoabilidade não é um mero recurso a um *topos*, com caráter meramente teórico, como se pode apressadamente pensar, cujos contornos não são dignos de delimitação pela Ciência do Direito". Muito pelo contrário. A razoabilidade, com efeito, é capaz de "permitir uma vinculação entre o ser e o dever ser". Aí está o seu "papel sintomático". Como equidade, a razoabilidade exige "a harmonização da norma geral com o caso individual". Na interpretação e aplicação das normas jurídicas, exige tanto "a consideração daquilo que normalmente acontece" quanto "a consideração do aspecto individual do caso nas hipóteses em que ele é sobremodo desconsiderado pela generalização legal", de modo que determinada norma geral não será aplicável quando o caso for "anormal". Como congruência, a razoabilidade impõe "a harmonização das normas com suas condições externas de aplicação", isto é, a indicação de "uma causa *real justificante* para a adoção de qualquer medida". Impõe, além disso, uma relação de congruência "entre o critério de diferenciação escolhido e a medida adotada". Como equivalência, a razoabilidade exige "uma relação de equivalência entre a medida adotada e o critério que a dimensiona". Finalmente, como coerência, a razoabilidade impõe "uma relação de *coerência lógica*, quer no sentido de *consistência interna* entre as normas jurídicas (p. ex., não é razoável uma lei municipal que estabelece uma obrigação para um sujeito e direciona a punição para o outro), quer no sentido de *consistência externa* da norma com circunstâncias necessárias a sua aplicação (p. ex., não é razoável uma lei que impõe uma obrigação que não poderá ser tecnicamente cumprida, desde a edição, porque o órgão incumbido de cumpri-la não é capacitado nem competente para tanto)" (*Teoria dos princípios,* 4. ed., p. 103-109; *idem, Conteúdo, limites e intensidade dos controles de razoabilidade, de proporcionalidade e de excessividade das leis,* p. 370-371; e *idem, Sistema constitucional tributário,* p. 408-420 e 422-423). Semelhantemente, Weida Zancaner preleciona que "um ato não é razoável quando existiram os fatos em que se embasou; quando os fatos, embora existentes, não guardam relação lógica com a medida tomada; quando, mesmo existente alguma relação lógica, não há adequada proporção entre uns e outros; quando se assentou em argumentos ou premissas, explícitas ou implícitas, que não autorizam do ponto de vista lógico a conclusão deles extraída" (*Razoabilidade e moralidade: princípios concretizadores do perfil constitucional do Estado social e democrático de direito,* p. 04).

[344] Humberto Ávila, *Teoria dos princípios,* p. 103-106.

Devido Processo Legal e Proteção de Direitos

que "ela produza um resultado indesejado pelo sistema, assim fazendo a justiça do caso concreto".[345]

Cabe reproduzir, aqui, a lição de Carlos Alberto Alvaro de Oliveira:

O processo de aplicação do direito em geral (...) apresenta-se necessariamente como obra de acomodação do geral ao concreto, a requerer incessante trabalho de adaptação e até de criação, mesmo porque o legislador não é onipotente na previsão de todas e inumeráveis possibilidades oferecidas pela inesgotável riqueza da vida. (...) O juiz (...) não é uma máquina silogística (...). (...) Mesmo a regra jurídica clara e aparentemente unívoca pode ser transformada em certa medida, de acordo com as peculiaridades do caso concreto, por valorações e idéias do próprio juiz. Já Aristóteles havia constatado o fenômeno, quando tratou na sua *Ética a Nicômacos*, momento clássico na história da *epieikeia*, das relações entre legalidade e eqüidade. Para o estagirita, 'o eqüitativo, se bem é justo, não o é de acordo com a lei, mas como uma correção da justiça legal. A causa disso é que toda lei é universal e há casos nos quais não é possível tratar as coisas com exatidão de um modo universal. Naqueles casos, pois, nos quais é necessário falar de um modo universal, sem ser possível fazê-lo exatamente, a lei aceita o mais corrente, sem ignorar que há algum erro'. A eqüidade se prestaria, assim, para eliminar a distância entre a abstração da norma e a concretude do caso julgado: 'tal é a natureza do eqüitativo: uma correção da lei na medida em que sua universalidade a deixa incompleta'. Cuida-se, bem entendido, de aplicar a lei com eqüidade, atividade co-natural ao próprio ato de julgar, e não de substituí-la pela eqüidade.[346]

---

[345] Luís Roberto Barroso, *O direito constitucional e a efetividade de suas normas*, p. 315-316. Assim sendo, diz Humberto Ávila, a razoabilidade não exige uma "relação de causalidade entre um *meio* e um *fim*", isto é, não pressupõe "um conflito entre princípios constitucionais surgido em razão de uma medida adotada para atingir um fim", diferentemente da proporcionalidade, que, por sua vez, impõe que os poderes públicos "escolham, para a realização de seus fins, meios adequados, necessários e proporcionais". A proporcionalidade, esta sim, exige uma "relação de causalidade entre meio e fim", não se confundindo, portanto, com a "exigência de interpretação razoável das leis" (*Sistema constitucional tributário*, p. 394 e 421-422; *idem, Teoria dos princípios*, p. 109-111; e *idem*, Conteúdo, limites e intensidade dos controles de razoabilidade, de proporcionalidade e de excessividade das leis, p. 372). Semelhantemente, *vide* Wilson Antônio Steinmetz, *Colisão de direitos fundamentais e princípio da proporcionalidade*, p. 187-188 e 191-192, para quem a proporcionalidade é "o princípio apropriado para a solução da colisão de direitos fundamentais", não dizendo respeito à "razoabilidade da aplicação de uma norma geral a um caso individual, a uma situação pessoal". De resto, ainda segundo Wilson Antônio Steinmetz, "do ponto de vista do controle racional e intersubjetivo da aplicação", o princípio da proporcionalidade seria "superior" ao da razoabilidade. Isso porque apenas o princípio da proporcionalidade é "passível de uma definição operacional": os exames inerentes à proporcionalidade, isto é, os exames de adequação, de exigibilidade e de proporcionalidade em sentido estrito, são, precisamente, "indicadores de 'mensuração', de controle". Contudo, "quais seriam os indicadores de 'mensuração' do princípio da razoabilidade?" "Como se realiza o controle racional da razoabilidade?". De resto, *vide* Luís Virgílio Afonso da Silva, *O proporcional e o razoável*, p. 24 e 29-31: "a regra da proporcionalidade (...) não só não tem a mesma origem que o chamado princípio da razoabilidade, (...) mas também deste se diferencia em sua estrutura e forma de aplicação". A proporcionalidade, que "surgiu por desenvolvimento jurisprudencial do Tribunal Constitucional alemão", não é, segundo Luís Virgílio Afonso da Silva, "uma simples pauta que vagamente sugere que os atos estatais devem ser razoáveis". "Na forma estabelecida pela jurisprudência constitucional alemã, tem ela uma 'estrutura' racionalmente definida, com subelementos independentes – a análise da 'adequação', da 'necessidade' e da 'proporcionalidade em sentido estrito' –, que são aplicados em uma ordem pré-definida, e que conferem à regra da proporcionalidade a individualidade que a diferencia, 'claramente', da mera exigência de razoabilidade". A proporcionalidade constitui uma "regra de interpretação e aplicação do direito", de modo geral, e uma "regra de interpretação e aplicação dos direitos fundamentais", de modo particular, sendo aplicável naqueles casos em que "um ato estatal, destinado a promover a realização de um direito fundamental ou de interesse coletivo, implica a restrição de outro ou outros direitos fundamentais". Seu objetivo é "fazer com que nenhuma restrição a direitos fundamentais tome dimensões desproporcionais". Neste sentido, a proporcionalidade configura-se como "*restrição às restrições*".

[346] *O processo civil na perspectiva dos direitos fundamentais*, p. 07-08; e *idem, Do formalismo no processo civil*, p. 190-191 e 207 e segs. A propósito, *vide*, ainda, Otfried Höffe, *O que é justiça?*, p. 67-69.

Já o postulado da proporcionalidade exige, em síntese, que o poder estatal empregue, para a realização dos respectivos objetivos, meios adequados, necessários e proporcionais, quer dizer, (I) que o meio escolhido seja suscetível de promover minimamente a realização do objetivo perseguido (adequação); (II) que a realização do objetivo perseguido não se deixe promover igualmente por meios alternativos, menos restritivos de direitos fundamentais (necessidade); e (III) que a importância da realização do objetivo perseguido realmente justifique a restrição de direitos fundamentais (proporcionalidade em sentido estrito).[347]

Assim sendo, os postulados da razoabilidade e da proporcionalidade não se confundem, do ponto de vista funcional, com o princípio do devido processo substantivo (art. 5º, LIV, da Constituição Federal).[348]

---

[347] Segundo Humberto Ávila, a proporcionalidade estabelece "uma estrutura formal de aplicação dos princípios envolvidos: o meio escolhido deve ser adequado, necessário e não-excessivo". A adequação, a necessidade e a proporcionalidade em sentido estrito são os "exames inerentes à proporcionalidade". De acordo com a exigência de adequação, de modo geral, "o meio deve levar à realização do fim". De modo particular, "um meio é adequado quando promove minimamente o fim", ainda que tal meio não seja o mais intenso, o melhor ou o mais seguro. Isso porque, em primeiro lugar, não é possível saber, no comum dos casos, qual é o meio "mais intenso, melhor e mais seguro na realização do fim". Em segundo, "o princípio da separação de Poderes exige respeito à vontade objetiva do Poder Legislativo", que "seria previamente reduzida se, posteriormente à adoção da medida, o aplicador pudesse dizer que o meio escolhido não era o mais adequado". Em terceiro lugar, "a própria exigência de racionalidade na interpretação e aplicação das normas impõe que se analisem todas as circunstâncias do caso concreto", que escapam ao exame de adequação para submeter-se àquele outro de proporcionalidade em sentido estrito. Por outro lado, especialmente no caso de normas jurídicas gerais, "a medida será adequada se o fim for *possivelmente* realizado com sua adoção". Além disso, "se o fim for realizado na maioria dos casos com sua adoção". E, por último, se o legislador "avaliou e projetou bem a promoção do fim no momento da adoção da medida". Portanto, "a medida será adequada se, abstrata e geralmente, servir de instrumento para a promoção do fim", adequação essa que "deverá ser avaliada", com antecedência, "no momento da escolha do meio pelo Poder Público". De resto, o controle da adequação "deve limitar-se, em razão do princípio da separação dos Poderes, à anulação dos meios manifestamente inadequados", o que necessita de uma "demonstração objetiva, evidente e fundamentada". Por sua vez, o exame de necessidade exige "a verificação da existência de meios que sejam alternativos àquele inicialmente escolhido pelo Poder Legislativo (...), e que possam promover igualmente o fim, sem restringir, na mesma intensidade, os direitos fundamentais afetados". No controle da necessidade, por força do princípio da separação de poderes, o meio escolhido somente deve ser anulado "quando há um meio alternativo que, em aspectos considerados fundamentais, promove igualmente o fim, causando menores restrições". Finalmente, o exame da proporcionalidade em sentido estrito "exige a comparação entre a importância da realização do fim e a intensidade da restrição aos direitos fundamentais". No controle da proporcionalidade em sentido estrito, cabe verificar se "as vantagens causadas pela promoção do fim são proporcionais às desvantagens causadas pela adoção do meio", verificação essa que é "fortemente subjetiva". Em síntese, um meio será adequado, necessário e proporcional, segundo Humberto Ávila, quando promover minimamente determinado fim, "do ponto de vista abstrato, geral e prévio"; além disso, "quando não houver meios alternativos que possam promover igualmente o fim, sem restringir na mesma intensidade os direitos fundamentais afetados"; e, enfim, quando "o valor da promoção do fim não for proporcional ao desvalor da restrição dos direitos fundamentais" (*Teoria dos princípios*, p. 108-116 e 121; e *idem*, A distinção entre princípios e regras e a redefinição do dever de proporcionalidade, p. 169-170). Semelhantemene, *vide* Wilson Antônio Steinmetz, *Colisão de direitos fundamentais e princípio da proporcionalidade*, p. 155-158 e 172; e Luís Virgílio Afonso da Silva, *O proporcional e o razoável*, p. 34-41.

[348] Saliente-se que, para Humberto Ávila, o devido processo legal constitui, apenas, *princípio processual* que "estabelece o dever de buscar um ideal de *protetividade dos direitos* em todos os procedimentos ou processos instituídos pelo Poder Público, mediante a criação de regras necessárias para garantir um processo ou procedimento adequados à defesa dos direitos do contribuinte, mesmo que não previstas expressamente pelo ordenamento jurídico" (*Sistema constitucional tributário*, p. 111-120, em particular p. 113). Efetivamente, Humberto Ávila qualifica o "princípio do devido processo jurídico" (art. 5º, LIV, da Constituição Federal) como "proteção procedimental das expectativas dos contribuintes e das pessoas em geral", sublinhando que um processo será um

É certo que os postulados da razoabilidade e da proporcionalidade podem estruturar a interpretação e aplicação do princípio do devido processo substantivo. Não é menos certo, contudo, que os postulados da razoabilidade e da proporcionalidade são igualmente suscetíveis de estruturar a interpretação e aplicação de outras normas jurídicas, sobretudo de ordem constitucional, além do princípio do devido processo substantivo.

Cabe aqui uma pequena digressão.

Ninguém ignora que o devido processo substantivo já marcava presença na doutrina brasileira pré-Constituição Federal de 1988.

Neste sentido, Castro Nunes já vislumbrava a "cláusula americana *due process of law*" – sem "correspondente em nosso texto constitucional" – nas "*garantias* enumeradas no art. 72" da Constituição brasileira de 1891, "compreendendo particularmente os direitos concernentes à vida (abolição da pena de morte, § 21), à liberdade (§§ 13 e 16) e à propriedade (§ 17)", bem como na "ampliabilidade de outras garantias não expressas, mas subentendidas na finalidade do regime (art. 78)".[349]

Segundo Castro Nunes, o *due process of law*, no "sentido (...) dado pela jurisprudência norte-americana", exigiria "a justificação do ato administrativo", isto é, que tal ato apresentasse "íntima e razoável relação (...) com os interesses da saúde e segurança públicas, da moral e do bem-estar (...) da coletividade". Destarte, o *due process of law* limitaria o "poder de polícia", isto é, "a esfera, intensa e indefinida, do *police power*", sendo, "praticamente, a medida do seu exercício", bem como "o paládio de todos os direitos individuais".[350]

Por sua vez, F. C. de San Tiago Dantas, em ensaio publicado em 1948, hoje um clássico da literatura jurídico-constitucional brasileira, suscitou a questão de saber se, na Constituição Federal de 1946, então vigente, existiria um "critério técnico-jurídico" que autorizasse "os órgãos do Poder Judiciário", sobretudo o Supremo Tribunal Federal, "a recusar aplicação à lei arbitrária", como se vê: "Trata-se de saber se, assim como a Corte Suprema Federal norte-americana encontrou no 'due process of law' a cláusula constitucional que lhe permitiu repelir como inconstitucionais as leis arbitrárias, pode o Supremo Tribunal Federal encontrar igual adminículo em algum princípio ou passagem constitucional".[351]

Tal "critério técnico-jurídico", consoante a lição de San Tiago Dantas, poderia ser encontrado no princípio da igualdade perante a lei (art. 141, § 1º, da Constituição de 1946), à luz do qual a lei deveria implicar "um *reajustamento*

"devido processo jurídico" se, no plano formal, for conduzido por um juiz natural, garantir a ampla defesa e preservar a publicidade dos atos, e se, no plano material, respeitar a proporcionalidade e a razoabilidade (*Benefícios fiscais inválidos e a legítima expectativa dos contribuintes*, p. 02-05).

[349] *Do mandado de segurança*, p. 143, grifado no original; e idem, *Teoria e prática do Poder Judiciário*, p. 617, nota de rodapé nº 21. A propósito, *vide* Clóvis V. do Couto e Silva, *As idéias fundamentais da Constituição de 1891*, p. 81 e segs., especialmente p. 88.

[350] *Teoria e prática do Poder Judiciário*, p. 611-617; e idem, *Do mandado de segurança*, p. 140-142.

[351] Igualdade perante a lei e *due process of law*, p. 357 e 365.

proporcional de situações desiguais", e que, veja-se, serviria "de modo mais perfeito que o *due process of law* americano" para "repelir como inconstitucionais as leis arbitrárias". Destarte, "a lei arbitrária, que a Corte Suprema não considera 'due process of law', também não é aplicável pelo Supremo Tribunal Federal, por infringir o princípio da igualdade perante a lei".[352]

Por outro lado, Orlando Bitar divisava o entendimento de que o art. 144 da Constituição brasileira de 1946 recepcionava, em particular, "as Dez Primeiras emendas da Constituição norte-americana (*Bill* de Direitos)", bem como "a décima quarta emenda da mesma constituição, com as fertilíssimas cláusulas do *due process of law* (devido processo legal ou processo legal regular) e igual proteção das leis (*equal protection of the laws*)".[353]

Segundo Orlando Bitar, o *due process of law* do direito norte-americano, de modo geral, teria por objeto "proteger os direitos mais sagrados do indivíduo – a vida, a liberdade, a propriedade contra a ação arbitrária do Governo". Neste sentido, o *due process of law*, "talvez" (*o advérbio é empregado pelo próprio Orlando Bitar*), se superpusesse à "'rule of reasonableness', que investiga a racionalidade e a razoabilidade dos atos", de modo que, "definindo tal exigência por contraste, o seu 'foil', diríamos na linguagem do teatro, é outra correlata – a não 'arbitrariedade' da lei: que ela não restrinja a liberdade individual ou o direito de propriedade mais severamente do que o justifique o interesse da comunidade".[354]

De resto, no parecer de Ada Pellegrini Grinover, sob a égide da Constituição de 1969, a disposição do *due process of law*, "convenientemente vaga em sua expressão literal, proibindo a infringência de direitos relativos à vida, liberda-

---

[352] Igualdade perante a lei e *due process of law*, p. 365-367, grifado no original.

[353] *A lei e a Constituição*: alguns aspectos do controle jurisdicional de constitucionalidade, p. 487-488. Igualmente, *vide* C. A. Lúcio Bittencourt, *O controle jurisdicional da constitucionalidade das leis*, p. 88-90, para quem o *due process of law* representava, manifestamente, uma das "garantias implícitas" na Constituição de 1946, por força do disposto no art. 144, segundo o qual "a especificação dos direitos e garantias expressas nesta Constituição não exclui outros direitos e garantias decorrentes do regime e dos princípios que ela adota". Tal disposição seria suscetível de abarcar todos aqueles direitos "que se acham enumerados nos documentos universais onde, através da história, se afirmou e cresceu a idéia de democracia", a exemplo das "10 primeiras emendas", bem como da "14ª emenda à Constituição americana". E prossegue: "sendo o nosso regime baseado precipuamente no americano, é manifesto que todas aquelas garantias que o direito constitucional dos Estados Unidos reconhece aos cidadãos americanos se incluem, também, 'ex vi' do art. 114 da nossa Constituição, entre os que assistem, necessariamente, aos cidadãos brasileiros. Esta conclusão é tanto mais importante quando é certo que, em virtude dela, deverá ter plena aplicação entre nós a cláusula do 'due process of law', que o legislador não enumerou expressamente". De ressaltar, contudo, que C. A. Lúcio Bittencourt, calculadamente, não adentra o que denomina "*selva selvaggia*": o conceito de *due process of law*. "Os conceitos de 'due process of law', de 'liberdade' e de 'igualdade perante a lei' ainda não conseguiram fórmula verbal que os defina e traduza. (...) Não ingressaremos nesta 'selva selvaggia', pela qual não será seguido o caminho que seguimos neste ensaio".

[354] Orlando Bitar, *A lei e a Constituição*: alguns aspectos do controle jurisdicional de constitucionalidade, p. 556-558, que, ademais, não deixava de criticar esse "teste de razoabilidade", na medida em que "a noção de *due process of law*" acabaria sendo "fixada não por dados objetivos e rígidos, mas pelas convicções subjetivas e plásticas do juiz – pela sua filosofia social, política ou econômica, por sua *Weltanschauung*". Neste sentido, confira-se: "quando, pois, a Corte aplicava o teste de razoabilidade, ela media a lei 'pelas suas próprias atitudes econômicas e sociais'. Se, à luz dessas atitudes, a lei parecia inteligente, os JJ. *Justices* da Suprema Corte norte-americana a sustinham; se não – declaravam-na irrazoável, arbitrária e violadora do 'due process of law', portanto inconstitucional".

Devido Processo Legal e Proteção de Direitos

de e propriedade", caracterizar-se-ia, a partir do direito norte-americano, como "fundamento constitucional para permitir ao Judiciário o controle do exercício do Poder Legislativo", com um "conceito substantivo" que seria equivalente a um "critério de *reasonableness*". De conseguinte, ainda segundo Ada Pellegrini Grinover: "*due process of law* é, em sentido amplo, a garantia do 'processo' legislativo e também a garantia de que a lei é razoável, justa e contida nos limites da Constituição. Ao lado do *procedural due process*, sustenta-se a existência de um *substantive due process*, garantindo o exercício pleno e absoluto dos direitos de liberdade e de propriedade (em sentido amplo). A cláusula não mais se limita à determinação processual de direitos substanciais, mas se estende à garantia de que seu gozo não seja restringido de modo arbitrário ou desarrazoado".[355]

Por outro lado, Carlos Roberto Siqueira Castro qualifica como "sofrível" a experiência de aplicação do devido processo legal até o advento da Constituição Federal de 1988, "o que se deu mais na esfera da jurisprudência do que da doutrina publicista". A jurisprudência brasileira preocupou-se apenas com "a aplicação adjetiva ou processual" do devido processo legal, deixando de "confeccionar um perfil 'substantivo' dessa garantia constitucional". Seriam "poucos, pouquíssimos", os pronunciamentos judiciais "que se dispuseram a abrir uma fresta para o horizonte verdadeiramente ilimitado do *substantive due process of law*".[356] Sem embargo, ainda segundo Carlos Roberto Siqueira Castro, o Poder Judiciário brasileiro, "embora de modo implícito e até mesmo inconsciente, e revelando quase sempre desconhecimento das potencialidades da cláusula do *devido processo legal*", teria emitido, aqui e ali, pronunciamentos "acerca da '*razoabilidade*' e da '*racionalidade*' das normas jurídicas".[357]

---

[355] *As garantias constitucionais do direito de ação*, p. 02, 35-36, 40 e 156. Lembre-se, no entanto, que o estudo de Ada Pellegrini Grinover tem por objeto imediato "a garantia constitucional do direito de ação e de defesa no processo civil". Segundo Ada Pellegrini Grinover, o art. 151, § 4º, da Constituição de 1969, que consagrava o "direito de ação", estaria ligado "diretamente (...) à cláusula do *due process of law* do direito anglo-saxão", devendo, a esta última, ser "associado". Destarte, o "princípio do *due process*", no processo civil, subsumir-se-ia "na garantia da ação e da defesa, em juízo", como é a seguir destacado: "no princípio do 'due process', enquadra-se quer a posição processual de quem se defende, quer de quem age em juízo para a defesa de seus interesses".

[356] *O devido processo legal e a razoabilidade das leis na nova Constituição do Brasil*, p. 384-386, grifado no original. Em igual sentido, o depoimento de Carlos Mário da Silva Velloso, na Apresentação, p. XV-XVI, à 3ª edição do livro de Carlos Roberto Siqueira Castro, sob o título *O devido processo legal e os princípios da razoabilidade e da proporcionalidade*, como se vê: "No Supremo Tribunal Federal, na década de 1970, em lapidares votos vencidos, os Ministros Leitão de Abreu e Bilac Pinto entendiam que o devido processo era mandamento necessariamente implícito na nossa ordem constitucional. Nele inseriam a presunção de inocência, o direito de o réu ser confrontado com as testemunhas de acusação, o direito de o administrado contraditar a vontade estatal nos processos administrativos, dentre outras hipóteses. No antigo Tribunal Federal de Recursos, no mês de abril de 1977, ainda como juiz convocado, fui relator da MAS 78.673/RN, ocasião em que sustentei, com o apoio dos meus eminentes pares de então, que 'a garantia do *due process of law* tem aplicação não somente no processo judicial, mas também no administrativo, tanto no processo administrativo punitivo quanto no não punitivo. Isso quer dizer' – acrescentei – 'que a administração, quando tiver que impor uma sanção, uma multa, ou fazer um lançamento tributário, ou decidir a respeito de determinado interesse do particular, deverá fazê-lo num processo regular, legal, em que ao administrado se enseje o direito de defesa'. (...) Nas REO 77.859 e 92.653, julgadas em 12/08/85 e 16/04/1986, respectivamente, ambas por mim relatadas, o Tribunal Federal de Recursos reiterou o entendimento (...). Ainda no TFR, anteriormente à CF/88, vez ou outra, ainda que acanhadamente, invocávamos o devido processo legal substantivo (...)".

[357] *O devido processo legal e os princípios da razoabilidade e da proporcionalidade*, p. 175, grifado no original.

De fato, o Supremo Tribunal Federal, sem invocar o princípio constitucional implícito do devido processo legal, sob o aspecto substantivo, que, haja vista, já marcava presença na doutrina brasileira pré-Constituição Federal de 1988, empregou cânones hermenêuticos semelhantes, se não idênticos em alguns casos, aos postulados da razoabilidade e da proporcionalidade, sob a denominação de "desvio de poder", "abuso de poder", "desproporção", "critério de razoabilidade", "equivalência razoável" e "discriminação não razoável", para o efeito de dar concretização, por exemplo:

I) à "liberdade de trabalho, de comércio e de indústria, com o direito de propriedade";[358]

II) à "igualdade perante a lei";[359]

III) à "dignidade humana", ao "respeito à integridade física e moral" e ao "direito à vida, à liberdade individual e à propriedade";[360]

---

[358] No RE 18.331/SP (data do julgamento: 21/09/1951, DJ 10/08/1953, p. 2.356), Relator o Ministro Orosimbo Nonato, a 2ª Turma do Supremo Tribunal Federal declarou a inconstitucionalidade de lei municipal que havia aumentado determinado tributo de forma excessiva e desproporcional em relação à "capacidade econômica do contribuinte". Neste sentido: "Ilimitada não é, segundo Rui de Souza, citado na sentença de primeira instância a faculdade de determinar a quota do tributo, 'não sendo lícito à administração pública levá-lo a tal extremo que negue o exercício da atividade que grava'. O poder de taxar não pode chegar à desmedida do poder de destruir, substituído o conhecido axioma de Marshall de que 'the power to tax is the power do keep alive'. Cita, ainda, o juiz, erutida conferência do prof. Bilac Pinto tirada a lume na *Rev. For.*, vol. 82, p. 547, que vale por eloqüente precocínio da doutrina elaborada na Corte Suprema dos Estados Unidos de que o poder de taxar 'somente pode ser exercido dentro dos limites que o tornem compatível com a liberdade de trabalho, de comércio e de indústria e com o direito de propriedade'. É poder, em suma, cujo exercício não deve ir até abuso, ao excesso, ao desvio, aplicável, ainda aqui, a doutrina fecunda do 'detournement du pouvoir'. Nem haveria que estranhar a invocação dessa doutrina a propósito de inconstitucionalidade (...). (...) Seguindo a esteira de Lúcio Bittencourt O Controle Jurídico da Constitucionalidade, págs. 53/54, o conflito entre a norma comum e o preceito da lei maior pode se acender não somente considerando a letra, o texto, como, também, e principalmente, o espírito e o dispositivo invocado. (...) De mim, tenho que o imposto, ainda que imodesto, é exigível, a não ser que, como o reconhece o próprio v. acórdão recorrido, aniquile a atividade particular. Se ocorre esse fato, nada impede a aplicação da doutrina do 'detournement du pouvoir'".

[359] No RMS 16.912/SP (data do julgamento: 31/08/1967, DJ 28/06/1968, p. 2.440), Relator o Ministro Djaci Falcão, o Pleno do Supremo Tribunal Federal declarou a inconstitucionalidade de dispositivo de lei estadual que, ao elencar "critério de provimento de serventia vitalícia, em benefício exclusivo de certo serventuário da justiça", acabava prejudicando "o direito dos outros serventuários" que guardavam "identidade de situação", em violação ao princípio da igualdade perante a lei (art. 141, § 1°, da Constituição de 1946). De ressaltar que, consoante voto proferido pelo Ministro Victor Nunes Leal, o citado dispositivo da lei estadual estava "eivado de abuso de poder".

[360] No HC 45.232/GB (data do julgamento: 21/02/1968, DJ 17/06/1968, p. 2.228), Relator o Ministro Themistocles Cavalcanti, o Pleno do Supremo Tribunal Federal declarou a inconstitucionalidade de disposição da chamada Lei de Segurança Nacional, que estipulava ao preso em flagrante-delito ou ao acusado em processo criminal a suspensão do exercício dos direitos de profissão e de emprego na iniciativa privada. Tal disposição legal, segundo o STF, subtraía "ao indivíduo as condições para prover a vida e subsistência", asseguradas, de modo geral, no art. 150, *caput* e seu § 35, da Constituição de 1967. Segundo o voto proferido pelo Ministro Relator: "Infelizmente, não temos em nossa Constituição o que dispõe a emenda nº 8 da Constituição Americana, onde se proíbem a exigência de fianças excessivas, as penas de multa demasiadamente elevadas e a imposição de penas cruéis e fora do comum ou de medida (*cruel and unusual punishment*). Os intérpretes consideram como tal, por exemplo, a morte lenta, mas entendem também que o conceito deve evoluir porque 'cruel' não é uma expressão técnica, com significação definida em direito e que deve evoluir com o aperfeiçoamento do homem, as exigências da opinião pública e a proporção entre o crime e a pena. É possível que em determinado momento se chegue a condenar a pena de morte, como cruel (Pristchett, 'The American Constitution', p. 527). No caso 'Trop v. Dulles' (1958) 'Justice' Warren entendeu, a meu ver, com razão, que a idéia fundamental da emenda oitava é a preservação da

IV) à "liberdade de exercício profissional"[361]; e
V) à "garantia do direito de ação".[362]

dignidade humana. Não temos preceito idêntico, porém, mais genérico e suscetível de uma aplicação mais ampla, temos o parágrafo 35 do artigo 150, reprodução de Constituição anteriores que dispõe: 'A especificação dos direitos e garantias expressas nesta Constituição não exclui outros direitos e garantias decorrentes do regime e dos princípios que ela adota'. Ora, a Constituição vigente, como as anteriores no quadro das garantias individuais e sociais, procurou seguir as exigências do aperfeiçoamento do homem e o respeito à sua integridade física e moral. A preservação de sua personalidade e a proteção contra as penas infamantes, a condenação sem processo contraditório, a supressão de algumas penas que se incluíam na nossa velha legislação penal, a afirmação de que somente o delinqüente pode sofrer a pena, sem atingir os que dele dependem, definem uma orientação que qualifica perfeitamente o regime e os princípios fundamentais da Constituição. O preceito vem da Constituição Americana, emenda IX – nela foi inspirado e foi introduzido na nossa primeira Constituição Republicana, com o receio de que a enumeração pudesse levar o intérprete a entender que, por serem discriminadas essas garantias, quaisquer outras estariam excluídas. Mas o preceito é de mais alcance porque ele atinge numerosos direitos não enumerados e que representam conquistas do progresso humano no domínio das liberdades. A lista desses direitos vem crescendo há séculos. O objetivo da lei foi inverso dessa tendência porque procurou aumentar o rigor na repressão desses crimes, intimidando com medidas que atingem o indivíduo na sua própria carne, pela simples suspeita ou pelo início de um procedimento criminal fundado em elementos nem sempre seguros ou de suspeitas que viriam a se apurar no processo. Nesse particular, a expressão medida cruel, encontrada no texto Americano, bem caracteriza a norma em questão porque, com ela, se tira ao indivíduo as possibilidades de uma atividade profissional que lhe permite manter-se e a sua família. Cruel quanto à desproporção entre a situação do acusado e as conseqüências da medida. Mas não só o artigo 150, § 35, pode ser invocado. Também o 'caput' do art. 150 interessa, porque ali se assegura a todos os que aqui residem o direito à vida, à liberdade individual e à propriedade. Ora, tornar impossível o exercício de uma atividade indispensável, que permita ao indivíduo obter os meios de subsistência, é tirar-lhe um pouco de sua vida, porque esta não prescinde dos meios materiais para a sua proteção. A vida não é apenas o conjunto de funções que resistem à morte, mais, é a afirmação positiva de condições que asseguram, ao indivíduo e aos que dele dependem, os recursos indispensáveis à subsistência".

[361] Na Rp 930/DF (data do julgamento: 05/05/1976, DJ 02/09/1977, p. 5.969), Relator p/ o Acórdão o Ministro Rodrigues Alckmin, o Pleno do Supremo Tribunal Federal declarou a inconstitucionalidade da Lei nº 4.116, de 27/08/1962, que regulamentava a profissão de corretor de imóveis, profissão essa "que não pressupõe 'condições de capacidade'", por transgredir a "liberdade de exercício profissional", protegida pelo art. 153, § 23, da Constituição de 1969, sem atender "às exigências de justificação, adequação, proporcionalidade e restrição, que constituem o critério de razoabilidade". Cumpre citar, aqui, excerto do voto proferido pelo Ministro Rodrigues Alckmin: "a) A Constituição Federal assegura a liberdade de exercício de profissão. O legislador ordinário não pode nulificar ou desconhecer esse direito ao livre exercício profissional (...). Pode somente limitar ou disciplinar esse exercício pela exigência de 'condições de capacidade', pressupostos subjetivos referentes a conhecimentos técnicos ou a requisitos especiais, morais ou físicos. b) Ainda no tocante a essas condições de capacidade, não as pode estabelecer o legislador ordinário, em seu poder de polícia das profissões, sem atender ao critério de razoabilidade, cabendo ao Poder Judiciário apreciar se as restrições são adequadas e justificadas pelo interesse público, para julgá-las legítimas ou não. (...) e) A profissão de corretor de imóveis (que nada tem a ver com as profissões liberais) não exige condições de capacidade técnica para o seu exercício. Não há qualquer curso, mantido ou fiscalizado pelo Estado, para transmitir conhecimentos especializados acaso necessários ao desempenho dessa profissão. Também não exige, essa atividade, condições de capacidade física ou moral, mas tão-somente o normal procedimento honesto, exigível em todos os atos humanos, cujas falhas são penalmente punidas. Logo, as restrições à liberdade de exercer essa profissão não se justificam pelo critério da razoabilidade e são ilegítimas". Semelhantemente, na Rp 1.054/DF (data do julgamento: 04/04/1984, DJ 29/06/1984, p. 739), Relator o Ministro Néri da Silveira (embora vencido), o Pleno do Supremo Tribunal Federal, consoante voto proferido pelo Ministro Moreira Alves, declarou a inconstitucionalidade do art. 86 da Lei nº 4.215/63, segundo o qual magistrados, membros do Ministério Público e servidores públicos, definitivamente aposentados ou em disponibilidade, bem como militares transferidos para a reserva ou reformados, não teriam qualquer incompatibilidade ou impedimento para o exercício da advocacia, desde que "decorridos dois anos do ato que os afastou da função". Tal dispositivo legal, segundo o STF, encampava uma "discriminação não razoável", ofendendo, destarte, o princípio da igualdade perante a lei e a liberdade de exercício de qualquer trabalho, ofício ou profissão, previstos, respectivamente, nos §§ 1º e 23 do art. 153 da Constituição de 1969.

[362] Na Rp 1.077/RJ (data do julgamento: 28/03/1984, DJ 28/09/1984, p. 15.955), Relator o Ministro Moreira Alves, o Pleno do Supremo Tribunal Federal declarou a inconstitucionalidade de lei estadual que elevava o valor

Com essa breve digressão sobre a doutrina e a jurisprudência do Supremo Tribunal Federal pré-Constituição de 1988, pretende-se ressaltar, pois, que *os postulados da razoabilidade e da proporcionalidade podem ser aplicados, no direito brasileiro, sem a necessidade de invocar-se o princípio do devido processo substantivo como fundamento constitucional para o controle da razoabilidade e da proporcionalidade das leis e dos atos estatais em geral.* Devido processo substantivo, razoabilidade e proporcionalidade são *fenômenos normativos distintos,* no direito brasileiro. *E assim devem ser considerados.*

Em síntese, devido processo substantivo, no direito brasileiro, deve ser entendido como princípio de garantia da liberdade em geral contra as arbitrariedades do Estado, que proíbe que se prejudiquem determinados direitos fundamentais, a não ser por uma justificativa suficiente. Neste sentido, o princípio do devido processo substantivo, em tese, pode cumprir a função de reconhecer e proteger direitos fundamentais implícitos como parte da liberdade assegurada pela disposição do devido processo legal (art. 5º, LIV, da Constituição Federal), concretizando, igualmente, o princípio da dignidade da pessoa humana (art. 1º, III, da Constituição de 1988).

Aí está, portanto, a funcionalidade do princípio do devido processo substantivo no direito brasileiro, que não se confunde com a funcionalidade dos postulados da razoabilidade e da proporcionalidade. Estes postulados, à semelhança dos respectivos congêneres no direito norte-americano, o teste da base racional e o escrutínio estrito, podem ser, em tese, empregados para dar aplicação ao princípio do devido processo substantivo, com o objetivo de verificar a existência ou inexistência de uma justificativa suficiente para a privação do direito fundamental implícito, por pressuposto reconhecido como parte da liberdade assegurada pela disposição do devido processo legal (art. 5º, LIV, da Constituição Federal).

Por outro lado, no direito norte-americano, o princípio do *substantive due process* ainda é aplicável no contexto específico dos chamados danos punitivos (*punitive damages*). Lembre-se: com fundamento nas disposições do *due process of law*, da 5ª e da 14ª Emendas, a Suprema Corte vem efetuando o controle de indenizações por danos punitivos, quando grosseiramente excessivas ou desproporcionais. Neste caso, a Corte reconhece, ao infrator, o *direito fundamental* de não ser condenado ao pagamento de indenizações excessivas ou desproporcionais (*grossly excessive* ou *disproportionate*), em relação aos danos punitivos e aos respectivos objetivos de punição e de dissuasão, evitando-se, com isto, o enriquecimento indevido da vítima ou de seus sucessores, como, por exemplo, no julgamento do caso *BMW of North America Inc. v. Gore* (1996).[363]

---

da taxa judiciária, excessivamente, isto é, sem uma "equivalência razoável" com o "custo real dos serviços" a que servia de contraprestação, criando, assim, "obstáculo capaz de impossibilitar a muitos a obtenção de prestação jurisdicional", em violação ao disposto no art. 153, § 4º, da Constituição de 1969.

[363] É o que se colhe, paradoxalmente, do voto divergente proferido pelo *Justice* Scalia, no julgamento do caso *TXO Production Corp. v. Alliance Resources Corp.*, 509 U.S. 443 (1993): *"I am willing to accept the proposition that the Due Process Clause of the Fourteenth Amendment, despite its textual limitation to procedure, incorpo-*

No direito brasileiro, semelhantemente, o Superior Tribunal de Justiça vem controlando indenizações por danos morais, quando exorbitantes ou irrisórias, com fundamento na proibição de enriquecimento indevido e nos princípios da reparação integral e da equidade (respectivamente, arts. 884 e 944 do Novo Código Civil, Lei nº 10.406, de 10/01/2002), bem como nos "princípios da razoabilidade e da proporcionalidade".[364] Todavia, conquanto invoque os "princípios da razoabilidade e da proporcionalidade", como fundamento para o controle de indenizações por danos morais, o Superior Tribunal de Justiça não alude ao princípio do devido processo substantivo (art. 5º, LIV, da Constituição Federal) – até porque é Corte responsável por uniformizar a interpretação da lei federal, a última instância da Justiça brasileira para as causas infraconstitucionais, não relacionadas diretamente à Constituição.

Destarte, o princípio do devido processo substantivo, *em tese*, parece suscetível de ser aplicado, no direito brasileiro, como fundamento constitucional para o controle de indenizações por danos morais, à semelhança do direito norte-americano, no que diz respeito à aplicação do princípio do *substantive due process* no contexto dos danos punitivos (*punitive damages*). *Não sem algum esforço argumentativo, poder-se-á reconhecer, ao ofensor e à vítima, um direito fundamental a que não sejam fixadas indenizações por danos morais exorbitantes ou*

---

rates certain substantive guarantees specified in the Bill of Rights; but I do not accept the proposition that it is the secret repository of all sorts of other, unenumerated, substantive rights – however fashionable that proposition may have been (even as to economic rights of the sort involved here) at the time of the Lochner-era cases the plurality relies upon. It is particularly difficult to imagine that 'due process' contains the substantive right not to be subjected to excessive punitive damages, since if it contains that, it would surely also contain the substantive right not to be subjected to excessive fines, which would make the Excessive Fines Clause of the Eighth Amendment superfluous in light of the Due Process Clause of the Fifth Amendment".

[364] Por exemplo: "A indenização deve ser fixada em termos razoáveis, não se justificando que a reparação venha a constituir-se em enriquecimento indevido, com manifestos abusos e exageros, devendo o arbitramento operar com moderação, proporcionalmente ao grau de culpa e ao porte econômico das partes, orientando-se o juiz pelos critérios sugeridos pela doutrina e pela jurisprudência, com razoabilidade, valendo-se de sua experiência e do bom senso, atento à realidade da vida e às peculiaridades de cada caso. Ademais, deve ela contribuir para desestimular o ofensor a repetir o ato, inibindo sua conduta antijurídica. (...)" (REsp 215607/RJ, Rel. Ministro Sálvio de Figueiredo Teixeira, 4ª Turma, julgado em 17.08.1999, DJ 13.09.1999 p. 72); "O Superior Tribunal de Justiça (...) consolidou entendimento no sentido de que a revisão do valor da indenização por danos morais somente é possível quando exorbitante ou insignificante a importância arbitrada, em flagrante violação dos princípios da razoabilidade e da proporcionalidade" (REsp 800.536/DF, Rel. Ministra Denise Arruda, 1ª Turma, julgado em 07.11.2006, DJ 27.11.2006 p. 252); "A indenização por dano moral submete-se ao controle do Superior Tribunal de Justiça quando o valor arbitrado se mostrar manifestamente exorbitante, de um lado, ou visivelmente irrisório, de outro. No caso, a importância fixada (...) afigura-se exagerada, de forma a desatender aos princípios da razoabilidade e da proporcionalidade. É da jurisprudência desta Corte a orientação segundo a qual 'o anormal constrangimento passível de indenização por dano moral não pode ensejar nem a punição excessiva à parte que indeniza, nem o enriquecimento à parte lesada' (...). Há de levar-se em consideração no caso: a) a situação econômica do ofensor e do ofendido; b) a intensidade do dolo ou o grau da culpa; c) a gravidade e a natureza da ofensa" (REsp 719354/RS, Rel. Ministro Barros Monteiro, 4ª Turma, julgado em 24.05.2005, DJ 29.08.2005 p. 363). Igualmente, *vide*: REsp 295175/RJ, Rel. Ministro Sálvio de Figueiredo Teixeira, 4ª Turma, julgado em 13.02.2001, DJ 02.04.2001 p. 304; REsp 442965/RJ, Rel. Ministro Carlos Alberto Menezes Direito, 3ª Turma, julgado em 18.02.2003, DJ 31.03.2003 p. 219; REsp 494.867/AM, Rel. Ministro Castro Filho, 3ª Turma, julgado em 26.06.2003, DJ 29.09.2003 p. 247; REsp 686050/RJ, Rel. Ministro Luiz Fux, 1ª Turma, julgado em 24.05.2005, DJ 27.06.2005 p. 256; REsp 746637/PB, Rel. Ministro Jorge Scartezzini, 4ª Turma, julgado em 07.06.2005, DJ 01.07.2005 p. 561.

irrisórias, como parte da liberdade assegurada pela disposição do devido processo legal (art. 5º, LIV, da Constituição Federal). A seguir, então, poderão ser empregados os postulados da razoabilidade e da proporcionalidade, como, aliás, já faz o Superior Tribunal de Justiça, aferindo-se, assim, a proporção entre a indenização e a extensão dos danos morais. Isso, todavia, *cum grano salis*, porque os danos morais não podem ser, *sic et simpliciter*, equiparados aos danos punitivos *(punitive damages)*.[365] Na quantificação dos danos morais, com efeito, não se deve atentar apenas para o objetivo de "desestimular o ofensor a repetir o ato, inibindo sua conduta antijurídica".[366] Consequência desta construção é que, para o bem ou para o mal, o Supremo Tribunal Federal poderá efetuar o controle de indenizações por danos morais, com fundamento no princípio do devido processo substantivo (art. 5º, LIV, da Constituição de 1988), nos recursos extraordinários que lhe sejam submetidos a julgamento, desde que, por óbvio, satisfeitos os respectivos pressupostos de admissibilidade, como, por exemplo, a repercussão geral da questão constitucional (art. 102, § 3º, da Constituição Federal, e arts. 543-A e 543-B do CPC, incluídos pela Lei nº 11.418/06).[367]

De resto, a *promiscuidade* do princípio do devido processo legal, *do ponto de vista funcional*, com os postulados da razoabilidade e da proporcionalidade parece ser peculiar ao direito brasileiro. *Essa confusão não é feita*, por exemplo, no berço do *due process of law*, o direito inglês. Senão vejamos.

3. BREVE EXCURSO SOBRE O DIREITO INGLÊS

No direito inglês, *due process of law* sempre foi princípio de justiça processual, exclusivamente.[368] Diga-se mais: no direito inglês, o princípio do *due process*

---

[365] A propósito, *vide* Maria Celina Bodin de Moraes, *Danos à pessoa humana*: uma leitura civil-constitucional dos danos morais, p. 228 e segs.

[366] REsp 215607/RJ, Rel. Ministro Sálvio de Figueiredo Teixeira, 4ª Turma, julgado em 17.08.1999, DJ 13.09.1999 p. 72.

[367] Registre-se, porém, que o STF não tem reconhecido a existência de repercussão geral quando se discute no recurso extraordinário questão atinente a danos morais. A título exemplificativo, confira-se: "Responsabilidade civil. Dano moral. Emissão de CPF em duplicidade. Inexistência de repercussão geral. Questão restrita ao interesse das partes" (RE-RG 570846/RJ, Tribunal Pleno, Relator: Min. Ricardo Lewandowski, Julgamento: 28/02/2008, DJe-047 DIVULG 13.03.2008 PUBLIC 14.03.2008); "Código de Defesa do Consumidor. Danos materiais e morais. Recurso extraordinário interposto pela Confederação Brasileira de Futebol – CBF. Ausência de repercussão geral" (RE-RG 565138/BA, Tribunal Pleno, Relator: Min. Menezes Direito, Julgamento: 29/11/2007, DJe-157 DIVULG 06.12.2007 PUBLIC 07.12.2007).

[368] Aliás, é interessante destacar que, no direito processual inglês, prefere-se geralmente *fair trial* a *due process of law* ou *law of the land*, consoante se extrai, por exemplo, de J. A. Jolowicz, *Fundamental guarantees in civil litigation: England*, p. 156 e segs. Outro exemplo notável é o *Human Rights Act* de 1998, que é expresso ao consagrar, no Artigo 6º, o *"right to a fair trial"*. Por outro lado, o Artigo 5º do *HRA* prevê que *"No shall be deprived of his liberty save (...) in accordance with a procedure prescribed by law"*. Além disso, *due process of law* encontra-se no livro de Lord Denning, sob o título *The due process of law*, bem como em Jack I. H. Jacob, *La giustizia civile in Inghilterra*, p. 74.

Devido Processo Legal e Proteção de Direitos

of law não é amalgamado com os postulados da razoabilidade e da proporcionalidade.

A propósito, recorde-se o *Dr. Bonham's case*, julgado em 1610, pela *Court of Common Pleas*.[369] No caso, Thomas Bonham, porque reprovado no exame de admissão do *Royal College of Physicians*, foi proibido de praticar medicina sem licença, pelos censores do próprio Colégio, sob pena de multa e prisão. No entanto, Bonham continuou clinicando sem licença, razão pela qual foi multado e condenado à prisão. Julgando o caso, Sir Edward Coke, então *Chief Justice* da *Court of Common Pleas*, explicitou que não era dado ao *Royal College of Physicians* atuar como juiz em causa própria, quer sob o seu estatuto, quer sob uma lei do Parlamento, não detendo, assim, o poder de exigir multa que revertesse em seu próprio proveito, nem de condenar Bonham à prisão por praticar medicina sem licença, como se vê:

> The censors cannot be judges, ministers, and parties; judges to give sentence or judgment; ministers to make summons; and parties to have the moiety of the forfeiture, "quia aliquis non debet esse Judex in propria causa, imo iniquum est aliquem suae rei esse judicem"; and one cannot be judge and attorney for any of the parties (...). And it appears in our books, that in many cases, the common law will control acts of parliament, and sometimes adjudge them to be utterly void: for when an act of parliament is against common right and reason, or repugnant, or impossible to be performed, the common law will control it, and adjudge such act to be void. (...) So if any act of parliament gives to any to hold, or to have conusans of all manner of pleas arising before him within his manor of D., yet he shall hold no plea, to which he himself is party; for, as hath been said, "iniquum est aliquem suae rei esse judicem".[370]

Destaque-se, daí, o seguinte excerto:

> (...) em muitos casos, o *common law* haverá de controlar atos do Parlamento, e, algumas vezes, de julgá-los absolutamente nulos: pois, quando um ato do Parlamento é contrário ao direito comum e à razão, ou inaceitável, ou impossível de ser executado, o *common law* irá controlá-lo e julgá-lo nulo.

Veja-se, portanto, que no julgamento do *Dr. Bonham's case* Sir Edward Coke chegou à conclusão de que uma lei do Parlamento não poderia permitir que o *Royal College of Physicians* atuasse como juiz em causa própria, não com fundamento na *Magna Charta*, de modo geral, ou na cláusula da *law of the land*, de modo particular, mas, isto sim, sob invocação do "direito comum e a razão", o qual, segundo Coke, identificava-se com o "direito natural". A cláusula da *law of the land* (leia-se: *due process of law*), no parecer de Coke, não outorgava poder

---

[369] A *Court of Common Pleas*, igualmente conhecida como "*the Bench*", foi constituída, a partir do século XII, como Tribunal especializado da *Curia regis*, com sede em Westminster e competência para o julgamento de litígios cíveis de *common law* entre particulares. Com os *Judicature Acts*, de 1873-1875, o "Tribunal de Pleitos Comuns" passou a ser uma divisão da *High Court of Justice*, sendo absorvido, em 1881, pelo *Queen's Bench*, outra divisão da própria *High Court*. A propósito, *vide* J. H. Baker, *An introduction to english legal history*, p. 34-48; Philip S. James, *Introduction to english law*, p. 25-35; René David, *Os grandes sistemas do direito contemporâneo*, p. 286-288, 300 e 312-315; e John Gilissen, *Introdução histórica ao direito*, p. 210-213.

[370] 8 Co. Rep. 114a (C.P. 1610).

para invalidar uma lei do Parlamento, sob color de que *irrazoável*. Apenas uma lei que infringisse "o direito comum e a razão", quer dizer, o "direito natural", caracterizar-se-ia como inválida ou como "não-lei", o que, no rigor da lógica, deveria ser declarado por um tribunal.[371]

Eis, para Coke, a questão fundamental: quem deveria garantir, afinal de contas, a supremacia do *common law* em face das arbitrariedades do Soberano e do Parlamento? Sua resposta: os juízes. Neste sentido, como é intuitivo, a doutrina de Coke acabou favorecendo, diretamente, o nascimento e desenvolvimento do sistema norte-americano da *judicial review*.[372]

No Reino Unido, contudo, a doutrina de Coke foi abandonada com a Revolução Gloriosa de 1688, estabelecendo-se gradualmente, a partir de então, a supremacia do Parlamento, para afirmar-se como princípio constitucional antes da Primeira Guerra Mundial, com o significado que lhe emprestou A. V. Dicey (1835-1922):

> O princípio da supremacia do Parlamento significa, nada mais, nada menos, que isto, precisamente, que o Parlamento, assim definido, tem, sob a Constituição Inglesa, o poder de fazer ou desfazer qualquer lei, seja a que for; e, além disso, que nenhuma pessoa ou órgão é reconhecido pelo direito da Inglaterra como titular de um direito de revogar ou invalidar a legislação do Parlamento.[373]

Apesar das críticas, a supremacia do Parlamento, com esse significado, mantém-se atualmente como um dos princípios fundamentais da Constituição do Reino Unido. Por conseguinte, o Parlamento pode criar qualquer lei, independentemente de sua justiça ou exequibilidade. Além disso, não se reconhece a qualquer tribunal, seja do Reino Unido, seja internacional, como, por exemplo, a Corte

---

[371] Raoul Berger, *Government by Judiciary*, p. 222; *idem*, *Dr. Bonham's case*, p. 521 e segs; e John V. Orth, *Did Sir Edward Coke mean what he said?*, p. 33 e segs.

[372] Mauro Cappelletti, *O controle judicial de constitucionalidade das leis no direito comparado*, p. 57-63. O primeiro precedente, como se sabe, é *Marbury v. Madison*, 5 U.S. 137 (1803), no qual se lê: "*Certainly all those who have framed written constitutions contemplate them as forming the fundamental and paramount law of the nation, and consequently (...) that an act of the legislature repugnant to the constitution is void. (...) It is emphatically the province and duty of the judicial department to say what the law is. Those who apply the rule to particular cases, must of necessity expound and interpret that rule. If two laws conflict with each other, the courts must decide on the operation of each. So if a law be in opposition to the constitution: if both the law and the constitution apply to a particular case, so that the court must either decide that case conformably to the law, disregarding the constitution; or conformably to the constitution, disregarding the law: the court must determine which of these conflicting rules governs the case. This is of the very essence of judicial duty. If then the courts are to regard the constitution; and the constitution is superior to any ordinary act of the legislature; the constitution, and not such ordinary act, must govern the case to which they both apply*". Sobre o contexto histórico, o conteúdo e as conseqüências dessa célebre decisão, *vide* Luís Roberto Barroso, *O controle de constitucionalidade no direito brasileiro*, p. 03 e segs.

[373] *Introduction to the study of the law of the Constitution*, 10ª edição, p. 39-40. A 1ª edição é de 1885; a edição definitiva, consoante Nota do Editor, é a 7ª, de 1908. Lembre-se, aliás, a lição original de William Blackstone (1723-1780), *Commentaries of the laws of England*, p. 90-91, "*if the parliament will positively enact a thing to be done which is unreasonableness, I know of no power in the ordinary forms of the constitution, that is vested with authority to control it: and the examples usually alleged in support of this sense of the rule do none of them prove, that, where the main object of a statute is unreasonableness, the judges are at liberty to reject it; for that were to set the judicial power above that of the legislature, which would be subversive of all government*".

Devido Processo Legal e Proteção de Direitos

Européia de Direitos Humanos, o poder de invalidar uma lei do Parlamento. E, de resto, o parlamento sucessivo não pode ser "amarrado", com leis, pelo parlamento precedente.[374]

Diferentemente do Parlamento inglês, o Executivo encontra-se sujeito ao controle judicial (*judicial review of the Executive*), que é exercido, originariamente, pela *High Court* e, em grau de *appeal*, pela *House of Lords*[375] – por enquanto, dado que o *Constitutional Reform Act*, de 2005, instituiu uma *Supreme Court* no Reino Unido (com previsão de ser implementada em 2009), transferindo-lhe essa *jurisdiction*, conforme o art. 40, nº 4, "a", com remissão ao *Schedule* nº 9 (*Amendments relating to jurisdiction of the Supreme Court*), especialmente à *Part* nº 1 (*Jurisdiction transferred from the House of Lords*).

Muito bem. No julgamento do caso *Council of Civil Service Unions v. Minister for the Civil Service* (*GCHQ case*), Lord Diplock classificou os fundamentos da *judicial review* em ilegalidade, irracionalidade e impropriedade processual, ressalvando, ademais, a possibilidade de incluir-se nessa classificação, posteriormente, caso por caso, o princípio da proporcionalidade, como se vê:

> Judicial review has I think developed to a stage today when without reiterating any analysis of the steps by which the development has come about, *one can conveniently classify under three heads the grounds upon which administrative action is subject to control by judicial review. The first ground I would call 'illegality', the second 'irrationality' and the third 'procedural impropriety'.* That is not to say that further development on a case by case basis may not in course of time add further grounds. I have in mind particularly *the possible adoption in the future of the principle of 'proportionality'* which is recognised in the administrative law of several of our fellow members of the European Economic Community; but to dispose of the instant case the three already well-established heads that I have mentioned will suffice.[376]

---

[374] John Alder, *General principles of constitutional and administrative law*, p. 121 e segs., concluindo que "*Parliamentary supremacy was a historical response to political circumstances and it does not follow that the same response is appropriate today. The period during which Dicey promoted the doctrine (before the First World War) was one of relative political stability and economic prosperity for the UK. The people, or at least the majority, were benefiting from the spoils of empire, and belief that Parliament backed by consensus values could delivery stability and prosperity was still plausible. Popular revolution as experienced elsewhere had been staved off by cautions reforms. Latterly, different forces, both domestic and international, have arisen which have made parliamentary sovereignty appear parochial, politically unreal and intellectually threadbare. These forces include the global economy, devolution, membership of the European Union and other international obligations, and the increasing powers of the executive over Parliament. There is no longer a political consensus that Parliament should be legally unlimited and no compelling legal reason why it should be*".

[375] John Alder, *General principles of constitutional and administrative law*, p. 363 e segs.; e Hilaire Barnett, *Constitutional and administrative law*, p. 837 e segs.

[376] A.C. 374 (1985). Segue: "*By 'illegality' as a ground for judicial review I mean that the decision-maker must understand correctly the law that regulates his decision-making power and must give effect to it. Whether he has or not is par excellence a justiciable question to be decided, in the event of dispute, by those persons, the judges, by whom the judicial power of the state is exercisable. By 'irrationality' I mean what can by now be succinctly referred to as 'Wednesbury unreasonableness' (Associated Provincial Picture Houses Ltd. v. Wednesbury Corporation [1948] 1 K.B. 223). It applies to a decision which is so outrageous in its defiance of logic or of accepted moral standards that no sensible person who had applied his mind to the question to be decided could have arrived at it. Whether a decision falls within this category is a question that judges by their training and experience should be well equipped to answer, or else there would be something badly wrong with our judicial system. To justify the court's exercise of this role, resort I think is today no longer needed to Viscount Radcliffe's ingenious*

A *ilegalidade*, como fundamento da *judicial review*, compreende a doutrina do *ultra vires*, os erros de direito e, em casos excepcionais, os erros de fato, bem como a proibição de discricionariedade inflexível (*fettering discretion*) e a proteção das legítimas expectativas. No conceito de *irracionalidade*, por sua vez, incluem-se os *princípios da irrazoabilidade e da proporcionalidade*. E, de resto, a *impropriedade processual* abrange o desrespeito a leis processuais, à imparcialidade, ao direito de ser ouvido e ao dever de motivação das decisões.[377]

Centremos a atenção na irrazoabilidade e na proporcionalidade.

Ao julgar o caso *Associated Provincial Picture Houses Ltd. v. Wednesbury Corporation*, Lord Greene concebeu a irrazoabilidade (*unreasonbleness*) como algo (I) "so absurd that no sensible person could ever dream that it lay within the powers of the authority", ou (II) "so unreasonable that it might almost be described as being done in bad faith", de modo que, "if a decision on a competent matter is so unreasonable that no reasonable authority could ever have come to it, then the courts can interfere".[378] Neste diapasão, Lord Diplock, no já citado *GCHQ case*, explicitou que a irrazoabilidade de *Wednesbury* é aplicável "to a decision which is so outrageous in its defiance of logic or of accepted moral standards that no sensible person who had applied his mind to the question to be decided could have arrived at it".[379]

Por sua vez, a proporcionalidade exige, consoante Lord Steyn, que (I) "o objetivo governamental seja suficientemente importante para justificar a restrição de um direito fundamental"; (II) "os meios escolhidos para atingir o objetivo governamental estejam racionalmente relacionados a esse objetivo"; (III) "os meios

---

explanation in Edwards v. Bairstow [1956] A.C. 14 of irrationality as a ground for a court's reversal of a decision by ascribing it to an inferred though unidentifiable mistake of law by the decision-maker. 'Irrationality' by now can stand upon its own feet as an accepted ground on which a decision may be attacked by judicial review. I have described the third head as 'procedural impropriety' rather than failure to observe basic rules of natural justice or failure to act with procedural fairness towards the person who will be affected by the decision. This is because susceptibility to judicial review under this head covers also failure by an administrative tribunal to observe procedural rules that are expressly laid down in the legislative instrument by which its jurisdiction is conferred, even where such failure does not involve any denial of natural justice. But the instant case is not concerned with the proceedings of an administrative tribunal at all". No *GCHQ case*, o Primeiro Ministro decidiu, sem qualquer consulta, que os servidores civis da *GCHQ – Government Communications Headquarters*, espécie de agência britânica de inteligência, não poderiam exercer, paralelamente, atividades empresariais. Como visto, a *House of Lords*, em primeiro lugar, entendeu que esse ato executivo encontrava-se sujeito a *judicial review*. A seguir, concluiu que o ato deveria subsistir validamente, pois motivos de segurança nacional suplantavam a irregularidade decorrente da falta de consulta.

[377] John Alder, *General principles of constitutional and administrative law*, p. 369 e segs.; e Hilaire Barnett, *Constitutional and administrative law*, p. 868 e segs.

[378] 1 KB 223 (1948). No caso, foi outorgada à demandante uma licença para operar um cinema, porém, sob a condição de que a entrada de crianças e adolescentes com menos de quinze anos de idade não fosse admitida aos domingos. A demandante alegou que essa condição era inaceitável. Contudo, a *House of Lords* concluiu que essa condição não poderia ser qualificada como "irrazoável", julgando improcedente a demanda.

[379] A.C. 374 (1985). A propósito, *vide* Jeffrey Jowell, *Judicial review of the substance of official decisions*, p. 120 e segs.; e Andrew Le Suer, *The rise and ruin of unreasonableness?*, p. 01 e segs.

Devido Processo Legal e Proteção de Direitos

utilizados para restringir o direito ou liberdade, sejam-no não mais do que é necessário para atingir o objetivo".[380]

Com o *Human Rights Act* de 1998, a proporcionalidade afirmou-se, no direito inglês, como fundamento independente da *judicial review*. Com efeito, na *Section 2*, o *HRA* estabelece que os tribunais "devem levar em consideração qualquer julgamento, decisão, declaração ou recomendação da Corte Européia de Direitos Humanos" – a qual, como se sabe, dá aplicação corrente ao princípio da proporcionalidade. A *Section 6*, outrossim, caracteriza os tribunais como "autoridades públicas", proibindo-lhes de "atuar de um modo que seja incompatível com um direito da Convenção". De resto, os direitos protegidos pelo *HRA* são, por óbvio, suscetíveis de restrição, porém, sob condições específicas: por exemplo, os Artigos 10 e 11 exigem que qualquer restrição às liberdades de expressão, reunião e associação, ali expressamente reconhecidas, seja "prevista em lei", bem como "necessária em uma sociedade democrática" para "proteção da saúde e da moral", dos "direitos e liberdades de outros", ou "prevenção de desordem ou crime", etc.[381]

Ademais, a proporcionalidade é aplicável, *de regra*, apenas no contexto do *Human Rights Act* de 1998 e do direito da Comunidade Europeia.[382] No entanto, ao julgar o caso *R. (Alconbury Developments Ltd. and others) v. Secretary of State for the Environment*, além de observar que proporcionalidade e irrazoabilidade de *Wednesbury* são diferentes, mas que essa "diferença na prática não é tão grande como algumas vezes se supõe", parecendo-lhe "desnecessário e confuso" mantê-las "em compartimentos estanques", Lord Slynn explicitou que, "mesmo sem referência ao *Human Rights Act*, o tempo já cuidou de reconhecer que este princípio da proporcionalidade é parte do direito administrativo inglês, não apenas

---

[380] *R. v. A.*, UKHL 25 (2001), com remissão a *De Freitas v. Permanent Secretary of Ministry of Agriculture, Fisheries, Lands and Housing*, 1 AC 69 (1999). No caso, um sujeito foi acusado de estupro. Em sua defesa, alegou que a vítima havia consentido com a relação, requerendo que se investigasse a vida sexual pregressa da vítima. Tal requerimento, porém, foi indeferido sob invocação da *section 41 of the Youth Justice and Criminal Evidence Act 1999*. O acusado, então, argüiu ofensa ao seu *right to a fair trial*, garantido pelo *Human Rights Act*, de 1998, argüição essa que restou rejeitada, sob color de que o direito de privacidade da vítima deveria ser protegido, aplicando-se à espécie o princípio da proporcionalidade. Ademais, *vide* Paul Craig, *Unreasonableness and proportionality in UK law*, p. 20-21, expondo que "*the proportionality inquiry has, as is well known, three stages: is the measure which has been adopted appropriate for attaining the desired objective; is the measure necessary for the attainment of that objective; and does it impose excessive burdens on the individual (the proportionality inquiry in its narrow sense)?*". De resto, segundo Lord Diplock, em *R. v. Golsmith*, 1 WLR 151 (1983), a proporcionalidade "proíbe o uso de um malho para quebrar uma noz, se um quebra-nozes pode fazê-lo".

[381] Conforme Hilaire Barnett, *Constitutional and administrative law*, p. 919, "*With the Human Rights Act 1998, proportionality moves centre stage*"; e Paul Craig, *Unreasonableness and proportionality in UK law*, p. 05, concluindo, em 1999, que "*proportionality should indeed be recognized now as a ground of review in its own right*". Sobre o *Human Rights Act* de 1998, *vide* Lord Hoffmann, *Human rights and the House of Lords*, p. 159 e segs.; e David Feldman, *The Human Rights Act 1998 and constitutional principles*, p. 165 e segs.

[382] John Alder, *General principles of constitutional and administrative law*, p. 386; Hilaire Barnett, *Constitutional and administrative law*, p. 920; e Paul Craig, *Unreasonableness and proportionality in UK law*, p. 29, propondo, como "solução desejável", que se adote a proporcionalidade como um "*general criterion for review in purely domestic cases, as well as those governed by EC law or the HRA*".

quando os juízes estão lidando com atos da Comunidade Europeia, mas também quando estão lidando com atos sujeitos ao direito doméstico", concluindo que "a referência ao *Human Rights Act*, no entanto, impõe à Corte que se pergunte se o que foi feito é compatível com os direitos da Convenção", de modo que, muito frequentemente, colocar-se-á, como questão, "se o princípio da proporcionalidade foi satisfeito".[383]

Finalmente, no julgamento do caso *A. and others v. Secretary of State for the Home Department*, Lord Bingham reconheceu que, no contexto dos direitos fundamentais, "the traditional Wednesbury approach to judicial review was held to afford inadequate protection", e que "the intensity of review is somewhat greater under the proportionality approach".[384]

Para encerrar este breve excurso, é lícito concluir que, no direito inglês, irrazoabilidade (de *Wednesbury*) e proporcionalidade não se confundem, *do ponto de vista funcional*, com o princípio do *due process of law*, o qual, repita-se, diz respeito exclusivamente a processos ou procedimentos judiciais. Em síntese, no direito inglês, *due process of law* constitui princípio de justiça processual. Nada mais.

De resto, o amálgama do princípio do devido processo legal com os postulados da razoabilidade e da proporcionalidade, do ponto de vista funcional, parece ser mesmo peculiar ao direito brasileiro. Aliás, lembre-se: o direito italiano, à semelhança do direito inglês, distingue claramente entre razoabilidade (*ragionevolezza*) e devido processo legal (*giusto processo*).[385] Mas isto já é outra história.

4. SÍNTESE CONCLUSIVA

Ao final da 1ª parte deste estudo, cabe enunciar algumas teses sobre a funcionalidade do devido processo substantivo no direito brasileiro.

Assim, o devido processo substantivo, no direito brasileiro, deve ser entendido como princípio constitucional de garantia da liberdade em geral contra as arbitrariedades do poder estatal (art. 5º, LIV, da Constituição Federal).

Em tese, o princípio do devido processo substantivo pode ser aplicado, no direito brasileiro, com o objetivo de reconhecer e proteger direitos fundamentais implícitos como parte da liberdade assegurada pela disposição do devido processo

---

[383] UKHL 23 (2001). Registre-se, no entanto, que, em *R. v. Secretary of State for the Home Department ex parte Brind*, 1 AC 696 (1991), a *House of Lords* não reconheceu a proporcionalidade como fundamento independente da *judicial review*.

[384] UKHL 56 (2004).

[385] Sobre a *ragionevolezza* no direito italiano, *vide* Andrea Morrone, *Il custode della ragionevolezza*, *passim*; Gustavo Zagrebelsky, *Processo costituzionale*, p. 555-563; e *idem*, *Il giudice delle leggi artefice del diritto*, p. 46-53.

Devido Processo Legal e Proteção de Direitos

legal (art. 5º, LIV, da Constituição), concretizando, igualmente, o princípio da dignidade da pessoa humana (art. 1º, III, da Constituição).

Especificamente, o princípio do devido processo substantivo, *em tese*, pode ser invocado como fundamento constitucional para o controle de indenizações por danos morais exorbitantes ou irrisórias.

O princípio do devido processo substantivo não se confunde, *do ponto de vista funcional*, com os postulados da razoabilidade ou da proporcionalidade. É dotado de *funcionalidade própria e autônoma* em face dos postulados da razoabilidade e da proporcionalidade. Razoabilidade e proporcionalidade são cânones hermenêuticos ou postulados normativos aplicativos, que podem estruturar a interpretação e aplicação do princípio do devido processo substantivo, assim como de outras normas jurídicas, mormente constitucionais.

A disposição do devido processo legal (art. 5º, LIV, da Constituição) não é *sedes materiae* dos postulados da razoabilidade e da proporcionalidade, vale dizer, não constitui *fundamento* dos postulados da razoabilidade e da proporcionalidade.

Finalmente, o esquema básico de aplicação do princípio do devido processo substantivo pode ser o seguinte:

1º) Alguém foi ou está na iminência de ser privado de sua liberdade ou de um bem seu, em sentido amplo, por força de uma lei ou ato do Poder Público em geral?

2º) Esse bem em sentido amplo ou liberdade pode ser qualificado como direito fundamental implícito na Constituição Federal? Pode ser reconhecido e protegido como parte da liberdade assegurada pela disposição do devido processo legal (art. 5º, LIV, da Constituição de 1988) e como concretização do princípio da dignidade da pessoa humana (art. 1º, III, da Constituição da República)?

3º) Há uma justificativa suficiente para a privação do direito fundamental?

Aqui, veja-se, não há necessidade de *transpor*, para o direito brasileiro, o *teste da base racional* e o *escrutínio estrito* do direito norte-americano – até porque esses *testes ou níveis de escrutínio* configuram apenas "expedientes técnicos", que foram "inventados para disciplinar princípios jurídicos abstratos (...) em relação a um conjunto limitado de problemas", até que sejam "despachados – *sans teeth, sans everything* – por um juiz criativo com novos expedientes".[386]

Pode-se aplicar, *em tese*, o *postulado da proporcionalidade*, como, aliás, já é usual na jurisprudência do Supremo Tribunal Federal, em particular, para o efeito de verificar *a existência ou inexistência de uma justificativa suficiente para a privação do direito fundamental implícito, por pressuposto reconhecido como parte da liberdade assegurada pela disposição do devido processo legal* (art. 5º, LIV, da Constituição de 1988). Neste sentido, caberá, então, perguntar: (I) o meio escolhido pelo poder estatal é suscetível de promover minimamente a realização

---

[386] Ronald Dworkin, *Freedom's law*, 35-36.

do objetivo perseguido? (II) a realização do objetivo perseguido pode ser promovida por meios alternativos, menos restritivos do direito fundamental implícito, por pressuposto reconhecido como parte da liberdade garantida pela disposição do devido processo legal? (III) a importância da realização do objetivo perseguido realmente justifica a restrição do direito fundamental afetado?

Concluída a 1ª parte deste estudo, é chegado o momento de examinar a *funcionalidade do devido processo legal no contexto do formalismo-valorativo*. Na sequência.

Devido Processo Legal e Proteção de Direitos

Parte II

A funcionalidade do devido processo legal no contexto do formalismo-valorativo

Capítulo I
Devido processo legal na perspectiva dinâmica dos direitos fundamentais

1. PREMISSA TEÓRICA: O FORMALISMO-VALORATIVO

A funcionalidade do devido processo legal não se reduz à do devido processo substantivo. Ademais, o devido processo legal opera como projeção constitucional do formalismo processual, confinando-se entre o informalismo – que expõe as partes ao exercício arbitrário do poder estatal – e o formalismo excessivo – que, por apego a formalidades processuais dispensáveis, põe em xeque a justiça do caso concreto.[387]

Formalismo processual, bem entendido, significa a "totalidade formal do processo", compreendendo não apenas as formalidades processuais essenciais ao devido processo legal, mas, sobretudo, a "delimitação dos *poderes, faculdades* e *deveres* dos sujeitos processuais, coordenação de sua atividade, ordenação do procedimento e organização do processo, com vistas a que sejam atingidas suas finalidades primordiais". Neste sentido, o *formalismo processual* abrange "a própria idéia do processo como organização da desordem, emprestando previsibilidade a todo o procedimento", atuando, por um lado, como "garantia de liberdade contra o arbítrio dos órgãos que exercem o poder do Estado" e, por outro, como "poderoso fator de igualação dos contendores entre si".[388]

A "espinha dorsal" do *formalismo processual* é o *procedimento*, pois não se pode conceber o processo "sem determinada ordem de atos e paralela distribuição de poderes entre os seus sujeitos".[389]

---

[387] Carlos Alberto Alvaro de Oliveira, *Do formalismo no processo civil*, p. 86.

[388] Carlos Alberto Alvaro de Oliveira, *Do formalismo no processo civil*, p. 06 e segs.

[389] Carlos Alberto Alvaro de Oliveira, *Do formalismo no processo civil*, p. 108-109.

Há quem diga que o *procedimento* é o "mero aspecto formal do processo", constituindo "apenas o meio extrínseco pelo qual se instaura, desenvolve-se e termina o processo". Tratar-se-ia, portanto, de "simples sucessão de atos processuais".[390]

Todavia, o *procedimento* não deve ser reduzido a uma "seqüência legal de atos a ser observada pelo juiz e pelas partes". O *procedimento*, com efeito, não é apenas "simples diretiva para a ordem e sucessão dos atos processuais". Não é um "pobre esqueleto sem alma".[391]

Procedimento é, além disso, "regulação da atividade", estabelecendo não apenas o *"procedere"*, mas igualmente os poderes, faculdades e deveres de todos aqueles que de qualquer forma participam do processo, "em mútua e recíproca relação". Destarte, o *procedimento* delimita os "poderes, faculdades e deveres das partes e do órgão judicial, por normas coligadas entre si, em relação de pressuposição, que conectam reciprocamente situações individuais internas ao processo, dando-lhes disposição cronológica".[392]

Daí afirmar-se que *o procedimento é uma sequência de normas, de atos e de posições subjetivas*: *sequência de normas*, no sentido de que estas regulam os atos do procedimento, em ordem lógica e cronológica, estabelecendo que cada ato, além de supor o ato precedente, constitui o pressuposto do ato sucessivo, até o ato final; *sequência de atos*, no sentido de que estes são previstos por normas; e *sequência de posições subjetivas*, valer dizer, faculdades, poderes e deveres que são outorgados por normas. *E, quando feito em contraditório paritário, o procedimento, então, configura-se como processo*. Destarte, "o 'processo' é um procedimento no qual participam (estão habilitados a participar) aqueles em cuja esfera jurídica o ato final está destinado a produzir efeitos: em contraditório". *Sem contraditório, não existe processo, melhor dizendo, não existe devido processo legal, nem, de conseguinte, jurisdição. A estrutura do devido processo legal, portanto, é essencialmente dialética.*[393]

---

[390] Antonio Carlos de Araújo Cintra, Ada Pellegrini Grinover, Cândido Rangel Dinamarco, *Teoria geral do processo*, p. 279.

[391] Carlos Alberto Alvaro de Oliveira, *Do formalismo no processo civil*, p. 111-112.

[392] Carlos Alberto Alvaro de Oliveira, *Do formalismo no processo civil*, p. 111 e 220. Igualmente, *vide* Michele Taruffo, *Giudizio: processo, decisione*, p. 789, esclarecendo que o *procedimento* é uma *"'sequenza ordinata', logicamente e cronologicamente organizzata, racchiusa e delimitata da due momenti (l'esercizio dell'azione e la decisione), e composta da una pluralità (il più delle volte non definita 'a priori') di momenti o passagi o grandini intermedi"*, e que *"questi momenti siano costituiti da 'atti' (solitamente regolatti dalla legge nella loro forma-contenutto), che sono il modo d'esercizio di 'situazioni giuridiche soggettive' (a loro volta previste dalla legge sia quanto all'imputazione soggettiva sia quanto alle alternative possibili), e che producono 'effetti' (pure regolati dalla legge) in capo ad altri 'soggetti' (indicati dalla legge), solitamente incidendo sulle situazioni soggettive di costoro e ponendo le premesse perché essi compiano atti ulteriori"*.

[393] Elio Fazzalari, *Instituições de direito processual*, p. 93-94 e 113 e segs.; e *idem, Procedimento e processo: teoria generale*, p. 819 e segs., observando, ainda, que, "para distinguir o processo do procedimento (...) é necessária alguma coisa a mais e diversa (...): a estrutura dialética do procedimento, isto é, o *contraditório*. Tal estrutura consiste na participação dos destinatários dos efeitos do ato final em sua fase preparatória; na simétrica paridade das suas posições; na mútua implicação das suas atividades (...); na relevância das mesmas para o autor do provimento; de modo que cada contraditor possa exercitar um conjunto – conspícuo ou modesto, não importa

Segue-se, daí, que a *organização do procedimento* não pode ser "deixada ao simples querer do juiz, de acordo com as necessidades do caso concreto". Do contrário, abrir-se-ia "a possibilidade de desequilíbrio entre o poder judicial e o direito das partes", colocando-se em xeque, ademais, "a igual realização do direito material".[394] *Logo, o procedimento deve ser, primariamente, organizado pelo legislador.*[395] Com efeito, "a garantia dos direitos fundamentais exige, para a sua realização, uma participação no procedimento (*Teilhabe durch Verfahren*)", o que impõe, de conseguinte, "a necessidade de as leis dinamizarem dimensões participatórias procedimentais, a fim de, através de um *due process*, se garantirem posições jurídicas fundamentais". Destarte, a intervenção do legislador, regulando a forma de participação, é essencial para "assegurar o *status activus processualis*".[396]

De fato, é inegável a importância do contraditório para o devido processo legal, compelindo órgão judicial e partes ao diálogo e à cooperação para a formação dos juízos de fato e de direito. O julgador, mais que ativo, deve ser cooperativo e leal, "colocado no centro da controvérsia", garantindo-se, outrossim, a possi-

---

– de escolhas, de reações, de controles, e deva sofrer os controles e as reações dos outros, e que o autor do ato deva prestar contas dos resultados. (...) Existe, em resumo, o 'processo', quando em uma ou mais fases do *iter* de formação de um ato é contemplada a participação não só – e obviamente – do seu autor, mas também dos destinatários dos seus efeitos, em contraditório, de modo que eles possam desenvolver atividades que o autor do ato deve determinar, e cujos resultados ele pode desatender, mas não ignorar". *Vide*, ainda, Nicola Picardi, *Manuale del processo civile*, p. 207-209; e Michele Taruffo, *Giudizio: processo, decisione*, p. 789, salientando que a estrutura do processo, além de dialética, é policêntrica: "*il processo é 'soggettivamente policentrico' poiché coinvolge soggetti diversi collocandoli in 'luoghi' diversi della sequenza procedimentale ed assegnando ad ognuno di essi, nei vari momenti, specifiche funzioni e particolari situazioni soggettive. Il 'gioco' del processo non è né un solitario né una partita a due (come pure non di rado pensa), ma una situazione dinamica di gran lunga più complicata, con molti giocatori posti in ruoli diversi, e con una varietà virtualmente infinita di 'mosse' – e di sequenze di mosse – possibili. Anche il giudice 'gioca', in quanto partecipa al gioco e vi compie varie mosse, benché non vinca e non perda alla fine della partita*". De resto, sobre o *processo como jogo*, vide Piero Calamandrei, *Il processo come giuoco*, p. 23-51.

[394] Carlos Alberto Alvaro de Oliveira, O formalismo-valorativo no confronto com o formalismo excessivo, p. 12, explicitando, de resto, que, "se constrangido o órgão judicial de cada processo a elaborar para o caso concreto, com grande desperdício de tempo, os próprios princípios com a finalidade de dar forma ao procedimento adequado, permaneceria inutilizável o tesouro da experiência colhida da história do direito processual". Aliás, consoante já decidiu o Superior Tribunal de Justiça, "o 'due process of law' reclama a observância do sistema legal, não podendo o Judiciário tomar liberdades inadmissíveis com este, sem embargo da imprescindibilidade do julgador dar às normas exegese teleológica e construtiva, fundada na lógica do razoável" (AgRg nos EREsp 1747/PR, Rel. Min. Sálvio de Figueiredo Teixeira, 2ª Seção, julgado em 12.09.1990, DJ 09.10.1990 p. 10876).

[395] A propósito, recorde-se célebre lição de Giuseppe Chiovenda, *Principii di diritto processuale civile*, p. 663-664, segundo a qual "a experiência tem demonstrado que as formas são necessárias em juízo, e com muito mais razão que em outra relação social; a falta delas importa desordem, confusão e incerteza. (...) A história das leis e dos costumes forenses nos mostra um eterno conflito entre o sentimento de necessidade das formas e o desejo de que a justiça, a verdade dos fatos no processo, não seja sacrificada pelas formas; entre o desejo de celeridade processual e o desejo de uma cognição e de uma defesa completa. Um grave problema de política judiciária é se as formas devem ser determinadas por lei, ou se deve deixar-se sua regulação ao arbítrio do juiz a cada vez segundo as exigências do caso concreto. Na maior parte das leis prevalece o primeiro sistema, como aquele que apresenta maiores garantias para os litigantes. Certamente, a ampliação dos poderes do juiz, inclusive no campo das formas, é um meio poderoso de simplificação processual (...); mas isso não é possível senão na medida da confiança que, em um determinado momento, a ordem judiciária inspira aos cidadãos".

[396] J. J. Gomes Canotilho, *Direito constitucional*, p. 639.

Devido Processo Legal e Proteção de Direitos

bilidade de participação efetiva das partes, em clima de boa-fé, no exercício de verdadeira cidadania processual, como, aliás, é próprio do regime democrático.[397]

Neste contexto, ajunte-se, o processo não é apenas instrumento técnico. Trata-se, igualmente, de fenômeno cultural e ético, configurando instrumento público "indispensável para a realização da justiça e da pacificação social". A conformação do processo não é resultado apenas de "considerações de ordem prática, constituindo expressão das concepções sociais, éticas, econômicas, políticas, ideológicas e jurídicas, subjacentes a determinada sociedade", bem como de "utopias" e de "estratégias de poder".[398]

Com isto, "não há formalismo por formalismo", emergindo, daí, a proposta de um *formalismo-valorativo*, segundo o qual o que importa é a "organização de um processo justo", informado pelos *valores da efetividade e da segurança jurídica* e voltado para a *realização da justiça do caso concreto* e a *pacificação social*. A realização da justiça do caso, a pacificação social, a efetividade e a segurança jurídica constituem, pois, os "valores mais importantes para o processo", vale dizer, os próprios "fundamentos do formalismo-valorativo".[399]

A *justiça do caso* e a *pacificação social* são os escopos do processo.[400] Aliás, "justiça" e "solução pacífica das controvérsias" caracterizam-se como valores do próprio Estado democrático de direito, consoante se colhe do preâmbulo da Constituição brasileira de 1988. *Efetividade* e *segurança jurídica*, por sua vez, são "valores essenciais para a conformação do processo", encontrando-se intimamente ligados ao *princípio constitucional do Estado de direito* (art. 1º da Constituição de 1988) e às *garantias do acesso à justiça e do devido processo legal* (art. 5º, XXXV e LIV, da Constituição da República).[401]

---

[397] Carlos Alberto Alvaro de Oliveira, O formalismo-valorativo no confronto com o formalismo excessivo, p. 18-19; *idem*, Efetividade e processo de conhecimento, p. 9 e segs.; *idem, Do formalismo no processo civil*, p. 140; e *idem, Del formalismo en el proceso civil: propuesta de un formalismo-valorativo*, p. 23, 282-283 e 286.

[398] Carlos Alberto Alvaro de Oliveira, O formalismo-valorativo no confronto com o formalismo excessivo, p. 14; *idem, Del formalismo en el proceso civil*, p. 132 e 137-138; e *idem*, O processo civil na perspectiva dos direitos fundamentais, p. 01, explicitando que "a conformação e a organização do processo e do procedimento nada mais representam do que o equacionamento de conflitos entre princípios constitucionais em tensão, de conformidade com os fatores culturais, sociais, políticos, econômicos e as estratégias de poder num determinado espaço social e temporal". Em igual sentido, *vide* Antonio Carlos de Araújo Cintra, Ada Pellegrini Grinover e Cândido Rangel Dinamarco, *Teoria geral do processo*, p. 79-80, observando que o processo não é "mero conjunto de regras acessórias de aplicação do direito material", mas, isto sim, "instrumento público de realização da justiça", sendo "profundamente influenciado por fatores históricos, sociológicos e políticos". De resto, *vide* Galeno Lacerda, *Processo e cultura*, p. 74-86.

[399] Carlos Alberto Alvaro de Oliveira, O formalismo-valorativo no confronto com o formalismo excessivo, p. 15; e *idem, Del formalismo en el proceso civil*, p. 125, 134 e 140, ressaltando que "se mostra totalmente inadequado, assim, conceber o processo, apesar de seu caráter formal, como um mero ordenamento de atividades dotado de cunho exclusivamente técnico, integrado por regras externas, estabelecidas pelo legislador de modo totalmente arbitrário".

[400] Sobre o complexo problema dos *escopos do processo*, *vide*, por todos, Mijan R. Damaska, *I volti della giustizia e del potere: analisi comparatistica del processo*, p. 133 e segs.

[401] Carlos Alberto Alvaro de Oliveira, O formalismo-valorativo no confronto com o formalismo excessivo, p. 15-17; e *idem, Del formalismo en el proceso civil*, p. 144-151 e 155-159.

Segurança jurídica – que não é senão garantismo – e efetividade são valores igualmente relevantes e inevitavelmente concorrentes no campo do formalismo processual e do devido processo legal. A tutela da segurança jurídica (o próprio garantismo) encontra, em certo ponto, um limite insuperável na tutela da efetividade, e vice-versa. A segurança jurídica, assim, não pode primar, pura e simplesmente, sobre a efetividade, nem esta sobrepor-se, em quaisquer circunstâncias, àquela. A virtude está no meio. Nem o garantismo radical e intransigente. Nem a efetividade como valor absoluto, a qualquer preço. Tais valores devem ser conciliados, na medida do possível, pelo legislador e pelo órgão judicial, em busca de um processo justo, isto é, efetivo e informado por preocupações garantísticas.[402]

A *justa organização do processo* depende, ademais, das *circunstâncias do caso concreto*.[403] Assim, cabe ao órgão judicial atentar para as *peculiaridades do caso* submetido a seu julgamento, pois, ainda que "atendido o formalismo estabelecido pelo sistema", o processo pode revelar-se *injusto* ou conduzir a um *resultado injusto*.[404]

---

[402] Carlos Alberto Alvaro de Oliveira, O processo civil na perspectiva dos direitos fundamentais, p. 15. A propósito, *vide* Nicolò Trocker, *Processo civile e Costituzione*, p. 735-736, observando que "*nel quadro di un (...) conflitto dialettico tra esigenze contrapposte ma ugualmente degne di protezione, si inserisce tutto il tema delle garanzie costituzionali del processo (...): da un lato sta l'aspirazione ad un rito munito di un sistema possibilmente ampio e articolato di garanzie 'formali', dall'altro il desiderio di disporre di un mecanismo processuale efficiente e funzionale. Atraverso una delicata scelta dei fini da raggiungere e un'attenta valutazione degli interessi da tutelare, garantismo ed efficienza devono essere posti in un raporto di adeguata proporzionalità. Il punto fermo in questa difficile opera di ponderazione resta comunque il seguente: che i problemi della giustizia vanno impostati su un piano diverso e più alto di quello 'formale' dell'appartenenza dei procedimenti ad una od altra categoria, ossia sul piano riguardante 'l'interesse umano' oggetto dei procedimenti. Un processo a misura d'uomo, quindi, posto realmente al servizio di coloro che chiedono giustizia*". De resto, *vide* Joan Picó i Junoy, *El derecho procesal entre el garantismo y la eficacia: un debate mal planteado*, p. 126, para quem "*no debe buscarse el garantismo sin tener en cuenta la función que cumple el proceso, ni tampoco la eficacia olvidándose las garantías constitucionales del proceso. El garantismo exacerbado puede originar la ineficacia del proceso, y la eficacia extrema puede propiciar la vulneración de las garantías básicas de la actividad del juez – con su deber de imparcialidad – y de las partes – con suas derechos a la defensa. Por ello, (...) debe buscarse la máxima eficacia del proceso respetando las garantías procesales del juez y de las partes*". Neste sentido, confira-se recente julgado do Superior Tribunal de Justiça: "Processo civil. Embargos de declaração. Acolhimento fundamentado na modificação do posicionamento do relator quanto à matéria que fora julgada. Alegação de ofensa ao art. 535 do CPC, já que efeitos infringentes somente podem ser conferidos a um julgado como conseqüência da constatação de contradição, obscuridade ou omissão. Manutenção da decisão proferida nos embargos. Recurso especial não conhecido. – Ao exarar o acórdão, o Tribunal esgota sua função jurisdicional, podendo modificá-lo apenas para corrigir erro material ou para sanar omissão, contradição ou obscuridade, mediante a interposição de embargos de declaração. – A modificação de posicionamento do relator quanto ao mérito do julgamento não é, em princípio, passível de correção pela via dos embargos de declaração, ainda que a eles se conceda efeito infringente. Se tal modificação, porém, presta-se a conformar o julgado à pacífica jurisprudência do STJ quanto à matéria, não se justifica sua anulação por ofensa ao art. 535 do CPC. – Seria excessivo rigor processual restabelecer um acórdão incorreto, meramente para privilegiar a aplicação pura do art. 535 do CPC. Tal medida obrigaria a parte, que atualmente sagrou-se vitoriosa no processo, a interpor um novo recurso especial, movimentando toda a máquina judiciária, para atingir exatamente o mesmo resultado prático que já obteve. Isso implicaria um desperdício de tempo e de recursos públicos incompatível com a atual tendência em prol de um processo efetivo. Recurso especial não conhecido" (REsp 970190/SP, Rel. Ministra Nancy Andrighi, 3ª Turma, julgado em 20/05/2008, DJe 15/08/2008).

[403] Carlos Alberto Alvaro de Oliveira, *O processo civil na perspectiva dos direitos fundamentais*, p. 15.

[404] Carlos Alberto Alvaro de Oliveira, O formalismo-valorativo no confronto com o formalismo excessivo, p. 18.

Devido Processo Legal e Proteção de Direitos

Além disso, o *formalismo-valorativo* é "informado pela lealdade e boa-fé, que deve ser apanágio de todos os sujeitos do processo, e não só das partes" (art. 14 do CPC), exigindo, por outro lado, a aplicação do "princípio da finalidade essencial" (arts. 154, 244 e 250 do CPC).[405]

A *lógica*, consoante o *formalismo-valorativo*, é a da *argumentação jurídica como discurso prático racional*, colocando-se, ademais, "o problema no centro das preocupações hermenêuticas".[406]

Requer, ainda, o *formalismo-valorativo*, "o emprego da eqüidade com função interpretativo-individualizadora", voltando-se, assim, para a realização da "justiça do caso concreto".[407]

De resto, o *formalismo-valorativo* ressalta a "importância dos direitos fundamentais", sobretudo como "normas de princípio", não apenas na organização do processo pelo legislador, mas, igualmente, no "próprio exercício da função jurisdicional".[408]

Tudo isto, enfim, para combater o "formalismo excessivo, pernicioso ou negativo", o qual, "em vez de colaborar para a realização da justiça material, passa a ser o seu algoz, em vez de propiciar uma solução rápida e eficaz do processo, contribui para a extinção deste sem julgamento do mérito, obstando a que o instrumento atinja a sua finalidade essencial".[409]

---

[405] Carlos Alberto Alvaro de Oliveira, O formalismo-valorativo no confronto com o formalismo excessivo, p. 24 e segs.; e *idem, Del formalismo en el proceso civil*, p. 416, 418 e 421 e segs.

[406] Carlos Alberto Alvaro de Oliveira, O formalismo-valorativo no confronto com o formalismo excessivo, p. 18; e *idem, Del formalismo en el proceso civil: propuesta de un formalismo-valorativo*, p. 23. A propósito da *colocação do problema no centro das preocupações hermenêuticas*, a alusão à *tópica* é inevitável. Segundo Theodor Viehweg, a *tópica* constitui uma "técnica do pensamento que se orienta para o *problema*", isto é, uma "*técnica do pensamento problemático*", de modo que "não abandona o terreno definido pelo próprio problema, insiste sempre no problema e regressa sempre ao problema". Trata-se, pois, de um "'processo especial de tratamento de problemas', que se caracteriza pelo emprego de certos pontos de vista, questões e argumentos gerais, considerados pertinentes – os 'tópicos' precisamente", que são "pontos de vista utilizáveis e aceitáveis universalmente, que se empregam em favor do opinável e contra ele, e que parecem conduzir à verdade" (*Tópica y jurisprudencia*, p. 49, grifado no original). São conhecidas, no entanto, as insuficiências da *tópica pura*. A principal delas consiste em reduzir a importância das normas jurídicas, na medida em que "não se distingue suficientemente entre as diferentes premissas que se utilizam nas fundamentações jurídicas". Vale dizer, as normas jurídicas, segundo a *tópica pura*, não passam de meros tópicos entre outros, o que "não se harmoniza com o papel das normas jurídicas, pressupostas como vigentes no discurso jurídico" (Robert Alexy, *Teoría de la argumentación jurídica*, p. 40-42). Daí então a sugestão de uma *tópica normativamente vinculada*, no sentido de que a interpretação jurídica "requer um (...) avanço 'tópico', guiado e limitado normativamente, isto é, vinculado normativamente", porque, com efeito, "não existe interpretação (...) independente de problemas concretos" (Konrad Hesse, *Elementos de direito constitucional da República Federal da Alemanha*, p. 63, grifado no original). Por outro lado, sobre a *argumentação jurídica como discurso prático racional*, vide Robert Alexy, *Teoría de la argumentación jurídica*, p. 203 e segs.; e Manuel Atienza, *As razões do direito*, p. 159 e segs.

[407] Carlos Alberto Alvaro de Oliveira, O formalismo-valorativo no confronto com o formalismo excessivo, p. 19-22; e *idem, Del formalismo en el proceso civil*, p. 412 e segs.

[408] Carlos Alberto Alvaro de Oliveira, O formalismo-valorativo no confronto com o formalismo excessivo, p. 17-18; e *idem, O processo civil na perspectiva dos direitos fundamentais*, p. 03 e segs.

[409] Carlos Alberto Alvaro de Oliveira, O formalismo-valorativo no confronto com o formalismo excessivo, p. 19 e segs.; e *idem, Del formalismo en el proceso civil*, p. 418, concluindo que "o formalismo excessivo deve ser combatido com o emprego da eqüidade com função interpretativo-individualizadora, tomando-se sempre como medida as finalidades essenciais do instrumento processual (processo justo e eqüânime, do ponto de vista pro-

Assentada, em linhas gerais, a *premissa teórica* da 2ª parte desta investigação, segue-se o exame do *devido processo legal como direito fundamental.*

2. DEVIDO PROCESSO LEGAL COMO DIREITO FUNDAMENTAL

2.1. Do texto à norma de direito fundamental

No direito constitucional do pós-positivismo,[410] bem como no contexto do formalismo-valorativo,[411] distingue-se, rigorosamente, entre *norma* e *texto da norma.*

O *texto normativo*, com efeito, é "qualquer documento elaborado por uma autoridade normativa", caracterizando-se, portanto, como *disposição ou enunciado do discurso prescritivo*, empregado para modificar o comportamento das pessoas. A *disposição* é um texto, ou parte dele, "ainda por ser interpretado". A *norma*, por sua vez, é o significado atribuído a "uma disposição (ou a um fragmento de disposição, ou a uma combinação de disposições, ou a uma combinação de fragmentos de disposições)", constituindo "(parte de) um texto interpretado". *Disposição é enunciado do discurso das fontes; e norma, por sua vez, enunciado do discurso do intérprete. Disposição* é "enunciado que constitui o objeto da interpretação"; e *norma*, por sua vez, "enunciado que constitui o produto, o resultado da interpretação".[412]

A partir daí, segue-se que não há "correspondência bi-unívoca entre disposições e normas". Neste sentido, uma única disposição, quando interpretada, pode exprimir mais de uma norma, bem como, inversamente, uma única norma pode resultar da interpretação de mais de uma disposição. Além disso, pode haver "disposições sem normas", bem como "normas sem disposições". Normas "elaboradas na ausência de disposições que as exprimam" são "fruto de produção (ou integração) do direito".[413]

---

cessual, justiça material, do ponto de vista material) e os princípios e valores que estão a sua base, desde que respeitados os direitos fundamentais da parte e na ausência de prejuízo".

[410] A propósito, *vide* Luís Roberto Barroso, Fundamentos teóricos e filosóficos do novo direito constitucional brasileiro, p. 23 e segs., explicando que o pós-positivismo é "um conjunto de idéias difusas que ultrapassam o legalismo estrito do positivismo normativista, sem recorrer às categorias da razão subjetiva do jusnaturalismo", compreendendo "a ascensão dos valores, o reconhecimento da normatividade dos princípios e a essencialidade dos direitos fundamentais", bem como "o pluralismo político e jurídico, a nova hermenêutica e a ponderação de interesses".

[411] Carlos Alberto Alvaro de Oliveira, *Os direitos fundamentais à efetividade e à segurança em perspectiva dinâmica*, p. 22.

[412] Riccardo Guastini, *Das fontes às normas*, p. 23-28; *idem, Distinguendo*, p. 83; J. J. Gomes Canotilho, *Direito constitucional e Teoria da Constituição*, p. 1.165-1.166; Humberto Ávila, *Teoria dos princípios*, p. 22-26; e Eros Roberto Grau, *Ensaio e discurso sobre a interpretação/aplicação do direito*, p. 79-83, 87-89 e 92-93.

[413] Riccardo Guastini, *Das fontes às normas*, p. 34-43; *idem, Distinguendo*, p. 83-85; J. J. Gomes Canotilho, *Direito constitucional e Teoria da Constituição*, p. 1.167-1.170; Humberto Ávila, *Teoria dos princípios*, p. 22-26; e Eros Roberto Grau, *Ensaio e discurso sobre a interpretação/aplicação do direito*, p. 79-83, 87-89 e 92-93.

A distinção entre *texto normativo* e *norma*, no sentido de que o texto constitui apenas o ponto de partida para a construção da norma jurídica em face do caso concreto, encontra-se, especialmente, na *metódica estruturante do direito*, elaborada por Friedrich Müller. O *texto da norma* "é apenas a 'ponta do *iceberg*'", prestando-se à "formulação do programa da norma". A *norma*, por sua vez, compõe-se não apenas do "programa da norma", mas também do "âmbito da norma", que é "o recorte da realidade social na sua estrutura básica, que o programa da norma 'escolheu' para si ou em parte criou para si como seu âmbito de regulamentação".[414]

Há que distinguir, com isto, entre *interpretação do texto da norma* e *concretização da norma*: "a interpretação do teor literal da norma é um dos elementos mais importantes no processo de concretização, mas somente um elemento".[415] *Concretização* é, com efeito, "*construção de uma norma jurídica*".[416] E construção a partir do caso concreto, porque "não é possível descolar a norma jurídica do caso jurídico por ela regulamentado, nem o caso da norma". O *texto da norma* é apenas "o ponto de partida do processo de concretização", sendo interpretável "em termos gramaticais, históricos, genéticos e sistemáticos" e consoante os "princípios de interpretação da Constituição", como, por exemplo, interpretação conforme a constituição, proporcionalidade, unidade da constituição, efetividade, etc. Concomitantemente, os "dados reais" (por exemplo, econômicos, políticos, sociais) são coletados e formulados pelo intérprete como "área material" da norma jurídica, na medida em que "relevantes para a questão de direito" e "compatíveis com o programa da norma elaborado, podendo "embasar legitimamente a decisão". O resultado final, portanto, é "*a concretização da norma jurídica em norma de decisão e do conjunto de fatos, juridicamente ainda não decidido, em caso jurídico decidido*".[417]

---

[414] Friedrich Müller, *Métodos de trabalho do direito constitucional*, p. 45 e segs., grifado no original; e *idem*, Interpretação e concepções atuais dos direitos do homem, p. 540-541. A propósito, *vide* J. J. Gomes Canotilho, *Direito constitucional e Teoria da Constituição*, p. 1.179; e João Maurício Adeodato, A concretização normativa: um estudo crítico, p. 248, esclarecendo que "o âmbito da norma e o programa da norma compõem a estrutura da norma (*Normstruktur*). (...) O programa da norma indica os dados lingüísticos (também técnicos) normativamente relevantes, enquanto o âmbito da norma aponta os dados reais normativamente relevantes".

[415] Friedrich Müller, *Métodos de trabalho do direito constitucional*, p. 52 e segs.

[416] J. J. Gomes Canotilho, *Direito constitucional e Teoria da Constituição*, p. 1.165, grifado no original. Aliás, segundo Hans-Georg Gadamer, "a tarefa da interpretação consiste em *concretizar a lei* em cada caso, isto é, em sua *aplicação*" (*Verdade e método*, p. 489).

[417] Friedrich Müller, *Métodos de trabalho do direito constitucional*, p. 52-96, grifado no original; e *idem*, Interpretação e concepções atuais dos direitos do homem, p. 540-541. Segundo João Maurício Adeodato, A *concretização normativa*: um estudo crítico, p. 239-240 e 249-250, "a tese de Müller é que o texto e a realidade estão em constante inter-relação e que esta inter-relação, seja mais seja menos eventualmente discrepante, é que vai constituir a norma jurídica. Quer dizer, não só a norma do caso concreto é construída a partir do caso, mas também a norma aparentemente genérica e abstrata, ou seja, a norma geral não é prévia, só o seu texto o é. A norma geral previamente dada não existe, é uma ficção. (...) O que o legislador faz, sobretudo o legislador constituinte, mesmo originário, é produzir o texto legal ou constitucional, não a norma propriamente dita, nem sequer a moldura dentro da qual se situam as interpretações devidas. (...) Só na concretização, ao ser decidido o caso, é produzida a norma". No trabalho jurídico (*Rechtsarbeit*) de concretização, "os textos normativos genéricos, relacionados com os relatos genéricos leigo e profissional sobre os dados reais, constituídos a partir dos dados

A distinção entre *norma* e *enunciado normativo* é, igualmente, o ponto de partida da *teoria dos direitos fundamentais* proposta por Robert Alexy, que adota um "conceito semântico de norma", segundo o qual a *norma* é "o significado de um enunciado normativo".[418] De modo particular, *normas de direitos fundamentais* são, em primeiro lugar, "normas diretamente expressadas" por *disposições ou enunciados de direitos fundamentais*. Neste sentido, *direitos fundamentais* são, por sua vez, os *direitos fundamentais formalmente constitucionais*, isto é, os *direitos fundamentais positivados no catálogo de direitos fundamentais*, bem como os *direitos fundamentais dispersos ao longo do texto da Constituição*. Em segundo lugar, *normas de direitos fundamentais* são "normas associadas" às *normas diretamente expressadas por disposições ou enunciados de direitos fundamentais*, o que depende de uma "*fundamentação jusfundamental correta*".[419]

Neste contexto, o art. 5º, LIV, da Constituição Federal, segundo o qual "ninguém será privado da liberdade ou de seus bens sem o devido processo legal", é apenas um *texto ou enunciado normativo*. Trata-se, no entanto, de um *enunciado ou disposição de direito fundamental*, pois compreendido no catálogo de direitos e garantias fundamentais do Título II da Constituição Federal de 1988. *Da interpretação do texto normativo do art. 5º, LIV, da Constituição da República, à luz das circunstâncias do caso concreto, pode resultar, por hipótese, mais de uma norma do direito fundamental ao devido processo legal*. De conseguinte, repita-se: *no art. 5º, LIV, da Constituição brasileira de 1988, encontra-se a disposição ou enunciado do direito fundamental ao devido processo legal. A(s) norma(s) correspondente(s) deve(m) ser (re)construída(s) a partir do texto normativo do art. 5º, LIV, da Constituição de 1988, atentando-se, igualmente, para o caso concreto*.[420]

Feitos esses esclarecimentos, cabe examinar, a seguir, a fundamentalidade formal e material do direito fundamental ao devido processo legal.

---

lingüísticos primários, conduzem à escolha do âmbito da matéria, o qual é especificado na direção do âmbito do caso. O âmbito do caso é orientado pelos padrões do programa da norma e, juntos, constituem o âmbito da norma. O programa da norma e o âmbito da norma vão por sua vez formar a norma jurídica, a qual se concretizará na norma decisória. (...) A norma jurídica é exatamente o somatório do programa da norma e do âmbito da norma. A norma decisória é o resultado final de todas as fases anteriores do trabalho jurídico de concretização". De resto, *vide* J. J. Gomes Canotilho, *Direito constitucional e Teoria da Constituição*, p. 1.177-1.186.

[418] *Teoría de los derechos fundamentales*, p. 50 e segs.

[419] *Teoría de los derechos fundamentales*, p. 62 e segs., grifado no original; e J. J. Gomes Canotilho, *Direito constitucional e Teoria da Constituição*, p. 397-398.

[420] Segundo Humberto Ávila, *Teoria dos princípios*, p. 23-26, "o intérprete não só constrói, mas *reconstrói* sentido, tendo em vista a existência de significados incorporados ao uso lingüístico e construídos na comunidade do discurso. (...) Daí se dizer que *interpretar* é *construir a partir de algo*, por isso significa *reconstruir*: a uma, porque utiliza como ponto de partida os textos normativos, que oferecem limites à construção de sentidos; a duas, porque manipula a linguagem, à qual são incorporados *núcleos de sentido*, que são, por assim dizer, constituídos pelo uso, e preexistem ao processo interpretativo individual. (...) Exatamente por isso a atividade de interpretação traduz melhor uma atividade de *reconstrução*".

2.2. Fundamentalidade formal e fundamentalidade material do direito fundamental ao devido processo legal

Multiplicam-se os *direitos fundamentais* na Constituição Federal de 1988, especialmente no Título II. Trata-se de *direitos humanos* que foram objeto de *constitucionalização* e *positivação jurídica* como *direitos fundamentais*, isto é, como *normas juridicamente vinculativas para os poderes públicos*.[421] As *normas de direitos fundamentais*, assim, encontram-se "na cúspide da estrutura escalonada da ordem jurídica como direito diretamente vinculativo para os poderes legislativo, executivo e judiciário".[422] Daí, portanto, a respectiva *fundamentalidade formal*.

No catálogo de direitos fundamentais do Título II da Constituição Federal de 1988, especificamente no art. 5º, LIV, encontra-se positivado que "ninguém será privado da liberdade ou de seus bens sem o devido processo legal". Aí está a *disposição do devido processo legal*, ou melhor, a *disposição do direito fundamental ao devido processo legal*. Como é evidente, o *direito ao devido processo legal* foi, ali, objeto de *constitucionalização* e *positivação jurídica* como *direito fundamental*. Inquestionável, por conseguinte, a *fundamentalidade formal* do *direito fundamental ao devido processo legal*.

Neste diapasão, direitos fundamentais são os direitos fundamentais formalmente constitucionais, vale dizer, os direitos que o direito constitucional vigente qualifica como direitos fundamentais, independentemente de seu conteúdo ou de sua estrutura.[423] Segundo esse conceito meramente formal, não há a menor sombra de dúvida de que a disposição do art. 5º, LIV, da Constituição de 1988 é uma disposição de direito fundamental: a disposição do direito fundamental ao devido processo legal. Devido processo legal é, portanto, direito fundamental na ordem jurídica brasileira, com fundamentalidade formal.

Argumenta-se, sem embargo, que o conceito meramente formal de direito fundamentais é "insuficiente", pois o direito constitucional vigente pode reconhecer, *fora do catálogo* de direitos fundamentais, direitos que, em seu significado material, "não se distinguem dos direitos qualificados expressamente de direi-

---

[421] J. J. Gomes Canotilho, *Direito constitucional e Teoria da Constituição*, p. 371-372, explicitando, ainda, que, "sem esta positivação jurídica, os direitos do homem são esperanças, aspirações, idéias, impulsos, ou, até, por vezes, mera retórica política, mas não direitos protegidos sob a forma de normas (regras e princípios) de direito constitucional (*Grundrechtsnormen*)"; que "os direitos fundamentais são-no, enquanto tais, na medida em que encontram reconhecimento nas constituições e deste reconhecimento se derivem conseqüências jurídicas", sendo a "mais notória a proteção dos direitos fundamentais mediante o controle jurisdicional da constitucionalidade do actos normativos reguladores destes direitos"; e que, "por isso e para isso, os direitos fundamentais devem ser compreendidos, interpretados e aplicados como *normas jurídicas vinculativas*, e não como trechos ostentatórios ao jeito das grandes 'declarações de direitos'".

[422] Robert Alexy, *Teoría de los derechos fundamentales*, p. 503.

[423] Konrad Hesse, *Elementos de direito constitucional da República Federal da Alemanha*, p. 225; Robert Alexy, *Teoría de los derechos fundamentales*, p. 65; e J. J. Gomes Canotilho, *Direito constitucional e Teoria da Constituição*, p. 372-373.

tos fundamentais".[424] Trata-se, por um lado, dos chamados *direitos fundamentais dispersos ao longo do texto da Constituição*.[425] Por outro lado, o direito constitucional positivo pode contemplar uma cláusula de "abertura da constituição a outros direitos, também fundamentais, mas não constitucionalizados, isto é, direitos materialmente mas não formalmente fundamentais".[426] Tal cláusula é conhecida como *"cláusula aberta* ou de *não tipicidade* de direitos fundamentais".[427]

Daí a necessidade da "idéia de fundamentalidade material", isto é, do *significado material dos direitos fundamentais*.[428]

As normas de direitos fundamentais são *materialmente fundamentais* porque delas resultam "decisões sobre a estrutura normativa básica do Estado e da sociedade".[429] Neste contexto, apregoa-se que os *direitos fundamentais*, de modo geral, são "concretizações das exigências do princípio da dignidade da pessoa humana".[430] *Direitos fundamentais* são, pois, "garantias de uma convivência digna, livre e igual de todas as pessoas", isto é, "situações jurídicas sem as quais a pessoa humana não se realiza, não convive e, às vezes, nem mesmo sobrevive".[431]

Daí dizer-se que a *dignidade da pessoa humana* "é um valor supremo que atrai o conteúdo de todos os direitos fundamentais".[432] Como bem se sabe, a *dignidade da pessoa humana* é reconhecida como um dos fundamentos do Estado

---

[424] Konrad Hesse, *Elementos de direito constitucional da República Federal da Alemanha*, p. 225.

[425] J. J. Gomes Canotilho, *Direito constitucional e Teoria da Constituição*, p. 398. No direito brasileiro, é o caso, por exemplo, do direito fundamental ao meio ambiente, conferido pelo art. 225 da Constituição Federal. A propósito, *vide* Anízio Pires Gavião Filho, *Direito fundamental ao ambiente*, p. 21-38.

[426] J. J. Gomes Canotilho, *Direito constitucional e Teoria da Constituição*, p. 373.

[427] Jorge Miranda, *Manual de direito constitucional*, t. 4, p. 152. Neste sentido, o art. 5º, § 2º, da Constituição Federal de 1988 dispõe que "os direitos e garantias expressos nesta Constituição não excluem outros decorrentes dos regimes e dos princípios por ela adotados, ou dos tratados internacionais em que a República Federativa do Brasil seja parte".

[428] J. J. Gomes Canotilho, *Direito constitucional e Teoria da Constituição*, p. 373-374.

[429] Robert Alexy, *Teoría de los derechos fundamentales*, p. 505; e J. J. Gomes Canotilho, *Direito constitucional e Teoria da Constituição*, p. 373.

[430] Ingo Wolfgang Sarlet, *A eficácia dos direitos fundamentais*, p. 109.

[431] José Afonso da Silva, *Curso de direito constitucional positivo*, p. 182. Por sua vez, Robert Alexy, *Direitos fundamentais no Estado constitucional democrático*, p. 209, chega ao ponto de afirmar que a qualificação dos "direitos do homem" como "direitos fundamentais" depende de duas condições: "deve tratar-se, em primeiro lugar, de interesses e carências que, em geral, podem e devem ser protegidos e fomentados por direito. Assim, muitos homens têm uma carência fundamental de amor. (...) Contudo, não existe um direito do homem ao amor, porque amor não se deixa forçar pelo direito. A segunda condição é que o interesse ou carência seja tão fundamental que a necessidade de seu respeito, sua proteção ou seu fomento se deixe fundamentar pelo direito. (...) Um interesse ou carência é, nesse sentido, fundamental quando sua violação ou não-satisfação significa ou a morte ou sofrimento grave ou toca no núcleo essencial da autonomia".

[432] José Afonso da Silva, *Curso de direito constitucional positivo*, p. 109; e *idem*, A dignidade da pessoa humana como valor supremo da democracia, p. 147. Igualmente, *vide* Ernst Benda, *Dignidad humana y derechos de la personalidad*, p. 122, ressaltando que "*común a todos los derechos fundamentales es que parezcan necesarios para la dignidad de la persona: es decir, que de todos y cada uno de ellos resulte lo que es patrimonio común a partir del art. 1.1 GG. Son 'porciones autônomas derivadas de la dignidade humana'"*.

Devido Processo Legal e Proteção de Direitos

democrático de direito brasileiro (art. 1º, III, da Constituição Federal de 1988).[433] Esse reconhecimento, no entanto, não quer significar que a *dignidade da pessoa humana* seja uma "criação constitucional". Muito pelo contrário: a dignidade da pessoa humana é um "dado preexistente a toda experiência especulativa, tal como a própria pessoa humana".[434]

A propósito, é conhecida a lição de Kant, no sentido de que, entre os imperativos categóricos que devem reger a conduta moral das pessoas, inclui-se o de que *toda pessoa deve ser tratada como fim em si mesmo, e não como meio*. Segundo Kant, o princípio primeiro da ética é o de que "o homem, e, duma maneira geral, todo ser racional, *existe* como fim em si mesmo, *não só como meio* para o uso arbitrário desta ou daquela vontade". Segue-se, daí, que "os seres cuja existência depende, não em verdade da nossa vontade, mas da natureza, têm, contudo, se são seres irracionais, apenas um valor relativo como meios e por isso se chamam *coisas*, ao passo que os seres racionais se chamam *pessoas*, porque a sua natureza os distingue já como fins em si mesmos, quer dizer, como algo que não pode ser empregado como simples meio e que, por conseguinte, limita nessa medida todo o arbítrio". Logo, *toda pessoa tem dignidade, e não um preço, como é o caso das coisas. Toda pessoa é insubstituível, não tem equivalente, não pode ser trocada por coisa alguma.* "No reino dos fins", conclui Kant, "tudo tem ou um *preço* ou uma *dignidade*. Quando uma coisa tem um preço, pode-se pôr em vez dela qualquer outra como *equivalente*; mas quando uma coisa está acima de todo preço, e portanto não permite equivalente, então tem ela *dignidade*".[435]

A partir desta lição de Kant, é possível propor uma "conceituação (jurídica) da dignidade da pessoa humana" como "qualidade intrínseca e distintiva reconhecida em cada ser humano que o faz merecedor do mesmo respeito e consideração por parte do Estado e da comunidade, implicando, neste sentido, um complexo de direitos e deveres fundamentais que assegurem a pessoa tanto contra todo e qualquer ato de cunho degradante e desumano, como venham a lhe garantir as condições existenciais mínimas para uma vida saudável, além de propiciar e pro-

---

[433] Além disso, a Constituição de 1988 estabelece que a ordem econômica "tem por fim assegurar a todos existência digna" (art. 170); que o planejamento familiar é direito "fundado nos princípios da dignidade humana e da paternidade responsável" (art. 226, § 7º); e que é dever da família, da sociedade e do Estado assegurar à criança e ao adolescente o direito "à dignidade" (art. 227).

[434] José Afonso da Silva, A dignidade da pessoa como valor supremo da democracia, p. 146. Segundo Ernst Benda, *Dignidad humana y derechos de la personalidad*, p. 117-118, "*históricamente, la garantía de la dignidad humana se encontra estrechamente ligada al cristianismo. Su fundamento radica en el hecho de que el hombre ha sido creado a imagen y semejanza de Dios. (...) La alusión a derechos preexistentes de todos los hombres es consecuencia de (...) la exigência de hacer del respecto a la dignidad humana principio supremo para la acción del Estado. Los inviolables e inalienables derechos humanos no han sido creados por la Ley Fundamental, sino que ésta los contempla como parte integrante de un ordenamiento jurídico preexistente y suprapositivo. De este modo, se reconocen los últimos limites que ni siquiera el constituyente puede transgredir. (...) Se trata sobre todo de proteger la dignidad de la persona, de salvaguardar su esfera más personal, entendida aquélla como derecho originario de todo ser humano*".

[435] *Fundamentação da metafísica dos costumes*, p. 68 e segs. Neste diapasão, veja-se que, nos termos do art. 5º, III, da Constituição de 1988, "ninguém será submetido a tortura nem a tratamento desumano ou degradante".

mover sua participação ativa e co-responsável nos destinos da própria existência e da vida em comunhão com os demais seres humanos".[436]

Com isto, ressalta-se que os direitos fundamentais "constituem – ainda que com intensidade variável – explicitações da dignidade da pessoa humana", no sentido de que "em cada direito fundamental se faz presente um conteúdo ou, pelo menos, alguma projeção da dignidade da pessoa humana".[437] De conseguinte, chega-se à conclusão de que é a *dignidade da pessoa humana, como princípio e valor fundamental da ordem jurídico-constitucional (art. 1º, III, da Constituição de 1988), que confere unidade de sentido ao sistema dos direitos fundamentais.*[438] *Daí emerge o significado material dos direitos fundamentais. A fundamentalidade material dos direitos fundamentais encontra-se na dignidade da pessoa humana. Direitos materialmente fundamentais* são, portanto, os *direitos básicos ou essenciais à dignidade da pessoa humana.*[439] Repita-se: são "concretizações das exigências do princípio da dignidade da pessoa humana".[440]

---

[436] Ingo Wolfgang Sarlet, *Dignidade da pessoa humana e direitos fundamentais na Constituição Federal de 1988*, p. 59-60, grifado no original. Igualmente, *vide* Ernst Benda *Dignidad humana y derechos de la personalidad*, p. 120-126, para quem *"El art. 1.1. GG no contiene una mera declaración ética; se trata más bien – cuando menos – de una norma de Derecho objetivo. (...) Una norma que (...) no es interpretable como un mero enunciado programático de principios eticamente deseables. Ciertamente que la dignidad humana es originariamente un valor moral. Lo que sucede es que su acogida con carácter de mandato constitucional en la Ley Fundamental implica su aceptación como valor jurídico, es decir, como norma jurídico-positiva. (...) Respeto y protección de la dignidad son directrices vinculantes para toda la actividad del Estado. (...) Con frecuencia se infiere del art. 1.1 GG que el indivíduo no debe ser degradado a la condición de mero objto de la acción estatal o de las relaciones sociales. (...) Contradice la dignidad humana convertir al indivíduo en mero objeto de la acción del Estado. (...) Mas allá de la expectativa de no ser arbitrariamente tratado, el indivíduo espera del Estado cada vez más la garantía de sua existencia material. El art. 1.1 GG impone, en todo caso, que no se despoje al indivíduo de los recursos indispensables para una existencia digna".*

[437] Ingo Wolfgang Sarlet, *Dignidade da pessoa humana e direitos fundamentais na Constituição Federal de 1988*, p. 79 e 84, observando, ainda, que, "sem que se reconheçam à pessoa humana os direitos fundamentais que lhe são inerentes, em verdade estar-se-á negando-lhe a própria dignidade". Em igual sentido, Jorge Miranda, *Manual de direito constitucional*, t. 4, p. 167, sublinhando que, "de modo directo e evidente, os direitos, liberdades e garantias pessoais e os direitos econômicos, sociais e culturais comuns têm a sua fonte ética na dignidade da pessoa, de *todas as pessoas*. Mas quase todos os outros direitos, ainda quando projectados em instituições, remontam também à idéia de protecção e desenvolvimento das pessoas. A copiosa extensão do elenco não deve fazer perder de vista esse referencial"; e José Carlos Vieira de Andrade, *Os direitos fundamentais na Constituição portuguesa de 1976*, p. 42 e 102, explicitando que "o conjunto dos direitos fundamentais está referido à idéia de dignidade da pessoa humana inscrita na consciência jurídica comunitária"; e que "o princípio da dignidade da pessoa humana está na base de *todos* os direitos constitucionalmente consagrados, quer dos direitos e liberdades tradicionais, quer dos direitos de participação política, quer dos direitos dos trabalhadores e direitos a prestações sociais".

[438] José Carlos Vieira de Andrade, *Os direitos fundamentais na Constituição portuguesa de 1976*, p. 97 e segs.

[439] José Carlos Vieira de Andrade, *Os direitos fundamentais na Constituição portuguesa de 1976*, p. 76-97.

[440] Ingo Wolfgang Sarlet, *A eficácia dos direitos fundamentais*, p. 109. Registre-se que, segundo J. J. Gomes Canotilho, *Direito constitucional e Teoria da Constituição*, p. 400-401, esse conceito material de direitos fundamentais "expulsa do catálogo material de direitos todos aqueles que não tenham um 'radical subjetivo', isto é, não pressuponham a idéia-princípio da dignidade da pessoa humana", como é o caso, por exemplo, dos direitos fundamentais conferidos a pessoas jurídicas, associações, entidades sindicais, partidos políticos, etc. O resultado "é um exemplo típico de uma teoria de direitos fundamentais não constitucionalmente adequada". Daí a proposta de que seja apreendido como *critério de fundamentalidade material* "todo o catálogo dos direitos fundamentais", reputando-se como direitos fundamentais os direitos que "a própria Constituição considera como tais", sob o pálio dos valores constitucionais da liberdade, da democracia política e da democracia econômica e social, bem

Neste contexto, facilmente se percebe que o *devido processo legal é um direito fundamental material, na ordem jurídico-constitucional brasileira*. Com efeito, *o reconhecimento e proteção do direito fundamental ao devido processo legal é o que impede a degradação de qualquer pessoa à condição de mero objeto de procedimentos e decisões estatais, de modo geral, ou de procedimentos e decisões judiciais, de modo particular. É o que, ademais, impede a degradação de qualquer pessoa à condição de mero objeto de relações privadas, como no caso de exclusão do sócio de sociedade comercial, por exemplo.* Concluindo, *o direito fundamental ao devido processo legal é essencial à dignidade humana*, consoante, aliás, lição de Luís Afonso Heck, *verbis*: "requer a dignidade da pessoa que sobre o direito da parte não disponha o titular do Poder Estatal sem consideração; o indivíduo não deve ser apenas objeto da decisão, senão precisa, antes de uma decisão, que afeta o seu direito, chegar a falar, de forma a concorrer para o procedimento e influir sobre a decisão. Do contrário, a dignidade da pessoa estaria violada pela atuação estatal".[441]

---

como os direitos "*equiparáveis*, pelo seu objeto e pela sua importância, aos diversos tipos de direitos fundamentais de grau constitucional" (J. J. Gomes Canotilho, Vital Moreira, *Fundamentos da Constituição*, p. 106-107 e 115-117, grifado no original).

[441] *O Tribunal Constitucional Federal e o desenvolvimento dos princípios constitucionais*, p. 215. Sobre a íntima vinculação do direito fundamental ao devido processo legal à dignidade da pessoa humana, já decidiu, inclusive, o Supremo Tribunal Federal: "A doutrina alemã cunhou a expressão 'Justizgrundrechte' para se referir a um elenco de proteções constantes da Constituição, que tem por escopo proteger o indivíduo no contexto do processo judicial. Sabe-se que a expressão é imperfeita, uma vez que muitos desses direitos transcendem a esfera propriamente judicial. À falta de outra denominação genérica, também nós optamos por adotar designação assemelhada – direitos fundamentais de caráter judicial e garantias constitucionais do processo – embora conscientes de que se cuida de uma denominação que também peca por imprecisão. A Constituição Federal de 1988 atribuiu significado ímpar aos direitos individuais, ao consagrar um expressivo elenco de direitos destinados à defesa da posição jurídica perante a Administração ou perante os órgãos jurisdicionais em geral, como se pode depreender da leitura do disposto no art. 5º, incisos XXXIV, XXXV e XXXVII a LXXIV. Da mesma forma, refira-se aos incisos LXXVI e LXVIII do art. 5º. (...) E no que se refere aos direitos de caráter penal, processual e processual-penal, talvez não haja exagero na constatação de que esses direitos cumprem um papel fundamental na concretização do moderno Estado democrático de direito. (...) Tem-se, assim, em rápidas linhas, o significado que os direitos fundamentais e, especialmente, os direitos fundamentais de caráter processual assumem para a ordem constitucional como um todo. Acentue-se que é a boa aplicação dos direitos fundamentais de caráter processual – aqui merece destaque a proteção judicial efetiva – que permite distinguir o Estado de Direito do Estado Policial! Não se pode perder de vista que a boa aplicação dessas garantias configura elemento essencial de realização do princípio da dignidade humana na ordem jurídica. O Estado está vinculado ao dever de respeito e proteção do indivíduo contra exposição a ofensas ou humilhações e, como amplamente reconhecido, o princípio da dignidade da pessoa humana impede que o homem seja convertido em objeto dos processos estatais. (...) Em verdade, (...) a aplicação escorreita ou não dessas garantias é que permite avaliar a real observância dos elementos materiais do Estado de direito, são elas que permitem distinguir civilização de barbárie. (...) No caso concreto, há de se assegurar a aplicação do princípio do devido processo legal, que possui um âmbito de proteção alargado, e que exige o fair trial não apenas dentre aqueles que fazem parte da relação processual, ou que atuam diretamente no processo, mas de todo o aparato jurisdicional, o que abrange todos os sujeitos, instituições e órgãos, públicos e privados, que exercem, direta ou indiretamente, funções qualificadas, constitucionalmente, como essenciais à Justiça" (voto-vista proferido pelo Min. Gilmar Mendes, na Ext 986/BO, Relator: Min. Eros Grau, Julgamento: 15/08/2007, Tribunal Pleno, DJ 05.10.2007, p. 21). Em igual sentido: "O fato de o estrangeiro ostentar a condição jurídica de extraditando não basta para reduzi-lo a um estado de submissão incompatível com a essencial dignidade que lhe é inerente como pessoa humana e que lhe confere a titularidade de direitos fundamentais inalienáveis, dentre os quais avulta, por sua insuperável importância, a garantia do *due process of law*" (Ext 633/CH, Relator: Min. Celso de Mello, Julgamento: 28/08/1996, Tribunal Pleno, DJ 06.04.2001, p. 67).

Portanto, o direito ao devido processo legal, conferido pela disposição do art. 5º, LIV, da Constituição Federal de 1988, é direito fundamental formal e material na ordem jurídico-constitucional brasileira.

Examinemos, agora, o duplo caráter do direito fundamental ao devido processo legal.

2.3. Duplo caráter do direito fundamental ao devido processo legal

2.3.1. Introdução

Os direitos fundamentais podem ser configurados, simultaneamente, como direitos subjetivos e como elementos fundamentais objetivos da ordem jurídico-constitucional.[442] Eis, portanto, o duplo caráter, subjetivo e objetivo, dos direitos fundamentais.

Assim sendo, cabe investigar o duplo caráter do direito fundamental ao devido processo legal.

2.3.2. Direito fundamental ao devido processo legal como elemento fundamental objetivo da ordem jurídico-constitucional

Direitos fndamentais são, pois, elementos fundamentais objetivos da ordem jurídico-constitucional.

Neste sentido, os direitos fundamentais constituem, em primeiro lugar, "*determinações de competências negativas* para os poderes estatais". De conseguinte, o *status* de liberdade, igualdade e dignidade conferido pelos direitos fundamentais é subtraído à competência dos poderes estatais, para o efeito de ser "protegido por essa subtração contra os poderes estatais".[443]

A propósito, ressalte-se que, segundo o disposto no art. 60, § 4º, IV, da Constituição Federal de 1988, não será sequer objeto de deliberação, pelo Congresso Nacional, proposta de emenda constitucional no sentido de abolir "direitos e garantias individuais". E, consoante já decidiu o Supremo Tribunal Federal, "os direitos fundamentais", especificamente o *direito fundamental ao devido processo legal*, "são elementos integrantes da identidade e da continuidade da Constitui-

---

[442] Consoante lição de Konrad Hesse, *Elementos de direito constitucional da República Federal da Alemanha*, p. 228-229, "por um lado, eles os direitos fundamentais são *direitos subjetivos*, direitos do particular, e precisamente não só nos direitos do homem e do cidadão no sentido restrito (...), mas também lá onde eles, simultaneamente, garantem um instituto jurídico ou a liberdade de um âmbito da vida (...). Por outro lado, eles são *elementos fundamentais da ordem objetiva* da coletividade. Isso é reconhecido para garantias, que não contêm, em primeiro lugar, direitos individuais, ou que, em absoluto, garantem direitos individuais, não obstante estão, porém, incorporadas no catálogo de direitos fundamentais da Constituição (...). Vale também para aqueles direitos fundamentais que são organizados, em primeiro lugar, como direitos subjetivos".

[443] Konrad Hesse, *Elementos de direito constitucional da República Federal da Alemanha*, p. 239, grifado no original. Em igual sentido, J. J. Gomes Canotilho, *Direito constitucional e Teoria da Constituição*, p. 401, explicitando que os direitos fundamentais "constituem, num plano jurídico-objectivo, normas de competência negativa para os poderes públicos, proibindo fundamentalmente as ingerências destes na esfera jurídica individual".

Devido Processo Legal e Proteção de Direitos

ção", afigurando-se, "por isso, ilegítima qualquer reforma constitucional tendente a suprimi-los (art. 60, § 4º)".[444]

Em segundo lugar, os direitos fundamentais são "elementos da ordem jurídica total da coletividade", determinando, assim, os "conteúdos fundamentais" da "ordem democrática", da "ordem estatal-jurídica", da "ordem estatal-federal" e, por último, mas não menos importante, da "ordem jurídica privada".[445]

Neste contexto, os direitos fundamentais podem ser compreendidos, *com o clássico grão de sal*, como elementos de uma *"ordem de valores"*, consoante, aliás, célebre decisão do Tribunal Constitucional Federal alemão, no julgamento do caso *Lüth* (1958), em que se ressaltou que os "direitos fundamentais estão, em primeiro lugar, destinados a assegurar a esfera de liberdade do indivíduo frente às intervenções do poder público", configurando-se, portanto, como "direitos de defesa do cidadão em face do Estado"; além disso, explicitou-se que "igualmente correto é que a Lei Fundamental, que não quer ser um ordenamento valorativamente neutro (...), estabeleceu, em sua seção de direitos fundamentais, também um ordenamento valorativo objetivo. (...) Este sistema valorativo, centrado na personalidade humana que se desenvolve livremente dentro da comunidade social, e na sua dignidade, tem que valer, enquanto decisão jusconstitucional básica, para todos os âmbitos do direito". De resto, assinalou-se que esse ordenamento valorativo objetivo é dotado de "hierarquia valorativa", exigindo, necessariamente, "ponderação".[446]

A despeito das objeções à "teoria dos valores",[447] não parece possível negligenciar que os *direitos fundamentais* são, efetivamente, "os princípios normativos superiores do ordenamento jurídico", *irradiando-se por todo o sistema jurídico*, "não apenas quando este tem por objeto as relações jurídicas dos cidadãos com os

---

[444] Ext 986/BO, Relator: Min. Eros Grau, Julgamento: 15/08/2007, Tribunal Pleno, DJ 05.10.2007, p. 21.

[445] Konrad Hesse, *Elementos de direito constitucional da República Federal da Alemanha*, p. 240-242, grifado no original.

[446] *BVerfGE* 7, 198 (204, 205 e 215), *apud* Robert Alexy, *Teoría de los derechos fundamentales*, p. 148-149, concluindo que, ali, "foram mencionados os conceitos centrais da teoria dos valores sustentada em numerosas decisões do Tribunal: valor, ordenamento valorativo, hierarquia valorativa, sistema de valores e ponderação". Segundo Konrad Hesse, *Elementos de direito constitucional da República Federal da Alemanha*, p. 243-244, "objeta-se, nomeadamente, que o recurso a 'valores' – discutidos na sociedade pluralista – não possibilita uma interpretação dos direitos fundamentais segundo regras claras e visíveis, conduz a uma confluência de valorações subjetivas do juiz, não necessariamente cobertas pelo conteúdo normativo dos direitos fundamentais e, com isso, também a perdas para a certeza jurídica. Nisso, todavia, passa desatendido que o conceito 'valores', muitas vezes, é empregado só para a caracterização do *conteúdo normativo* dos direitos fundamentais. A jurisprudência, aqui, sob a impressão viva das experiências históricas, nomeadamente da época do regime nacional-socialista, expressou somente aquilo que teve de ser e ficar, o sentido histórico e núcleo irrenunciável da nova ordem constituída pela Lei Fundamental: a relação desses direitos com os direitos do homem como sua base e fonte legitimadora. Para a interpretação dos direitos fundamentais, a idéia da 'ordem de valores' foi um início e um auxílio em vista de uma situação, na qual ainda faltava, em grande parte, uma elaboração do conteúdo normativo concreto e do alcance dos direitos fundamentais individuais, da sua relação um para com o outro e dos pressupostos de sua limitação. Essa elaboração é a obra da jurisprudência desde então, em conjunto, contínua; com ela está disponível uma existência firme de pontos de vista e regras, a qual possibilita responder algumas questões de direitos fundamentais de modo metodicamente mais seguro e evitar, em grande parte, o recurso repentino a 'valores'".

[447] A propósito, *vide* Robert Alexy, *Teoría de los derechos fundamentales*, p. 149-172.

poderes públicos, mas também quando regula as relações jurídicas entre os particulares".[448] *Os direitos fundamentais são, por assim dizer, ubiquitários.*

Tal ubiquidade ou efeito de irradiação impõe: (I) a proibição de incompatibilidade de qualquer disposição infraconstitucional (ou resultante de emenda constitucional) com os direitos fundamentais, sob pena de inconstitucionalidade; (II) a necessidade de interpretação das disposições legais de conformidade com os direitos fundamentais; e (III) o reconhecimento da eficácia dos direitos fundamentais nas relações entre particulares (*Drittwirkung der Grundrechte*).[449]

Neste sentido, qualquer disposição infraconstitucional (ou resultante de emenda constitucional) que infringir o direito fundamental ao devido processo legal, não poderá subsistir validamente no ordenamento jurídico. Padecerá de inconstitucionalidade.[450] Além disso, exige-se interpretação das disposições processuais conforme o direito fundamental ao devido processo legal.[451] De resto, o direito fundamental ao devido processo legal é igualmente vinculativo nas relações entre particulares.[452]

---

[448] Konrad Hesse, *Significado de los derechos fundamentales*, p. 93.

[449] Jorge Reis Novais, *As restrições aos direitos fundamentais não expressamente autorizadas pela Constituição*, p. 81-82.

[450] Carlos Alberto Alvaro de Oliveira, *Do formalismo no processo civil*, p. 186; e *idem, Del formalismo en el proceso civil: propuesta de un formalismo-valorativo*, p. 371. Por exemplo, na jurisprudência do Supremo Tribunal Federal: "Ação rescisória: MProv. 1577-6/97, arts. 4º e parág. único: a) ampliação do prazo de decadência de dois para cinco anos, quando proposta a ação rescisória pela União, os Estados, o DF ou os Municípios e suas respectivas autarquias e fundações públicas (art. 4º) e b) criação, em favor das mesmas entidades públicas, de uma nova hipótese de rescindibilidade das sentenças – indenizações expropriatórias ou similares flagrantemente superior ao preço de mercado (art. 4º, parág. único): argüição plausível de afronta aos arts. 62 e 5º, I e LIV, da Constituição: conveniência da suspensão cautelar: medida liminar deferida. (...) 2. A igualdade das partes é imanente ao 'procedural due process of law'; quando uma das partes é o Estado, a jurisprudência tem transigido com alguns favores legais que, além da vetustez, têm sido reputados não arbitrários por visarem a compensar dificuldades da defesa em juízo das entidades públicas; se, ao contrário, desafiam a medida da razoabilidade ou da proporcionalidade, caracterizam privilégios inconstitucionais: parece ser esse o caso das inovações discutidas, de favorecimento unilateral aparentemente não explicável por diferenças reais entre as partes e que, somadas a outras vantagens processuais da Fazenda Pública, agravam a conseqüência perversa de retardar sem limites a satisfação do direito do particular já reconhecido em juízo" (ADI-MC 1753/DF, Relator: Min. Sepúlveda Pertence, Julgamento: 16/04/1998, Tribunal Pleno, DJ 12.06.1998, p. 51).

[451] Carlos Alberto Alvaro de Oliveira, *O processo civil na perspectiva dos direitos fundamentais*, p. 09. Por exemplo, na jurisprudência do Supremo Tribunal Federal: "(...) Dada a supremacia das garantias constitucionais do 'due process of law' e seu corolários (CF, art. 5º, LIII a LVII e art. 93, IX), outorgadas a quem quer que seja o sujeito do litígio substancial posto em juízo –, cumpre amoldar à efetividade delas a interpretação da vetusta disciplina legal do 'habeas-corpus': as leis é que se devem interpretar conforme a Constituição, e não ao contrário" (Pet-AgR 423/SP,Relator p/ Acórdão: Min. Sepúlveda Pertence, Julgamento: 26/04/1991, Tribunal Pleno, DJ 13.03.1992, p. 2921).

[452] Consoante, aliás, já decidiu o Supremo Tribunal Federal: "Sociedade civil sem fins lucrativos. (...) Exclusão de sócio sem garantia da ampla defesa e do contraditório. Eficácia dos direitos fundamentais nas relações privadas. (...). (...) As violações a direitos fundamentais não ocorrem somente no âmbito das relações entre o cidadão e o Estado, mas igualmente nas relações travadas entre pessoas físicas e jurídicas de direito privado. Assim, os direitos fundamentais assegurados pela Constituição vinculam diretamente não apenas os poderes públicos, estando direcionados também à proteção dos particulares em face dos poderes privados. (...) A ordem jurídico-constitucional brasileira não conferiu a qualquer associação civil a possibilidade de agir à revelia dos princípios inscritos nas leis e, em especial, dos postulados que têm por fundamento direto o próprio texto da Constituição da República, notadamente em tema de proteção às liberdades e garantias fundamentais. O espaço de autonomia privada garantido pela Constituição às associações não está imune à incidência dos princípios constitucionais

---

Devido Processo Legal e Proteção de Direitos

147

Mas não é só. A concepção dos direitos fundamentais como princípios objetivos supremos do ordenamento jurídico ainda põe em relevo a vinculação dos Poderes Legislativo, Executivo e Judiciário aos direitos fundamentais, daí resultando, para o Estado, não apenas uma obrigação (negativa) de abster-se de intervenções no âmbito de proteção dos direitos fundamentais, mas igualmente "uma obrigação (positiva) de levar a efeito tudo aquilo que sirva à realização dos direitos fundamentais, inclusive quando não haja uma pretensão subjetiva dos cidadãos".[453] Esta tarefa constitucional imposta ao Estado, no sentido de prover condições para o efetivo exercício dos direitos fundamentais, compreende, por óbvio, não apenas prestações de ordem material, mas igualmente prestações normativas, administrativas e judiciais.[454] Não é diferente com o direito fundamental ao devido processo legal, que, à partida, exige um conjunto significativo de "outras normas", bem

que asseguram o respeito aos direitos fundamentais de seus associados. A autonomia privada, que encontra claras limitações de ordem jurídica, não pode ser exercida em detrimento ou com desrespeito aos direitos e garantias de terceiros, especialmente aqueles positivados em sede constitucional, pois a autonomia da vontade não confere aos particulares, no domínio de sua incidência e atuação, o poder de transgredir ou de ignorar as restrições postas e definidas pela própria Constituição, cuja eficácia e força normativa também se impõem, aos particulares, no âmbito de suas relações privadas, em tema de liberdades fundamentais. (...). Sociedade civil sem fins lucrativos. (...). Exclusão de sócio sem garantia do devido processo legal. Aplicação direta dos direitos fundamentais à ampla defesa e ao contraditório. (...) A exclusão de sócio do quadro social da UBC – União Brasileira de Compositores, sociedade civil sem fins lucrativos, sem qualquer garantia de ampla defesa, do contraditório, ou do devido processo constitucional, onera consideravelmente o recorrido, o qual fica impossibilitado de perceber os direitos autorais relativos à execução de suas obras. A vedação das garantias constitucionais do devido processo legal acaba por restringir a própria liberdade de exercício profissional do sócio. O caráter público da atividade exercida pela sociedade e a dependência do vínculo associativo para o exercício profissional de seus sócios legitimam, no caso concreto, a aplicação direta dos direitos fundamentais concernentes ao devido processo legal, ao contraditório e à ampla defesa (art. 5º, LIV e LV, CF/88)" (RE 201819/RJ, Relator p/ Acórdão: Min. Gilmar Mendes, Julgamento: 11/10/2005, 2ª Turma, DJ 27.10.2006, p. 64). Em igual sentido: "(...) Cooperativa – Exclusão de associado – Caráter punitivo – Devido processo legal. Na hipótese de exclusão de associado decorrente de conduta contrária aos estatutos, impõe-se a observância ao devido processo legal, viabilizado o exercício amplo da defesa. Simples desafio do associado à assembléia geral, no que toca à exclusão, não é de molde a atrair adoção de processo sumário. Observância obrigatória do próprio estatuto da cooperativa" (RE 158215/RS, Relator: Min. Marco Aurélio, Julgamento: 30/04/1996, 2ª Turma, DJ 07.06.1996, p. 19830). A propósito, *vide* Wilson Steinmetz, *A vinculação dos particulares a direitos fundamentais, passim.*

[453] Konrad Hesse, *Significado de los derechos fundamentales*, p. 94. Segundo Friedrich Muller, "os direitos fundamentais 'não' são o 'resto' de tudo o que o indivíduo não pode fazer; eles não se definem pela subtração de todas as proibições estatais; eles são um 'direito negativo de polícia'. Pelo contrário: eles são a base normativa do desenvolvimento *Entfaltung* social e político de cidadãos livres, de homens livres (...). Eles são, em outras palavras, garantias 'materiais' determinadas positivamente através do seu conteúdo" (Interpretação e concepções atuais dos direitos do homem, p. 536).

[454] Jorge Reis Novais, *As restrições aos direitos fundamentais não expressamente autorizadas pela Constituição*, p. 74-75 e 82, explicitando, ainda, que, "diferentemente do que pretendem as teorias excessivamente 'presas' à exclusividade de uma função de defesa dos direitos fundamentais contra o Estado, própria da teoria liberal clássica, é possível extrair hoje dos direitos fundamentais, para além daquela função, também uma exigência genérica de fomento da liberdade. Os direitos fundamentais, na medida em que se concebem também como encargos sociais jurídico-constitucionalmente vinculativos, convertem-se em fundamentos substanciais da actuação do Estado, funcionando como legitimação da sua actividade e determinando constitutivamente, enquanto quadros, impulsos e directivas, as próprias funções do Estado". Em igual sentido, Carlos Alberto Alvaro de Oliveira, O processo civil na perspectiva dos direitos fundamentais, p. 05, ressaltando que "cada vez mais nos distanciamos da concepção tradicional, que via os direitos fundamentais como simples garantia, como mero direito de defesa do cidadão frente ao Estado".

como "providências de ordem prática".[455] Afinal de contas, os procedimentos devem ser primariamente organizados pelo legislador, os órgãos judiciais devem ser suficientemente aparelhados para o bom desempenho da função jurisdicional, a assistência jurídica integral e gratuita deve ser prestada a quem comprove insuficiência de recursos, etc.

Neste diapasão, o art. 5º, § 1º, da Constituição Federal estabelece que "as normas definidoras dos direitos e garantias fundamentais têm aplicação imediata". Tem-se, aí, um "mandamento jurídico-constitucional de vinculatividade"[456] – dos Poderes Executivo, Legislativo e Judiciário (e dos particulares, como já destacado) aos direitos fundamentais.

No sistema jurídico-constitucional brasileiro, que conhece a separação de Poderes e o próprio Poder Judiciário (art. 2º da Constituição Federal), *normas de direitos fundamentais juridicamente vinculativas* constituem *normas* "cuja violação, seja em que procedimento for, possa ser verificada por um tribunal, que são, portanto, *justiciáveis*",[457] especialmente o *devido processo legal*.

Essa *justiciabilidade* resulta do fato de que os *direitos fundamentais* "são essencialmente direitos do homem transformados em direito positivo", cobrando, pois, "institucionalização", isto é, que o Estado lhes dê concretização, o que, por sua vez, "inclui necessariamente justicialização". Destarte, *impõe-se o reconhecimento de força vinculativa jurídica ampla, sob a forma de justiciabilidade, a todos os direitos fundamentais.*[458]

As *normas de direitos fundamentais* não são, portanto, meras normas programáticas, no sentido de "'simples programas', 'exortações morais', 'declarações', 'sentenças políticas', 'aforismos políticos', 'promessas', 'apelos ao legislador', 'programas futuros', juridicamente desprovidos de qualquer vinculatividade". Neste sentido específico, "pode e deve falar-se da 'morte' das normas constitucionais programáticas". Com efeito, se é certo que existem "normas-fim, normas-tarefa, normas-programa que 'impõem uma actividade' e 'dirigem' materialmente a concretização constitucional", não é menos certo que a essas normas "é reconhecido hoje um valor jurídico constitucionalmente idêntico ao dos restantes preceitos da constituição". *Todas as normas constitucionais, de modo geral, e as*

---

[455] Carlos Alberto Alvaro de Oliveira, *Do formalismo no processo civil*, p. 186; e *idem*, *Del formalismo en el proceso civil: propuesta de un formalismo-valorativo*, p. 370.

[456] Luís Afonso Heck, *O modelo das regras e o modelo dos princípios na colisão de direitos fundamentais*, p. 118.

[457] Robert Alexy, Colisão de direitos fundamentais e realização de direitos fundamentais no Estado de direito democrático, p. 73, grifado no original, deduzindo, ainda, que "normas de direitos fundamentais, cuja violação não pode ser verificada por nenhum tribunal, têm, pelo contrário, um caráter não-justiciável e são, nisso, vinculativas não juridicamente, senão, talvez, moral ou politicamente. Elas são meras normas programáticas ou, se se quer formular polemicamente, mera lírica constitucional"; e *idem*, *Teoría de los derechos fundamentales*, p. 496, esclarecendo que "quando existe um direito este é também justiciável".

[458] Robert Alexy, *Colisão de direitos fundamentais e realização de direitos fundamentais no Estado de direito democrático*, p. 73-74.

normas de direitos fundamentais, de modo particular, devem ser dotadas de força normativa.[459]

Daí a lição de Konrad Hesse, consoante a qual a Constituição tem uma "pretensão de eficácia (*Geltungsanspruch*)", que "não pode ser separada das condições históricas de sua realização" – condições naturais, técnicas, econômicas e sociais. Somente a Constituição que esteja intimamente ligada a essas condições e que se configure como "ordenação jurídica orientada pelos parâmetros da razão", pode desenvolver-se efetivamente. Ademais, "embora a Constituição não possa, por si só, realizar nada, ela pode impor tarefas", convertendo-se em força ativa na medida em que essas tarefas sejam efetivamente realizadas, isto é, "se existir a disposição de orientar a própria conduta segundo a ordem nela estabelecida, se, a despeito de todos os questionamentos e reservas provenientes dos juízos de conveniência, se puder identificar a vontade de concretizar essa ordem". Com isto, "a Constituição converter-se-á em força ativa se fizerem-se presentes, na consciência geral – particularmente, na consciência dos principais responsáveis pela ordem constitucional –, não só a *vontade de poder* (*Wille zur Macht*), mas também a *vontade de Constituição* (*Wille zur Verfassung*)".[460]

Neste contexto, as normas de direitos fundamentais são normas juridicamente vinculativas (art. 5°, § 1°, da Constituição Federal de 1988). De conseguinte, a norma do direito fundamental ao devido processo legal é juridicamente vinculativa.[461]

E o sentido fundamental da aplicabilidade direta prevista no art. 5°, § 1°, da Constituição Federal é o de que as normas de direitos fundamentais, inclusive a do devido processo legal, são "imediatamente eficazes e actuais, por via directa da Constituição e não através da *auctoritas interpositio* do legislador".[462] Ressalte-se,

---

[459] J. J. Gomes Canotilho, *Direito constitucional*, p. 183-184, grifado no original. Segundo Jorge Reis Novais, *As restrições aos direitos fundamentais não expressamente autorizadas pela Constituição*, p. 112, "a força normativa das disposições constitucionais de direitos fundamentais se realiza primariamente através de uma mediação vinculada da ordem jurídica ordinária criada em conformidade aos direitos fundamentais, não apenas no sentido de que aos vários poderes do Estado incumbe, nos seus domínios respectivos, a observância, actualização e concretização dos direitos fundamentais, como também no sentido de que as normas ordinárias devem ser avaliadas em função do conteúdo dos direitos fundamentais e ser objecto de uma interpretação e aplicação em conformidade".

[460] *A força normativa da Constituição*, p. 13-19, grifado no original. Segundo Luís Roberto Barroso, "não é incomum a existência formal e inútil de Constituições que invocam o que não está presente, afirmam o que não é verdade e prometem o que não será cumprido" (*O direito constitucional e a efetividade de suas normas*, p. 61).

[461] A propósito, já decidiu o Supremo Tribunal Federal que "a doutrina alemã cunhou a expressão 'Justizgrundrechte' para se referir a um elenco de proteções constantes da Constituição, que tem por escopo proteger o indivíduo no contexto do processo judicial. Sabe-se que a expressão é imperfeita, uma vez que muitos desses direitos transcendem a esfera propriamente judicial. À falta de outra denominação genérica, também nós optamos por adotar designação assemelhada – direitos fundamentais de caráter judicial e garantias constitucionais do processo – embora conscientes de que se cuida de uma denominação que também peca por imprecisão. (...) A idéia de que os direitos e garantias fundamentais devem ter eficácia imediata (CF, art. 5°, § 1°) ressalta, também, a vinculação direta dos órgãos estatais a esses direitos e o seu dever de guardar-lhes estrita observância" (Ext 986/BO, Relator: Min. Eros Grau, Julgamento: 15/08/2007, Tribunal Pleno, DJ 05.10.2007, p. 21).

[462] J. J. Gomes Canotilho, *Direito constitucional e Teoria da Constituição*, p. 430; Carlos Alberto Alvaro de Oliveira, *O processo civil na perspectiva dos direitos fundamentais*, p. 05-06; e Joan Picó i Junoy, *Las garantías constitucionales del proceso*, p. 24-25.

contudo, que a aplicabilidade direta das normas de direitos fundamentais "não implica sempre, de forma automática, a transformação destes em direitos subjetivos, concretos e definitivos".[463] Com efeito, a aplicabilidade direta pressupõe um "grau suficiente de determinabilidade", ou seja, um conteúdo jurídico-constitucional "suficientemente preciso ou determinável", o que significa, concretamente, que "(1) os pressupostos de facto (*Tätbestände*), (2) as conseqüências ou efeitos jurídicos e (3) as cláusulas restritivas do âmbito de protecção estejam suficientemente determinados".[464]

Daí, enfim, a conclusão de que o direito fundamental ao devido processo legal constitui elemento fundamental objetivo da ordem jurídico-constitucional brasileira. Não bastasse isso, cuida-se, igualmente, de direito subjetivo. Senão vejamos.

2.3.3. Direito fundamental ao devido processo legal como direito subjetivo

É muito controvertido, como se sabe, o conceito de *direito subjetivo*.[465]

Amplamente difundido, por um lado, é o conceito de direitos subjetivos como interesses juridicamente protegidos. A propósito, vale reproduzir a lição de R. von Jhering, no sentido de que dois são os elementos constitutivos dos direitos: "um substancial, no qual reside o fim prático do direito, e que é a utilidade, a vantagem, o ganho assegurado pelo direito; o outro formal, que se relaciona àquele fim unicamente como meio, a saber: a proteção do direito, a ação judicial". De conseguinte, "os direitos são os interesses juridicamente protegidos".[466]

Entendendo que o direito subjetivo não pode ser um interesse, mas apenas a proteção de um interesse por parte do direito objetivo, há quem tenha para si que direito subjetivo "é o poder jurídico conferido para fazer valer o não-cumprimento de um dever jurídico", sobretudo "através de uma ação judicial".[467]

Semelhantemente, apregoa-se que o *direito subjetivo caracteriza-se como tal*, porque: (I) "a ele corresponde sempre um dever jurídico"; (II) "ele é violável, ou seja, existe a possibilidade de que a parte contrária deixe de cumprir o seu dever"; e (III) "a ordem jurídica coloca à disposição de seu titular um meio jurídico – que é a ação judicial – para exigir-lhe o cumprimento, deflagrando os mecanismos coercitivos e sancionatórios do Estado".[468]

---

[463] J. J. Gomes Canotilho, *Direito constitucional e Teoria da Constituição*, p. 430.

[464] J. J. Gomes Canotilho, *Métodos de protecção de direitos, liberdades e garantias*, p. 802-805, concluindo que "sem determinabilidade não há aplicabilidade directa; sem aplicabilidade directa não há positividade ou normatividade reforçada; sem normatividade reforçada fica perturbada a mensagem directiva da Constituição no sentido de se transitar definitivamente para um sistema no qual são as leis que se movem dentro dos direitos fundamentais e não os direitos fundamentais que se movem no âmbito das leis".

[465] Robert Alexy, *Teoría de los derechos fundamentales*, p. 173.

[466] R. von Jhering, *L'esprit du droit romain*, t. 4, § 70, p. 327-328, grifado no original.

[467] Hans Kelsen, *Teoria pura do direito*, p. 150-154.

[468] Luís Roberto Barroso, *O direito constitucional e a efetividade de suas normas*, p. 104.

Devido Processo Legal e Proteção de Direitos

Neste contexto, direitos fundamentais são direitos subjetivos, na medida em que, em caso de violação, podem ser feitos valer por meio de ação judicial.[469] A judiciabilidade constitui, portanto, o "cerne da dimensão subjectiva dos direitos fundamentais".[470]

Por outro lado, os *direitos subjetivos* são concebidos simplesmente como posições ou relações jurídicas do tipo "*a* tem em face de *b* um direito a *G*", distinguindo-se, portanto, da *proteção dos próprios direitos subjetivos*. Tal *proteção*, por sua vez, configura-se igualmente como *posição jurídica* ou *direito subjetivo*, no sentido, porém, de *poder jurídico de impor um direito subjetivo*, exprimindo-se pelo enunciado "*a* pode reclamar a violação de seu direito a *G* por meio de uma ação judicial".[471] Como *direitos subjetivos*, os *direitos fundamentais* são reconduzidos, assim, a uma "*relação trilateral*" entre o titular, o destinatário e o objecto do direito", no sentido de que "o titular de um direito tem, em face ao seu destinatário, o 'direito' a um determinado acto, e este último tem o dever de, perante o primeiro, practicar esse acto".[472]

Critica-se, pois, a concepção segundo a qual a existência de direitos subjetivos depende da possibilidade de se lhes exigir o cumprimento por meio de ação judicial, explicitando-se que, em tal concepção, há na verdade uma confusão entre o direito subjetivo propriamente dito, que é a pertinência de um bem da vida a alguém, e a chamada pretensão (*Anspruch*), que é o modo judicial, reconhecido pelo ordenamento jurídico, para garantir o respeito ao direito subjetivo. Argumenta-se, com efeito, que "a ausência ou o não-exercício da pretensão não significa, de modo algum, que não haja direito subjetivo", prosseguindo-se no sentido de que

---

[469] Ingo Wolfgang Sarlet, *A eficácia dos direitos fundamentais*, p. 152.

[470] Jorge Reis Novais, *As restrições aos direitos fundamentais não expressamente autorizadas pela Constituição*, p. 56, observando que tal concepção ressalta a importância da tutela jurisdicional para os direitos fundamentais, visto que "só quando o particular tem a faculdade de poder accionar a respectiva concretização em termos de prossecução de um interesse próprio, autônomo e individualizado é que, verdadeiramente, a garantia jurídica proporcionada pelo direito fundamental se revela, para ele, na plenitude da sua dimensão subjetiva". Como direitos subjetivos, os direitos fundamentais conferem aos respectivos titulares "possibilidades reforçadas de acção, comportamento, pretensão ou competência", assegurando-lhes, em caso de lesão ou ameaça às respectivas posições jurídicas de vantagem, "formas de tutela que lhes permitem, com intensidade e efectividade variáveis, exigir juridicamente ao Estado o cumprimento dos deveres que lhe são impostos pela norma de direito fundamental, ou seja, fornecem uma *garantia subjectiva* de direito fundamental".

[471] Robert Alexy, *Teoría de los derechos fundamentales*, p. 177-183, concluindo que "não parece necessário falar de direitos somente quando existe a capacidade jurídica de sua imposição, por exemplo, por meio de uma demanda. Certamente é possível definir neste sentido o conceito de direito subjetivo, porém, uma tal definição estipulativa não reflete o uso existente da linguagem nem é fecunda para o conhecimento dos sistemas jurídicos. Que não reflita o uso existente da linguagem pode reconhecer-se no fato de que normas tais como a (...) que abre a via judicial a todo aquele que seja lesado em seus direitos pelo poder público seriam supérfluas se se pressupõe uma definição que inclui já no conceito de direito subjetivo a capacidade de demandar".

[472] J. J. Gomes Canotilho, *Direito constitucional e Teoria da Constituição*, p. 1.214 e 1.217, observando, ainda, que se reconhece uma "*presunção a favor da dimensão subjetiva* dos direitos fundamentais". *Direitos fundamentais* devem ser protegidos, por pressuposto, "sob a forma de *direito subjectivo*". Com efeito, a partir da premissa de que a *subjetivização* pode fundamentar-se no *caráter principiológico dos direitos fundamentais*, entende-se que, com o reconhecimento de *direitos subjetivos*, como posições *prima facie* ou como posições definitivas, *é possível uma realização mais efetiva dos direitos fundamentais, se comparada com a realização por força de simples princípios objetivos* (Robert Alexy, *Teoría de los derechos fundamentales*, p. 427-431 e 437-441).

"o núcleo essencial dos direitos subjetivos não está na garantia de sua realização forçada com o concurso dos órgãos do Estado – Judiciário, a Força Pública –, mas sim na devida atribuição a cada qual dos bens da vida que lhe pertencem (*suum cuique tribuere*: dar a cada um o que é seu)". De conseguinte, conclui-se que "a todos os seres humanos sem exceção, independentemente de quaisquer diferenças de natureza biológica, étnica ou cultural, devem ser atribuídas condições sociais de uma vida digna"; que "as garantias de realização coativa dessa atribuição de bens constituem um acessório, importantíssimo sem dúvida, mas não indispensável ao reconhecimento da existência dos direitos subjetivos"; e que "a ausência ou insuficiência de garantias jurídicas para a sua realização não significa que se está diante de meras exortações à ação estatal".[473]

Seja como for, é lícito concluir que *o direito fundamental ao devido processo legal pode ser qualificado como direito subjetivo.* Por um lado, é inegável que o direito fundamental ao devido processo legal, em caso de violação, pode ser feito valer por meio de ação judicial. Isso, aliás, é da própria essência do direito fundamental ao devido processo legal. Por outro lado, ainda que se entenda que a existência de direitos subjetivos independe da possibilidade de se lhes exigir a realização por meio de ação judicial, pode-se afirmar que o direito fundamental ao devido processo legal constitui direito subjetivo, no sentido de que, simplesmente, é uma posição ou relação do tipo "a" tem em face de "b" o direito ao devido processo legal, vale dizer, no sentido de que algo – o devido processo legal – pertence ou é atribuído a alguém.

Explica-se melhor.

No item seguinte, ver-se-á que o direito fundamental ao devido processo legal, entendido como um todo, é um direito a algo no sistema de posições jurídicas fundamentais. E, como direito a algo, o direito fundamental ao devido processo legal é não apenas direito de defesa, mas igualmente direito a prestações em sentido amplo, em especial direito a organização e procedimento.

---

[473] Fábio Konder Comparato, *A afirmação histórica dos direitos humanos*, p. 48 e 307-308. Sobre a *judiciabilidade como elemento essencial dos direitos fundamentais como direitos subjetivos*, *vide*, criticamente, Jorge Reis Novais, *As restrições aos direitos fundamentais não expressamente autorizadas pela Constituição*, p. 99-100, 103-104 e 115-125. De resto, *vide* Konrad Hesse, *Elementos de direito constitucional da República Federal da Alemanha*, p. 235-236, grifado no original, ressaltando que, "como direitos do homem e do cidadão, os direitos fundamentais são, uma vez, *direitos de defesa* contra os poderes estatais. (...) Direitos fundamentais são, entretanto, como direitos subjetivos, não só garantidos para criar a possibilidade de rechaço contra prejuízos estatais. A pretensão negatória, que eles fundamentam, é somente parte de seu conteúdo, ao qual corresponde um lado positivo não menos importante: a Constituição garante direitos fundamentais por causa da *atualização* das liberdades neles garantidas. (...) Os direitos fundamentais normalizam o *status* dos cidadãos, que não meramente devem se proteger, em uma esfera de discricionariedade privada, contra o 'Estado', mas que devem, livre e auto-responsavelmente, configurar sua vida e cooperar nos assuntos da coletividade". Trata-se de uma "liberdade positiva", que "só está dada onde exista uma alternativa". Neste sentido, "é sempre não só garantida a liberdade positiva, de confessar uma fé, de manifestar uma opinião, de formar uma associação, e assim por diante, mas do mesmo modo, a liberdade negativa, de não confessar uma fé, de não manifestar uma opinião, de não aderir a uma associação, e assim por diante. (...) Com essa medida, nomeadamente alguns direitos de liberdade são, em um sentido mais amplo, *direitos de cooperação*, direitos de cooperação na vida espiritual, social e política, (...) na vida da coletividade, na qual suas ordens ganham realidade e na qual se forma unidade política".

Não se discute que os direitos de defesa são direitos subjetivos. Trata-se, aliás, de *típicos direitos subjetivos.* Consoante a lição de J. J. Gomes Canotilho, os direitos fundamentais, como direitos de defesa, "implicam, num plano jurídico-subjectivo, o poder de exercer positivamente direitos fundamentais (liberdade positiva) e de exigir omissões dos poderes públicos, de forma a evitar agressões lesivas por parte dos mesmos (liberdade negativa)".[474]

No que diz respeito aos direitos a organização e procedimento, deve-se distinguir, preliminarmente, entre direitos à produção de normas procedimentais pelo legislador e direitos à concretização de normas procedimentais pelos órgãos do poder judiciário.[475]

Isso posto, é inquestionável o caráter subjetivo do direito fundamental ao devido processo legal como direito à interpretação e aplicação concreta de normas procedimentais pelos órgãos jurisdicionais.[476] Essa concretização, com efeito, não é apenas dependente do procedimento judicial, mas, isto sim, essencialmente constituída pelo próprio procedimento.[477]

A propósito do *direito fundamental ao devido processo legal como direito à criação de normas procedimentais pelo legislador*, há uma "tendência objetivista" no sentido de negar-lhe a condição de *direito subjetivo.* No entanto, argumenta-se que "os direitos procedimentais podem ser associados aos direitos fundamentais materiais. (...) A todo direito fundamental material estão associados direitos procedimentais. Assim, se os direitos materiais são direitos subjetivos, por que não hão de sê-lo também os 'direitos procedimentais'? Seja como for, o enraizamento da proteção por meio do procedimento, nos direitos fundamentais materiais, fundamenta um argumento *prima facie* para sua subjetivação. (...) No âmbito da organização e do procedimento, (...) não se excluem direitos subjetivos à criação de determinadas normas dirigidos ao legislador".[478]

De qualquer modo, pelo menos um *argumento institucional* contribui para o reconhecimento do *direito fundamental ao devido processo legal como direito subjetivo à legislação*, qual seja: a Constituição Federal de 1988 estabelece, no art. 5º, LXXI, que "conceder-se-á mandado de injunção sempre que a falta de norma

---

[474] *Direito constitucional e Teoria da Constituição*, p. 401. Igualmente, *vide* Konrad Hesse, *Elementos de direito constitucional da República Federal da Alemanha*, p. 232-236; e *idem, Significado de los derechos fundamentales*, p. 90-91, ressaltando que "os direitos fundamentais constituem antes de mais nada direitos individuais, direitos humanos e civis, cujo objeto consiste na proteção de esferas concretas e mais intensamente ameaçadas da liberdade humana. (...) O conteúdo dos direitos fundamentais enquanto direitos subjetivos não se esgota neste significado comum e geralmente aceito. Ao sentido negativo ou de defesa acrescenta-se uma significação positiva não menos importante: trata-se também de que a pessoa faça uso desta liberdade [liberdade positiva]".

[475] Robert Alexy, *Teoría de los derechos fundamentales*, p. 458-459.

[476] Robert Alexy, *Teoría de los derechos fundamentales*, p. 460.

[477] Jorge Reis Novais, *As restrições aos direitos fundamentais não expressamente autorizadas pela Constituição*, p. 83.

[478] Robert Alexy, *Teoría de los derechos fundamentales*, p. 459-461.

regulamentadora torne inviável o exercício dos direitos e liberdades constitucionais e das prerrogativas inerentes à nacionalidade, à soberania e à cidadania".[479]

Concluindo, o direito fundamental ao devido processo legal é, portanto, elemento fundamental objetivo da ordem jurídico-constitucional brasileira e direito subjetivo, consoante, aliás, lição de J. J. Gomes Canotilho, *verbis*: "estes direitos os direitos fundamentais processuais garantem, tal como os outros direitos e liberdades, posições jurídicas subjectivas (...). Tal como muitos outros direitos, transportam também uma dimensão objectivo-institucional, funcionando como princípios jurídico-objectivos para a conformação da organização dos tribunais e do processo judicial".[480]

2.4. Direito fundamental ao devido processo legal como um todo

Direito fundamental como um todo é um conjunto de posições jurídicas fundamentais que podem ser reconduzidas a uma disposição de direito fundamental.

---

[479] Por exemplo, na jurisprudência do Supremo Tribunal Federal: "Mandado de injunção. Alegação (inconsistente) de inércia da União Federal na regulação normativa do direito à celeridade no julgamento dos processos, sem dilações indevidas (CF, art. 5º, inciso LXXVIII). Emenda Constitucional nº 45/2004. Pressupostos constitucionais do mandado de injunção (RTJ 131/963 – RTJ 186/20-21). Direito subjetivo à legislação/dever estatal de legislar (RTJ 183/818-819). Necessidade de ocorrência de mora legislativa (RTJ 180/442). Critério de configuração do estado inércia legiferante: superação excessiva de prazo razoável (RTJ 158/375). Situação inocorrente no caso em exame. Ausência de '*inertia agendi vel deliberandi*' do Congresso Nacional. 'Pacto de Estado em favor de um Poder Judiciário mais rápido e republicano'. O direito individual do cidadão ao julgamento dos litígios sem demora excessiva ou dilações indevidas: uma prerrogativa que deve ser preservada (RTJ 187/933-934). Doutrina. Projetos de lei já remetidos ao Congresso Nacional, objetivando a adoção dos meios necessários à implementação do inciso LXXVIII do art. 5º da Constituição (EC nº 45/2004). Conseqüente inviabilidade do presente mandado de injunção" (MI 715/DF, Decisão Monocrática, Relator: Min. CELSO DE MELLO, Julgamento: 25/02/2005, DJ 04/03/2005, p. 40). Na fundamentação da decisão monocrática, lê-se que "o direito à legislação só pode ser invocado pelo interessado, quando também existir – simultaneamente imposta pelo próprio texto constitucional – a previsão do dever estatal de emanar normas legais (RTJ 183/818-819). Isso significa que o direito individual à atividade legislativa do Estado apenas se evidenciará naquelas estritas hipóteses em que o desempenho da função de legislar refletir, por efeito de exclusiva determinação constitucional, uma obrigação jurídica indeclinável imposta ao Poder Público. Para que possa atuar a norma pertinente ao instituto do mandado de injunção, revela-se essencial que se estabeleça a necessária correlação entre a imposição constitucional de legislar, de um lado, e o conseqüente reconhecimento do direito público subjetivo à legislação, de outro, de tal forma que, ausente a obrigação jurídico-constitucional de emanar provimentos legislativos, não se tornará possível imputar comportamento moroso ao Estado, nem pretender acesso legítimo à via injuncional". Sobre o mandado de injunção, "*o que foi sem nunca ter sido*", *vide* Luís Roberto Barroso. *O direito constitucional e a efetividade de suas normas*, p. 247-271. A propósito dos *argumentos institucionais como argumentos fundados na autoridade do direito positivo*, *vide* Humberto Ávila, Argumentação jurídica e a imunidade do livro eletrônico, p. 167 e segs.; e Robert Alexy, *Legal argumentation as rational discourse*, p. 175-178.

[480] Tópicos de um curso de mestrado sobre direitos fundamentais, procedimento, processo e organização, p. 193; e *idem*, Constituição e défice procedimental, p. 79, observando, ainda, que, "configurado subjetivamente como direito ou objectivado obrigatoriamente através do cumprimento de um *dever* pelo Estado, o processo torna-se indispensável para assegurar uma protecção eficaz dos direitos fundamentais". Semelhantemente, *vide* Antonio Carlos de Araújo Cintra, Ada Pellegrini Grinover, Cândido Rangel Dinamarco, *Teoria geral do processo*, p. 82; e Paolo Ferrua, *Il "giusto processo"*, p. 25. De resto, ressalte-se que há "uma relação de complemento e fortalecimento recíproco" entre os dois significados do direito fundamental ao devido processo legal, como *princípio objetivo* e como *direito subjetivo* (Konrad Hesse, *Elementos de direito constitucional da República Federal da Alemanha*, p. 239).

Devido Processo Legal e Proteção de Direitos

Tais posições jurídicas correspondem sempre às "normas que as conferem".[481] Essas posições, conforme sejam conferidas por *regras* ou por *princípios*, podem apresentar-se como posições definitivas ou posições *prima facie*, respectivamente. Ademais, não há apenas *relação de pertinência* entre essas posições e o *direito fundamental como um todo*, existindo, igualmente, *relações de precisão*, de *meio-fim* e de *ponderação* das próprias posições entre si. Neste sentido, o *direito fundamental como um todo* é um conjunto de posições jurídicas fundamentais, definitivas e *prima facie*, que se relacionam entre si e que podem ser reconduzidas a uma disposição de direito fundamental.[482]

Ora bem, há quem entenda que a "concepção de devido processo legal (due process of law)" é compreensiva das normas e posições da "acessibilidade econômica e técnica à Justiça", do "juiz natural", do "tratamento paritário dos sujeitos parciais do processo", da "plenitude da defesa, com todos os meios a ela inerentes, especialmente no tocante ao direito de ser informado, à bilateralidade da audiência (contraditoriedade) e ao direito à prova legitimamente obtida ou produzida", e da "publicidade, desde o aforamento da ação da parte, ou da acusação, até o proferimento de sentença, necessariamente motivada". Argumenta-se, assim, que a Constituição Federal de 1988 "chegou a incorrer em inescondível redundância", quando, por um lado, positivou essas normas não apenas "em vários incisos do art. 5º, como, por igual, em outras preceituações, determinando os direitos e garantias atinentes ao processo", e quando inseriu, por outro lado, "no inciso LIV do apontado dispositivo, uma cláusula geral, assegurando, explicitamente, o denominado *due process of law*".[483]

Semelhantemente, afirma-se que "bastaria a norma constitucional haver adotado o princípio do *due process of law* para que daí decorressem todas as conseqüências processuais que garantiriam aos litigantes o direito a um processo e a uma sentença justa", como, por exemplo, "o princípio da publicidade dos atos processuais, a impossibilidade de utilizar-se em juízo prova obtida por meio ilícito, assim como o postulado do juiz natural, do contraditório e do procedimento regular", configurando-se, o devido processo legal, como "o gênero do qual todos os demais princípios constitucionais do processo são espécies".[484]

Outrossim, como já destacado na introdução, concebe-se o direito fundamental ao devido processo legal como "repositório sintético" e "norma de encer-

---

[481] Robert Alexy, *Teoría de los derechos fundamentales*, p. 241.

[482] Robert Alexy, *Teoría de los derechos fundamentales*, p. 243-245. Em igual sentido, *vide* Jorge Reis Novais, *As restrições aos direitos fundamentais não expressamente autorizadas pela Constituição*, p. 55, esclarecendo que, à luz da distinção entre *norma* e *enunciado normativo*, "cada uma dessas posições jurídicas pode vir expressa ou implicitamente consagrada em diversos enunciados normativos positivados na Constituição – na Parte dos direitos fundamentais ou *fora do catálogo*".

[483] Rogério Lauria Tucci, José Rogério Cruz e Tucci, *Constituição de 1988 e processo*, p. 05 e 18.

[484] Nelson Nery Júnior, *Princípios do processo civil na Constituição Federal*, p. 27. Segundo Vittorio Denti, *Valori costituzionali e cultura processuale*, p. 445, "*la garanzia del giusto processo si specifica, com'è noto, in un complesso di principi-guida: l'imparzialità del giudice; la pubblicità delle udienze; l'obbligo di motivazione delle decisioni; il contraddittorio; il diritto alla prova*".

ramento" de todas as *garantias fundamentais do processo*, no sentido de que essas "garantias e exigências convergem a um núcleo central e comum, que é o *devido processo legal*", chegando-se a afirmar que "são perceptíveis e inegáveis as *superposições* entre os princípios constitucionais do processo", com o que parece "impossível delimitar áreas de aplicação exclusiva de cada um deles – até mesmo em razão dessa convergência".[485]

O que se extrai daí, no fundo, é que o direito fundamental ao devido processo legal pode ser qualificado, seguramente, como um direito fundamental como um todo, no sentido de que é um conjunto de posições jurídicas fundamentais, definitivas e *prima facie*, que se relacionam entre si e que podem ser reconduzidas, ao fim e ao cabo, à disposição do art. 5º, LIV, da Constituição Federal de 1988.[486] No 2º capítulo desta 2ª parte, essas normas e posições jurídicas fundamentais serão especificadas. Neste estágio, cabe apenas adiantar o que há de comum em todas essas normas ou posições jurídicas fundamentais – o que, aliás, há de comum em todas as normas de direitos fundamentais, consoante se colhe da lição de Jorge Reis Novais:

> em todas as normas de direitos fundamentais, como é próprio das normas constitucionais, há a imposição ao Estado e às entidades públicas – enquanto destinatários primários dos direitos fundamentais – de particulares deveres jurídicos de *fazer*, de *não fazer* ou de *supor-*

---

[485] Cândido Rangel Dinamarco, *Instituições de direito processual civil*, v. 1, p. 180-181, 198 e 243-246: "A expressa garantia do *due process of law*, contida no inc. LIV do art. 5º da Constituição Federal, tem o significado sistemático de fechar o círculo das garantias e exigências constitucionais relativas ao processo, numa fórmula sintética destinada a afirmar a indispensabilidade de todas e reafirmar a autoridade de cada uma. Esse enunciado explícito vale ainda como *norma de encerramento* portadora de outras exigências não tipificadas em fórmulas mas igualmente associadas à idéia democrática que deve prevalecer na ordem processual (art. 5º, § 2º)". Sobre a disposição do devido processo legal (art. 5º, LIV, da Constituição de 1988) como "norma de encerramento", *vide* José Carlos Barbosa Moreira, Os princípios do direito processual civil na Constituição de 1988, p. 248-249. Neste diapasão, já decidiu o Supremo Tribunal Federal, por exemplo, que: "O exame da garantia constitucional do *due process of law* permite nela identificar, em seu conteúdo material, alguns elementos essenciais à sua própria configuração, dentre os quais avultam, por sua inquestionável importância, as seguintes prerrogativas: (a) direito ao processo (garantia de acesso ao Poder Judiciário); (b) direito à citação e ao conhecimento prévio do teor da acusação; (c) direito a um julgamento público e célere, sem dilações indevidas; (d) direito ao contraditório e à plenitude de defesa (direito à autodefesa e à defesa técnica); (e) direito de não ser processado e julgado com base em leis 'ex post facto'; (f) direito à igualdade entre as partes; (g) direito de não ser processado com fundamento em provas revestidas de ilicitude; (h) direito ao benefício da gratuidade; (i) direito à observância do princípio do juiz natural; (j) direito ao silêncio (privilégio contra a auto-incriminação); e (l) direito à prova" (MS 26358 MC/DF, Decisão Monocrática, Relator: Ministro Celso de Mello, Julgamento: 27/02/2007). Compare-se com a lição de José Celso de Mello Filho, *Constituição Federal anotada*, p. 448, no sentido de que a disposição do *due process of law* "é ampla e abrange, dentre outros, os seguintes direitos: *a*) direito à citação e ao conhecimento do teor da peça acusatória; *b*) direito a um rápido e público julgamento; *c*) direito ao arrolamento de testemunhas e à notificação destas para comparecimento perante os Tribunais; *d*) direito ao procedimento contraditório; *e*) direito de não ser processado, julgado ou condenado por alegada infração às leis editadas *ex post facto*; *f*) direito à plena igualdade com a acusação; *g*) direito de não ser acusado nem condenado com base em provas ilegalmente obtidas ou ilegitimamente produzidas; *h*) direito à assistência judiciária, inclusive gratuita; *i*) privilégio contra a autoincriminação; *j*) direito de não ser subtraído ao seu juiz natural".

[486] A propósito, *vide* Marcelo Lima Guerra, *Direitos fundamentais e a proteção do credor na execução civil*, p. 100, grifado no original, explicitando que o direito fundamental ao devido processo legal é um "direito fundamental dotado de um conteúdo complexo", e que "cada uma das exigências aninhadas nesse conteúdo complexo" constitui, por sua vez, "*um direito fundamental*".

Devido Processo Legal e Proteção de Direitos

tar, de todas as normas de direitos fundamentais resultam para os particulares, enquanto titulares dos direitos fundamentais, directa, indirecta ou reflexamente, imediatamente ou de forma diferida, real ou potencialmente, situações de vantagem relacionadas com possibilidades de fruição de bens juridicamente protegidos por essas normas (...). Portanto, (...) todas as normas de direitos fundamentais são reconduzíveis a uma estrutura típica cujo conteúdo consiste na imposição ao Estado de obrigações ou deveres de que, directa ou indirectamente, resultam para os particulares posições de vantagem juridicamente tuteladas, ou seja, os direitos fundamentais.[487]

Como se vê, os deveres jurídicos – impostos primariamente ao Estado – podem ser deveres de fazer, de não-fazer ou de suportar. Correlativamente, as posições jurídicas de vantagem conferidas aos titulares de direitos fundamentais podem constituir faculdades de fazer ou de não-fazer, pretensões a alguma coisa ou, ainda, poderes ou competências.[488]

Mais precisamente, essas posições jurídicas fundamentais podem ser classificadas em *direitos a algo*, *liberdades* e *competências*.[489]

Por sua vez, os direitos a algo podem ser divididos, conforme o objeto, em direitos a ações negativas e direitos a ações positivas.[490] Os direitos a ações negativas correspondem aos direitos de defesa, compreendendo os direitos ao não-impedimento de ações, à não-afetação de propriedades ou situações e à não-eliminação de posições jurídicas dos titulares de direitos fundamentais.[491] Já os direitos a ações positivas correspondem aos direitos a prestações em sentido amplo (normativas ou fáticas), abrangendo os direitos a proteção, os direitos a organização e procedimento e os direitos a prestações em sentido estrito (somente fáticas) ou direitos fundamentais sociais.[492]

Liberdades, ademais, são alternativas de ação, quer dizer, permissões de fazer ou não-fazer alguma coisa.[493] E, de resto, *competências* configuram-se como possibilidades de "*ações institucionais*", destinando-se à modificação de situações jurídicas, como é o caso, por exemplo, das competências de criar associações

---

[487] Jorge Reis Novais, *As restrições aos direitos fundamentais não expressamente autorizadas pela Constituição*, p. 53-54, observando, ainda, que "mesmo quando o bem protegido de direito fundamental se integra, imediatamente, numa relação entre privados, as obrigações jurídicas que resultam da norma constitucional são dirigidas primariamente ao Estado"; e que, "embora se discuta e admita a titularidade de direitos fundamentais por parte de entidades públicas, a 'normalidade' é indiscutivelmente a da sua titularidade por entidades privadas, sejam pessoas naturais ou pessoas jurídicas".

[488] Jorge Reis Novais, *As restrições aos direitos fundamentais não expressamente autorizadas pela Constituição*, p. 54-55.

[489] Robert Alexy, *Teoría de los derechos fundamentales*, p. 186, com remissão expressa à distinção entre "*rights to services*", "*liberties*" e "*powers*", proposta por J. Bentham, *Of laws in general*, Londres, 1970, p. 57 e segs., 82 e segs., 98, 119 e 173 e segs.

[490] Robert Alexy, *Teoría de los derechos fundamentales*, p. 186-188.

[491] Robert Alexy, *Teoría de los derechos fundamentales*, p. 189-194.

[492] Robert Alexy, *Teoría de los derechos fundamentales*, p. 194-196 e 419-501.

[493] Robert Alexy, *Teoría de los derechos fundamentales*, p. 210-227.

ou sindicatos, de celebrar um contrato, de contrair casamento, de adquirir a propriedade de um imóvel ou de dispor dos bens por testamento, etc.[494]

No entanto, entende-se que os direitos fundamentais podem ser qualificados simplesmente como *direitos a alguma coisa*, na medida em que "as chamadas *liberdades* ou *competências* não são mais que o objecto de protecção ou o conteúdo de um direito principal – definido por uma relação jurídica criada por uma norma de direito fundamental entre o titular do direito e um bem jurídico – por sua vez garantido juridicamente por um conjunto de pretensões ou direitos subjectivos", isto é, "por um conjunto de *direitos a alguma coisa*".[495] Neste sentido, pode-se concluir que os direitos fundamentais cumprem exclusivamente a função de *direitos a algo*, dividindo-se, de conseguinte, em dois grandes grupos: o dos *direitos de defesa* e o dos *direitos a ações positivas*.[496]

Neste contexto, o direito fundamental ao devido processo legal como um todo é, no rigor da lógica, um direito a alguma coisa, classificando-se, pois, como direito de defesa e, simultaneamente, como direito a ações positivas, de modo particular como direito a organização e procedimento.[497]

Explica-se melhor.

Como direito de defesa, o devido processo legal pode configurar-se, em primeiro lugar, como direito fundamental a que o Estado não impeça nem crie obstáculos a determinadas ações dos titulares de direitos fundamentais.[498]

Por exemplo: o art. 525 do CPC dispõe que a petição de agravo de instrumento será instruída "obrigatoriamente, com cópias da decisão agravada, da certidão da respectiva intimação e das procurações outorgadas aos advogados do agravante e do agravado", e "facultativamente, com outras peças que o agravante entender úteis". No entanto, a Corte Especial do Superior Tribunal de Justiça tem entendido que, à luz do art. 525 do CPC, "a ausência de peça essencial ou relevante para a compreensão da controvérsia" – não apenas a ausência de peça obrigató-

---

[494] Robert Alexy, *Teoría de los derechos fundamentales*, p. 227-240, grifado no original.

[495] Jorge Reis Novais, *As restrições aos direitos fundamentais não expressamente autorizadas pela Constituição*, p. 144.

[496] Semelhantemente, *vide* Ingo Wolfgang Sarlet, *A eficácia dos direitos fundamentais*, p. 166-167, entendendo que "uma classificação dos direitos fundamentais constitucionalmente adequada, e que, por sua vez, tenha como ponto de partida as funções por eles exercidas, poderia partir (...) da distinção entre dois grandes grupos: os direitos fundamentais na condição de direitos de defesa e os direitos fundamentais como direitos a prestações (de natureza fática ou jurídica). O segundo grupo (dos direitos prestacionais) dividir-se-ia igualmente em dois subgrupos, quais sejam, o dos direitos a prestações em sentido amplo (englobando, por sua vez, os direitos de proteção e os direitos à participação na organização e procedimento) e o dos direitos a prestações em sentido estrito (direitos a prestações materiais e sociais)".

[497] Jorge Reis Novais, *As restrições aos direitos fundamentais não expressamente autorizadas pela Constituição*, p. 74, observando, em termos gerais, que "é praticamente pacífico, na doutrina e na jurisprudência constitucionais, o reconhecimento de uma função de defesa desempenhada pelos direitos a prestações em sentido lato", nos quais se incluem "os chamados direitos à organização e procedimento".

[498] Robert Alexy, *Teoría de los derechos fundamentales*, p. 189-194.

ria – "afeta a compreensão do agravo, impondo o seu não-conhecimento"[499] – com isto, criando obstáculo ao exercício do direito de recorrer por parte do agravante, a dano do *direito fundamental ao devido processo legal como direito de defesa*. Destarte, golpeou-se de morte a orientação jurisprudencial *amiga do direito fundamental ao devido processo legal como direito de defesa*, no sentido de que, "se as peças não se acham previstas no art. 525, I, do CPC, como essenciais, porém revelam-se indispensáveis ao exame da controvérsia segundo entendimento do órgão julgador, deve ele ou diligenciar para que sejam juntadas, ou determinar que o agravante complemente a instrução", sendo "incabível, pois, o não conhecimento do agravo por ausência de documentos não essenciais".[500] No que diz respeito à instrução do agravo de instrumento, abandonou-se, pois, o entendimento de que "as formalidades processuais somente se justificam quando essenciais ao devido processo legal", de modo que, "quando dispensáveis, devem ser desprezadas".[501]

Ainda a título exemplificativo, a Corte Especial do Superior Tribunal de Justiça, recentemente, decidiu pelo cancelamento de sua Súmula nº 256, passando a admitir, assim, a aplicação do sistema de protocolo integrado aos recursos dirigidos aos Tribunais Superiores, sob os seguintes fundamentos:

> 1. A Lei 10.352, de 26 de dezembro de 2001, alterou o parágrafo único do artigo 547 do Código de Processo Civil visando a permitir que em todos os recursos, não só no agravo de instrumento (artigo 525, § 2º, do CPC), pudesse a parte interpor a sua irresignação através do protocolo integrado. 2. Atenta contra a lógica jurídica conceder-se referido benefício aos recursos interpostos na instância local onde a comodidade oferecida às partes é mais tênue do que com relação aos recursos endereçados aos Tribunais Superiores. 3. Deveras, a tendência ao efetivo acesso à Justiça, demonstrada quando menos pela própria possibilidade de interposição do recurso via fax, revela a inequivocidade da ratio essendi do artigo 547, parágrafo único, do CPC, aplicável aos recursos em geral, e, a fortiori, aos Tribunais

---

[499] EREsp 449486/PR, Rel. Ministro Carlos Alberto Menezes Direito, Corte Especial, julgado em 02.06.2004, DJ 06.09.2004 p. 155. Igualmente: EREsp 509394/RS, Rel. Ministra Eliana Calmon, Corte Especial, julgado em 18.08.2004, DJ 04.04.2005 p. 157; EREsp 478155/PR, Rel. Ministro Felix Fischer, Corte Especial, julgado em 01.12.2004, DJ 21.02.2005 p. 99; e EREsp 504914/SC, Rel. Ministro Gilson Dipp, Corte Especial, julgado em 01.12.2004, DJ 17.12.2004 p. 388.

[500] REsp 479836/SP, Rel. Ministro Aldir Passarinho Júnior, 4ª Turma, julgado em 18.02.2003, DJ 22.04.2003 p. 236. Igualmente: REsp 476446/RJ, Rel. Ministra Eliana Calmon, 2ª Turma, julgado em 15.05.2003, DJ 09.06.2003 p. 245; EREsp 433.687/PR, Rel. p/ Acórdão Ministro Fernando Gonçalves, Corte Especial, julgado em 05.05.2004, DJ 04.04.2005 p. 157. No entanto, repita-se que, segundo a Corte Especial do Superior Tribunal de Justiça, "está pacificado, desde o julgamento do ERESP 449.486/PR, em 06 de setembro de 2004, o entendimento de que a ausência de peça no instrumento, ainda que facultativa, acarreta o não conhecimento do agravo, caso afigure-se ela imprescindível à solução da controvérsia, não sendo adequada a conversão do processo em diligência, seja nas instâncias ordinárias, seja nesta Corte" (AgRg nos EREsp 774.914/MG, Rel. Ministro Fernando Gonçalves, Corte Especial, julgado em 16.05.2007, DJ 04.06.2007 p. 282).

[501] REsp 278389/SP, Rel. Ministro Sálvio de Figueiredo Teixeira, 4ª Turma, julgado em 07.11.2000, DJ 11.12.2000 p. 213. Semelhantemente: "As formalidades processuais não podem ser exaltadas como valores sagrados a serem adorados por si mesmos, sob o risco de se terminar por atribuir a inócuas filigranas formais insuperáveis empeços de acesso à Justiça. Ao contrário, a elas é conferido um limitado respeito, devendo ser preservadas enquanto sirvam de elemento ordenador para o desenvolvimento e a condução dos processos. O processo, como instrumento da tutela jurisdicional e realização da Justiça substancial, não pode conduzir o julgador a fazer exigências inteiramente desnecessárias" (AgRg no Ag 278.796/BA, Rel. Ministro César Asfor Rocha, 4ª Turma, julgado em 15.06.2000, DJ 05.03.2001 p. 173).

Superiores. 4. 'Os serviços de protocolo poderão, a critério do tribunal, ser descentralizados, mediante delegação a ofícios de justiça de primeiro grau' (Art. 547 do CPC). 5. O Egrégio STF, no Agravo Regimental no Agravo de Instrumento n.º 476.260/SP, em 23.02.2006, assentou que *a Lei nº 10.352, de 26.12.01, ao alterar os artigos 542 e 547 do CPC, afastou o obstáculo à adoção de protocolos descentralizados. Esta nova regra processual, de aplicação imediata, se orienta pelo critério da redução de custos, pela celeridade de tramitação e pelo mais facilitado acesso das partes às diversas jurisdições. (...)*.[502]

Ainda como direito de defesa, o devido processo legal pode ser concebido como direito fundamental a que o Estado não afete determinadas propriedades ou situações dos titulares de direitos fundamentais.[503]

Por exemplo: no *direito fundamental ao devido processo legal como um todo* inclui-se "o direito público subjetivo de ser exigido o respeito à coisa julgada" (art. 5º, LIV e XXXVI, da Constituição Federal).[504] Neste sentido, a coisa julgada só pode ser "relativizada" nas hipóteses legalmente contempladas, sob pena de violação ao direito fundamental ao devido processo legal.[505]

Por último, o devido processo legal pode constituir direito fundamental de defesa a que o Estado não elimine determinadas posições jurídicas dos titulares de direitos fundamentais.[506]

Por exemplo: o art. 398 do CPC estabelece que, "sempre que uma das partes requerer a juntada de documento aos autos, o juiz ouvirá, a seu respeito, a outra, no prazo de 5 (cinco) dias". De conseguinte, a eliminação, pelo Estado-juiz, do direito de ser ouvido a respeito da juntada de documento aos autos, é suscetível de importar violação ao direito fundamental ao devido processo legal.[507]

---

[502] AgRg no Ag 792846/SP, Rel. p/ Acórdão Ministro Luiz Fux, Corte Especial, julgado em 21/05/2008, DJe 03/11/2008.

[503] Robert Alexy, *Teoría de los derechos fundamentales*, p. 189-194.

[504] José Frederico Marques, *Manual de direito processual civil*, v. 3, p. 239; e José Carlos Barbosa Moreira, Considerações sobre a chamada "relativização" da coisa julgada material, p. 244-248.

[505] A propósito, já decidiu o Supremo Tribunal Federal: "Processo – Organicidade e dinâmica. Defeso é voltar-se, sem autorização normativa, a fase ultrapassada. A época de liquidação de precatório não enseja rediscussão do título executivo judicial. Óptica diversa implica olvidar a organicidade e a dinâmica do Direito, alçando o Estado a posição que não o dignifica. Paga-se um preço por viver-se em um Estado Democrático de Direito e nele encontra-se a estabilidade das relações jurídicas, a segurança jurídica, ensejadas pela preclusão" (AI-AgR 249470/BA, Relator: Min. Marco Aurélio, Julgamento: 10/10/2000, 2ª Turma, DJ 01.12.2000, p. 74). Do voto do Relator colhe-se que "É vala comum afirmar-se ser o processo uma marcha voltada ao restabelecimento da paz social momentaneamente abalada. Sucedem-se os atos visando à entrega da prestação jurisdicional pelo Estado-juiz e as oportunidades para a prática dos atos processuais, mostrando-se o sistema recursal pródigo ao abranger várias espécies de recurso. Por opção legislativa, conciliam-se valores. De um lado, tem-se o concernente ao justo, à prevalência da justiça, e aí, potencializado sem qualquer limite, não haveria o fim do processo, porquanto avizinhar-se-ia sempre mais um recurso. De outro, surge como indispensável à vida gregária o referente à segurança jurídica. Há um ponto final relativamente às lides, ficando a decisão última formalizada no processo coberta pelo manto da coisa julgada".

[506] Robert Alexy, *Teoría de los derechos fundamentales*, p. 189-194 e 461-463.

[507] A propósito, é da jurisprudência do Superior Tribunal de Justiça que "o autor da ação deve ser intimado de documentos novos juntados aos autos pelo réu, e vice-versa, sempre que influenciarem no julgamento da causa", e que "ambos devem ser cientificados dos que forem neles entranhados por iniciativa do juiz", destacando-se, pois, a "necessidade de intimação das partes, sob pena de nulidade do processo" (REsp 12499/PR, Rel. Minis-

Por outro lado, o direito fundamental ao devido processo legal pode ser caracterizado não apenas como direito de defesa, mas, igualmente, como direito a ações positivas, de modo particular como direito a organização e procedimento.[508]

Entendemos, pois, que o *direito fundamental ao devido processo legal* configura-se como um *misto de direito de defesa e de direito a prestações*, impondo primariamente ao Estado não apenas um *dever de abstenção* – vale dizer, "abstenção de agir e, por isso, dever de não-interferência ou de não-intromissão no que toca às liberdades propriamente ditas, em que se resguarda um espaço de autodeterminação individual", bem como "abstenção de prejudicar e, então, dever de respeito, relativamente aos bens, designadamente pessoais, que são atributos da dignidade humana individual" –, mas também um *dever de agir* – "quer seja para protecção dos bens jurídicos protegidos pelos direitos fundamentais contra a actividade (excepcionalmente, a omissão) de terceiros, quer seja para promover ou garantir as condições materiais ou jurídicas de gozo efectivo desses bens jurídicos fundamentais".[509]

Em razão disso, deixamos de conceber o devido processo legal como simples garantia – não obstante revestido do caráter instrumental de proteção de direitos, como, aliás, é peculiar a todas as garantias.[510] Isso porque a concepção do devido processo legal como simples garantia ilumina-lhe apenas o aspecto de direito de defesa em face do poder estatal.[511] É de rigor, portanto, conceber o de-

---

tro Ari Pargendler, 2ª Turma, julgado em 29.11.1995, DJ 18.12.1995 p. 44540). Igualmente: REsp 347041/RJ, Rel. Ministro Francisco Peçanha Martins, 2ª Turma, julgado em 19.11.2002, DJ 24.03.2003 p. 196; e AgRg no REsp 729.281/SP, Rel. Ministro Humberto Gomes de Barros, 3ª Turma, julgado em 01.03.2007, DJ 19.03.2007 p. 326.

[508] Ingo Wolfgang Sarlet, *A eficácia dos direitos fundamentais*, p. 154, 166, 180-181 e 196, chama a atenção, por um lado, para a "multifuncionalidade dos direitos fundamentais, que de longe não mais se restringem à clássica função de defesa contra os poderes públicos", destacando que "várias das normas definidoras de direitos fundamentais exercem simultaneamente duas ou mais funções, sendo, neste sentido, inevitável alguma superposição"; que "a própria distinção entre as diversas funções dos direitos fundamentais nem sempre é clara e perfeitamente delimitada"; e que "a inclusão dos direitos fundamentais em um ou outro grupo se baseia no critério da predominância do elemento defensivo ou prestacional, já que os direitos de defesa podem, por vezes, assumir uma dimensão prestacional, e vice-versa". No entanto, por outro lado, Ingo Sarlet exclui do "objeto dos direitos à participação na organização e procedimento os direitos e garantias processuais", veja-se, "apesar de sua íntima vinculação com a idéia de um procedimento justo, com a efetivação dos direitos fundamentais e a dimensão procedimental", incluindo-os, apenas, "no âmbito dos direitos de defesa", com a ressalva do "direito de acesso à Justiça (art. 5º, inc. XXXV, da CF), típico direito prestacional *lato sensu*".

[509] José Carlos Vieira de Andrade, *Os direitos fundamentais na Constituição portuguesa de 1976*, p. 192-193.

[510] J. J. Gomes Canotilho, *Direito constitucional e Teoria da Constituição*, p. 390. É conhecida a distinção entre direitos e garantias: "os direitos representam só por si certos bens, as garantias destinam-se a assegurar a fruição desses bens; os direitos são principais, as garantias são acessórias e, muitas delas, adjectivas (ainda que possam ser objeto de um regime constitucional substantivo); os direitos permitem a realização das pessoas e inserem-se directa e imediatamente, por isso, nas respectivas esferas jurídicas, as garantias só nelas se projectam pelo nexo que possuem com os direitos; na acepção jusracionalista inicial, os direitos declaram-se, as garantias estabelecem-se" (Jorge Miranda, *Manual de direito constitucional*, t. 4, p. 88-89).

[511] Carlos Alberto Alvaro de Oliveira, *Os direitos fundamentais à efetividade e à segurança em perspectiva dinâmica*, p. 05-08; e idem, *Del formalismo en el proceso civil*, p. 22-23. Semelhantemente, *vide* J. J. Gomes Canotilho, *Direito constitucional e Teoria da Constituição*, p. 483-484 e 488, esclarecendo, no que diz respeito à "garantia do acesso aos tribunais", que esta não deve ser concebida apenas "em termos essencialmente 'defensivos' ou garantísticos", no sentido de "defesa dos direitos através dos tribunais", pressupondo "também dimen-

vido processo legal na perspectiva dinâmica dos direitos fundamentais, vale dizer, não somente como direito de defesa, mas, essencialmente, como direito a ações positivas ou prestações, em especial como direito a organização e procedimento, e menos genericamente como direito fundamental a um processo justo.[512]

Sobre os direitos a organização e procedimento, ou simplesmente direitos a procedimento, ou ainda direitos procedimentais, pode-se dizer, de modo geral, que compreendem desde os direitos a uma proteção jurídica efetiva até os direitos a medidas estatais de tipo organizatório.[513]

Neste sentido, ressalta-se, nos direitos fundamentais, um aspecto jurídico-processual, que é o *"status activus processualis"* ou *"due process* jurídico-fundamental",[514] aludindo-se a "realização e asseguramento de direitos fundamentais por organização e procedimento", *in litteris*: "para poder cumprir a sua função, direitos fundamentais requerem, em primeiro lugar, geralmente em proporção mais ou menos vasta, regulações de organização e procedimento. (...) Simultaneamente, direitos fundamentais, por sua vez, influem sobre o direito de organização e procedimento que, deste modo, contribui para a realização e asseguramento dos direitos fundamentais. Isso é claro nos verdadeiros direitos fundamentais de procedimento. Vale também para a influência de direitos fundamentais materiais sobre prescrições de organização e procedimento e sua aplicação".[515]

Assim, *organização e procedimento* são "meios diretos para a realização e garantia dos direitos fundamentais", isto é, "meios para produzir um resultado de

---

sões de natureza prestacional na medida em que o Estado deve criar órgãos judiciários e processos adequados (direitos fundamentais dependentes da organização e procedimento) e assegurar prestações ('apoio judiciário', 'patrocínio judiciário', dispensa total ou parcial de pagamento de custas e preparos), tendentes a evitar a denegação da justiça por insuficiência de meios econômicos".

[512] Ressalte-se, aliás, com J. J. Gomes Canotilho, *Direito constitucional e Teoria da Constituição*, p. 390, que, a rigor, as "garantias", inclusive as processuais, "são também direitos", traduzindo-se "quer no direito dos cidadãos a exigir dos poderes públicos a protecção dos seus direitos, quer no reconhecimento de meios processuais adequados a essa finalidade". Neste sentido, *vide* Mauro Cappelletti e Vincenzo Vigoriti, *Fundamental guarantees of the litigants in civil proceedings: Italy*, p. 513, observando que as "garantias fundamentais do processo civil" são "direitos fundamentais das partes em face do juiz, do adversário e de terceiros".

[513] Robert Alexy, *Teoría de los derechos fundamentales*, p. 457-458.

[514] P. Häberle, *Grundrechte im Leistungsstaat*, p. 81, *apud* Robert Alexy, *Teoría de los derechos fundamentales*, p. 455. Segundo J. J. Gomes Canotilho, Tópicos de um curso de mestrado sobre direitos fundamentais, procedimento, processo e organização, p. 155, "a sugestão do *status activus processualis*, formulada por P. Häberle, assentava na idéia de que a participação no procedimento de decisão constituía, de forma imediata, uma posição subjectiva inerente aos direitos fundamentais. Por outras palavras: a participação procedimental é, ela mesma, o exercício de um direito fundamental. Ainda noutros termos, porventura mais explícitos: o cidadão, ao desfrutar de instrumentos jurídico-processuais possibilitadores de uma influência directa no exercício das decisões dos poderes públicos que afectam ou podem afectar os seus direitos, garante a si mesmo um espaço de real liberdade e de efectiva autodeterminação no desenvolvimento de sua personalidade". Igualmente, *vide* José Carlos Vieira de Andrade, *O dever da fundamentação expressa de actos administrativos*, p. 189-190.

[515] Konrad Hesse, *Elementos de direito constitucional da República Federal da Alemanha*, p. 287-288. Igualmente, *vide* Carlos Alberto Alvaro de Oliveira, *O processo civil na perspectiva dos direitos fundamentais*, p. 10; e Jorge Reis Novais, *As restrições aos direitos fundamentais não expressamente autorizadas pela Constituição*, p. 84, observando que, "em maior ou menor medida, todos os direitos fundamentais carecem de uma conformação organizativa e procedimental tendente a conferir-lhes efectividade e possibilidade real de um exercício constitucionalmente adequado".

Devido Processo Legal e Proteção de Direitos

acordo com os direitos fundamentais e, deste modo, para assegurar efetivamente os direitos fundamentais".[516]

Menos genericamente, os direitos a organização e procedimento podem ser divididos, conforme o objeto, em direitos a competências de direito privado, direitos a procedimentos judiciais ou administrativos, direitos a organização em sentido estrito e direitos à formação da vontade estatal.[517]

Voltemos a atenção para os direitos a procedimentos judiciais.

Estes são essencialmente *direitos a uma proteção jurídica efetiva*. O processo, com efeito, "serve para a produção de decisões de acordo com a lei e, deste ponto de vista, corretas, porém, ademais, dentro do marco desta correção, justas".[518]

Advirta-se, ainda, que os direitos a procedimentos judiciais não são, exatamente, direitos fundamentais procedimentalmente dependentes, no sentido de "direitos carecedores de um procedimento intrínseca e necessariamente conformador e condicionador da própria eficácia subjetiva dos direitos fundamentais".[519] São, mais precisamente, "verdadeiros direitos fundamentais procedimentais, direitos a um determinado procedimento".[520]

Neste contexto, os direitos a procedimentos judiciais podem ser configurados como direitos à criação de normas procedimentais pelo legislador, ou como direitos à interpretação e aplicação concreta de normas procedimentais pelos juízes e tribunais.[521]

Todavia, saliente-se que os direitos fundamentais, de modo geral, e os *direitos a procedimentos judiciais*, de modo particular, não são apenas "máximas de interpretação de todo o direito processual em conformidade à Constituição". Como já destacado, os *direitos a procedimentos judiciais* caracterizam-se como *direitos fundamentais constituídos pelo próprio procedimento.*[522]

Dois exemplos podem ser esclarecedores.

Por um lado, o Superior Tribunal de Justiça explicitou que "o processo se desenvolve sob a égide da Publicidade, do Contraditório e da Ampla Defesa", e

---

[516] Konrad Hesse, *Significado de los derechos fundamentales*, p. 102-103. Em igual sentido: Robert Alexy, *Teoría de los derechos fundamentales*, p. 458.

[517] Robert Alexy, *Teoría de los derechos fundamentales*, p. 467-468.

[518] Robert Alexy, *Teoría de los derechos fundamentales*, p. 472. Igualmente, *vide* Konrad Hesse, *Significado de los derechos fundamentales*, p. 102; e Carlos Alberto Alvaro de Oliveira, *Os direitos fundamentais à efetividade e à segurança em perspectiva dinâmica*, p. 09-10.

[519] J. J. Gomes Canotilho, *Tópicos de um curso de mestrado sobre direitos fundamentais, procedimento, processo e organização*, p. 167.

[520] José Carlos Vieira de Andrade, *O dever da fundamentação expressa de actos administrativos*, p. 188; e J. J. Gomes Canotilho, Constituição e défice procedimental, p. 72.

[521] Robert Alexy, *Teoría de los derechos fundamentales*, p. 458-459. Em igual sentido: J. J. Gomes Canotilho, Constituição e défice procedimental, p. 76.

[522] Jorge Reis Novais, *As restrições aos direitos fundamentais não expressamente autorizadas pela Constituição*, p. 82-84.

que, "em decorrência desses princípios basilares informativos do processo civil, foi criado um sistema de comunicação dos atos processuais, através do qual o juiz cientifica as partes dos termos do processo, para que pratiquem, nos prazos legais, os atos que lhes competem", de modo que a "intimação", como "mecanismo indispensável à marcha do processo", deve ser realizada sem deixar dúvidas quanto à identificação de seus destinatários.[523]

Por outro lado, no que diz respeito ao cumprimento de sentença que reconheça a existência de obrigação de fazer, não fazer ou entregar coisa (arts. 461 e 461-A do CPC), o Superior Tribunal de Justiça entendeu que "a defesa do devedor se fará por simples petição, no âmbito da própria relação processual em que for determinada a medida executiva, ou pela via recursal ordinária, se for o caso", assentando, pois, o "descabimento de embargos à execução" e deixando bem claro, destarte, que "isso não significa que o sistema processual esteja negando ao executado o direito de se defender em face de atos executivos ilegítimos, o que importaria ofensa ao princípio constitucional da ampla defesa (CF, art. 5°, LV)" – antes que está facilitando sua defesa, já que, repita-se, poderá ser deduzida por simples petição. Além disso, salientou que quando o executado, em vez de se defender por simples petição, ajuizar embargos à execução, caberá ao juiz promover o aproveitamento deste ato processual, "processando e decidindo o pedido como incidente, nos próprios autos", em homenagem aos "princípios da economia processual e da instrumentalidade das formas".[524]

Por aí se vê a *complexidade do direito fundamental ao devido processo legal* como *direito de defesa* e, essencialmente, como *direito a organização e procedimento*. Com efeito, a concretização do direito fundamental ao devido processo legal, conforme já explicitado, exige, *à partida*, um conjunto significativo de "outras normas", bem como "providências de ordem prática",[525] dependendo, pois, de *prestações por parte do Estado*, no que diz respeito, por exemplo, à criação e ao próprio funcionamento de órgãos jurisdicionais, bem como à conformação legal de processos justos e adequados.[526]

Daí a afirmação, com o sabor do óbvio, de que os direitos fundamentais, sem exceção, "custam dinheiro", necessitando, para sua realização, de "financiamento público ou apoio financeiro".[527] Ora bem, *o direito fundamental ao devido*

---

[523] REsp 169690/SP, Rel. Ministro Waldemar Zveiter, 3ª Turma, julgado em 23.11.1999, DJ 08.03.2000 p. 104.

[524] REsp 654583/BA, Rel. Ministro Teori Albino Zavascki, 1ª Tuma, julgado em 14.02.2006, DJ 06.03.2006 p. 177.

[525] Carlos Alberto Alvaro de Oliveira, *Do formalismo no processo civil*, p. 186; e idem, *Del formalismo en el proceso civil: propuesta de un formalismo-valorativo*, p. 370.

[526] Segundo J. J. Gomes Canotilho, *Constituição e défice procedimental*, p. 77, "reconhecer direito de defesa significa *direito à existência de tribunais, direito à jurisdição, direito à decisão judicial, direito à execução de sentenças judiciais*. Estes direitos não podem, porém, ser realizados eficazmente sem a intervenção do Estado (que cria tribunais, estabelece processos e procedimentos, organiza as magistraturas, impõe o cumprimento de decisões). Conseqüentemente, a sua estrutura básica não se diferencia dos vulgarmente chamados direitos a prestações".

[527] Stephen Holmes, Cass R. Sunstein, *The cost of rights*, p. 15-19.

Devido Processo Legal e Proteção de Direitos

processo legal também custa dinheiro, pressupondo que, a expensas dos contribuintes, o Estado-juiz promova uma boa administração da justiça.[528] Em termos definitivos: *"court time is taxpayers' money".*[529] Com efeito, a própria ideia de que um certo tipo de processo seja "devido" já evidencia que o *direito fundamental ao devido processo legal* exige, necessariamente, prestações por parte do Estado, sendo lícito afirmar, aliás, que "o direito a um julgamento justo é eminentemente social".[530]

Finalmente, é inegável que o direito fundamental ao devido processo legal serve para a proteção de posições jurídicas fundamentais não apenas em face do Estado, mas, igualmente, em face de terceiros. Neste sentido, o direito fundamental ao devido processo legal pode ser qualificado, sem dúvida alguma, como direito a proteção. Todavia, o "aspecto procedimental" do direito fundamental ao devido processo legal é, segundo Robert Alexy, "mais interessante que o da proteção", por aí se justificando a classificação como direito a organização e procedimento, e não como direito a proteção.[531]

Além disso, controverte-se *muito* sobre a questão de saber se realmente "existem direitos subjetivos de proteção, ou somente normas que prescrevem ao Estado a proteção dos indivíduos, sem lhes conferir direitos subjetivos", isto é, em síntese, *se os direitos a proteção são direitos subjetivos ou apenas princípios objetivos.*[532] Esta é outra justificativa para a classificação do direito fundamental ao

---

[528] Stephen Holmes, Cass R. Sunstein, *The cost of rights*, p. 53.

[529] Stephen Holmes, Cass R. Sunstein, *The cost of rights*, p. 36.

[530] Stephen Holmes, Cass R. Sunstein, *The cost of rights*, p. 54 e 161, observando, ainda, que "dar aos cidadãos acesso à justiça não é como lhes dar acesso a portos naturais ou águas navegáveis, porque o governo deve não apenas pôr de lado os obstáculos ao acesso, mas deve realmente criar instituições às quais o acesso será garantido. (...) Só as despesas operacionais das cortes norte-americanas giram em torno de bilhões de dólares a cada ano, e os contribuintes pagam a conta".

[531] Robert Alexy, *Teoría de los derechos fundamentales*, p. 435-436 e 474, explicando, ademais, que *direitos a proteção* são "direitos do titular de direito fundamental frente ao Estado para que este o proteja de intervenções de terceiros". O objeto desses direitos compreende "desde a proteção frente a ações de homicídio do tipo clássico até a proteção frente aos perigos do uso pacífico da energia atômica". Não só a vida e a saúde são bens suscetíveis de proteção, mas, igualmente, todo aquele bem que, sob uma óptica jurídico-fundamental, seja digno de proteção, como, por exemplo, a dignidade, a liberdade, a família, a propriedade, etc. São variadas, também, as formas de proteção, abrangendo, por exemplo, a proteção por meio de normas de direito penal, de direito processual, de ações administrativas e de prestações fáticas. Os *direitos a proteção* são direitos frente ao Estado para que este realize ações positivas fáticas ou normativas que têm por objeto "a delimitação das esferas de sujeitos jurídicos de igual hierarquia, assim como a oponibilidade e a imposição desta demarcação". São direitos a que o Estado "organize e maneje a ordem jurídica de uma determinada maneira no que diz respeito à relação recíproca dos sujeitos jurídicos iguais". Segundo Ingo Wolfgang Sarlet, *A eficácia dos direitos fundamentais*, p. 148. "os deveres de proteção do Estado podem, por vezes, concretizar-se por meio de normas dispondo sobre o procedimento administrativo ou judicial, bem como pela criação de órgãos", o que revela, "desde já, a conexão que pode existir entre estas duas facetas da perspectiva jurídico-objetiva dos direitos fundamentais".

[532] Robert Alexy, *Teoría de los derechos fundamentales*, p. 436-441, respondendo, desde logo, que "a subjetivização dos deveres de proteção pode fundamentar-se com o caráter de princípio dos direitos fundamentais". Segundo Jorge Reis Novais, *As restrições aos direitos fundamentais não expressamente autorizadas pela Constituição*, p. 86-95, parece "mais adequado fundamentar o dever de protecção, essencialmente, na dimensão jurídico-objectiva dos direitos fundamentais", dado que, "atentas a significativa margem de conformação de que o legislador dispõe e a diminuta densidade de controle que o poder judicial aí pode exercer, as pretensões

devido processo legal como *direito a organização e procedimento*, já que, aí, não se põe em xeque o aspecto de *direito subjetivo* – pelo menos no que diz respeito ao *direito à concretização de normas procedimentais pelos juízes e tribunais*.

Em conclusão, o *direito fundamental ao devido processo legal como um todo* – isto é, como um conjunto de posições jurídicas fundamentais, definitivas e *prima facie*, que se relacionam entre si e que podem ser reconduzidas à disposição do art. 5º, LIV, da Constituição Federal de 1988 – cumpre não apenas a *função de direito de defesa*, mas, essencialmente, a *função de direito a organização e procedimento*.

Fica, então, por esclarecer a distinção entre posições definitivas e posições *prima facie*, distinção essa que corresponde à distinção entre regras e princípios. No estágio seguinte.

2.5. Ainda sobre a distinção entre princípios e regras

A Constituição Federal de 1988 pode ser concebida como um *sistema normativo aberto de princípios e regras*. Trata-se de um *sistema normativo*, no sentido de que "a estruturação das expectativas referentes a valores, programas, funções e pessoas é feita através de *normas*". É, além disso, um *sistema aberto*, porque é dotado de uma *"estrutura dialógica"*, isto é, de disponibilidade e de capacidade de aprendizagem para captar a mudança da realidade e para estar aberto às concepções cambiantes de verdade e de justiça. E é, de resto, um *sistema de princípios e regras*, na medida em que as normas jurídico-constitucionais podem revelar-se sob a forma de princípios ou sob a forma de regras.[533]

---

ou direitos subjectivos à protecção, a exisitirem, constituiriam sempre direitos fundamentais sob uma verdadeira reserva do *politicamente adequado* ou *oportuno*"; e que "a única pretensão subjectiva geral de *prima facie* necessariamente existente é a de que a margem de conformação ou de discricionariedade de que o Estado dispõe neste domínio seja correctamente exercida, no sentido de que as medidas tomadas pelos poderes públicos responsáveis pelo dever de protecção não sejam completamente inidôneas ou insuficientes". De resto, *vide* Ingo Wolfgang Sarlet, *A eficácia dos direitos fundamentais*, p. 147.

[533] J. J. Gomes Canotilho, *Direito constitucional e Teoria da Constituição*, p. 1.123 e 1.127, complementando que princípios e regras, "para serem activamente operantes", necessitam de *"procedimentos* e *processos* que lhes dêem operacionalidade práctica", de modo que a Constituição é, mais precisamente, "um sistema aberto de normas e princípios que, através de processos judiciais, procedimentos legislativos e administrativos, iniciativas dos cidadãos, passa de uma *law in the books* para uma *law in action*, para uma *living constitution*". Sobre o sistema de regras, princípios e procedimentos, *vide* Robert Alexy, *El concepto y la validez del derecho*, p. 172-174. Aliás, segundo Robert Alexy, *Teoría de los derechos fundamentales*, p. 525, "o sistema jurídico tem, em virtude da vigência de normas jurídico-fundamentais, o caráter de um sistema jurídico *aberto frente à moral*". Ademais, *vide* Ana Paula de Barcellos, *Ponderação, racionalidade e atividade jurisdicional*, p. 185-201, destacando que "as regras contribuem para a maior previsibilidade do sistema jurídico", facilitando "a realização do valor *segurança*"; os princípios, por sua vez, sendo "disposições mais flexíveis", propiciam "melhores condições para que a *justiça* possa ser alcançada"; destarte, "uma quantidade equilibrada e apropriada de princípios e regras produzirá um sistema jurídico ideal, no qual haverá segurança e justiça suficientes". De resto, *vide* J. J. Gomes Canotilho, *A "principialização" da jurisprudência através da Constituição*, p. 84-86.

Regras e princípios, como bem se sabe, são dois tipos de normas. A distinção entre regras e princípios é, de conseguinte, uma distinção entre dois tipos de normas.[534]

Tal distinção não é apenas *gradual*, segundo a qual os princípios são normas com um grau mais elevado de abstração ou generalidade que o das regras. A distinção entre princípios e regras pode ser *qualitativa* ou *estrutural* – distinção essa que, nos últimos tempos, difundiu-se extraordinariamente na doutrina e na jurisprudência brasileiras.[535] Portanto, os princípios são *normas qualitativamente distintas* das regras.[536]

Assim, os princípios são *mandamentos de otimização* ou, mais precisamente, *mandamentos a serem otimizados*, ordenando que algo seja realizado na maior medida possível, em relação às possibilidades jurídicas e fáticas. Isto significa que podem ser cumpridos em graus diferentes, e que o grau de seu cumprimento depende não apenas das possibilidades fáticas, mas também das possibilidades jurídicas. O âmbito das possibilidades jurídicas é determinado não apenas por regras, mas, essencialmente, por princípios em sentido contrário. Dos princípios resultam deveres ideais ou *prima facie*. As regras, por sua vez, são *determinações* ou *mandamentos definitivos*, no âmbito das possibilidades fáticas e jurídicas. Regras são normas que, sempre, somente podem ser cumpridas ou descumpridas. Isto significa que se deve fazer exatamente aquilo que é determinado pelas regras, nem mais nem menos. A aplicação das regras é uma "questão de tudo ou nada". Regras são normas que ordenam, proíbem ou permitem algo definitivamente, delas resultando deveres definitivos.[537]

---

[534] Robert Alexy, *Teoría de los derechos fundamentales*, p. 83, sublinhando, ainda, que regras e princípios "são normas porque ambos dizem o que deve ser. Ambos podem ser formulados com a ajuda das expressões deônticas básicas de comando, permissão e proibição. Os princípios, assim como as regras, são razões para juízos concretos de dever ser, ainda que sejam razões de um tipo muito diferente". Em igual sentido: J. J. Gomes Canotilho, *Direito constitucional e Teoria da Constituição*, p. 1.124; Letizia Gianformaggio, *L'interpretazione della Costituzione tra applicazione di regole ed argumentazione basata su principi*, p. 70; e Eros Roberto Grau, *Ensaio e discurso sobre a interpretação/aplicação do direito*, p. 150-178. Por sua vez, Humberto Ávila, *Teoria dos princípios*, p. 62-63, propõe a "adoção de um modelo tripartite de dissociação *regras/princípios/postulados*, que, ademais de dissociar as regras dos princípios (...), acrescenta a essas categorias normativas a figura dos postulados, definidos como *instrumentos normativos metódicos*, isto é, como categorias que impõem condições a serem observadas na aplicação das regras e dos princípios, com eles não se confundindo".

[535] Referimo-nos, como é intuitivo, à distinção elaborada por Robert Alexy, *Teoría de los derechos fundamentales*, p. 81-147 (a 1ª edição da *Theorie der Grundrechte* é de 1986), a qual, por sua vez, constitui desenvolvimento da distinção originalmente levada a efeito por Ronald Dworkin, *Los derechos en serio*, p. 61 e segs. (a 1ª edição de *Taking rights seriously* é de 1977). A *exposição geral* que se segue, por questão de coerência, baseia-se na contribuição de Robert Alexy – apesar das recentes críticas que lhe têm sido endereçadas. A propósito, *vide*, por todos, Humberto Ávila, *Teoria dos princípios*, p. 26-55. Apresentação sistemática do pensamento do Robert Alexy, no que diz respeito à estrutura das regras e dos princípios jurídicos, encontra-se, por outro lado, em Luís Afonso Heck, *Regras, princípios e sua estrutura no pensamento de Robert Alexy*, p. 52-100.

[536] J. J. Gomes Canotilho, *Direito constitucional e Teoria da Constituição*, p. 1.125.

[537] Robert Alexy, *Teoría de los derechos fundamentales*, p. 86-87; *idem, El concepto y la validez del derecho*, p. 162; *idem, Constitucionalismo discursivo*, p. 37, 64-65; *idem, Sistema jurídico, principios jurídicos y razón práctica*, p. 143-144; e *idem, On the structure of legal principles*, p. 294-295 e 300-301, explicando que "uma distinção pode ser feita entre *mandamentos a serem otimizados* e *mandamentos para otimizar*. Mandamentos a serem otimizados são os objetos do balanceamento ou da ponderação. Eles podem ser qualificados como 'deve-

Consequentemente, o modo de solução de uma colisão de princípios não se confunde com o modo de solução de um conflito entre regras. A solução de um conflito entre regras é obtida mediante a introdução, em uma delas, de uma exceção, criando-se, com isto, uma nova regra, ou, então, declarando-se inválida pelo menos uma das regras. Os conflitos de regras têm lugar na dimensão da validade. Por outro lado, quando dois princípios colidem entre si, um deles tem de ceder diante do outro, à luz das circunstâncias do caso concreto – sem que isto implique a declaração de invalidade do princípio que é superado, ou a introdução, nele, de uma exceção. Sob determinadas circunstâncias, um dos princípios tem primazia sobre o outro. Sob circunstâncias diversas, essa relação de primazia pode ser invertida. O princípio que tem primazia restringe as possibilidades jurídicas de cumprimento do princípio que é superado. Este último, no entanto, não é despachado do ordenamento jurídico. A solução depende dos pesos relativos dos princípios colidentes entre si. No caso concreto, os princípios têm pesos diferentes, primando o princípio com maior peso. As colisões de princípios têm lugar na dimensão do peso.[538]

Ademais, princípios e regras são razões de tipo diferente. Os princípios são sempre razões *prima facie* para juízos concretos de dever ser, no sentido de que essas razões podem ser superadas por razões opostas. As regras, por sua vez, são razões definitivas para juízos concretos de dever ser – a menos que sejam excepcionadas. Segue-se, daí, que os princípios conferem somente direitos *prima facie*. As regras, por sua vez, quando são aplicáveis e não admitem qualquer exceção, conferem direitos definitivos. Direitos *prima facie*, conferidos por princípios, convertem-se em direitos definitivos quando, na solução de uma colisão de princípios, é estabelecida uma relação de primazia entre os princípios colidentes, à luz das circunstâncias do caso concreto. Somente por meio de ponderação, um direito *prima facie* converte-se em um direito definitivo. Com o estabelecimento de uma relação de primazia condicionada às circunstâncias do caso concreto, entre princípios colidentes, surge uma regra, que, por sua vez, confere um direito definitivo.[539] Daí que, segundo a *lei geral de colisão*, "as condições sob as quais um princípio prima sobre outro constituem o suporte fático de uma regra que confere efeitos jurídicos ao princípio considerado primaz". Neste sentido, os princípios são, ne-

---

res ideais' ou 'ideais'. Um 'dever' ideal é algo que pode ser otimizado e, com isto, transformado em um 'dever' real. Como objeto de otimização, ele é colocado no nível dos objetos. Diversamente, os mandamentos para otimizar, isto é, os mandamentos de otimização, são colocados em um meta-nível. Neste nível, eles prescrevem o que deve ser feito com aquilo que é encontrado no nível dos objetos. Eles impõem a obrigação de que seus objetos, os mandamentos a serem otimizados, sejam realizados na maior medida possível. Como mandamentos de otimização, eles não devem ser otimizados, mas preenchidos por otimização. Princípios, portanto, como objetos de ponderação, não são mandamentos de otimização, mas, antes, mandamentos a serem otimizados".

[538] Robert Alexy, *Teoría de los derechos fundamentales*, p. 87-90; *idem, El concepto y la validez del derecho*, p. 164; *idem, Constitucionalismo discursivo*, p. 37, 64-65; e *idem, On the structure of legal principles*, p. 295-297.

[539] Robert Alexy, *Teoría de los derechos fundamentales*, p. 98-103; e *idem, Constitucionalismo discursivo*, p. 37, 64-65.

cessariamente, "fundamentos para regras".[540] À distinção entre regras e princípios corresponde, assim, a distinção entre direitos definitivos e direitos *prima facie*. Direitos que se baseiam em regras são direitos definitivos. Direitos que se baseiam em princípios são, por sua vez, direitos *prima facie*.[541]

Por outro lado, os princípios implicam, logicamente, o "princípio" da proporcionalidade, com os "princípios" parciais da adequação, da necessidade e da proporcionalidade em sentido restrito. Esses "princípios" resultam da própria ideia de otimização. Os "princípios" parciais da adequação e da necessidade resultam da concepção dos princípios como *mandamentos de otimização*, em relação às *possibilidades fáticas*. Já o "princípio" parcial da proporcionalidade em sentido restrito resulta da concepção dos princípios como *mandamentos de otimização*, em relação às *possibilidades jurídicas*, no sentido de que, quando dois princípios colidem entre si, exige-se, necessariamente, uma ponderação, estabelecendo-se, com isto, uma relação de primazia condicionada às circunstâncias do caso concreto. Da decisão de ponderação resulta sempre uma regra. As possibilidades jurídicas, repita-se, são determinadas essencialmente por princípios em sentido contrário. Isto requer ponderação, que não é senão otimização no que diz respeito a princípios em sentido contrário. Os princípios são suscetíveis de ponderação, melhor dizendo, os princípios necessitam de ponderação. A ponderação é o modo de aplicação dos princípios. Segundo a *lei da ponderação*, que é o conteúdo do "princípio" parcial da proporcionalidade em sentido restrito, "quanto maior é o grau de não cumprimento ou de prejuízo de um princípio, tanto maior tem que ser a importância do cumprimento do outro". As regras, por sua vez, não são suscetíveis de ponderação. A subsunção é o modo de aplicação das regras.[542] À distinção entre regras e princípios, que, como visto, é uma distinção entre direitos definitivos e direitos *prima facie*, corresponde, pois, a distinção entre subsunção e ponderação, como dois tipos diferentes de aplicação de normas jurídicas.[543]

---

[540] Robert Alexy, *On the structure of legal principles*, p. 297; e *idem, Teoría de los derechos fundamentales*, p. 90-95. A propósito, *vide* Jorge Reis Novais, *As restrições aos direitos fundamentais não expressamente autorizadas pela Constituição*, p. 334.

[541] Robert Alexy, *Derechos, razonamiento jurídico y discurso racional*, p. 40-41. Segundo Jorge Reis Novais, *As restrições aos direitos fundamentais não expressamente autorizadas pela Constituição*, p. 105-106, "trata-se de saber se a posição ou situação de direito fundamental (...) está já suficientemente e extensivamente delimitada e perfeitamente estabilizada em termos de permitir uma aplicação subsuntiva que produza efeitos jurídicos individuais e concretos correspondentes àquele âmbito de protecção potencial (o que equivale a dizer, saber se se trata de um direito *definitivo*) ou se, pelo contrário, carece ainda de concretização ou densificação com outros princípios ou valores em sentido contrário aplicáveis e atentas todas as circunstâncias jurídicas e fácticas da situação concreta, é ainda susceptível de ter a sua realização inibida, de vir a ceder ou a ser comprimida (direito *prima facie*)".

[542] Robert Alexy, *Teoría de los derechos fundamentales*, p. 111-115 e 157-169; *idem, El concepto y la validez del derecho*, p. 162; *idem, Constitucionalismo discursivo*, p. 37, 64-65, 132 e segs., 156; *idem, Sistema jurídico, princípios jurídicos y razón práctica*, p. 147-148; e *idem, On the structure of legal principles*, p. 297-298.

[543] Robert Alexy, *Derechos, razonamiento jurídico y discurso racional*, p. 44. Em igual sentido: Francisco Rubio Llorente, *Derechos fundamentales y princípios constitucionales: doctrina jurisprudencial*, p. XV. Já segundo Humberto Ávila, *Teoria dos princípios*, p. 39-42, 44-45 e 50, "a distinção entre princípios e regras não pode ser baseada no suposto método *tudo ou nada* de aplicação das regras, pois também elas precisam, para que sejam implementadas suas conseqüências, de um processo prévio – e, por vezes, longo e complexo como o dos princípios

Além disso, sob a óptica do princípio da supremacia da Constituição, as regras têm uma primazia *prima facie* sobre os princípios.[544]

De ressaltar, ainda, o duplo caráter das disposições de direitos fundamentais, no sentido de que essas disposições podem revelar-se sob a forma de regras ou sob a forma de princípios.[545]

– de interpretação que demonstre quais as conseqüências que serão implementadas. (...) Nesse sentido, após a interpretação diante de circunstâncias específicas (ato de aplicação), tanto as regras quanto os princípios, em vez de se estremarem, se aproximam. (...) O importante é que tanto os princípios quanto as regras permitem a consideração de aspectos concretos e individuais. No caso dos princípios essa consideração de aspectos concretos e individuais é feita sem obstáculos institucionais, na medida em que os princípios estabelecem um *estado de coisas* que deve ser promovido sem descrever, diretamente, qual o comportamento devido. (...) Já no caso das regras a consideração a aspectos concretos e individuais só pode ser feita com uma fundamentação capaz de ultrapassar a *trincheira* decorrente da concepção de que as regras devem ser obedecidas. (...) Enfim, no caso da aplicação de regras o aplicador também pode considerar elementos específicos de cada situação, embora sua utilização dependa de um ônus de argumentação capaz de superar as razões para cumprimento da regra. A ponderação é, por conseqüência, necessária. (...) A ponderação não é método privativo de aplicação dos princípios. A ponderação ou balanceamento (*weighing and balancing*, *Abwägung*), enquanto sopesamento de razões e contra-razões que culmina com a decisão de interpretação, também (...) ocorre na hipótese de regras que abstratamente convivem, mas concretamente podem entrar em conflito. (...) Em segundo lugar, as regras também podem ter seu conteúdo preliminar de sentido superado por razões contrárias, mediante um processo de ponderação de razões. Ademais, isso ocorre nas hipóteses de relação entre as regras e suas exceções. (...) Todas essas considerações demonstram que a atividade de ponderação de razões não é privativa da aplicação dos princípios, mas é qualidade geral de qualquer aplicação de normas. (...) A ponderação diz respeito tanto aos princípios quanto às regras, na medida em que qualquer norma possui um caráter provisório que poderá ser ultrapassado por razões havidas como mais relevantes pelo aplicador diante do caso concreto". Por outro lado, *vide* Ana Paula de Barcellos, *Ponderação, racionalidade e atividade jurisdicional*, p. 183 e 201-234, ressaltando que "as regras não são concebidas para serem ponderadas, pois a ponderação significará no mais das vezes sua não aplicação, a negativa de sua vigência. Em geral, não é possível aplicar mais ou menos uma regra; ou seus efeitos determinados verificam-se ou não"; que "a ponderação de regras poderá acarretar a ruptura do sistema do Estado de direito, já que o intérprete simplesmente deixaria de aplicar uma regra válida em abstrato e que seria pertinente no caso concreto. (...) Com efeito, se cada aplicador puder afastar uma regra porque a considera injusta no caso concreto, pouco valor terão as regras e o ofício do legislador"; e que "em suma, afora o uso da eqüidade, que em qualquer caso respeita as possibilidades semânticas do texto, o intérprete apenas poderá deixar de aplicar uma regra por considerá-la injusta se demonstrar uma de duas situações: (i) que o legislador, ao disciplinar a matéria, não anteviu a hipótese que agora se apresenta perante o intérprete: imprevisão; ou (ii) que a incidência do enunciado normativo à hipótese concreta produz uma norma inconstitucional, de tal modo que, ainda que o legislador tenha cogitado do caso concreto, sua avaliação deve ser afastada por incompatível com a Constituição".

[544] Robert Alexy, *Teoría de los derechos fundamentales*, p. 134-135, explicitando, neste sentido, que "vale a regra de primazia segundo a qual o nível das regras prima sobre o dos princípios, a menos que as razões para determinações diferentes às adotadas no nível das regras sejam tão fortes que também superem o princípio da sujeição ao texto da Constituição. A questão da força das razões é objeto da argumentação jurídico-fundamental". Segundo Humberto Ávila, *Teoria dos princípios*, 83-84, "as regras possuem uma rigidez maior, na medida em que a sua superação só é admissível se houver razões suficientemente fortes para tanto, quer na própria finalidade subjacente à regra, quer nos princípios superiores a ela. Daí por que as regras só podem ser superadas (*defeasibility of rules*) se houver razões extraordinárias para isso, cuja avaliação perpassa o postulado da razoabilidade (...). A expressão 'trincheira' bem revela o obstáculo que as regras criam para sua superação, bem maior que aquele criado por um princípio. Esse é o motivo pelo qual, se houver um conflito real entre um princípio e uma regra de mesmo nível hierárquico, deverá prevalecer a regra e, não, o princípio, dada a função decisiva que qualifica a primeira. A regra consiste numa espécie de decisão parlamentar preliminar acerca de um conflito de interesses e, por isso mesmo, deve prevalecer em caso de conflito com uma norma imediatamente complementar, como é o caso dos princípios. Daí a *função eficacial de trincheira* das regras. (...) Dito diretamente: descumprir uma regra é mais grave do que descumprir um princípio".

[545] Robert Alexy, *Teoría de los derechos fundamentales*, p. 135-138; e *idem*, *Constitucionalismo discursivo*, p. 64-65, ressaltando que "a teoria dos princípios não diz que catálogos de direitos fundamentais, no fundo, não contêm regras, portanto, no fundo, fixações. Ela acentua não só que catálogos de direitos fundamentais, à medida

Neste sentido, advirta-se, "há casos em que não é fácil decidir se uma disposição deve ser tratada como uma regra ou como um princípio". Isto, portanto, é uma "questão de interpretação, e, como é comum na interpretação, não há critérios que permitam respostas claras e simples em todos os casos". Sem embargo, "a própria questão sobre se uma norma é uma regra ou um princípio pressupõe que normas *qua* princípios são categorias possíveis".[546] Daí dizer-se que a distinção entre princípios e regras não se dá "no âmbito das disposições", mas, isto sim, "no âmbito do significado destas disposições". De conseguinte, a distinção entre regras e princípios "emerge, *exclusivamente*, no momento da interpretação-aplicação".[547]

Neste contexto, pode-se afirmar, sem circunlóquios, que a *disposição do devido processo legal* (art. 5º, LIV, da Constituição de 1988) é aplicável sob a forma de *princípio*,[548] conferindo, assim, uma posição jurídico-fundamental *prima facie* – posição essa que, adiante-se, vem a ser o direito fundamental a um processo justo, isto é, o direito a um processo legal e informado por direitos fundamentais, celebrado em clima de boa-fé e lealdade de todos aqueles que de qualquer forma

---

que efetuam fixações definitivas, têm uma estrutura de regras, mas realça também que o plano das regras precede *prima facie* o plano dos princípios. Seu ponto decisivo é que atrás e ao lado das regras estão princípios". Segundo J. J. Gomes Canotilho, "o modelo adequado para discutir a aplicação-concretização de normas consagradoras de direitos, liberdades e garantais é um *modelo combinado de regras/princípios*, mas com prevalência do plano das regras sobre o plano dos princípios" (*Métodos de protecção de direitos, liberdades e garantias*, p. 814).

[546] Robert Alexy, *On the structure of legal principles*, p. 299-300. Ademais, *vide* Jorge Reis Novais, *As restrições aos direitos fundamenais não expressamente autorizadas pela Constituição*, p. 350, observando que "nos *casos difíceis* não é possível determinar com fronteiras suficientemente nítidas quando é que uma dada norma jusfundamental é uma *regra*, e o direito nela garantido um direito *definitivo* ou, no mínimo, um direito de *prima facie* reforçado por princípios formais, ou ela constitui um *princípio* que sustenta um direito singelo de *prima facie*".

[547] Letizia Gianformaggio, *L'interpretazione della Costituzione tra applicazione di regole ed argumentazione basata su principi*, p. 71-72. Segundo Humberto Ávila, *Teoria dos princípios*, p. 33-35 e 56-57, "não é correto afirmar que um dispositivo constitucional *contém* ou *é* um princípio ou uma regra, ou que determinado dispositivo, porque formulado desta ou daquela maneira, deve ser considerado como um princípio ou como uma regra. (...) Tudo depende das conexões valorativas que, por meio da argumentação, o intérprete intensifica ou deixa de intensificar e da finalidade que entende deva ser alcançada. (...) Enfim, o qualificativo de princípio ou de regra depende do uso argumentativo, e não da estrutura hipotética". Além disso, "a distinção entre categorias normativas, especialmente entre princípios e regras, tem duas finalidades fundamentais. Em primeiro lugar, visa a *antecipar* características das espécies normativas de modo que o intérprete ou o aplicador, encontrando-as, possa ter facilitado seu processo de interpretação e aplicação do Direito. Em conseqüência disso, a referida distinção busca, em segundo lugar, *aliviar*, estruturando-o, o ônus de argumentação do aplicador do Direito, na medida em que a uma qualificação das espécies normativas permite minorar – eliminar, jamais – a necessidade de fundamentação, pelo menos indicando o que deve ser justificado". De resto, *vide* Paolo Ferrua, *Il "giusto processo"*, p. 25-26, observando que *"non è sempre facile stabilire se una determinata proposizione sia strutturata come principio o come regola. Ma, dove si riesca a classificarla univocamente in un senso o nell'altro, ne deriva una precisa conseguenza. I principi, in sede di attuazione, sono soggetti a ponderazione, a bilanciamento. (...) Le regole, invece, come norme ipotetiche che collegano specifici effetti ad altrettanto specifici presupposti, non sono soggette a bilanciamento (...). In compenso, a differenza dei principi, sono suscettibili di eccezioni (...); l'eccezione rappresenta per la regola ciò che il bilanciamento o la ponderazione è per il principio"*.

[548] Segundo Humberto Ávila, *O que é "devido processo legal"?*, p. 11 e 13, "o 'devido processo legal' é um princípio, assim definida aquela norma que prescreve a realização de um estado ideal de coisas, sem prever os comportamentos cuja adoção irá contribuir para sua promoção". Mais precisamente, "o dispositivo relativo ao 'devido processo legal' (...) deve ser interpretado como fundamento de um princípio que exige a realização de um estado ideal de protetividade de direitos".

dele participam, adequado ao direito material e às exigências do caso concreto, e, enfim, destinado à obtenção de uma proteção judicial efetiva.

Não obstante, é de rigor lembrar que o *devido processo legal* constitui, igualmente, um *direito fundamental como um todo*, no sentido de um conjunto de posições jurídicas fundamentais (contraditório e ampla defesa, juiz natural, duração razoável do processo, etc.), definitivas ou *prima facie*, que se relacionam entre si e que podem ser reconduzidas, ao fim e ao cabo, à disposição do art. 5º, LIV, da Constituição Federal. Tais *posições* são conferidas por *normas jurídicas*. E essas *normas*, por sua vez, são aplicáveis, conforme o caso, sob a forma de *princípios* ou sob a forma de *regras*, concretizando, destarte, o *princípio do devido processo legal*.

Diga-se mais: a concretização do *princípio* do devido processo legal – que impõe *a realização de um processo justo e a consequente proteção de direitos na maior medida possível* – depende não apenas das possibilidades fáticas, mas igualmente das possibilidades jurídicas – âmbito este, o das possibilidades jurídicas, determinado não só por regras, mas, essencialmente, por princípios em sentido oposto.

Assim, o devido processo legal, como *princípio*, confere um direito *prima facie* a um processo justo e à consequente proteção de direitos, requerendo, para sua concretização, *ponderação* em face de princípios em sentido contrário. Destarte, estabelece-se, entre o *princípio* do devido processo legal e os princípios em sentido oposto, uma *relação de primazia condicionada às circunstâncias do caso concreto*, primando o *princípio* com maior peso e daí resultando uma *regra*, bem como um *direito definitivo* – o *direito definitivo a um processo justo e à consequente proteção de direitos*, pressupondo-se, por hipótese, a primazia do *princípio* do devido processo legal.

Por exemplo, o Superior Tribunal de Justiça já decidiu, sob o regime do Decreto-Lei nº 7.661/45, no sentido da "inviabilidade" de que o "seqüestro de bens dos sócios da falida" seja "decretado *ex officio* pelo juiz" nos autos do próprio processo falimentar, sob o fundamento de que "a suspeita de que os bens da falida foram distraídos em proveito dos sócios e de terceiros deve ser comprovada por *ação própria* (DL 7.661/45, art. 52), mediante *contraditório regular; nem a urgência justifica a supressão do procedimento legal*, porque medidas cautelares podem tutelar os interesses em risco enquanto pendente o processo".[549]

---

[549] REsp 230135/PR, Rel. Ministro Ari Pargendler, 3ª Turma, julgado em 14.03.2000, DJ 03.04.2000 p. 148. Igualmente: "Comercial. Falência. Arrecadação dos bens do sócio controlador da falida. Decisão impugnada por agravo de instrumento. Acórdão que a mantém ao fundamento de que a constrição pode ser atacada por embargos de terceiro. Inversão da ordem natural das coisas, porque a suspeita de que os bens da falida foram distraídos em proveito do sócio ou de terceiro deve ser comprovada por ação própria, depois de contraditório regular. Recurso especial conhecido e provido" (REsp 235300/RJ, Rel. Ministro Ari Pargendler, 3ª Turma, julgado em 16.05.2002, DJ 05.08.2002 p. 326). Todavia, a Lei nº 11.101/05, que revogou expressamente o Decreto-Lei nº 7.661/45, estabelece, por sua vez, que a ineficácia objetiva dos atos praticados antes da falência "poderá ser declarada de ofício pelo juiz, alegada em defesa ou pleiteada mediante ação própria ou incidentalmente no curso do processo" (art. 129 e seu parágrafo único), exigindo ação revocatória apenas para a declaração da ineficácia

De outra banda, ainda a título exemplificativo, o Superior Tribunal de Justiça tem decidido que "a aplicação da teoria da desconsideração da personalidade jurídica *dispensa a propositura de ação autônoma para tal*". Neste sentido, "verificados os pressupostos de sua incidência, poderá o Juiz, *incidentemente no próprio processo de execução (singular ou coletiva)*, levantar o véu da personalidade jurídica para que o ato de expropriação atinja os bens particulares de seus sócios, de forma a impedir a concretização de fraude à lei ou contra terceiros". De conseguinte, "os terceiros alcançados pela desconsideração da personalidade jurídica" ficam legitimados à interposição dos "recursos tidos por cabíveis", para a "defesa de seus direitos".[550]

Portanto, o *devido processo legal*, como *princípio*, requer *ponderação*, estabelecendo-se, assim, uma *relação de primazia condicionada às circunstâncias do caso concreto*. Daí que "as condições sob as quais um princípio prima sobre outro constituem o suporte fático de uma regra que confere efeitos jurídicos ao princípio considerado primaz". Trata-se da *lei geral de colisão*, como já destacado.[551] Sempre que se repetirem as circunstâncias sob as quais um princípio tem primazia sobre outro, a *regra* que estabelece essa relação de primazia deverá ser aplicada.

Por exemplo, consoante se colhe das Súmulas nos 70, 323 e 547 do Supremo Tribunal Federal, são inadmissíveis, como meios coercitivos para cobrança de tributos, a interdição de estabelecimento, a apreensão de mercadorias e a proibição de que "o contribuinte em débito adquira estampilhas, despache mercadorias nas alfândegas e exerça suas atividades profissionais". Tais súmulas constituem, por assim dizer, *regras* que estabelecem a *primazia* do *princípio* do devido processo legal (e de outros *princípios*, como, por exemplo, o direito de propriedade, a liberdade de trabalho ou profissão, a liberdade de iniciativa econômica e de

---

subjetiva (art. 130). Neste sentido, a lição de Fábio Ulhoa Coelho: "Na lei anterior, qualquer que fosse a espécie de ineficácia (objetiva ou subjetiva), sua declaração deveria ser feita sempre por sentença terminativa de ação revocatória. Na atual, muda-se a disciplina da matéria. A ação revocatória é exigida apenas na declaração de ineficácia subjetiva. A ineficácia objetiva pode ser declarada, em primeiro lugar, de ofício pelo juiz nos autos principais da falência. (...) Além disso, a ineficácia objetiva pode ser declarada também em sentença terminativa de qualquer ação de conhecimento, seja a massa falida autora ou ré (...). Essa ação pode ser independente ou incidente em relação ao processo falimentar. (...) A declaração de ineficácia subjetiva só pode ser feita em sentença terminativa de ação revocatória. Não se admite tal declaração por mero despacho no processo falimentar ou por decisão proferida em ação diversa. A inobservância dessa formalidade importa desrespeito ao direito constitucional ao devido processo legal (CF, art. 5º, LIV) titulado pelos participantes do ato ineficaz" (*Comentários à nova Lei de Falências e de Recuperação de Empresas*, p. 353-355).

[550] RMS 14.168/SP, Rel. Ministra Nancy Andrighi, 3ª Turma, julgado em 30.04.2002, DJ 05.08.2002 p. 323. Igualmente: REsp 158051/RJ, Rel. Ministro Barros Monteiro, 4ª Turma, julgado em 22.09.1998, DJ 12.04.1999 p. 159; e REsp 211619/SP, Rel. p/ Acórdão Ministro Waldemar Zveiter, 3ª Turma, julgado em 16.02.2001, DJ 23.04.2001 p. 160. No entanto, há quem sustente que "ao direito constitucional ao devido processo legal, de que é titular o sócio da sociedade limitada, corresponde o dever do credor social de promover a prévia ação de conhecimento, citá-lo, provar o pressuposto da aplicação da teoria da desconsideração da personalidade jurídica (fraude ou abuso de direito), obter sentença condenatória transitada em julgado para, somente depois, postular a penhora dos bens do patrimônio do membro da pessoa jurídica" (Fábio Ulhoa Coelho, *A teoria da desconsideração da personalidade jurídica e o devido processo legal*, p. 45-48).

[551] Robert Alexy, *On the structure of legal principles*, p. 297; e idem, *Teoría de los derechos fundamentales*, p. 90-95. A propósito, *vide* Jorge Reis Novais, *As restrições aos direitos fundamentais não expressamente autorizadas pela Constituição*, p. 334.

concorrência) sobre os *princípios* e *valores* que justificam a cobrança de tributos (a arrecadação de recursos financeiros para o Estado, a intervenção no domínio econômico, o custeio das atividades estatais, a redução das desigualdades sociais e regionais, o combate à sonegação fiscal, etc.). A *regra* é clara: *a cobrança de tributos exige a observância do devido processo legal.*

Outro exemplo: segundo a jurisprudência do Supremo Tribunal Federal, "a garantia constitucional do contraditório" – *posição jurídica ínsita no direito fundamental ao devido processo legal como um todo* – "impõe que se ouça, previamente, a parte embargada na hipótese excepcional de os embargos de declaração haverem sido interpostos com efeito modificativo".[552] Destarte, "conduzindo os embargos declaratórios pedido de eficácia modificativa, cumpre *sempre* ouvir o embargado".[553] Mais uma vez, a *regra* é clara, conferindo ao embargado o direito fundamental definitivo de ser ouvido quando os embargos de declaração são opostos com efeito modificativo do julgado – à míngua de qualquer previsão na legislação processual (arts. 535-538 do CPC), e por força do "conteúdo mínimo" da "garantia constitucional da ampla defesa".[554]

Ademais, saliente-se que os *princípios* encontram-se intimamente ligados a *valores*, no sentido de que os *valores*, assim como os *princípios*, podem colidir entre si e ser cumpridos em graus diferentes, constituindo, além disso, objeto de *ponderação*. Sem embargo, é possível distinguir entre *princípios* e *valores*. Neste sentido, os *princípios* são conceitos *deontológicos*, explicitando *o que é devido*. Os *valores*, por sua vez, são conceitos *axiológicos*, que exprimem *o que é melhor*.[555] A propósito, recorde-se: a realização da justiça do caso, a pacificação

---

[552] RE-ED 144981/RJ, Relator: Min. Celso de Mello, Julgamento: 11/04/1995, 1ª Turma, DJ 08.09.1995, p. 28362.

[553] RE 250396/RJ, Relator: Min. Marco Aurélio, Julgamento: 14/12/1999, 2ª Turma, DJ 12.05.2000, p. 29: "Embargos declaratórios – Efeito modificativo – Vista da parte contrária. Os pronunciamentos do Supremo Tribunal Federal são reiterados no sentido da exigência de intimação do Embargado quando os declaratórios veiculem pedido de efeito modificativo". Neste julgamento, ressalte-se, o Min. Néri da Silveira questionou se há necessidade de intimação do embargado "em qualquer hipótese de infringência". Resposta do Min. Marco Aurélio: "quando se pede a eficácia modificativa". Resposta do Min. Celso de Mello: "sim, notadamente quando os embargos de declaração, buscando infringir a decisão embargada, objetivam a modificação do acórdão ou o rejulgamento da causa", observando, ainda, que "é certo que a legislação processual nada dispõe sobre a necessidade da prévia audiência do embargado, em caso de embargos de declaração com efeito modificativo. Essa providência, no entanto, impõe-se por efeito do princípio do devido processo legal. E é com fundamento neste postulado que o Supremo Tribunal Federal tem proclamado ser indispensável a prévia manifestação da parte embargada sobre os embargos de declaração, quando opostos com efeito modificativo".

[554] "Recurso extraordinário: prequestionamento: ampla defesa: art. 5º, LV, da Constituição: conteúdo mínimo. 1. A garantia constitucional da ampla defesa tem, por força direta da Constituição, um conteúdo mínimo, que independe da interpretação da lei ordinária que a discipline (RE 266.397, 1ª T., Pertence, DJ 07.05.2004)" (RE 345580/SP, Relator: Min. Sepúlveda Pertence, Julgamento: 17/08/2004, 1ª Turma, DJ 10.09.2004, p. 59). Igualmente: RE 266397/PR, Relator: Min. Sepúlveda Pertence, Julgamento: 09/03/2004, 1ª Turma, DJ 07.05.2004, p. 26.

[555] Robert Alexy, *Teoría de los derechos fundamentales*, p. 138-147. Igualmente, *vide* Francisco Rubio Llorente, *Derechos fundamentales y princípios constitucionales: doctrina jurisprudencial*, p. IX. Segundo Friedrich Müller, *Interpretação e concepções atuais dos direitos do homem*, p. 537, "os direitos humanos não são 'valores', mas normas. 'Atrás' deles estão representações de valores da dignidade, liberdade e igualdade de todos os seres dotados de semblante humano. Mas tão logo a constituição os 'positiva', eles são direito vigente. A partir de

social, a efetividade e a segurança jurídica constituem os "valores mais importantes para o processo", vale dizer, são *os próprios fundamentos do devido processo legal como projeção constitucional do formalismo-valorativo.*[556] *A justiça do caso* e a *pacificação social* são os escopos do processo e valores do próprio Estado democrático de direito (preâmbulo da Constituição Federal de 1988). *Efetividade* e *segurança jurídica*, por sua vez, são valores essenciais para a organização do processo, encontrando-se umbilicalmente ligados ao *princípio constitucional do Estado de direito* (art. 1º da Constituição de 1988), à *garantia do acesso à justiça* e ao *direito fundamental ao devido processo legal* (art. 5º, XXXV e LIV, da Constituição Federal).[557]

Feitas essas observações, cumpre investigar, no capítulo seguinte, o devido processo legal como direito fundamental a um processo justo, especialmente em matéria civil.

---

então, nós juristas temos o dever de interpretá-los como normas. Quem pretende estampar as normas dos direitos humanos em 'valores', procede justamente por essa razão à sua desvalorização".

[556] Carlos Alberto Alvaro de Oliveira, O formalismo-valorativo no confronto com o formalismo excessivo, p. 15; e *idem, Del formalismo en el proceso civil*, p. 125, 134 e 140.

[557] Carlos Alberto Alvaro de Oliveira, O formalismo-valorativo no confronto com o formalismo excessivo, p. 15-17; *idem, Del formalismo en el proceso civil*, p. 144-151 e 155-159; e *idem, Os direitos fundamentais à efetividade e à segurança jurídica em perspectiva dinâmica*, 10-22. *Vide*, ainda, Teori Albino Zavascki, *Os princípios constitucionais do processo e as suas limitações*, p. 04 e segs., explicitando que os "dois grandes princípios constitucionais do processo" são a "efetividade da jurisdição" e a "segurança jurídica".

Capítulo II
Devido processo legal como direito fundamental a um processo justo

1. FUNDAMENTOS DO DIREITO FUNDAMENTAL AO DEVIDO PROCESSO LEGAL

1.1. Efetividade do processo

Nas últimas décadas, a *efetividade* converteu-se em *palavra de ordem* na ciência processual, bem como na prática forense, brasileira e estrangeira.[558]

A propósito, em trabalho escrito no início da década de 80, José Carlos Barbosa Moreira elaborou uma espécie de "programa básico" do movimento em prol da *efetividade do processo*. Vale reproduzi-lo: "a) o processo deve dispor de instrumentos de tutela adequados, na medida do possível, a todos os direitos (e outras posições jurídicas de vantagem) contemplados no ordenamento, quer resultem de expressa previsão normativa, quer se possam inferir do sistema; b) esses instrumentos devem ser praticamente utilizáveis, ao menos em princípio, sejam quais forem os supostos titulares dos direitos (e das outras posições jurídicas de van-

---

[558] José Carlos Barbosa Moreira, *Efetividade do processo e técnica processual*, p. 17. A propósito, *vide* Carlos Alberto Alvaro de Oliveira, *Efetividade e processo de conhecimento*, p. 07-08, ressaltando que, "no plano processual, a questão da efetividade ganha corpo a partir da consciência adquirida no início do século XX quanto ao caráter público do processo, considerado um mal social ('sozial Übel', expressão de Frederico, o Grande), um fenômeno doentio, a ser extirpado o mais rápido possível. No Brasil, o movimento nessa direção também se agiganta – e parece ser esta uma causa nada desprezível – em razão das notórias deficiências da administração da Justiça, agoniada cada vez mais pela intensificação dos litígios, principalmente após o processo de redemocratização iniciado com a promulgação da Constituição de 1988. Dentro desse quadro atuam como reagentes a permanência do entulho legislativo autoritário, as dificuldades de ordem econômica, política e social por que passa a Nação, os anseios de grande parte dos cidadãos brasileiros, a recorrer em desespero ao Judiciário para solução de conflitos agudos, que normalmente deveriam ser resolvidos pelos demais órgãos do Estado, as contradições entre a velha ordem e as idéias neoliberais, redobradas pelo fenômeno da globalização, pregando a redução do aparelho estatal, mesmo a preço de afrontas ao direito adquirido de significativas parcelas da população. Certamente, tudo isso colabora para o descrédito da Jurisdição e acarreta a demora excessiva do processo, fazendo com que se forme um caldo de cultura propício a que, no limite, se tenda a ver a efetividade não como um meio, mas como um fim em si mesmo. O paroxismo chegou a tal ponto que para alguns espíritos mais práticos tudo se resume na solução rápida, expedita, fulminante às vezes do próprio valor Justiça".

tagem) de cuja preservação ou reintegração se cogita, inclusive quando indeterminado ou indeterminável o círculo dos eventuais sujeitos; c) impende assegurar condições propícias à exata e completa reconstituição dos fatos relevantes, a fim de que o convencimento do julgador corresponda, tanto quanto puder, à realidade; d) em toda a extensão da possibilidade prática, o resultado do processo há de ser tal que assegure à parte vitoriosa o gozo pleno da específica utilidade a que faz jus segundo o ordenamento; e) cumpre que se possa atingir semelhante resultado com o mínimo dispêndio de tempo e energias".[559]

No plano político, o Código de Processo Civil brasileiro, de 1973, foi submetido a sucessivas reformas legislativas, a partir de 1992, com a edição da Lei nº 8.455, que alterou dispositivos referentes à prova pericial, até – por enquanto – o advento da Lei nº 11.672, de 2008, que estabeleceu o procedimento para julgamento de recursos repetitivos no âmbito do Superior Tribunal de Justiça.

Aliás, o *slogan* da *efetividade do processo* norteou igualmente a promulgação da Emenda Constitucional nº 45, de 2004, que introduziu alterações na Constituição Federal de 1988 quanto: (I) à estrutura do Poder Judiciário e do Ministério Público, com a instituição do Conselho Nacional da Justiça e do Conselho Nacional do Ministério Público; e (II) à competência do Superior Tribunal de Justiça, da Justiça Federal e da Justiça do Trabalho. Além disso, incluiu disposições sobre a disciplina jurídica da magistratura (ingresso na carreira, promoção, remoção, férias, número de juízes em cada unidade jurisdicional, etc.), bem como normas de caráter propriamente processual (duração razoável do processo, cabimento dos recursos especial e extraordinário).[560]

A *efetividade*, contudo, não pode ser arvorada em *valor absoluto*. *Efetividade* como *valor absoluto* configura *efetividade perniciosa*, vale dizer, "símbolo de uma mentalidade tecnoburocrática, preocupada mais com a *performance*, com a

---

[559] José Carlos Barbosa Moreira, *Notas sobre o problema da "efetividade" do processo*, p. 27-28. Ainda segundo José Carlos Barbosa Moreira, "esse ideário, que aliás nada tinha de original, encontrou consenso na doutrina posterior, seja por adesão explícita, seja pelo empenho com que obras mais recentes se dispuseram a aprofundar o exame de um ou de outro dentre os assuntos que apontáramos à atenção dos estudiosos" (*Efetividade e técnica processual*, p. 18). A propósito, *vide*, por todos, Cândido Rangel Dinamarco, *A instrumentalidade do processo*, p. 265 e segs., que concebe a *instrumentalidade do processo* com *duplo sentido*. Sob o *aspecto negativo*, a *instrumentalidade* é "realçada e invocada como fator de contenção de exageros e distorções" do *processualismo*, importando "negação do processo como valor em si mesmo" ou "repúdio aos exageros processualísticos a que o aprimoramento da técnica pode insensivelmente conduzir". Trata-se, portanto, de "projeção a maior da instrumentalidade das formas". Sob o *aspecto positivo*, a *instrumentalidade* confunde-se com a *efetividade do processo*, no sentido de que o "*processo deve ser apto a cumprir integralmente toda a sua função sócio-político-jurídica, atingindo em toda a plenitude todos os seus escopos institucionais*". *Efetividade do processo* "significa a sua almejada aptidão a eliminar insatisfações, com justiça e fazendo cumprir o direito, além de valer como meio de educação geral para o exercício e respeito aos direitos e canal de participação dos indivíduos nos destinos da sociedade e assegurar-lhes a liberdade". De resto, são quatro, segundo Cândido Rangel Dinamarco, os aspectos fundamentais da problemática da efetividade do processo: a) admissão em juízo; b) modo-de-ser do processo; c) critérios de julgamento (ou justiça nas decisões); d) efetivação dos direitos (ou utilidade das decisões). Sobre a *instrumentalidade do processo*, *vide*, criticamente, J. J. Calmon de Passos, *Instrumentalidade do processo e devido processo legal*, p. 57-67.

[560] A propósito, *vide* José Carlos Barbosa Moreira, *A Emenda Constitucional nº 45 e o processo*, p. 21-37; e Sergio Bermudes, *A reforma do Judiciário pela Emenda Constitucional nº 45*, *passim*.

estatística, que com os valores fundamentais do processo".[561] A *efetividade* digna de proteção é a *virtuosa* ou *qualificada*, que "não prejudique o direito ao processo justo", conciliando-se, na medida do possível, com a *segurança jurídica*, sem a qual *não há justiça possível*. Definitivamente, "a efetividade só se revela virtuosa se não colocar no limbo outros valores importantes do processo, a começar pelo da justiça, mas não só por este".[562]

De acordo com o art. 5°, XXXV, da Constituição Federal de 1988, "a lei não excluirá da apreciação do Poder Judiciário lesão ou ameaça a direito".[563] Aí se compreende o *direito fundamental de acesso à justiça*, vale dizer, o *direito fundamental à efetividade do processo*.[564]

Acesso à justiça, conforme se sabe, não significa apenas *possibilidade de ingresso em juízo*, ou *simples admissão em juízo*.[565] Não basta simplesmente "abrir a porta de entrada do Poder Judiciário". Impõe-se, isto sim, "prestar jurisdição tanto quanto possível eficiente, efetiva e justa", concedendo-se "ao vencedor no plano jurídico e social tudo a que faça jus".[566] Trata-se, portanto, de viabilizar o *acesso à ordem jurídica justa*. Neste sentido, o *direito de acesso à justiça* é fundamentalmente *direito de acesso à ordem jurídica justa*.[567] Vale dizer, o *direito de acesso à justiça* "não pode e nem deve significar apenas o direito formal de invocar a ju-

---

[561] Carlos Alberto Alvaro de Oliveira, *Del formalismo en el proceso civil*, p. 162. A propósito, *vide* José Carlos Barbosa Moreira, *Efetividade e técnica processual*, p. 21-22, advertindo para o risco consistente na "tentação de arvorar a efetividade em valor absoluto: nada importaria senão tornar mais efetivo o processo, e nenhum preço seria excessivo para garantir o acesso a tal meta. É esquecer que no direito, como na vida, a suma sabedoria reside em conciliar, tanto quanto possível, solicitações contraditórias, inspiradas em interesses opostos e igualmente valiosos, de forma que a satisfação de um deles não implique o sacrifício total de outro".

[562] Carlos Alberto Alvaro de Oliveira, *Del formalismo en el proceso civil*, p. 22-23, 155-162 e 265-268; *idem*, Efetividade e processo de conhecimento, p. 09 e 12-15; *idem*, O formalismo-valorativo no confronto com o formalismo excessivo, p. 17-19; e *idem*, *Os direitos fundamentais à efetividade e à segurança em perspectiva dinâmica*, p. 10-17 e 20. Aliás, na década de 70, Mauro Cappelletti e Bryant Garth, *Acesso à justiça*, p. 15 e 163-164, já alertavam que "o conceito de 'efetividade' é, por si só, algo vago", e que "reformas imaginativas de acesso à justiça" podem "subverter os fundamentos de um procedimento justo", encontrando-se sempre presente "o risco de que procedimentos modernos e eficientes abandonem as garantias fundamentais do processo civil – essencialmente as de um julgador imparcial e do contraditório". Para concluir que "em nenhuma circunstância devemos estar dispostos a 'vender nossa alma'". De resto, *vide* Mario Chiavario, *Garanzie individuali ed efficienza del processo*, p. 54, ressaltando que "*la vera efficienza processuale è tale solo se ingloba anche l'efficienza nel riconoscimento e nello sviluppo delle garanzie processuali*"; e Nicolò Trocker, *Il nuovo articolo 111 della Costituzione e il "giusto processo" in materia civile: profili generali*, p. 407, observando que "*la vera efficienza è tale solo se consente un adeguato sviluppo delle garanzie processuali*".

[563] A propósito, já decidiu o Supremo Tribunal Federal que "tanto a Carta da República anterior quanto a atual asseguram o direito ao acesso ao Judiciário ante lesão ou ameaça de lesão a direito" (RE 167584/RJ, Relator: Min. Marco Aurélio, Julgamento: 15/12/1998, 2ª Turma, DJ 07.05.1999, p. 13).

[564] Teori Albino Zavascki, *Os princípios constitucionais do processo e as suas limitações*, p. 04-05; e Carlos Alberto Alvaro de Oliveira, *Os direitos fundamentais à efetividade e à segurança jurídica em perspectiva dinâmica*, p. 11 e segs.

[565] Antonio Carlos de Araújo Cintra, Ada Pellegrini Grinover, Cândido Rangel Dinamarco, *Teoria geral do processo*, p. 33.

[566] Carlos Alberto Alvaro de Oliveira, O formalismo-valorativo no confronto com o formalismo excessivo, p. 17; e *idem*, *Del formalismo en el proceso civil*, p. 157.

[567] Kazuo Watanabe, *Acesso à justiça e sociedade moderna*, p. 128 e 135.

risdição, mas o *direito a uma decisão justa*".[568] Concluindo, o *direito fundamental de acesso à justiça compreende não apenas o direito de provocar a atuação dos órgãos do Poder Judiciário, mas também e principalmente o de obter, em prazo razoável, uma decisão justa, eficaz e efetiva.*[569]

Neste contexto, o direito fundamental de acesso à justiça implica o direito fundamental ao devido processo legal. Vale dizer, o direito de acesso à justiça compreende "o direito ao processo, com as garantias do devido processo legal".[570] Em razão disso, o devido processo legal configura-se como "autêntico instrumento de condução à ordem jurídica justa",[571] não sendo outra coisa senão "processo apto a produzir resultados justos". Serve, portanto, para a produção de decisões fundadas no direito material, corretas e justas.[572]

De fato, com a observância do devido processo legal é *mais provável* o acesso efetivo à justiça.[573] *A observância do devido processo legal contribui para a obtenção de uma decisão justa*, a qual, por sua vez, depende, principalmente, da *correção na escolha e interpretação da norma jurídica aplicável ao caso concreto*, além da

---

[568] José Afonso da Silva, *Comentário contextual à Constituição*, p. 132. A propósito, *vide* Piero Calamandrei, *Processo e giustizia*, p. 570 e 573, observando que "*il processo deve servire a far si che la sentenza sia giusta, o almeno a far sì che la sentenza ingiusta sia sempre più rara*". O escopo do processo "*non è soltanto la ricerca della verità. Lo scopo del processo è qualcosa di più: è la giustizia, di cui l'accertamento della verità è soltanto una premessa*". De resto, essa verdade não é a "*ultime e supreme che sfuggono ai picoli uomini, ma la verità umile e giornaliera, quella di cui si discute nei dibattiti giudiziari, quella che gli uomini normali ed onesti, secondo la comune saggezza e secondo la buona fede, chiamamo e hanno sempre chiamato la verità*".

[569] Teori Albino Zavascki, Os princípios constitucionais do processo e suas limitações, p. 05; Carlos Alberto Alvaro de Oliveira, *Os direitos fundamentais à efetividade e à segurança em perspectiva dinâmica*, p. 12; e Mauro Cappelletti, Bryant Garth, *Acesso à justiça*, p. 08. Igualmente, *vide* Cesar Asfor Rocha, *A luta pela efetividade da jurisdição*, p. 42 e 72, observando, ainda, que "o princípio do acesso à justiça deve consistir na busca de uma solução equilibrada, a saber, é importante que o deslinde processual não seja uma semeadura de outras querelas para o futuro, mas sim que a solução seja encontrada com segurança, rapidez e justiça".

[570] Antonio Carlos de Araújo Cintra, Ada Pellegrini Grinover, Cândido Rangel Dinamarco, *Teoria geral do processo*, p. 84; J. J. Gomes Canotilho, *Direito constitucional e Teoria da Constituição*, p. 273-276, 423-424 e 485; e Carlos Alberto Alvaro de Oliveira, *Os direitos fundamentais à efetividade e à segurança em perspectiva dinâmica*, p. 12.

[571] Cândido Rangel Dinamarco, *Instituições de direito processual civil*, v. 1, p. 246, grifado no original.

[572] Robert Alexy, *Teoría de los derechos fundamentales*, p. 472. Em igual sentido: Carlos Alberto Alvaro de Oliveira, *O processo civil na perspectiva dos direitos fundamentais*, p. 12; e *idem*, *Os direitos fundamentais à efetividade e à segurança em perspectiva dinâmica*, p. 09-10. Aliás, consoante já decidiu o Supremo Tribunal Federal, o "'due process of law', nos múltiplos contornos em que se desenvolve esse princípio (...) – garantia de ampla defesa, garantia do contraditório, igualdade entre as partes perante o juiz natural e garantia de imparcialidade do magistrado processante" – implica o "direito ao 'fair trial'", com "a garantia plena de um julgamento imparcial, justo, regular e independente" (Ext 633/CH, Relator: Min. Celso de Mello, Julgamento: 28/08/1996, Tribunal Pleno, DJ 06.04.2001, p. 67).

[573] Cândido Rangel Dinamarco, *Nova era do processo civil*, p. 13. Em igual sentido, J. J. Gomes Canotilho preleciona que "a justa conformação do procedimento, no âmbito dos direitos fundamentais, permite, pelo menos, a presunção de que o resultado obtido através da observância do *iter* procedimental é, com razoável probabilidade e em medida suficiente, adequado aos direitos fundamentais" (*Constituição e défice procedimental*, p. 75; e *idem*, *Tópicos de um curso de mestrado sobre direitos fundamentais, procedimento, processo e organização*, p. 163).

reconstrução, tão completa quanto possível, dos fatos relevantes da causa.[574] Como bem registrado por Carlos Alberto Alvaro de Oliveira, "não é possível, pura e simplesmente, legitimar o resultado só pelo procedimento, 'ritualizar' enfim o processo", na medida em que "o processo não se presta tão-somente para a elaboração de uma decisão, e nem esta se legitima só por ter sido imposta segundo os cânones do rito, mas também por ter feito justiça".[575]

O devido processo legal, com efeito, é um típico exemplo de justiça processual imperfeita. Na justiça processual imperfeita, à semelhança da justiça processual perfeita e à diferença da justiça processual pura, há um critério independente para a obtenção de um resultado justo. Na justiça processual pura, por sua vez, a observância do procedimento é suficiente, por si só, para a obtenção de um resultado justo. Não há critério independente. Na justiça processual imperfeita, à diferença da justiça processual perfeita, a observância do procedimento não garante necessariamente a obtenção de um resultado justo.[576] Neste contexto, o devido processo legal pode ser qualificado como processo justo, quando, especificamente, conduz a uma decisão justa. Todavia, a observância do devido processo legal não exclui a possibilidade de erro judiciário. Definitivamente, o devido processo legal não é garantia necessária de uma decisão justa. Não obstante, a observância do devido processo legal contribui para a obtenção de uma decisão justa.[577] Vale dizer, a probabilidade de obtenção de uma decisão justa é maior com a observância do devido processo legal.[578]

O *direito fundamental de acesso à justiça* compreende, essencialmente, o *direito a uma proteção jurídica efetiva por parte dos órgãos do Poder Judiciário.*[579]

---

[574] Michele Taruffo, *Idee per una teoria della decisione giusta*, p. 319. Igualmente, *vide* Sergio Chiarloni, *Giusto processo, garanzie processuali, giustizia della decisione*, p. 102-103, para quem "*il processo è giusto nella misura in cui sia strutturato in modo da indirizzarsi a produrre sentenze giuste, ossia rispondenti al doppio critério di verità della corretta soluzione sia della questione di fatto che della questione di diritto, ovviamente nei limiti consentiti in questo mondo e nel rispetto della garanzie*". Portanto, "*il giusto processo ha 'direttamente' a che fare con la giutizia del suo risultato*". De resto, *vide* John Anthony Jolowicz, *Justiça substantiva e processual no processo civil*: uma avaliação do processo civil, p. 177, observando que "uma decisão justa exige observância tanto da lei processual quanto da substantiva, pelas partes e pelo juiz".

[575] *Do formalismo no processo civil*, p. 187; e *idem, Del formalismo en el proceso civil*, p. 372. A propósito, *vide* Niklas Luhmann, *Legitimação pelo procedimento*, p. 51-113; e João Maurício Adeodato, A legitimação pelo procedimento juridicamente organizado, p. 53-80.

[576] John Rawls, *Uma teoria da justiça*, p. 91-93; e Otfried Höffe, *O que é justiça?*, p. 53-55.

[577] Luigi Paolo Comoglio, Corrado Ferri e Michele Taruffo, *Lezione sul processo civile*, p. 64; e Paolo Ferrua, *Il "giusto processo"*, p. 67-68.

[578] Robert Alexy, *Teoría de los derechos fundamentales*, p. 472-474.

[579] Luiz Guilherme Marinoni, *Técnica processual e tutela dos direitos*, p. 179 e segs. Assim já decidiu o Supremo Tribunal Federal: "O princípio do devido processo legal, que lastreia todo o leque de garantias constitucionais voltadas para a efetividade dos processos jurisdicionais e administrativos, assegura que todo julgamento seja realizado com a observância das regras procedimentais previamente estabelecidas, e, além disso, representa uma exigência de fair trial, no sentido de garantir a participação equânime, justa, leal, enfim, sempre imbuída pela boa-fé e pela ética dos sujeitos processuais. A máxima do fair trial é uma das faces do princípio do devido processo legal positivado na Constituição de 1988, a qual assegura um modelo garantista de jurisdição, voltado para a proteção efetiva dos direitos individuais e coletivos, e que depende, para seu pleno funcionamento, da boa-fé e lealdade dos sujeitos que dele participam, condição indispensável para a correção e legitimidade do

Aliás, "uma proteção jurídica sem efeito ou inefetiva seria uma contradição em si".[580]

Como já destacado, o direito de acesso à justiça compreende o direito de obter uma decisão fundada no direito material, correta e justa.[581] Tal direito não constitui, obviamente, direito a uma decisão favorável, mas, em lugar disso, direito a uma decisão de mérito, que se pronuncie sobre o pedido inicial, para acolhê-lo ou para rejeitá-lo (art. 269 do CPC).[582] Trata-se, portanto, de direito dependente da satisfação de pressupostos de admissibilidade do julgamento de mérito (art. 267, IV e VI, do CPC).[583]

Além disso, o direito de acesso à justiça compreende o direito à predisposição de instrumentos processuais capazes de promover, em prazo razoável, uma proteção judicial efetiva.[584] A propósito, cabe reproduzir lição de Teori Albino Zavascki:

---

conjunto de atos, relações e processos jurisdicionais e administrativos" (RE 464963/GO, Relator: Min. Gilmar Mendes, Julgamento: 14/02/2006, 2ª Turma, DJ 30.06.2006, p. 35). Em igual sentido: "Agravo de Instrumento. 2. Sentença. Recurso Inominado. Razões idênticas às da contestação. Expressão 'Apelo'. 3. Mera indicação da referida expressão. Não conhecimento. Ausência das razões recursais. 4. Boa-fé processual. 5. Ampla defesa. Devido processo legal. Violação. 6. Prazo recursal. Reabertura. 7. Agravo conhecido.Conversão em Recurso Extraordinário. Provimento" (AI 529733/RS, Relator: Min. Gilmar Mendes, Julgamento: 17/10/2006, 2ª Turma, DJ 01.12.2006, p. 97). De resto, *vide* J. J. Gomes Canotilho, *Direito constitucional e Teoria da Constituição*, p. 273-276, 423-424 e 480, observando, ainda, que o *direito a uma proteção jurídica efetiva* não é apenas direito a uma "protecção através do juiz", mas, igualmente, direito a uma "protecção contra o juiz a actos do poder judicial, sendo absurdo que os juízes, detentores de poderes públicos e vinculados aos direitos fundamentais, pudessem ficar impunes *ad infinitum* no caso de violação de direitos fundamentais".

[580] Hartmut Maurer, *Direito processual estatal-jurídico*, p. 198.

[581] Neste sentido, o Supremo Tribunal Federal já decidiu que "o direito ao acesso ao Judiciário" abrange o direito "ao recebimento da prestação jurisdicional de forma mais consentânea com o direito vigente" (Pet 778/PB, Relator: Min. Marco Aurélio, Julgamento: 26/04/1994, 2ª Turma, DJ 10.06.1994, p. 14785).

[582] A propósito, confira-se julgado do STF: "Não há confundir negativa de prestação jurisdicional com decisão jurisdicional contrária à pretensão da parte. Inocorrência de ofensa ao art. 153, par. 4°, CF/67, ou art. 5°, XXXV, CF/88" (AI-AgR 135850/SP, Relator: Min. Carlos Velloso, Julgamento: 23/04/1991, 2ª Turma, DJ 24.05.1991, p. 6774).

[583] J. J. Gomes Canotilho, *Direito constitucional e Teoria da Constituição*, p. 485-486; Carlos Alberto Alvaro de Oliveira, *Os direitos fundamentais à efetividade e à segurança em perspectiva dinâmica*, p. 14; e José Roberto dos Santos Bedaque, *Efetividade do processo e técnica processual*, *passim*. Por exemplo, já decidiu o Supremo Tribunal Federal que "não contraria o princípio basilar do acesso ao Judiciário decisão que conclui pela impertinência do recurso interposto, face não haver sido atendido pressuposto de recorribilidade explícito. A utilização dos meios de defesa é assegurada na forma prevista na legislação instrumental, não se podendo, sob a ótica do acesso ao Judiciário, vislumbrá-la como direito absoluto. O enfoque longe fica de ganhar contornos próprios a subterfúgio" (AI-AgR 135692/SP, Relator: Min. Marco Aurélio, Julgamento: 05/03/1991, 2ª Turma, DJ 05.04.1991, p. 3664). De resto, *vide* John Anthony Jolowicz, Justiça substancial e justiça processual no processo civil: uma avaliação do processo civil, p. 163-164, ressaltando que "uma regra processual é capaz de produzir efeito drástico no resultado do processo", de modo que "o poder de pôr fim a este sem julgamento do mérito deve ser exercido com grande cautela e só em circunstâncias excepcionais. Seu exercício tem a consequência de que o autor se vê '*driven from the judgement seat*' antes de ter a oportunidade de sustentar sua causa".

[584] Kazuo Watanabe, Acesso à justiça e sociedade moderna, p. 135. A propósito, o art. 5°, LXXVIII, da Constituição de 1988 é expresso ao dispor que "a todos, no âmbito judicial e administrativo, são assegurados a razoável duração do processo e os meios que garantam a celeridade de sua tramitação".

(...) devem ser (...) assegurados meios expeditos e, ademais, eficazes de exame da demanda trazida à apreciação do Estado. Eficazes, no sentido de que devem ter aptidão de propiciar ao litigante vitorioso a concretização fática da sua vitória. O Estado, monopolizador do poder jurisdicional, deve impulsionar sua atividade com mecanismos processuais adequados a impedir – tanto quanto seja possível – a ocorrência de vitórias de Pirro. Em outras palavras: o dever imposto ao indivíduo de submeter-se obrigatoriamente à jurisdição estatal não pode representar um castigo. Pelo contrário: deve ter como contrapartida necessária o dever do Estado de garantir a utilidade da sentença, a aptidão dela de garantir, em caso de vitória, a efetiva e prática concretização da tutela. E não basta à prestação jurisdicional do Estado ser eficaz. Impõe-se que seja também expedita, pois que é inerente ao princípio da efetividade da jurisdição que o julgamento da demanda se dê em prazo razoável e sem dilações indevidas.[585]

Finalmente, o direito fundamental a uma proteção judicial efetiva compreende o direito à remoção de todos os obstáculos que impeçam ou dificultem o acesso à justiça.[586] De modo particular, impõe-se a remoção de entraves econômicos ao acesso à justiça, pois nada seria mais injusto que a proteção judiciária encerrasse um "privilégio dos ricos".[587] Não por outro motivo, a Constituição de

---

[585] Teori Albino Zavascki, *Os princípios constitucionais do processo e suas limitações*, p. 04-05. Igualmente, *vide* J. J. Gomes Canotilho, *Direito constitucional e Teoria da Constituição*, p. 488; e Joan Picó i Junoy, *Las garantias constitucionales del proceso*, p. 40 e 76. Por exemplo, conforme já decidiu o Supremo Tribunal Federal, "A plenitude do controle jurisdicional da legitimidade da ação do Poder Público (...) é uma das marcas mais salientes do nosso regime. (...) Vem logo à tona o art. 5º, XXXV, da Constituição, que, inovando sobre os textos anteriores, que se repetiam inalterados desde 1946, passou a dizer que 'a lei não excluirá da apreciação do Poder Judiciário lesão ou ameaça a direito'. A inovadora alusão à plenitude da garantia jurisdicional, não apenas contra a lesão mas também contra a ameaça a direito, não pode ficar sem conseqüências, como se se tratasse de um mero reforço retórico. Ela dá ênfase à função preventiva da jurisdição. (...) Portanto, (...) cercear os instrumentos da jurisdição cautelar (dos quais o provimento 'initio litis', a liminar, é, muitas vezes, o único instrumento eficaz – pode resultar na subtração ao Poder Judiciário da tutela contra a ameaça ao direito. (...) De outro lado, (...) o mesmo artigo 5º, inciso XXXV, quando se conjuga com a regra da independência e harmonia dos Poderes, que o art. 2º erige em um dos princípios fundamentais da República, supera as dimensões da garantia da proteção jurisdicional ao cidadão para converter-se em garantia ao Poder Judiciário. É que nele se consagra, como reverso da medalha da garantia do direito de ação, a universalidade da jurisdição do Poder Judiciário, jurisdição que tem na sua função cautelar, mais que uma forma de tutela das partes, um mecanismo de garantia de si mesma, da jurisdição, isto é, da plenitude do exercício da função típica do Poder Judiciário. (...) É preciso não esquecer contudo que a tutela cautelar traz consigo o risco do constrangimento precipitado, porque derivado essencialmente de uma cognição incompleta, a eventuais direitos da parte contrária àquela a quem se defere a medida cautelar. (...) O que marca, o que distingue o provimento cautelar (...) é a sua essencial provisoriedade. Assim, essa específica provisoriedade de todo o provimento cautelar, liminar ou não, importa, necessariamente, na sua reversibilidade, ou pelo menos na sua reparabilidade; reversibilidade e reparabilidade, que se não podem apreciar sob perspectiva puramente jurídica, mas hão de ser apreciadas com os pés na terra, em termos de reversibilidade e reparabilidade prática, de fato, sob pena de, no afã de propiciar a mais ampla tutela jurisdicional a uma das partes, negar-se à parte contrária o devido processo legal. E converter, de fato, quando não de direito, medidas cautelares de cognição incompleta, às vezes de cognição incompletíssima, em situações de fato definitivas, irreversíveis ou irreparáveis" (ADI-MC 223/DF, Relator p/ Acórdão: Min. Sepúlveda Pertence, Julgamento: 05/04/1990, Tribunal Pleno, DJ 29.06.1990, p. 6218).

[586] Kazuo Watanabe, *Acesso à justiça e sociedade moderna*, p. 135. Igualmente, *vide* Carlos Alberto Alvaro de Oliveira, *Del formalismo en el proceso civil*, p. 265; e *idem*, O formalismo-valorativo no confronto com o formalismo excessivo, p. 17.

[587] A expressão é de Leo Rosenberg, citada sem indicação da fonte por Walther Habscheid, *Les grands principes de la procédure civile: nouveaux aspects*, p. 13.

Devido Processo Legal e Proteção de Direitos

1988 incumbe o Estado do dever de prestar assistência jurídica integral e gratuita aos que comprovem insuficiência de recursos (art. 5º, LXXIV),[588] qualificando a Defensoria Pública como instituição essencial à função jurisdicional do Estado, encarregada da orientação jurídica e da defesa, em todos os graus, dos necessitados (art. 134).

Destarte, a *efetividade da jurisdição* constitui fundamento do *direito fundamental ao devido processo legal*. Não é, porém, fundamento exclusivo. Senão vejamos.

1.2. Estado constitucional e segurança jurídica

Nos termos do art. 1º da Constituição de 1988, "a República Federativa do Brasil, formada pela união indissolúvel dos Estados e Municípios e do Distrito Federal, constitui-se em Estado Democrático de Direito".

Aí se compreende o princípio fundamental do Estado de direito, além dos princípios democrático, republicano e do Estado Federal.[589]

O *princípio fundamental do Estado de direito* é, segundo J. J. Gomes Canotilho, um "princípio constitutivo, de natureza material, procedimental e formal", que pretende "dar resposta ao problema do conteúdo, extensão e modo de proceder da actividade do estado", no sentido de "conformar as estruturas do poder político e a organização da sociedade segundo a *medida do direito*".[590]

Estado de direito, como se sabe, é "Estado constituído de conformidade com o Direito e atuante na forma do Direito".[591] Neste contexto, o princípio fundamen-

---

[588] A propósito, já decidiu o Supremo Tribunal Federal que "a garantia do art. 5º, LXXIV – assistência jurídica integral e gratuita aos que comprovarem insuficiência de recursos – não revogou a de assistência judiciária gratuita da Lei 1.060, de 1950, aos necessitados, certo que, para obtenção desta, basta a declaração, feita pelo próprio interessado, de que a sua situação econômica não permite vir a Juízo sem prejuízo da sua manutenção ou de sua família. Essa norma infraconstitucional põe-se, ademais, dentro no espírito da Constituição, que deseja que seja facilitado o acesso de todos à Justiça (C.F., art. 5º, XXXV)" (RE 205746/RS, Relator: Min. Carlos Velloso, Julgamento: 26/11/1997, 2ª Turma, DJ 28.02.1997, p. 4080).

[589] Segundo Luís Roberto Barroso, os *princípios constitucionais fundamentais*, de que é exemplo o Estado de direito, "expressam as principais decisões políticas no âmbito do Estado, aquelas que vão determinar sua estrutura essencial", constituindo, portanto, "opções" de que resulta "a configuração básica da organização do poder político" (*O direito constitucional e a efetividade das normas de suas normas*, p. 316-319).

[590] *Direito constitucional e Teoria da Constituição*, p. 243-244, esclarecendo, ainda, com remissão a lição de Konrad Hesse (*Elementos de direito constitucional da República Federal da Alemanha*, p. 162 e segs.), que o *direito*, de um *Estado de direito*, deve ser compreendido como "um *meio de ordenação* racional e vinculativa de uma comunidade organizada", na medida em que "estabelece *regras e medidas*, prescreve *formas e procedimentos* e cria *instituições*". É, assim, "simultaneamente, *medida material* e *forma* da vida colectiva. (...) Como meio de ordenação racional, o direito é indissociável da realização da *justiça*, da efectivação de *valores* políticos, econômicos, sociais e culturais; como *forma*, ele aponta para a necessidade de garantias jurídico-formais de modo a evitar acções e comportamentos arbitrários e irregulares de poderes públicos".

[591] Miguel Reale, *O Estado democrático de direito e o conflito de ideologias*, p. 02. Segundo J. J. Gomes Canotilho, *Estado de direito*, p. 11, Estado de direito é um Estado "cuja actividade é determinada e limitada pelo *direito*".

tal do Estado de direito é o da eliminação de arbitrariedades no exercício do poder estatal, com a consequente proteção dos direitos fundamentais.[592]

Na origem, a partir do século XVII, o Estado de direito foi concebido sob color tipicamente liberal. São características básicas do Estado liberal de direito: o princípio da legalidade, com a submissão ao império da lei, a separação de poderes e os direitos fundamentais individuais.[593]

Atualmente, o *Estado de direito* é concebido como *Estado democrático de direito*, no sentido de "ordem de domínio legitimada pelo povo". O poder estatal é organizado e exercitado segundo o *princípio democrático* (art. 1º da Constituição Federal). *A legitimação democrática do poder político pede espaço no Estado de direito. Este, considerado como Estado democrático de direito, funda-se no princípio da soberania popular*, segundo o qual "todo o poder emana do povo" (art. 1º, parágrafo único, da Constituição Federal).[594] Neste sentido, o *Estado de direito* "deve ter origem e finalidade de acordo com o Direito manifestado livre e originariamente pelo próprio povo".[595]

De conseguinte, "o Estado só se concebe hoje como Estado constitucional". Trata-se de um *Estado com qualidades*, duas grandes qualidades: "Estado de *direito* e Estado *democrático*". O *Estado constitucional* é "mais" que o Estado de direito, configurando-se não apenas como "Estado com uma *constituição* limitadora do poder através do império do direito", mas, igualmente, como Estado que requer *"legitimação democrática do poder"*.[596]

---

[592] J. J. Gomes Canotilho, *Estado de direito*, p. 09. Segundo Gustavo Zagrebelsky, *El derecho dúctil*, p. 21, o Estado de direito indica um *valor* e uma *direção*. "O valor é a eliminação da arbitrariedade no âmbito da atividade estatal que afeta os cidadãos. A direção é a inversão da relação entre poder e direito que constituía a quintessência do *Machtstaat* e do *Polizeistaat*: não mais *rex facit legem*, mas *lex facit regem*".

[593] José Afonso da Silva, *Curso de direito constitucional positivo*, p. 116-117; e Jorge Reis Novais, *Contributo para uma Teoria do Estado de Direito*, p. 67-100. Criticamente, *vide* Gustavo Zagrebelsky, *El derecho dúctil*, p. 23-33.

[594] J. J. Gomes Canotilho, *Estado de direito*, p. 27 e segs.; e idem, *Direito constitucional e Teoria da Constituição*, p. 87-100, ressaltando que "o princípio da soberania popular concretizado segundo procedimentos juridicamente regulados serve de 'charneira' entre o 'Estado de direito' e o 'Estado democrático' possibilitando a compreensão da moderna fórmula *Estado de direito democrático*".

[595] Miguel Reale, *O Estado democrático de direito e o conflito de ideologias*, p. 02. Sobre a idéia de Estado de não-direito, no qual "o bem particular dos governantes" passa "por bem comum de todos", identificando-se o direito "com um suposto ou invocado bem da comunidade", *vide* Gustav Radbruch, *Cinco minutos de filosofia de direito*, p. 416.

[596] J. J. Gomes Canotilho, *Direito constitucional e Teoria da Constituição*, p. 87-100. Sobre o Estado constitucional com forma de Estado típica dos séculos XX e XXI, *vide* Gustavo Zagrebelsky, *El derecho dúctil*, p. 21-22 e 33-41. Ainda segundo Gustavo Zagrebelsky, *La virtù del dubbio*, p. 98-99, "con questa formula Stato costituzionale non si indica lo 'Stato che ha una costituzione': formula priva di valore analitico perché potrebbe applicarsi, in una qualunque possibile accezione di 'Stato', di 'costituzione' o di 'avere', a qualunque realtà politica organizzata. Lo Stato costituzionale del nostro tempo è quello che si costituisce a partire dal pluralismo sociale e dalle numerose istanze, ideali e materiali, che esso contiene e che tendono a una sintesi attraverso un patto costituzionale. La costituzione è il patto, nel quale coesistono due aspetti: il progetto della convivenza comune e la garanzia delle posizioni particolari". De Gustavo Zagrebelsky, *vide*, de resto, *Fragilità e forza dello Stato costituzionale*, *passim*.

Devido Processo Legal e Proteção de Direitos

O *Estado democrático de direito* é, especialmente, um *Estado de justiça*, na medida em que dotado de *"tribunais* independentes que através de um *processo justo* digam o bom direito para as controvérsias jurídicas"* (arts. 5°, XXXV e LIV, 92 e 95 e seu parágrafo único, da Constituição Federal).[597]

De forma global, portanto, o *princípio do Estado de direito* implica a *ideia de uma ordem de justiça e de paz garantida pelo Estado por meio do direito*.[598] Trata-se, como facilmente se percebe, de uma *ideia diretiva*, que serve de base a todos os subprincípios (formais e materiais) que se conjugam no *princípio do Estado de direito*, e que "lhes indica a direção, não podendo explicar-se esta idéia diretiva de outro modo senão aduzindo os seus subprincípios concretizadores na sua conjugação plena de sentido, devida justamente à idéia de Estado de direito". Deste modo, o *princípio do Estado de direito* é esclarecido "pelas suas concretizações e estas pela sua união perfeita com o princípio".[599] De conseguinte, são *subprincípios concretizadores do princípio do Estado de direito*, na Constituição Federal de 1988, por exemplo, o *princípio da constitucionalidade* (preâmbulo, arts. 1° e 102), a *legalidade* (art. 5°, II), a *separação de poderes* (art. 2°), a *segurança jurídica* (art. 5°, XXXVI), o *acesso à justiça* e o *devido processo legal* (art. 5°, XXXV e LIV), etc.[600]

Como se vê, elemento essencial do princípio do Estado de direito é a *segurança jurídica*,[601] que "estabelece o dever de buscar um ideal de *estabilidade, con-*

---

[597] J. J. Gomes Canotilho, *Estado de direito*, p. 40-43, observando, ainda, que "o Estado de direito só é Estado de direito se for um *Estado de justiça social*. (...) Neste contexto, (...) um Estado de justiça tem de encarar a *exclusão social* como um défice humano que corrói o próprio Estado de justiça. A marginalização social cria marginalidades no direito: defende melhor os seus direitos quem tiver possibilidades materiais. A exclusão social é também exclusão do direito e um Estado de direito que se pretenda um Estado de justiça tem de ser algo mais que um Estado que encarcera os excluídos 'fazendo justiça' ou um Estado que exclui os excluídos da justiça". Por outro lado, *vide* Hartmut Maurer, *Direito processual estatal-jurídico*, p. 178, ressaltando que "o Estado está obrigado não por fundamentos estatal-sociais, mas por estatal-jurídicos a garantir proteção jurídica efetiva. Seria, por isso, malogrado se do princípio do Estado social fossem tiradas conseqüências específicas para a jurisprudência, por exemplo, a renúncia a uma decisão jurídica em favor de uma decisão de eqüidade adequada (aparentemente) ao caso particular. Considerações estatal-sociais podem, no máximo, no quadro do direito vigente e para a fundamentação de regulações particulares, ser invocadas. Assim, as prescrições sobre o auxílio das custas processuais deixam fundamentar-se estatal-socialmente, contudo, deveriam ser, antes, expressão do mandamento estatal-jurídico da igualdade de proteção jurídica".

[598] J. J. Gomes Canotilho, *Direito constitucional*, p. 345; *idem*, *Estado de direito*, p. 21. Em igual sentido, *vide* Reinhold Zippelius, *Teoria geral do Estado*, p. 383-385.

[599] Karl Larenz, *Metodologia da ciência do direito*, p. 579.

[600] José Afonso da Silva, *Curso de direito constitucional positivo*, p. 126; J. J. Gomes Canotilho, *Direito constitucional e Teoria da Constituição*, p. 255-276; Humberto Ávila, *Sistema constitucional tributário*, p. 288 e segs.; e Reinhold Zippelius, *Teoria geral do Estado*, p. 383-385 e 394.

[601] J. J. Gomes Canotilho, *Direito constitucional e Teoria da Constituição*, p. 263; e Almiro do Couto e Silva, *Princípios da legalidade da Administração Pública e da segurança jurídica no Estado de direito contemporâneo*, p. 46-63. Segundo Humberto Ávila, *Sistema constitucional tributário*, p. 295, o princípio da segurança jurídica é construído de duas formas: pela interpretação dedutiva do princípio maior do Estado de direito (art. 1°) e pela interpretação indutiva de normas constitucionais como, por exemplo, a proteção do direito adquirido, do ato jurídico perfeito e da coisa julgada (art. 5°, XXXVI). Ademais, *vide* Carlos Alberto Alvaro de Oliveira, *Del formalismo en el proceso civil*, p. 144; *idem*, *O formalismo-valorativo no confronto com o formalismo excessivo*, p. 16; e José Afonso da Silva, *Constituição e segurança jurídica*, p. 15-30. De resto, já decidiu o Supremo Tribunal Federal que "a segurança jurídica, como subprincípio do Estado de Direito, assume valor ímpar no

fiabilidade, previsibilidade e *mensurabilidade* na atuação estatal".[602] Igualmente ínsito no princípio do Estado de direito é, por sua vez, o *direito fundamental ao devido processo legal.*[603] Faz parte do princípio do Estado de direito, como elemento essencial, *a exigência constitucional de um processo justo e adequado como garantia de acesso efetivo à justiça.*[604] De fato, "sem garantias processuais e procedimentais não se vive num Estado de direito".[605] Aliás, consoante já decidiu o Supremo Tribunal Federal, "é a boa aplicação dos direitos fundamentais de caráter processual (...) que permite distinguir o Estado de Direito do Estado Policial".[606]

---

sistema jurídico, cabendo-lhe papel diferenciado na própria idéia de justiça material" (MS 22357/DF, Relator: Min. Gilmar Mendes, Julgamento: 27/05/2004, Tribunal Pleno, DJ 05.11.2004, p. 06); e que a segurança jurídica é "projeção objetiva do princípio da dignidade da pessoa humana e elemento conceitual do Estado de Direito" (MS 24448/DF, Relator: Min. Carlos Britto, Julgamento: 27/09/2007, Tribunal Pleno, DJ 14.11.2007, p. 42). Em igual sentido: MS 24268/MG, Relator p/ Acórdão: Min. Gilmar Mendes, Julgamento: 05/02/2004, Tribunal Pleno, DJ 17.09.2004, p. 53.

[602] Humberto Ávila, *Sistema constitucional tributário*, p. 295. Igualmente, *vide* J. J. Gomes Canotilho, *Direito constitucional e Teoria da Constituição*, p. 256 e 263.

[603] Segundo Luís Afonso Heck, *Princípios e garantias constitucionais do processo*, p. 47-48, "os princípios e também as garantias constitucionais do processo deixam-se reconduzir ao princípio do Estado de Direito, com o que ele se constitui, assim, em uma matriz". A propósito, *vide*, ainda, Lúcia Valle Figueiredo, *Estado de direito e devido processo legal*, p. 07-18.

[604] J. J. Gomes Canotilho, *Direito constitucional e Teoria da Constituição*, p. 272; e Wolfgang Heyde, *La jurisdicción*, p. 768, 787, 789 e 794-796.

[605] J. J. Gomes Canotilho, *Estado de direito*, p. 70-72, salientando, ainda, que "a defesa dos direitos repousa sobre um conjunto de *garantias processuais e procedimentais* que fazem delas uma das manifestações mais conhecidas do Estado de direito. Nem sempre estas garantias são compreendidas, acusando-se os juristas de, por amor à forma, desprezarem o conteúdo do direito e a realidade das coisas. Há muito que foi respondido aos críticos do formalismo que a forma, no Estado de direito, é inimiga jurada do arbítrio e irmã gêmea da liberdade". Trata-se de célebre enunciado de Rudolf von Jhering. Da edição francesa do *Geist des römischen Rechts*, confira-se: "*Ennemie jurée de l'arbitraire, la forme est la soeur jumelle de la liberté*" (*L'esprit du droit romain*, t. 3, § 50, p. 164). A propósito, *vide* Carlos Alberto Alvaro de Oliveira, *Do formalismo no processo civil*, p. 07, nota de rodapé nº 16.

[606] Confira-se: "6. Direitos de caráter penal, processual e processual-penal cumprem papel fundamental na concretização do moderno estado democrático de direito. 7. A proteção judicial efetiva permite distinguir o estado de direito do estado policial e a boa aplicação dessas garantias configura elemento essencial de realização do princípio da dignidade humana na ordem jurídica". Do voto-vista do Ministro Gilmar Mendes, colhe-se que "a doutrina alemã cunhou a expressão 'Justizgrundrechte' para se referir a um elenco de proteções constantes da Constituição, que tem por escopo proteger o indivíduo no contexto do processo judicial. Sabe-se que a expressão é imperfeita, uma vez que muitos desses direitos transcendem a esfera propriamente judicial. À falta de outra denominação genérica, também nós optamos por adotar designação assemelhada – direitos fundamentais de caráter judicial e garantias constitucionais do processo –, embora conscientes de que se cuida de uma denominação que também peca por imprecisão. A Constituição Federal de 1988 atribuiu significado ímpar aos direitos individuais, ao consagrar um expressivo elenco de direitos destinados à defesa da posição jurídica perante a Administração ou perante os órgãos jurisdicionais em geral, como se pode depreender da leitura do disposto no art. 5º, incisos XXXIV, XXXV e XXXVII a LXXIV. Da mesma forma, refira-se aos incisos LXXVI e LXVIII do art. 5º. (...) E no que se refere aos direitos de caráter penal, processual e processual-penal, talvez não haja exagero na constatação de que esses direitos cumprem um papel fundamental na concretização do moderno Estado democrático de direito. (...) Acentue-se que é a boa aplicação dos direitos fundamentais de caráter processual – aqui merece destaque a proteção judicial efetiva – que permite distinguir o Estado de Direito do Estado Policial! Não se pode perder de vista que a boa aplicação dessas garantias configura elemento essencial de realização do princípio da dignidade humana na ordem jurídica. O Estado está vinculado ao dever de respeito e proteção do indivíduo contra exposição a ofensas ou humilhações e, como amplamente reconhecido, o princípio da dignidade da pessoa humana impede que o homem seja convertido em objeto dos processos estatais. (...) Em verdade, (...) a aplicação

Sob o pálio do princípio do Estado de direito, concebido como Estado constitucional, a *segurança jurídica* e o *direito fundamental ao devido processo legal* encontram-se umbilicalmente ligados. No dizer de Carlos Alberto Alvaro de Oliveira, o *direito fundamental ao devido processo legal* é "concretização deontológica do valor da segurança no Estado constitucional".[607] Com efeito, o devido processo legal serve à segurança jurídica, "sem a qual não existe nenhuma justiça real".[608]

A conexão do devido processo legal com a segurança jurídica é especialmente intensa na garantia de intangibilidade da coisa julgada.[609] De fato, a proteção da coisa julgada, que é inerente ao direito fundamental ao devido processo legal, está a serviço da "segurança das partes (que não querem ver excluídos seus direitos já confirmados), da sociedade (que não tolera a falta contínua de coordenação entre os cidadãos) e do próprio Poder Judiciário (que não pode infinitamente voltar a decidir a respeito de questões sobre as quais já tenha se pronunciado)".[610] De acordo com o Supremo Tribunal Federal, no devido processo legal, "defeso é voltar-se, sem autorização normativa, a fase ultrapassada. (...) Paga-se um preço por viver-se em um Estado Democrático de Direito e nele encontra-se a estabilidade das relações jurídicas, a segurança jurídica, ensejadas pela preclusão".[611]

Intensa também é a conexão do *devido processo legal* com a *segurança jurídica*, por exemplo, na *exigência de respeito aos prazos processuais e à igualdade*

---

escorreita ou não dessas garantias é que permite avaliar a real observância dos elementos materiais do Estado de direito, são elas que permitem distinguir civilização de barbárie. (...) No caso concreto, há de se assegurar a aplicação do princípio do devido processo legal" (Ext 986/BO, Relator: Min. Eros Grau, Julgamento: 15/08/2007, Tribunal Pleno, DJ 05.10.2007, p. 21).

[607] Carlos Alberto Alvaro de Oliveira, *Os direitos fundamentais à efetividade e à segurança em perspectiva dinâmica*, p. 14. Igualmente, *vide* Teori Albino Zavascki, *Os princípios constitucionais do processo e as suas limitações*, p. 05-07.

[608] Otfried Höffe, *O que é justiça?*, p. 56. Segundo Almiro do Couto e Silva, *Princípios da legalidade da Administração Pública e da segurança jurídica no Estado de direito contemporâneo*, p. 47, "segurança jurídica não é (...) algo que se contraponha à justiça; é ela a própria justiça". Igualmente, *vide* Tercio Sampaio Ferraz Júnior, *Coisa julgada, ação rescisória e justiça*, p. 135-150, observando que a "oposição entre *segurança* e *justiça* peca por desconsiderar que o valor da *justiça* é justamente construído a partir de direitos e liberdades fundamentais, dentre as quais se insere a própria segurança". De resto, o Supremo Tribunal Federal já explicitou que "as balizas normativas instrumentais implicam segurança jurídica, liberdade em sentido maior. Previstas em textos imperativos, hão de ser respeitadas pelas partes, escapando ao critério da disposição" (HC 83255/SP, Relator: Min. Marco Aurélio, Julgamento: 05/11/2003, Tribunal Pleno, DJ 12.03.2004, p. 38).

[609] J. J. Gomes Canotilho, *Direito constitucional e Teoria da Constituição*, p. 263-264; e Carlos Alberto Alvaro de Oliveira, *Del formalismo en el proceso civil*, p. 148-150.

[610] Humberto Ávila, *Teoria da igualdade tributária*, p. 123.

[611] AI-AgR 249470/BA, Relator: Min. Marco Aurélio, Julgamento: 10/10/2000, 2ª Turma, DJ 01.12.2000, p. 74. Voto do Ministro Relator: "É vala comum afirmar-se ser o processo uma marcha voltada ao restabelecimento da paz social momentaneamente abalada. Sucedem-se os atos visando à entrega da prestação jurisdicional pelo Estado-juiz e as oportunidades para a prática dos atos processuais, mostrando-se o sistema recursal pródigo ao abranger várias espécies de recurso. Por opção legislativa, conciliam-se valores. De um lado, tem-se o concernente ao justo, à prevalência da justiça, e aí, potencializado sem qualquer limite, não haveria o fim do processo, porquanto avizinhar-se-ia sempre mais um recurso. De outro, surge como indispensável à vida gregária o referente à segurança jurídica. Há um ponto final relativamente às lides, ficando a decisão última formalizada no processo coberta pelo manto da coisa julgada".

das partes, conforme, aliás, já salientou o Superior Tribunal de Justiça, *in litteris*: "é direito da parte contrária ver cumprida a lei em termos de prazo, garantindo-se o princípio da igualdade de tratamento e evitando-se a insegurança nas relações jurídicas".[612]

Ainda a título exemplificativo, a conexão do *devido processo legal* com a *segurança jurídica* é igualmente intensa na *proteção da confiança do jurisdicionado*.[613] A propósito, o Superior Tribunal de Justiça já entendeu que "informações prestadas pela rede de computadores operada pelo Poder Judiciário são oficiais e merecem confiança", razão pela qual "eventual erro nelas cometido constitui 'evento imprevisto, alheio à vontade da parte e que a impediu de praticar o ato'", vale dizer, configura "justa causa (CPC, art. 183, § 1º), fazendo com que o juiz permita a prática do ato, no prazo que assinar (CPC, art. 183, § 2º)".[614]

Sem embargo, a *segurança jurídica* não pode ser alçada à condição de valor absoluto.[615] Ao lado da *segurança jurídica*, está a *efetividade da jurisdição*, valor igualmente digno de proteção. O conflito entre *segurança jurídica* e *efetividade* é recorrente no âmbito do *devido processo legal*, deflagrando-se, inevitavelmente, pelo *decurso do tempo*. Neste contexto, é tarefa do legislador e do juiz encontrar solução conciliadora, (re)construindo um processo que, na

---

[612] REsp 280382/MG, Rel. Ministro Sálvio de Figueiredo Teixeira, 4ª Turma, julgado em 22.03.2001, DJ 07.10.2002 p. 261. Em igual sentido: REsp 146869/SP, Rel. Ministro Sálvio de Figueiredo Teixeira, 4ª Turma, julgado em 25.11.1997, DJ 16.03.1998 p. 155.

[613] Segundo o Supremo Tribunal Federal, o "princípio da confiança" é "elemento do princípio da segurança jurídica", constituindo "componente de ética jurídica" para "aplicação nas relações jurídicas de direito público" (MS 22357/DF, Relator: Min. Gilmar Mendes, Julgamento: 27/05/2004, Tribunal Pleno, DJ 05.11.2004, p. 06). Em igual sentido: MS 24268/MG, Relator p/ Acórdão: Min. Gilmar Mendes, Julgamento: 05/02/2004, Tribunal Pleno, DJ 17.09.2004, p. 53.

[614] REsp 390561/PR, Rel. Ministro Humberto Gomes de Barros, 1ª Turma, julgado em 18.06.2002, DJ 26.08.2002 p. 175. Semelhantemente: REsp 49456/DF, Rel. Ministro Barros Monteiro, 4ª Turma, julgado em 25.10.1994, DJ 19.12.1994 p. 35321; e REsp 538642/RS, Rel. Ministro César Asfor Rocha, 4ª Turma, julgado em 09.09.2003, DJ 28.10.2003 p. 294. Todavia, a Corte Especial do Superior Tribunal de Justiça, acabou concluindo que "as informações prestadas via internet têm natureza meramente informativa, não possuindo, portanto, caráter oficial", de modo que "eventual erro ocorrido na divulgação destas informações não configura justa causa para efeito de reabertura de prazo nos moldes do art. 183, § 1º, do CPC" (EREsp 503761/DF, Rel. Ministro Felix Fischer, Corte Especial, julgado em 21.09.2005, DJ 14.11.2005 p. 175). Em igual sentido: EREsp 756581/BA, Rel. Ministra Eliana Calmon, 1ª Seção, julgado em 14.06.2006, DJ 01.08.2006 p. 363; AgRg nos EREsp 862.397/SC, Rel. Ministro Castro Meira, 1ª Seção, julgado em 08.08.2007, DJ 27.08.2007 p. 185; REsp 167067/MG, Rel. Ministro Barros Monteiro, 4ª Turma, julgado em 19.12.2002, DJ 17.03.2003 p. 232; e REsp 514412/DF, Rel. p/ Acórdão Ministro Antônio de Pádua Ribeiro, 3ª Turma, julgado em 02.10.2003, DJ 09.12.2003 p. 285. Registre-se que a Lei nº 11.419, de 19/12/2006, dispõe sobre a informatização do processo judicial. Em razão disso, o Superior Tribunal de Justiça, recentemente, deu uma indicação de que a orientação firmada pela Corte Especial pode vir a ser revista, explicitando que, "antes da Lei nº 11.419, de 19 de dezembro de 2006, o sistema informativo extraído da rede de computadores não possuía qualquer efeito concreto no que tange à intimação de atos oficiais e da movimentação processual. Era um ônus dos advogados a verificação do andamento, seja in loco, diretamente nos autos, seja pela publicação na imprensa, quando for o caso" (REsp 1020729/ES, Rel. Ministro Aldir Passarinho Junior, 4ª Turma, julgado em 18/03/2008, DJe 19/05/2008).

[615] Carlos Alberto Alvaro de Oliveira, *Del formalismo en el proceso civil*, p. 150-151; e *idem*, O formalismo-valorativo no confronto com o formalismo excessivo, p. 16-17.

medida do possível, seja efetivo sem negligenciar os direitos fundamentais. Enfim, um processo justo.[616]

Qual, então, o conteúdo do *direito fundamental ao devido processo legal*?[617] É o que se vai examinar, no estágio seguinte.

2. SENTIDO E ALCANCE DO DIREITO FUNDAMENTAL AO DEVIDO PROCESSO LEGAL

Preliminarmente, pode-se dizer que o *direito fundamental ao devido processo legal* exige a observância de um *tipo de processo* antes de alguém ser privado da liberdade ou de seus bens.[618]

Segundo a *teoria do processo devido por qualificação legal*, devido processo legal é o processo ou procedimento instituído ou especificado em lei, sem a fiel observância do qual ninguém deve ser privado da liberdade ou de seus bens. Trata-se, portanto, de um *processo ou procedimento legal, ordenado ou regular*. Destarte, impõe-se, para aplicação de medidas privativas da liberdade ou de bens em geral, a rigorosa observância do processo ou procedimento criado por lei.[619]

Neste sentido, consoante se colhe da jurisprudência do Supremo Tribunal Federal e do Superior Tribunal de Justiça, devido processo legal, *em princípio*: (I) constitui o "processo disciplinado por normas legais";[620] (II) "exerce-se em conformidade com o que dispõe a lei";[621] (III) corresponde ao "procedimento es-

---

[616] Carlos Alberto Alvaro de Oliveira, *Os direitos fundamentais à efetividade e à segurança em perspectiva dinâmica*, p. 17 e 21; e Teori Albino Zavascki, Os princípios constitucionais do processo e as suas limitações, p. 07-10. Segundo Cândido Rangel Dinamarco, "é preciso (...) não se ofuscar tanto com o brilho dos princípios do *processo justo* nem ver na obcecada imposição de todos e cada um a chave mágica da justiça, ou o modo infalível de evitar injustiças. Nem a segurança jurídica, supostamente propiciada de modo absoluto por eles, é um valor tão elevado que legitime um fechar de olhos aos reclamos por um processo rápido, ágil e realmente capaz de eliminar conflitos, propiciando soluções válidas e invariavelmente úteis". Impõe-se que "todos os princípios e garantias sejam havidos como penhores da obtenção de resultados justos, sem receber um culto fetichista que desfigura o sistema". Deve-se "transigir racionalmente em relação aos pilares da segurança jurídica dos litigantes, para poder cumprir com mais eficiência a promessa constitucional de acesso à justiça. Uma boa ordem processual não é feita somente de segurança e das *certezas* do juiz. Ela vive de *certezas, probabilidades* e *riscos*" (*Nova era do processo civil*, p. 13-18). Sobre o *tempo como implacável inimigo do processo, vide*, por todos, José Rogério Cruz e Tucci, *Tempo e processo, passim*.

[617] Eduardo Couture, *La garanzia costituzionale del "dovuto processo legale"*, p. 81, já se perguntava, em 1953, *"che cosa significa un processo legale: quale minimo di elementi giuridici è richiesto perché esista processo e quale insieme di elementi si debba riunire perchè questo sia legale, ossia adeguato, appropriato, adatto ai suoi fini"*.

[618] J. J. Gomes Canotilho, *Direito constitucional e Teoria da Constituição*, p. 481.

[619] J. J. Gomes Canotilho, *Direito constitucional e Teoria da Constituição*, p. 482.

[620] Pet-AgR 2066/SP, Relator: Min. Marco Aurélio, Julgamento: 19/10/2000, Tribunal Pleno, DJ 28.02.2003, p. 07.

[621] AI-AgR 287731/DF, Relator: Min. Celso de Mello, Julgamento: 03/02/2002, 2ª Turma, DJ 07.02.2003, p. 52. Em igual sentido: AI-AgR 312449/SP, Relator: Min. Carlos Velloso, Julgamento: 12/03/2002, 2ª Turma, DJ 26.04.2002, p. 83.

tabelecido na legislação infraconstitucional";[622] (IV) "compreende a existência de normas legais preestabelecidas, exercendo-se (...) na forma das leis preexistentes";[623] (V) é "a garantia da tramitação de um processo, segundo a forma estabelecida em lei";[624] (VI) exige a "observância do procedimento tipificado na lei";[625] (VI) "remete às normas processuais vigentes, de natureza ordinária";[626] e (VII) "reclama observância do procedimento regulado em lei, não sendo dado ao Judiciário tomar liberdades com ele inadmissíveis".[627]

Por aí se vê que o *direito fundamental ao devido processo legal* abrange, *em princípio*, a exigência de que ninguém deve ser privado da liberdade ou de seus bens sem a observância do *processo ou procedimento tipificado ou contemplado em lei*. Devido processo legal é concebido, destarte, como *processo ou procedimento legal, ordenado ou regular*, que "contempla a observância das normas e da sistemática previamente estabelecida como garantia das partes no processo".[628] Daí dizer-se que o *procedimento regular* constitui um dos "sustentáculos do devido processo legal".[629]

Tal, aliás, é a concepção de devido processo legal que está na base do entendimento praticamente pacífico do Supremo Tribunal Federal segundo o qual não cabe recurso extraordinário por alegação de ofensa à disposição do art. 5º, LIV, da Constituição de 1988, sob color de que "se ofensa tivesse havido, seria ela indireta, reflexa, dado que a ofensa direta seria a normas processuais. E a ofensa a preceito constitucional que autoriza a admissão do recurso extraordinário é a ofensa direta, frontal".[630]

Tenha-se presente, no entanto, que, com a *tese da ofensa direta e reflexa*, a concretização legislativa dos princípios constitucionais, de modo geral, e do direito fundamental ao devido processo legal, de modo particular, não pode ser controlada pelo Supremo Tribunal Federal, que é o guardião da Constituição (art.

---

[622] RE-AgR 289014/SP, Relator: Min. Maurício Corrêa, Julgamento: 30/10/2001, 2ª Turma, DJ 15.02.2002, p. 14.

[623] AI-AgR-ED-AgR 181142/SP, Relator: Min. Carlos Velloso, Julgamento: 13/02/1998, 2ª Turma, DJ 27.03.1998, p. 05).

[624] RE 268319/PR, Relator: Min. Ilmar Galvão, Julgamento: 13/06/2000, 1ª Turma, DJ 27.10.2000, p. 87.

[625] HC 87926/SP, Relator: Min. Cezar Peluso, Julgamento: 21/11/2006 (suspenso em virtude de pedido de vista formulado pelo Ministro Joaquim Barbosa), 2ª Turma, *Informativo STF*, Brasília, nº 449, 20-24/11/2006.

[626] AgRg na MC 2470/PR, Rel. Ministro Sálvio de Figueiredo Teixeira, 4ª Turma, julgado em 27.06.2000, DJ 04.09.2000 p. 154.

[627] AgRg nos EREsp 1747/PR, Rel. Min. Sálvio de Figueiredo Teixeira, 2ª Seção, julgado em 12.09.1990, DJ 09.10.1990 p. 10876. Em igual sentido: REsp 90279/MG, Rel. Min. Sálvio de Figueiredo Teixeira, 4ª TURMA, julgado em 25.06.1998, DJ 21.09.1998 p. 166.

[628] Sálvio de Figueiredo Teixeira, O processo civil na nova Constituição, p. 81. Igualmente, *vide* Carlos Mário da Silva Velloso, Princípios constitucionais de processo, p. 230.

[629] REsp 1813/RJ, Rel. Min. Sálvio de Figueiredo Teixeira, 4ª Turma, julgado em 20.02.1990, DJ 19.03.1990 p. 1949.

[630] AI-AgR 440591/DF, Relator: Min. Carlos Velloso, Julgamento: 05/08/2003, 2ª Turma, DJ 29.08.2003, p. 30. Igualmente: AI-AgR 393375/DF, Relator: Min. Celso de Mello, Julgamento: 26/11/2002, 2ª Turma, DJ 19.12.2002, p. 108.

Devido Processo Legal e Proteção de Direitos

102). Veja-se, "de um lado, que os princípios jurídicos instituem uma *tarefa de concretização* (*Konkretisierungsauftrag*); e, de outro lado, que eles, às vezes, '*somente em conseqüência da interpretação das referidas prescrições legislativas*' (...) podem ser concretizados". Neste contexto, "o Supremo Tribunal Federal abre mão de investigar uma enorme – e importante – parte da concretização dos princípios".[631] *Com a tese da ofensa direta e reflexa, o STF deixa de investigar a concretização do direito fundamental ao devido processo legal.*

No fundo, a *concepção do devido processo legal como simples garantia de um procedimento legal ou regular* circunscreve "o conteúdo das garantias constitucionais àquele tanto (ou àquele pouco) que já se encontra enunciado – e, bem ou mal, garantido – por normas processuais do código e das leis ordinárias".[632] Tal concepção, em razão disso, obsta não apenas a interpretação das disposições processuais de conformidade com o direito fundamental ao devido processo legal, mas, igualmente, a aplicação direta e imediata do art. 5º, LIV, da Constituição Federal, em caso de falta, insuficiência ou inadequação da legislação ordinária.[633]

---

[631] Humberto Ávila, *Sistema constitucional tributário*, p. 278.

[632] Luigi Paolo Comoglio, Corrado Ferri, Michele Taruffo, *Lezioni sul processo civile*, p. 56-57, ressaltando, de resto, "*la necessità che le garanzie costituzionali vengano interpretate in piena autonomia di significato*".

[633] Carlos Alberto Alvaro de Oliveira, *Os direitos fundamentais à efetividade e à segurança jurídica em perspectiva dinâmica*, p. 06-07. Por exceção, o Supremo Tribunal Federal decide que "a intangibilidade do preceito constitucional que assegura o devido processo legal direciona ao exame da legislação comum. Daí a insubsistência da tese no sentido de que a ofensa à Carta Política da República suficiente a ensejar o conhecimento de extraordinário há de ser direta e frontal. Caso a caso, compete ao Supremo Tribunal Federal exercer crivo sobre a matéria, distinguindo os recursos protelatórios daqueles em que versada, com procedência, a transgressão a texto constitucional, muito embora torne-se necessário, até mesmo, partir-se do que previsto na legislação comum. Entendimento diverso implica relegar à inocuidade dois princípios básicos em um Estado Democrático de Direito: o da legalidade e do devido processo legal, com a garantia da ampla defesa, sempre a pressuporem a consideração de normas estritamente legais" (RE 247262/BA, Relator: Min. Marco Aurélio, Julgamento: 13/02/2001, 2ª Turma, DJ 18.05.2001, p. 449). Em igual sentido: "Recurso extraordinário – Princípio da legalidade – Devido processo legal. Se de um lado não se pode alçar a dogma a visão pretérita de que a transgressão à Carta, suficiente a impulsionar o extraordinário, há que ser direta e frontal, de outro não se pode tomar as garantias constitucionais previstas nos incisos II e LIV do artigo 5º da Carta de 1988 como meio hábil a, uma vez evocada, ensejar a análise, pelo Supremo Tribunal Federal, de normas estritamente legais, tornando-o uma corte simplesmente revisora. Caso a caso, deve-se perquirir da ofensa às citadas garantias, mesmo que isto demanda a análise dos parâmetros legais revelados no acórdão que se pretende ver reformado. Cumpre ao Supremo Tribunal Federal agir com a necessária flexibilidade, no que voltado à guarda do respeito aos citados princípios" (AI-AgR 149619/ DF, Relator: Min. Marco Aurélio, Julgamento: 24/09/1993, 2ª Turma, DJ 19.11.1993, p. 24661). Destaque-se que, recentemente, o Supremo Tribunal Federal iniciou julgamento de recurso extraordinário em que se alega negativa de prestação jurisdicional e ofensa aos princípios do devido processo legal e da ampla defesa. Na espécie, a Presidência do Superior Tribunal de Justiça desproveu agravo de instrumento em que se pretendia a subida de recurso especial inadmitido na origem, consignando que o agravante não infirmara os fundamentos decisórios nem demonstrara, no especial, ofensa a determinados dispositivos do CPC, bem como que o tribunal de origem não extrapolara, em juízo primeiro de admissibilidade, seu limite de cognição. Seguiram-se embargos de declaração, rejeitados, ao fundamento de ausência de seus pressupostos. Em face desse acórdão, o agravante apresentou recurso extraordinário no qual indica violação aos artigos 5º, LIV e LV, e 105, III, da CF, aduzindo que o tema constitucional pode surgir no julgamento do recurso especial. O Min. Marco Aurélio, Relator, deu provimento ao recurso extraordinário para que o Superior Tribunal de Justiça, afastado o óbice à seqüência do especial, examine-o como entender de direito, no que foi acompanhado pela Min. Cármen Lúcia, que o provia com fundamento no art. 5º, XXXV, da CF. Ressaltando que o Supremo encontra-se no ápice da organização judiciária brasileira e que o devido processo legal é uma garantia constitucional, considerou não ter cabimento proclamar-se a irrecorribilidade das decisões do Superior Tribunal de Justiça que resultem na inadmissibilidade do recurso

Ninguém ignora que o *direito fundamental ao devido processo legal* exige, *à partida*, a observância do processo ou procedimento regulado por lei, isto é, que a jurisdição seja "prestada segundo os procedimentos ditados pela legislação processual, cuja rigorosa observância é requisito de regularidade do processo".[634] Contudo, não se reduz a essa exigência o *direito fundamental ao devido processo legal*, consoante, aliás, lição de Maria Rosynete Oliveira Lima, no sentido de que "a verificação das etapas ritualísticas processuais estabelecidas em lei, em princípio aptas a justificar a atuação do Estado nos bens sob a sua proteção, não representa (...) a completude do devido processo legal procedimental".[635] Com efeito, se, por um lado, é certo que "o procedimento tem o valor de penhor da *legalidade* no exercício do poder", não é menos certo, por outro lado, que *o devido processo legal não deve resolver-se em simples garantia de legalidade.*[636] Do contrário, o art. 5°, LIV, da Constituição Federal não precisaria ter dito que "ninguém será privado da liberdade ou de seus bens sem o devido processo legal". Seria suficiente a previsão do princípio da legalidade, no art. 5°, II, da Constituição da República. Vale o adágio: *"verba cum effectu, sunt accipienda"* – "não se presumem, na lei, palavras inúteis".[637] Se o devido processo legal fosse apenas o *processo da lei*, qualquer procedimento poderia ser qualificado como devido processo legal. Bastaria, com efeito, que o procedimento estivesse regulamentado em lei.[638]

---

especial, cujos pressupostos para recorrer estão previstos na CF. Asseverou que a definição sobre até que ponto o acórdão proferido pela aludida Corte implica violência à CF deve ser analisado caso a caso. Assim, não haveria como afirmar que o exame dos requisitos de admissibilidade do recurso especial seria providência privativa do Superior Tribunal de Justiça. Em divergência, os Ministros Ricardo Lewandowski e Carlos Britto desproveram o recurso por reputar que a discussão envolveria matéria infraconstitucional. Após, verificado o empate, adiou-se a conclusão do julgamento para colher o voto de Ministro da 2ª Turma, que substituirá e preencherá o lugar vago em razão do impedimento do Min. Menezes Direito (RE 417819/DF, Rel. Min. Marco Aurélio, Julgamento: 12/02/2008, *Informativo de Jurisprudência*, nª 494). Neste contexto, *vide* Danilo Knijnik, *O recurso especial e a revisão da questão de fato pelo Superior Tribunal de Justiça*, p. 266, observando que a "não uniformização" da jurisprudência pelo Superior Tribunal de Justiça, "onde ela é reclamada", vale dizer, quando "a decisão de casos concretos enseja um desenvolvimento jurídico", não deixa de ser "também uma forma de descumprir o art. 105, III, da Constituição Federal".

[634] Carlos Roberto Siqueira Castro, *O devido processo legal e a razoabilidade das leis na nova Constituição do Brasil*, p. 288-289. Por exemplo: "Ação de prestação de contas. Obrigação de prestar contas negada pelo réu. Supressão da primeira fase da demanda, consideradas boas, desde logo, as contas apresentadas pela autora, assim como declarado o saldo credor e estabelecida a condenação do réu ao pagamento do 'quantum' apurado. Inobservância do devido processo legal. – Negada pelo réu a obrigação de prestar contas, incumbe ao Magistrado decidir, numa primeira fase, se está ele obrigado, ou não, a prestá-las. Somente depois de reconhecida tal obrigação, é que se procede ao exame do conteúdo das contas oferecidas, visando à apuração da existência de saldo em favor de uma ou de outra parte. Recurso especial conhecido, em parte, e provido, prejudicada a MC n° 3.981-PE" (REsp 336358/PE, Rel. Ministro Barros Monteiro, 4ª Turma, julgado em 26.03.2002, DJ 01.07.2002 p. 347).

[635] *Devido processo legal*, p. 243. Igualmente, *vide* Augusto M. Morello, *Constitución y proceso*, p. 62; e Nicola Picardi, *Manuale del processo civile*, p. 213. Neste sentido, aliás, já decidiu o Supremo Tribunal Federal que o devido processo legal "não se satisfaz (...) com a simples observância de meros ritos formais" (HC 689926/MG, Relator: Min. Celso de Mello, Julgamento: 10/12/1991, 1ª Turma, DJ 28.08.1992, p. 13453).

[636] Cândido Rangel Dinamarco, *A instrumentalidade do processo*, p. 127, grifado no original.

[637] Carlos Maximiliano, *Hermenêutica e aplicação do direito*, p. 250.

[638] A propósito, *vide* Nicola Picardi, *Manuale del processo civile*, p. 212, observando que *"non basta che l'attività processuale venga strutturata in una forma processuale qualsiasi, occorre che sia attuata mediante un processo 'giusto'"*.

Outra, portanto, deve ser a concepção de devido processo legal.

Segundo a denominada teoria substantiva, o direito fundamental do devido processo legal não compreende apenas o direito fundamental ao procedimento legal, ordenado ou regular, mas, além disso, o direito fundamental a um processo justo ou adequado, sem a observância do qual, logicamente, ninguém deve ser privado da liberdade ou de seus bens.[639]

Como processo justo ou adequado, o devido processo legal é, em primeiro lugar, um processo materialmente informado por direitos fundamentais, expressos ou implícitos na Constituição.[640] O direito fundamental a um processo justo compreende, portanto, o direito a um processo legal, porém, informado por direitos fundamentais, especialmente direitos fundamentais processuais, como, por exemplo, o contraditório e ampla defesa, o juiz natural, a igualdade das partes, o direito à prova, etc.[641]

Neste sentido, o devido processo legal "começa por ser um processo justo logo no momento da criação normativo-legislativa". Com efeito, "os objectivos da exigência do processo devido não poderiam ser conseguidos se o legislador pudesse livre e voluntariamente converter qualquer processo em processo eqüitativo". É inegável que a própria legislação processual pode "transportar a 'injustiça', privando uma pessoa de direitos fundamentais".[642]

Justo, portanto, não é qualquer processo regido por lei. Justo é o processo legal e informado por direitos fundamentais.[643] Neste contexto, deve-se receber

---

[639] Aliás, consoante já decidiu o Supremo Tribunal Federal, "due process of law, com caráter processual – procedural due process — garante às pessoas um procedimento judicial justo, com direito de defesa" (ADI-MC 1511/DF, Relator: Min. Carlos Velloso, Julgamento: 16/10/1996, Tribunal Pleno, DJ 06.06.2003, p. 29).

[640] J. J. Gomes Canotilho, Direito constitucional e Teoria da Constituição, p. 482; Carlos Alberto Alvaro de Oliveira, Os direitos fundamentais à efetividade e à segurança em perspectiva dinâmica, p. 18-19; e idem, Efetividade e processo de conhecimento, p. 09.

[641] Segundo Nicola Picardi, Manuale del processo civile, p. 213, "'giusto processo' è un'espressione riassuntiva che sta ad indicare un fascio di diritti fondamentali, i c.d. 'diritti giudiziari' inviolabili, che, da un lato, in chiave di 'garantismo', dall'altro, in chiave di 'effettività', vengono ridotti ad unitaria, ma comunque composita, definizione. In altri termini, il processo, per essere 'giusto', deve presentare alcuni requisiti strutturali", quais sejam, "le garanzie minime alle quali si deve adeguare il legislatore ordinario e, per quanto di competenza, l'interprete nel momento applicativo". Igualmente, vide Luigi Paolo Comoglio, Etica e tecnica del "giusto processo", p. 49, salientando que "il processo, dunque, è 'due' (od, a seconda delle versioni linguistiche, 'dovuto', 'debido', 'devido'), non perché sia compiutamente regolato da norme di legge rigide e precostituite, ma piuttosto in quanto rappresenta la garanzia positiva di un 'diritto naturale' del singolo ad un processo 'informato a principi superiori di giustizia'". De resto, vide Paolo Ferrua, Il "giusto processo", p. 32.

[642] J. J. Gomes Canotilho, Direito constitucional e Teoria da Constituição, p. 482. Segundo Carlos Alberto Alvaro de Oliveira, o processo, "apesar de seu caráter formal", não é uma "mera ordenação de atividades dotada de um cunho exclusivamente técnico, integrada por regras externas, estabelecidas pelo legislador de modo totalmente arbitrário". Destarte, "a formação do próprio procedimento está impregnada de valores e até o rito pode ser estruturado injustamente, se não obedecidas as garantias fundamentais do processo, os princípios que lhe são ínsitos e o nível de desenvolvimento de cada povo" (Do formalismo no processo civil, p. 187; e Del formalismo en el proceso civil, p. 372 e 134).

[643] A propósito, vide Nicolò Trocker, Il nuovo articolo 111 della Costituzione e il "giusto processo" in materia civile: profili generali, p. 385-386. Consoante se colhe da jurisprudência do Supremo Tribunal Federal, "o princípio do devido processo legal, que lastreia todo o leque de garantias constitucionais voltadas para a efetividade dos processos jurisdicionais e administrativos, assegura que todo julgamento seja realizado com a observância

com o clássico grão de sal, por exemplo, a afirmação de que "inocorre violação do princípio do contraditório, quando observado o devido processo legal".[644] Se é certo, por um lado, que "a ampla defesa prevista no texto constitucional" normalmente "ocorre nas circunstâncias estabelecidas em lei", não é menos certo, por outro lado, que a própria lei pode acabar por inviabilizar a ampla defesa, consoante, aliás, já decidiu o Supremo Tribunal Federal.[645] Segundo Cândido Rangel Dinamarco, "cumprir o procedimento é também observar o contraditório".[646] Isso, no entanto, pressupõe a organização legal do procedimento com escrupuloso e efetivo respeito à garantia constitucional do contraditório.

Ninguém ignora que a lei, no Estado democrático de direito, é a "primeira mediação do 'justo' constitucional".[647] Cabe ao legislador, em primeiro lugar, proceder à organização do devido processo legal, estabelecendo concordância prática entre os ideais de segurança jurídica e de efetividade da jurisdição.[648] Tal concor-

---

das regras procedimentais previamente estabelecidas, e, além disso, representa uma exigência de fair trial, no sentido de garantir a participação equânime, justa, leal, enfim, sempre imbuída pela boa-fé e pela ética dos sujeitos processuais. A máxima do fair trial é uma das faces do princípio do devido processo legal positivado na Constituição de 1988, a qual assegura um modelo garantista de jurisdição, voltado para a proteção efetiva dos direitos individuais e coletivos, e que depende, para seu pleno funcionamento, da boa-fé e lealdade dos sujeitos que dele participam, condição indispensável para a correção e legitimidade do conjunto de atos, relações e processos jurisdicionais e administrativos. Nesse sentido, tal princípio possui um âmbito de proteção alargado, que exige o fair trial não apenas dentre aqueles que fazem parte da relação processual, ou que atuam diretamente no processo, mas de todo o aparato jurisdicional, o que abrange todos os sujeitos, instituições e órgãos, públicos e privados, que exercem, direta ou indiretamente, funções qualificadas constitucionalmente como essenciais à Justiça. Contrárias à máxima do fair trial – como corolário do devido processo legal, e que encontra expressão positiva, por exemplo, no art. 14 e seguintes do Código de Processo Civil – são todas as condutas suspicazes praticadas por pessoas às quais a lei proíbe a participação no processo em razão de suspeição, impedimento ou incompatibilidade; ou nos casos em que esses impedimentos e incompatibilidades são forjados pelas partes com o intuito de burlar as normas processuais" (RE 464963/GO, Relator: Min. Gilmar Mendes, Julgamento: 14/02/2006, 2ª Turma, DJ 30.06.2006, p. 35). Em igual sentido: AI 529733/RS, Relator: Min. Gilmar Mendes, Julgamento: 17/10/2006, 2ª Turma, DJ 01.12.2006, p. 97. Semelhantemente: "Dispõe a Constituição, no artigo 5º, inciso LIV: 'ninguém será privado da liberdade ou de seus bens sem o devido processo legal'. Isto é, sem um processo que seja, ao mesmo tempo, legal, previsto na lei, qualquer que seja o escalão normativo, e, além de legal, tem que ser devido, no sentido de que deve corresponder a exigências éticas da civilização, ninguém pode ser destituído de qualquer bem jurídico" (MS-MC 25647/DF, Relator p/ Acórdão: Min. Cezar Peluso, Julgamento: 30/11/2005, Tribunal Pleno, DJ 15.12.2006, p. 82).

[644] REsp 148255/SP, Rel. Min. Sálvio de Figueiredo Teixeira, 4ª Turma, julgado em 20.04.1999, DJ 21.06.1999 p. 161. Igualmente: "O conteúdo jurídico dos princípios da ampla defesa e do devido processo legal remete às normas processuais vigentes, de natureza ordinária, e à sua aplicação aos casos concretos, de sorte que a aplicação da norma em vigor não implica em violação desses princípios" (AgRg na MC 2470/PR, Rel. Ministro Sálvio de Figueiredo Teixeira, 4ª Turma, julgado em 27.06.2000, DJ 04.09.2000 p. 154).

[645] AI-AgR 142847/SP, Relator: Min. Marco Aurélio, Julgamento: 01/12/1992, 2ª Turma, DJ 05.02.1993, p. 849.

[646] *A instrumentalidade do processo*, p. 132.

[647] J. J. Gomes Canotilho, *Direito constitucional e Teoria da Constituição*, p. 439.

[648] Segundo Andrea Proto Pisani, *Giusto processo e valore della cognizione piena*, p. 267, *"non è, non sarebbe in regola con la Costituzione un processo nel quale le forme e i termini (cioè i poteri delle parti e del giudice) (...) fossero tutti rimessi quanto alla modalità ed ai tempi alla discrezionalità del giudice"*. Igualmente, vide Sergio Chiarloni, *Il nuovo art. 111 Cost. e il processo civile*, p. 1.014-1.017. Por outro lado, Nicola Picardi, *Manuale del processo civile*, p. 213-215, observa que *"una rigida predeterminazione di ogni articolazione della procedura, in alcuni casi, finirebbe, anzi, per comprimere garanzie fondamentali, quali lo stesso contraddittorio, il diritto di difesa e soprattutto l'effettività della tutela. Di qui la necessità di una certa flessibilità della riserva al fine di demandare al giudice il potere di bilanciare gli interessi contrapposti. Per questo aspetto, la riserva di legge as-*

Devido Processo Legal e Proteção de Direitos

dância, no entanto, não é obtida apenas pela *via da legislação ordinária*, mas, igualmente, pela *via judicial direta*. A solução conciliadora pela *via da legislação ordinária* poderá ocorrer "sempre que forem previsíveis os fenômenos de tensão e de conflito, sempre que for possível intuí-los, à vista do que comumente ocorre no mundo dos fatos". Já a concordância prática pela *via judicial direta* será necessária "quando inexistir regra legislada de solução, ou quando esta (construída que foi à base de mera intuição) se mostrar insuficiente ou inadequada à solução do conflito concretizado, que não raro se apresenta com características diferentes das que foram imaginadas pelo legislador".[649]

Sem embargo, as posições jurídicas ínsitas no direito fundamental ao devido processo legal não são *posições jurídicas legais*, no sentido de "posições subjectivas dependentes do direito legal", configurando-se, essencialmente, como *posições jurídicas constitucionais*, vale dizer, "posições imediatas, derivadas da constituição, independentemente da lei".[650] Por exemplo, à falta de qualquer regulação legal, o Supremo Tribunal Federal já emitiu pronunciamento no sentido de que, "havendo requerimento expresso do impetrante quanto à comunicação da data do julgamento de 'habeas corpus', para o fim de sustentação oral das razões do 'writ', deve a Corte Superior de Justiça adotar procedimento capaz de permitir o uso de tal instrumento de defesa", consistente, pelo menos, "na divulgação, no endereço oficial do STJ na internet, da provável data do julgamento, com antecedência mínima de 48 horas", não se afastando a possibilidade de a "ciência dos impetrantes" dar-se "por outro meio idôneo".[651]

Neste contexto, o *direito fundamental ao devido processo legal* reveste-se de *eficácia direta*, podendo cumprir a função de criar procedimentos necessários para a garantia de acesso efetivo à justiça, sem a intermediação de disposições legais.[652] Por exemplo, segundo o Supremo Tribunal Federal, "a garantia constitucional do contraditório", à míngua de qualquer disposição legal, "impõe que se ouça, previamente, a parte embargada na hipótese excepcional de os embargos de declaração haverem sido interpostos com efeito modificativo".[653]

Ademais, o *direito fundamental ao devido processo legal* pode cumprir a função de desconsiderar procedimentos inúteis ou desnecessários. Paradoxalmente, o próprio devido processo legal pode exigir a inobservância do procedimento regulado por lei. As formalidades, como é intuitivo, são indispensáveis para garan-

---

sume 'carattere relativo': è sufficiente che il legislatore predetermini le sole condizioni o componenti essenziali (...), rimettendo ad altra fonte la regolamentazione di dettaglio". De resto, *vide* Luigi Paolo Comoglio, *Etica e tecnica del "giusto processo",* p. 58; e Paolo Ferrua, *Il "giusto processo",* p. 40-41.

[649] Teori Albino Zavascki, Os princípios constitucionais do processo e as suas limitações, p. 08-09.

[650] J. J. Gomes Canotilho, *Direito constitucional e Teoria da Constituição,* p. 1.225-1.226. Semelhantemente, *vide* José Carlos Barbosa Moreira, *O Poder Judiciário e a efetividade da nova Constituição,* p. 105.

[651] HC 92253/SP, Relator: Min. Carlos Britto, Julgamento: 27/11/2007, 1ª Turma, DJ 14.12.2007, p. 76.

[652] Humberto Ávila, *Sistema constitucional tributário,* p. 118.

[653] RE-ED 144981/RJ, Relator: Min. Celso de Mello, Julgamento: 11/04/1995, 1ª Turma, DJ 08.09.1995, p. 28362.

tir um processo justo e efetivo. São "necessárias para a liberdade".[654] No entanto, podem revelar-se excessivas ou exageradas. Neste sentido, *o direito fundamental a um processo justo compreende a exigência de interdição de um formalismo excessivo ou exagerado*.[655] A propósito, são invocáveis os arts. 154, 244, 249, § 1º, e 250 do CPC, caracterizando-se como *disposições de sobredireito processual*, "porque se sobrepõem às demais, por interesse público eminente, condicionando-lhes, sempre que possível, a imperatividade".[656] Tais disposições, "ressaltando a importância da finalidade, impedem o fenômeno das formas residuais, as formas que teimam em permanecer apesar da perda de sentido". Destarte, golpeia-se de morte "o fetichismo da forma, eliminando-se as imprestáveis, mantidas tão-somente as que tenham finalidade atual ou sirvam à garantia das partes".[657]

---

[654] Montesquieu, *O espírito das leis*, Livro XXIX, Capítulo I, p. 601.

[655] Walter Habscheid, *Les grands principes de la procédure civile: nouveaux aspects*, p. 05 e 12-13. A propósito, já decidiu o Superior Tribunal de Justiça: "Processo civil. Litisconsórcio ativo. Extinção do processo, na origem, com fundamento em que, não obstante os litisconsortes pudessem litigar conjuntamente em relação ao primeiro pedido que formulam no processo, o segundo pedido diz respeito apenas a um deles, de modo que há impossibilidade de sua cumulação. Exagerado apego processual, por parte do Tribunal 'a quo'. Recurso especial provido, com a reforma do acórdão recorrido. I – Regula o Processo Civil três modalidades de litisconsórcios facultativos:(a) o litisconsórcio unitário, caracterizado pelo fato de que, não obstante haja pluralidade de partes em um dos pólos da relação processual, há apenas uma demanda em discussão e a respectiva decisão tem de ser uniforme; (b) o litisconsórcio por conexidade, no qual o fundamento pelo qual se admite a cumulação subjetiva é o de que há identidade entre os pedidos ou as causas de pedir; e (c) o litisconsórcio por afinidade de questões de fato, que se caracteriza, não pela existência de conexão entre as demandas cumuladas, mas de um liame caracterizado pela existência de algum requisito comum de fato ou de direito. II – Na hipótese sob julgamento, um dos pedidos formulados na petição inicial aproveita apenas um dos litisconsortes. Não obstante, esse pedido é formulado com fundamento em questões de fato semelhantes ao do outro pedido contido na petição inicial, que aproveita os dois litisconsortes e motivou a propositura da ação com cúmulo subjetivo. III – Há, portanto, litisconsórcio por conexidade em relação ao pedido que aproveita a ambos, e litisconsórcio por afinidade de questão de fato no pedido que aproveita a um dos autores, exclusivamente. IV – Em que pese a hipótese dos autos situar-se em uma região limítrofe, sendo possível argumentar, de maneira coerente, tanto no sentido da admissão, como da rejeição do litisconsórcio ora discutido, é imperativo que o julgador procure, sempre, ao atuar, viabilizar o processo que está sob sua responsabilidade. O Processo Civil foi criado para possibilitar que se profiram decisões de mérito, não para ser, ele mesmo, objeto das decisões que proporciona. A extinção de processos por meros óbices processuais deve ser sempre medida de exceção. Recurso especial conhecido e provido" (REsp 802497/MG, Rel. Ministra Nancy Andrighi, 3ª Turma, julgado em 15/05/2008, DJe 24/11/2008).

[656] Galeno Lacerda, *O Código e o formalismo processual*, p. 10, inspirando-se no conceito de Ernst Zitelmann para definir as normas de direito internacional privado: direito sobre direito (*Recht über Recht*). Reza o art. 154 do CPC que "os atos e termos processuais não dependem de forma determinada senão quando a lei expressamente a exigir, reputando-se válidos os que, realizados de outro modo, lhe preencham a finalidade essencial". Por sua vez, o art. 244 do CPC estabelece que, "quando a lei prescrever determinada forma, sem cominação de nulidade, o juiz considerará válido o ato se, realizado de outro modo, lhe alcançar a finalidade". Já o art. 249, § 1º, do CPC dispõe que "o ato não se repetirá nem se lhe suprirá a falta quando não prejudicar a parte". E, de resto, o art. 250 do CPC estatui que "o erro de forma do processo acarreta unicamente a anulação dos atos que não possam ser aproveitados, devendo praticar-se os que forem necessários, a fim de se observarem, quanto possível, as prescrições legais".

[657] Carlos Alberto Alvaro de Oliveira, *Do formalismo no processo civil*, p. 205-207. Igualmente, *vide* J. J. Gomes Canotilho, *Direito constitucional e Teoria da Constituição*, p. 485-486; Joan Picó i Junoy, *Las garantías constitucionales del proceso*, p. 49-50; e José Roberto dos Santos Bedaque, *Efetividade do processo e técnica processual*, *passim*. A propósito, o Superior Tribunal de Justiça já decidiu que "as formalidades processuais somente se justificam quando essenciais ao devido processo legal. Quando dispensáveis, devem ser desprezadas" (REsp 278389/SP, Rel. Ministro Sálvio de Figueiredo Teixeira, 4ª Turma, julgado em 07.11.2000, DJ 11.12.2000 p. 213); e que "o processo contemporâneo há muito que repudia o formalismo exacerbado, recomendando o aproveitamento dos atos sanáveis, adotando a regra retratada no brocardo pas de nullité sans grief. E já

Por outro lado, o *direito fundamental ao devido processo legal* compreende a "exigência de 'fair trial', no sentido de garantir a participação equânime, justa, leal, enfim, sempre imbuída pela boa-fé e pela ética dos sujeitos processuais". A "boa-fé e lealdade dos sujeitos que dele participam" constitui "condição indispensável para a correção e legitimidade do conjunto de atos, relações e processos jurisdicionais". O *fair trial*, ademais, é exigido "não apenas dentre aqueles que fazem parte da relação processual, ou que atuam diretamente no processo, mas de todo o aparato jurisdicional, o que abrange todos os sujeitos, instituições e órgãos, públicos e privados, que exercem, direta ou indiretamente, funções qualificadas constitucionalmente como essenciais à Justiça".[658]

Expressão positiva do *devido processo legal* como exigência de *fair trial* é, especialmente, o art. 14, II, do CPC, segundo o qual é dever das partes e de todos aqueles que de qualquer forma participam do processo "proceder com lealdade e boa-fé".

Daí o alvitre de que o *princípio da colaboração* pode ser extraído do *direito fundamental ao contraditório*, na medida em que todos aqueles que participam do devido processo legal "devem nele intervir desde a sua instauração até o último ato, agindo e interagindo com boa-fé e lealdade". Como "apanágio de todos os sujeitos do processo", a lealdade ou boa-fé implica, especialmente, a "cooperação do órgão judicial com as partes e destas com aquele".[659] *Não há falar, contudo, em comunidade de trabalho, pois não é possível fechar os olhos à real contraposição dos interesses das partes.*[660] O viés é outro, qual seja, o de que *a boa-fé ou lealdade deve concretizar-se por meio do contraditório como instrumento de investigação dialética da verdade provável,* para recuperação do caráter ético do

---

pertence ao anedotário da história processual a nulidade declarada tão só pelo uso da palavra vitis (videira) em vez da palavra arbor (árvore)" (REsp 182977/PR, Rel. Ministro Sálvio de Figueiredo Teixeira, 4ª Turma, julgado em 23.05.2000, DJ 07.08.2000 p. 111). Por exemplo: "Não é lícito ao juiz estabelecer, para as petições iniciais, requisitos não previstos nos artigos 282 e 283 do CPC. Por isso, não lhe é permitido indeferir liminarmente o pedido, ao fundamento de que as cópias que o instruem carecem de autenticação. II – O documento ofertado pelo autor presume-se verdadeiro, se o demandado, na resposta, silencia quanto à autenticidade (CPC, Art. 372)" (EREsp 179147/SP, Rel. Ministro Humberto Gomes de Barros, Corte Especial, julgado em 01.08.2000, DJ 30.10.2000 p. 118). Por outro lado, já decidiu igualmente o Superior Tribunal de Justiça que, "por mais justa que seja a pretensão recursal, não se pode desconhecer os pressupostos recursais. O aspecto formal é importante em matéria processual, não por amor ao formalismo, mas para segurança das partes. Ademais, é também direito da parte adversa que a lei seja observada, em respeito ao devido processo legal" (AgRg no Ag 169729/SP, Rel. Ministro Sálvio de Figueiredo Teixeira, 4ª Turma, julgado em 17.03.1998, DJ 08.06.1998 p. 144).

[658] RE 464963/GO, Relator: Min. Gilmar Mendes, Julgamento: 14/02/2006, 2ª Turma, DJ 30.06.2006, p. 35. Em igual sentido: Ext 986/BO, Relator: Min. Eros Grau, Julgamento: 15/08/2007, Tribunal Pleno, DJ 05.10.2007, p. 21.

[659] Carlos Alberto Alvaro de Oliveira, *Del formalismo en el proceso civil*, p. 286 e 421-425; e *idem*, O formalismo-valorativo no confronto com o formalismo excessivo, p. 19 e 25-26.

[660] Othmar Jauernig, *Direito processual civil*, p. 149. Por outro lado, exaltando o princípio da cooperação e aludindo a uma "*comunidade de trabalho (Arbeitsgemeinschaft)* entre as partes e o tribunal para a realização da função processual", *vide* José Lebre de Freitas, *Introdução ao processo civil*, p. 163-168. Criticamente, *vide* Luís Correia de Mendonça, 80 anos de autoritarismo: uma leitura política do processo civil português, p. 431-433, observando que "só por utopia ou ingenuidade se pode querer tornar o processo um alegre passeio de jardim que as partes percorrem de mãos dadas na companhia do juiz". De resto, *vide* Juan Montero Aroca, *El proceso civil llamado "social" como instrumento de "justicia" autoritaria,* p. 161-164.

processo, além do simplesmente lógico. *Agir de má-fé ou de modo desleal*, nessa perspectiva, significa violar o *contraditório*, na medida em que compromete a possibilidade de alcançar-se a *verdade provável* e, por conseguinte, a própria *efetividade da tutela jurisdicional*.[661]

Além disso, o direito fundamental ao devido processo legal compreende o direito a um procedimento adequado ao direito material e às peculiaridades do caso concreto. Abrange, portanto, a exigência de formas instrumentais adequadas.[662] Neste contexto, o devido processo legal não se compraz com um rito ou tipo de procedimento específico e exclusivo. Vale dizer, o rito ordinário não é "o" instrumento de concretização do devido processo legal.[663] Com efeito, não há um processo único que dispense uma forma de tutela única para todas as situações de vantagem. Em lugar disso, há uma pluralidade de processos e uma pluralidade de formas de tutela jurisdicional. A diversidade de processos e formas de tutela jurisdicional é reflexo da "diversidade de necessidades de tutela das situações de vantagem".[664] Daí que, por exemplo, o rito sumário (arts. 275-281 do CPC) não é menos justo que o rito ordinário. Ambos são instrumentos adequados de atuação

---

[661] Nicola Picardi, *Manuale del processo civile*, p. 171-172. 4. Por exemplo: o Superior Tribunal de Justiça julgou caso no qual "o valor da causa foi elevado em razão do pedido deduzido na inicial, consistente na condenação de Município em quantia expressiva. O valor primitivo da causa era uma fração do 'quantum' postulado a título ressarcitório contra a Fazenda Pública". O autor requereu a realização de perícia no incidente de impugnação ao valor da causa. Tal requerimento restou indeferido. O autor "foi alcançado por sua própria conduta anterior. 'Venire contra factum proprium', como bem definiram os antigos romanos, ao resumir a vedação jurídica às posições contraditórias. Esse princípio do Direito Privado é aplicável ao Direito Público, mormente ao Direito Processual, que exige a lealdade e o comportamento coerente dos litigantes. Essa privatização principiológica do Direito Público (...) atende aos pressupostos da eticidade e da moralidade". Não poderia o autor, "sob o color de uma perícia, desejar o melhor dos dois mundos. Ajuizar ações é algo que envolve risco (para as partes) e custo (para a Sociedade, que mantém o Poder Judiciário). O processo não há de ser transformado em instrumento de claudicação e de tergiversação. A escolha pela via judiciária exige de quem postula a necessária responsabilidade na dedução de seus pedidos" (AgRg no REsp 946499/SP, Rel. Ministro Humberto Martins, 2ª Turma, julgado em 18.10.2007, DJ 05.11.2007 p. 257).

[662] José Afonso da Silva, *Comentários contextual à Constituição*, p. 154. A propósito, recorde-se lição de Alfredo Buzaid: "o processo civil deve ser dotado exclusivamente de meios racionais, tendentes a obter a atuação do direito. As duas exigências que concorrem para aperfeiçoá-lo são a rapidez e a justiça. Força é, portanto, estruturá-lo de tal modo que ele se torne efetivamente apto a administrar, sem delongas, a justiça" (Exposição de Motivos do Código de Processo Civil, Cap. III, item I, nº 5).

[663] Segundo Eduardo Couture, *La garanzia costituzionale del "dovuto processo legale"*, p. 89, "*la garanzia del processo legale non ha relazione con alcuna forma particolare di procedimento e (...) perciò i vari regimi processuali (...) possono adottare forme interamente diverse, purché non violino le garanzie fondamentali*". Igualmente, *vide* Nicolò Trocker, *Il nuovo articolo 111 della Costituzione e il "giusto processo" in materia civile: profili generali*, p. 392-393, observando que a garantia do justo processo "*non può dirsi violata perché ci si trova in presenza di un processo a ridotta rigidità formale che consente al giudice di adattare le modalità del procedimento alle diverse esigenze che caso per caso emergono*". De resto, *vide* Ovídio A. Baptista da Silva, A "plenitude da defesa" no processo civil, *passim*, perguntando-se: "o 'devido processo legal' é um privilégio processual reconhecido apenas aos demandados? Ou, ao contrário, também os autores terão direito a um processo igualmente 'devido', capaz de assegurar-lhes a real e efetiva realização prática – não apenas teórica – de suas pretensões? Um processo capenga, interminável em sua exasperante morosidade, deve ser reconhecido como um 'devido processo legal', ao autor que somente depois de vários anos logre uma sentença favorável, enquanto se assegura ao réu, sem direito nem mesmo verossímil, que demanda em procedimento ordinário, o 'devido processo legal', com 'plenitude de defesa'?" (p. 154, grifado no original).

[664] Andrea Proto Pisani, *Lezioni di diritto processuale civile*, p. 06.

Devido Processo Legal e Proteção de Direitos

das garantias do devido processo legal. No rito sumário, por óbvio, o réu também deve ser citado para defender-se, etc. O mesmo se diga, por exemplo, do procedimento monitório, consoante, aliás, já decidiu o Superior Tribunal de Justiça:

> I – O procedimento monitório, também conhecido como injuntivo, introduzido no atual processo civil brasileiro, largamente difundido e utilizado na Europa, com amplo sucesso, tem por objetivo abreviar a formação do título executivo, encurtando a via procedimental do processo de conhecimento. II – A ação monitória tem a natureza de processo cognitivo sumário e a finalidade de agilizar a prestação jurisdicional, sendo facultada a sua utilização, em nosso sistema, ao credor que possuir prova escrita do débito, sem força de título executivo, nos termos do art. 1.102a, CPC. (...) IV – Em relação à liquidez do débito e à oportunidade de o devedor discutir os valores, a forma de cálculo e a própria legitimidade da dívida, assegura-lhe a lei a via dos embargos, previstos no art. 1102c, que instauram amplo contraditório e levam a causa para o procedimento ordinário. V – Uma vez opostos embargos ao mandado monitório, instaura-se a via ampla do contraditório, através do procedimento ordinário, de modo que a sentença que acolhe esses embargos passa a constituir título executivo judicial, nos termos do art. 584, I, CPC, incumbindo ao credor ajuizar a execução, após encerrado o processo de conhecimento.[665]

A propósito, o *princípio da adequação procedimental* constitui corolário do *direito fundamental ao devido processo legal.*[666] O procedimento deve ser adaptado às exigências do caso concreto.[667] O principal fundamento da adaptabilidade é a *exigência de tornar o processo tão efetivo quanto possível.*[668] Sem embargo, na adequação procedimental impõe-se, igualmente, respeito aos direitos fundamentais, sobretudo a garantia constitucional do contraditório.[669]

---

[665] REsp 220887/MG, Rel. Ministro Sálvio de Figueiredo Teixeira, 4ª Turma, julgado em 14/09/1999, DJ 03/11/1999 p. 118.

[666] José Roberto dos Santos Bedaque, *Efetividade e técnica processual,* p. 62-63. Conforme Luigi Paolo Comoglio, *Valori etici e ideologie del "giusto processo",* p. 934, impõe-se que *"il 'devido processo' non sia per nulla subordinato ad una precostituita e rigida legalità formale, ma sia pienamente compatibile con un sistema di forme flessibili ed elastiche, in cui la discrezionalità dei poteri del giudice non corra mai il rischio di convertirsi in arbitrio, trovando i suoi limiti tecnici invalicabili proprio in quei valori costituzionali, che integrano i requisiti del processo equo e giusto".*

[667] Segundo José Roberto dos Santos Bedaque, *Direito e processo,* p. 51-52, "não se admite mais o procedimento único, rígido, sem possibilidade de adaptação às exigências do caso concreto". Igualmente, *vide* José Lebre de Freitas, *Introdução ao processo civil,* p. 157 e 194; e Carlos Alberto Alvaro de Oliveira, *O processo civil na perspectiva dos direitos fundamentais,* p. 15.

[668] Carlos Alberto Alvaro de Oliveira, *Do formalismo no processo civil,* p. 116-120. A propósito, *vide* Galeno Lacerda, *O Código como sistema de adequação legal do processo,* p. 161-170.

[669] A respeito da *possibilidade de julgamento antecipado da lide,* por exemplo, multiplicam-se os julgados do Superior Tribunal de Justiça: "Se a parte ré, em sua contestação, alega fato impeditivo do direito do autor e o julgador, ao invés de abrir prazo para este se manifestar em réplica, julga antecipadamente a lide, ocorre cerceamento de defesa, restando ofendidos os princípios do contraditório e da ampla defesa" (REsp 655.226/PE, Rel. Ministro Jorge Scartezzini, 4ª Turma, julgado em 13.09.2005, DJ 03.10.2005 p. 269); "Conquanto a avaliação da necessidade da produção de prova deva ficar, em princípio, ao prudente critério do juiz que aprecia os fatos, esta Corte entende ser possível apreciar o tema na via do especial, para afastar o cerceamento de defesa que decorre da falta de oportunidade para demonstração da veracidade dos fatos alegados em contestação, quando nítida a violação à regra de igualdade entre as partes e de garantia de defesa" (REsp 303546/MT, Rel. Ministro Castro Filho, 3ª Turma, julgado em 19.03.2002, DJ 13.05.2002 p. 207); "O juiz só pode julgar antecipadamente a lide quando a questão de mérito for unicamente de direito, ou, sendo de direito e de fato, não houver necessidade de produzir provas em audiência. Fora dessas hipóteses, há cerceamento de defesa" (REsp 232443/MG, Rel.

Finalmente, o *devido processo legal*, como *processo justo*, encontra-se "voltado para a proteção efetiva dos direitos individuais e coletivos".[670] Segue atual a célebre lição de Giuseppe Chiovenda, no sentido de que "o processo deve dar, na medida do que é praticamente possível, a quem tem um direito, tudo aquilo e precisamente aquilo que tem o direito de conseguir".[671] Daí que, conforme já destacado, o *devido processo legal* configura-se como *instrumento para a obtenção de uma proteção judicial efetiva*.

Em síntese: o direito fundamental ao devido processo legal deve ser concebido como direito fundamental a um processo justo, vale dizer, como direito a um processo legal e informado por direitos fundamentais, realizado em clima de boa-fé e lealdade de todos aqueles que dele participam, adequado ao direito material e às exigências do caso concreto, e, enfim, voltado para a obtenção de uma proteção judicial efetiva.

A *observância do processo justo*, por derradeiro, não constitui apenas *garantia de justiça*, mas é, igualmente, *condição necessária da confiança dos cidadãos na justiça*.[672] E essa confiança, por sua vez, investe-se como "elemento fundamental para a legitimação do Poder Judiciário perante a sociedade civil".[673]

Esclarecido o significado do direito fundamental ao devido processo legal, cabe examinar, em breve excurso, os direitos fundamentais processuais informativos do justo processo civil.

Ministro Garcia Vieira, 1ª Turma, julgado em 18.11.1999, DJ 07.02.2000 p. 139); "O princípio do livre convencimento do Juiz não pode atropelar o princípio do devido processo legal, de dignidade constitucional, sendo descabido o desprezo da pretensão de se produzir prova requerida, tida como necessária para a demonstração do fato constitutivo do direito postulado" (REsp 201794/RJ, Rel. Ministro Vicente Leal, 6ª Turma, julgado em 25.05.1999, DJ 14.06.1999 p. 236); "É certo, como já decidiu a Corte, que a 'produção de provas constitui direito subjetivo da parte, a comportar temperamento a critério da prudente discrição do magistrado que preside o feito, com base em fundamentado juízo de valor acerca de sua utilidade e necessidade, de modo a resultar a operação no equilíbrio entre a celeridade desejável e a segurança indispensável na realização da Justiça'. Todavia, não é possível atropelar a instrução quando essencial à comprovação do alegado na contestação" (REsp 218434/SP, Rel. Ministro Carlos Menezes Direito, 3ª Turma, julgado em 03.12.1999, DJ 28.02.2000 p. 78); "O julgamento antecipado da lide não caracteriza cerceamento de defesa, se o tribunal de origem, atento às peculiaridades da causa, entende desnecessária a produção de novas provas" (REsp 242911/PR, Rel. Ministro Eduardo Ribeiro, 3ª Turma, julgado em 06.06.2000, DJ 21.08.2000 p. 126); "A omissão do magistrado em realizar a audiência prévia de conciliação não induz a nulidade do processo, na hipótese de o caso comportar o julgamento antecipadamente da lide por se tratar de matéria de direito. Situação que se amolda à hipótese prevista no art. 330, inciso I, do CPC, que possibilita ao magistrado desprezar a realização do ato" (REsp 485.253/RS, Rel. Ministro Teori Albino Zavascki, 1ª Turma, julgado em 05.04.2005, DJ 18.04.2005 p. 214).

[670] RE 464963/GO, Relator: Min. Gilmar Mendes, Julgamento: 14/02/2006, 2ª Turma, DJ 30.06.2006, p. 35.

[671] *Dell'azione nascente dal contratto preliminare*, p. 110.

[672] Luigi Ferrajoli, *Derecho y razón*, p. 621. Conforme John Anthony Jolowicz, Justiça substantiva e processual no processo civil: uma avaliação do processo civil, p. 173, "se as partes de um litígio devem ser persuadidas a submeter-se à jurisdição do tribunal, em vez de valer-se da autodefesa, cada qual precisa convencer-se de que terá oportunidade plena e justa de apresentar suas próprias razões e rebater as do adversário perante um árbitro independente e imparcial. Afinal de contas, ambas as partes – especialmente a vencida – devem convencer-se de que foi equânime e justo o procedimento observado".

[673] Carlos Alberto Alvaro de Oliveira, *Os direitos fundamentais à efetividade e à segurança em perspectiva dinâmica*, p. 25.

Devido Processo Legal e Proteção de Direitos

3. BREVE EXCURSO SOBRE OS DIREITOS FUNDAMENTAIS PROCESSUAIS INFORMATIVOS DO DEVIDO PROCESSO LEGAL

3.1. Introdução

A propósito do *rol de direitos fundamentais processuais informativos do devido processo legal*, o Pleno do Supremo Tribunal Federal, em julgamento proferido no início da década de 90, portanto, já sob a égide da Constituição atual, positivou que o *"due process of law* constitui garantia processual, em termos de processo judicial", significando "garantia do processo e garantia de justiça" e compreendendo "o juiz natural, o contraditório e o procedimento regular". A seguir, explicitou que "o juiz natural é o juiz legal, é o juiz imparcial, juiz com garantias de independência; o contraditório assenta-se no princípio da cientificação do processo, contestação, produção de prova e duplo grau de jurisdição; já o procedimento regular assenta-se em regras pré-estabelecidas, com formalidades puramente essenciais, certo que o apego injustificado à forma ou o formalismo excessivo é considerado violação da garantia de jurisdição".[674]

Mais recentemente, em julgamento monocrático, o Ministro Celso de Mello, do Supremo Tribunal Federal, ampliou o rol, sublinhando que "o exame da garantia constitucional do *due process of law* permite nela identificar, em seu conteúdo material, alguns elementos essenciais à sua própria configuração, dentre os quais avultam, por sua inquestionável importância, as seguintes prerrogativas: (a) direito ao processo (garantia de acesso ao Poder Judiciário); (b) direito à citação e ao conhecimento prévio do teor da acusação; (c) direito a um julgamento público e célere, sem dilações indevidas; (d) direito ao contraditório e à plenitude de defesa (direito à autodefesa e à defesa técnica); (e) direito de não ser processado e julgado com base em leis *ex post facto*; (f) direito à igualdade entre as partes; (g)

---

[674] MS 21623/DF, Relator: Min. Carlos Velloso, Julgamento: 17/12/1992, Tribunal Pleno, DJ 28.05.1993, p. 10383. Por outro lado, colhe-se do voto do Min. Moreira Alves que as "garantias mínimas que qualquer cidadão tem (...) se consubstanciam nos princípios constitucionais processuais, dentre os quais – e hoje é ele garantia constitucional expressa e não apenas implícita – avulta (até porque, em verdade, engloba as demais garantias dessa natureza) a do devido processo legal, que não é garantia apenas contra a não aplicação da lei, mas que impõe ao legislador para que este não atente contra o que é indispensável ao processo que conduza à privação da liberdade ou de bens de qualquer natureza. Ora, o princípio básico de todas as garantias constitucionais processuais tidas como fundamentais – assim, a ampla defesa, a do contraditório, a da proibição de tribunais de exceção – é o da imparcialidade do julgador. Diante de um juiz parcial, o contraditório e a ampla defesa são duas inutilidades formais, porque na imparcialidade do julgador é que reside o fundamento mesmo da necessidade do contraditório e da ampla defesa. E a proibição do tribunal de exceção é uma conseqüência desse princípio basilar". Registre-se que, na sequência, o Pleno do Supremo Tribunal Federal reafirmou que a "garantia do devido processo legal (...) compreende o juiz natural, o contraditório e o procedimento regular". No entanto, expulsou o duplo grau de jurisdição das "implicações" do direito de defesa, como se vê: "o juiz natural é o juiz legal, é o juiz imparcial, juiz confiável, juiz com garantias de independência; o contraditório assenta-se no princípio da igualdade e compreende o direito de defesa e suas implicações: cientificação do processo, contestação, possibilidade de produção de prova; já o procedimento regular embasa-se em regras pré-estabelecidas, com formalidades puramente essenciais, certo que o apego injustificado à forma, que parece ser característica dos sistemas processuais latinos, é consideração violação da garantia de jurisdição" (Rcl 417/RR, Relator: Min. Carlos Velloso, Julgamento: 11/03/1993, Tribunal Pleno, DJ 16.04.1993, p. 6430).

direito de não ser processado com fundamento em provas revestidas de ilicitude; (h) direito ao benefício da gratuidade; (i) direito à observância do princípio do juiz natural; (j) direito ao silêncio (privilégio contra a auto-incriminação); e (l) direito à prova".[675]

Semelhante impostação encontra-se na doutrina brasileira pós-Constituição Federal de 1988. Por um lado, há quem entenda que a *garantia do devido processo legal* abrange "o *juiz natural*, o *direito de defesa* e a adequação das *formalidades essenciais* do procedimento".[676] Por outro lado, há quem tenha para si que a *garantia do devido processo legal* compreende a "acessibilidade econômica e técnica à Justiça", o "juiz natural", o "tratamento paritário dos sujeitos parciais do processo", a "plenitude da defesa, com todos os meios a ela inerentes, especialmente no tocante ao direito de ser informado, à bilateralidade da audiência (contraditoriedade) e ao direito à prova legitimamente obtida ou produzida", e a "publicidade, desde o aforamento da ação da parte, ou da acusação, até o proferimento de sentença, necessariamente motivada".[677]

Vejamos, então, à luz da Constituição Federal de 1988, quais são os direitos fundamentais processuais informativos do devido processo legal em matéria civil, explicitando, ademais, o conteúdo mínimo de cada um deles. Trata-se, porém, de breve excurso, pretendendo-se, apenas, jogar mais luzes sobre a funcionalidade do devido processo legal como direito fundamental ao justo processo civil.

Lembre-se: esses *direitos fundamentais processuais* constituem posições jurídicas *prima facie* ou definitivas que se relacionam entre si e que convergem

---

[675] MS 26358 MC/DF, Decisão Monocrática, Relator: Ministro Celso de Mello, Julgamento: 27/02/2007. Ainda mais recentemente, em novo julgamento monocrático, o Ministro Celso de Mello, do STF, identificou no conteúdo material da garantia constitucional do devido processo legal o "direito de presença e de 'participação ativa' nos atos de interrogatório judicial dos demais litisconsortes penais passivos, quando existentes", como se vê: "o exame da garantia constitucional do *due process of law* permite nela identificar alguns elementos essenciais à sua própria configuração, destacando-se, dentre eles, por sua inquestionável importância, as seguintes prerrogativas: (a) direito ao processo (garantia de acesso ao Poder Judiciário); (b) direito à citação e ao conhecimento prévio do teor da acusação; (c) direito a um julgamento público e célere, sem dilações indevidas; (d) direito ao contraditório e à plenitude de defesa (direito à autodefesa e à defesa técnica); (e) direito de não ser processado e julgado com base em leis *ex post facto*; (f) direito à igualdade entre as partes; (g) direito de não ser processado com fundamento em provas revestidas de ilicitude; (h) direito ao benefício da gratuidade; (i) direito à observância do princípio do juiz natural; (j) direito ao silêncio (privilégio contra a auto-incriminação); (l) direito à prova; e (m) direito de presença e de 'participação ativa' nos atos de interrogatório judicial dos demais litisconsortes penais passivos, quando existentes" (HC 94016/SP, Decisão monocrática, Relator: Min. Celso de Mello, Julgamento: 07/04/2008).

[676] Humberto Theodoro Júnior, *A execução de sentença e a garantia do devido processo legal*, p. 60, grifado no original. Igualmente, *vide* Sálvio de Figueiredo Teixeira, *O processo civil na nova Constituição*, p. 81; e Carlos Mário da Silva Velloso, Princípios constitucionais de processo, p. 226.

[677] Rogério Lauria Tucci, José Rogério Cruz e Tucci, *Constituição de 1988 e processo*, p. 05, grifado no original. Note-se que a 1ª edição é de 1989. Em *Tempo e processo*, p. 88, que é de 1997, José Rogério Cruz e Tucci preleciona que a garantia constitucional do devido processo legal desdobra-se nas "*garantias: a)* de *acesso à justiça*; *b)* do *juiz natural* ou *preconstituído*; *c)* do *tratamento paritário dos sujeitos parciais do processo*; *d)* da *plenitude de defesa, com todos os meios e recursos a ela inerentes*; *e)* da *publicidade dos atos processuais* e da *motivação das decisões jurisdicionais*; e *f)* da *tutela jurisdicional dentro de um lapso temporal razoável*". Semelhantemente, *vide* José Celso de Mello Filho, *Constituição Federal anotada*, p. 448; e Nelson Nery Júnior, *Princípios do processo civil na Constituição Federal*, p. 27 e *passim*, incluindo no rol o "duplo grau de jurisdição".

Devido Processo Legal e Proteção de Direitos

para o *direito fundamental ao devido processo legal como um todo* (art. 5º, LIV, da Constituição Federal). Tais *posições* são conferidas por *normas jurídicas*; e essas *normas*, por sua vez, são concretizadas, conforme o caso, sob a forma de *princípios* ou sob a forma de *regras*. Trata-se, como se sabe, de uma questão de interpretação, que, ademais, depende necessariamente de problemas concretos.[678]

Isso posto, comecemos pelo exame do *contraditório*.

3.2. Contraditório e ampla defesa

Trata-se da "força motriz" do processo, "a sua garantia suprema",[679] encontrando-se positivado no art. 5º, LV, da Constituição Federal de 1988, segundo o qual "aos litigantes, em processo judicial ou administrativo, e aos acusados em geral são assegurados o contraditório e ampla defesa, com os meios e recursos a ela inerentes".

Sem contraditório, não há devido processo legal, nem, de conseguinte, jurisdição.[680]

Tradicionalmente, concebe-se o contraditório como princípio da audiência bilateral (*Grundsatz des beiderseitigen Gehoers*),[681] com o sentido de "ciência bilateral dos atos e termos processuais e possibilidade de contrariá-los".[682] Tal concepção, porém, é insuficiente,[683] porque reduz o contraditório à condição de mecânica contraposição de alegações e de provas, convertendo-o em instrumento de luta ou prova de força entre as partes.[684]

Contraditório, com efeito, deve ser compreendido como momento fundamental do juízo, com o sentido de instrumento de investigação dialética da verdade provável.[685] Neste sentido, o contraditório não constitui apenas direito das

---

[678] Segundo Konrad Hesse, *Elementos de direito constitucional da República Federal da Alemanha*, p. 62, "não existe interpretação constitucional independente de problemas concretos".

[679] Piero Calamandrei, *Processo e democrazia*, p. 678.

[680] Elio Fazzalari, *Procedimento e processo: teoria generale*, p. 827. Igualmente, *vide* Nicolò Trocker, *Il nuovo articolo 111 della Costituzione e il "giusto processo" in materia civile: profili generali*, p. 393. Aliás, já decidiu o Superior Tribunal de Justiça que "o processo, instrumento da jurisdição que é, é eminentemente dialético e fundado no princípio do contraditório, um dos pilares do devido processo legal" (REsp 11760/DF, Rel. Ministro Sálvio de Figueiredo Teixeira, 4ª Turma, julgado em 11.05.1993, DJ 07.06.1993 p. 11261). Em igual sentido: "Os postulados da ampla defesa e do contraditório, corolários do princípio mais amplo do due process of law, foram consagrados expressamente, não apenas aos acusados em geral, como também aos litigantes, seja em processo judicial, seja em processo administrativo" (REsp 641075/SC, Rel. Ministro Castro Meira, 2ª Turma, julgado em 14.02.2006, DJ 13.03.2006 p. 259).

[681] Sobre o *contraditório como princípio da audiência bilateral*, *vide* Robert Wyness Millar, *The formative principles of civil procedure*, p. 06-11.

[682] Joaquim Canuto Mendes de Almeida, *A contrariedade na instrução criminal*, p. 110, grifado no original.

[683] A respeito da *insuficiência da concepção tradicional de contraditório*, *vide*, pioneiramente, Carlos Alberto Alvaro de Oliveira, O juiz e o princípio do contraditório, *passim*.

[684] Nicola Picardi, *"Audiatur et altera pars": le matrici storico-culturali del contraddittorio*, *passim*.

[685] Nicola Picardi, *"Audiatur et altera pars": le matrici storico-culturali del contraddittorio*, 20-22; *idem*, *Il principio del contraddittorio*, p. 679-680; *idem*, *Processo civile: diritto moderno*, p. 101-118; e *idem*, *Manuale*

partes, mas igualmente regra do processo para o juízo.[686] Daí dizer-se, com razão, que o contraditório tem dupla destinação, endereçando-se às partes e ao próprio juiz, o qual também "deve participar do julgamento a ser feito", participação essa que consiste em "atos de direção, de prova e de diálogo".[687] A propósito, emblemático é o disposto no Artigo 16 do Noveau Code de Procedure Civile francês, como se vê: "Le juge doit, en toutes circonstances, faire observer et observer lui-même le principe de la contradiction".[688]

Destarte, é lícito concluir que o contraditório compreende mais que os direitos das partes de informação e de manifestação, com os correlativos deveres do juiz de informá-las e de assegurar-lhes a possibilidade de manifestar-se oralmente ou por escrito.[689] Compreende, igualmente, o direito das partes a que as respectivas razões sejam examinadas em juízo, com os correlativos deveres do órgão judicial de apreciar essas razões e de, consequentemente, fundamentar suas decisões.[690] Tal é o conteúdo mínimo do contraditório, que resulta diretamente da

---

del processo civile, p. 210-212. Igualmente, *vide* Alessando Giuliani, *L'"ordo iudiciarius' medioevale: riflessioni su un modello puro di ordine isonomico*, p. 598-614; e Carlos Alberto Alvaro de Oliveira, A garantia do contraditório, p. 08-10. De resto, Salvatore Satta, *Il mistero del processo*, p. 10, para quem "o processo não é outra coisa senão juízo e formação do juízo"; e Francesco Carnelutti, *Torniamo al "giudizio"*, p. 167-168, exortando, em 1949, um retorno ao juízo: "Nós estudamos, com muito refinamento, as relações jurídicas que se desenvolvem (...), em particular, entre as partes e o juiz; e, afinal, os atos que são praticados no desenvolvimento de tais relações. Nós sabemos, entre outras coisas, que a parte tem direito a um julgamento, e o juiz, o dever de julgar; mas as nossas idéias são muito menos claras sobre que coisa seja julgar". Eis, portanto, a questão fundamental do processo: *quid est iudicium?*

[686] Nicolò Trocker, *Il nuovo articolo 111 della Costitutzione e il "giusto processo" in materia civile: profili generali*, p. 394, observando, ainda, que o *contraditório* envolve o órgão judicial em um "complexo jogo de interações".

[687] Cândido Rangel Dinamarco, *Instituições de direito processual civil*, v. 1, p. 213-214 e 220.

[688] Sobre "*le principe de la contradiction*" no direito francês, *vide* Roger Perrot, *Institutions judiciaires*, p. 466-469; e *idem*, O processo civil francês na véspera do século XXI, p. 208-209.

[689] A propósito, já decidiu o Superior Tribunal de Justiça que "a citação é ato fundamental do processo, porque de outro modo não se configuraria este como 'actum trium personarum', desapareceriam o contraditório e o direito de defesa e inexistiria o devido processo legal" (REsp 14201/CE, Rel. Ministro Waldemar Zveiter, 3ª Turma, julgado em 30.06.1992, DJ 08.09.1992 p. 14364).

[690] Gilmar Ferreira Mendes, Significado do direito de defesa, p. 94-95. Neste sentido, já decidiu o Supremo Tribunal Federal, consoante se colhe de voto proferido pelo Min. Gilmar Mendes: "a Constituição de 1988 (art. 5°, LV) ampliou o direito de defesa, assegurando aos litigantes, em processo judicial ou administrativo, e aos acusados em geral o contraditório e a ampla defesa, com os meios e recursos a ela inerentes. (...) Essa garantia contempla, no seu âmbito de proteção, todos os processos judiciais ou administrativos. (...) O direito de defesa não se resume a um simples direito de manifestação no processo. Efetivamente, o que o constituinte pretende assegurar (...) é uma 'pretensão à tutela jurídica' (...). (...) Essa pretensão envolve não só o direito de manifestação e o direito de informação sobre o objeto do processo, mas também o direito de ver os seus argumentos contemplados pelo órgão incumbido de julgar (...) Daí afirmar-se, correntemente, que a 'pretensão à tutela jurídica', que corresponde exatamente à garantia consagrada no art. 5°, LV, da Constituição, contém os seguintes direitos: 1) 'direito de informação' (...), que obriga o órgão julgador a informar à parte contrária dos atos praticados no processo e sobre os elementos dele constantes; 2) 'direito de manifestação' (...), que assegura ao defendente a possibilidade de manifestar-se oralmente ou por escrito sobre os elementos fáticos e jurídicos constantes do processo; 3) 'direito de ver seus argumentos considerados' (...), que exige do julgador capacidade, apreensão e isenção de ânimo (...) para contemplar as razões apresentadas (...). Sobre o direito de ver os seus argumentos contemplados pelo órgão julgador (...), que corresponde, obviamente, ao dever do juiz ou da Administração de a eles conferir atenção (...), pode-se afirmar que envolve não só o dever de tomar conhecimento (...), com também o de considerar, séria e detidamente, as razões apresentadas (...). É da obrigação de considerar as razões

---

Devido Processo Legal e Proteção de Direitos

Constituição, independendo da interpretação da lei ordinária que, eventualmente, o concretize.[691] Segue-se daí que o contraditório tem aplicabilidade direta e imediata, por força da própria Constituição, sem necessidade da intermediação de disposições de lei infraconstitucional.[692]

---

apresentadas que deriva o dever de fundamentar as decisões (...). Não me parece de acolher-se (...) a distinção (...) sobre a aplicação do direito de defesa e do contraditório apenas aos procedimentos que envolvam questão de fato. Tenho para mim que o texto constitucional não autoriza semelhante redução teleológica (CF, art. 5º, LV)". Confira-se, ademais, o voto emitido pelo Min. Cezar Peluso: "A Constituição (art. 5º, LIV) não permite que ninguém perca qualquer de seus bens, e não apenas a liberdade (...), sem o justo processo da lei. Nem basta que o processo seja legal; tem ainda de ser devido, justo. Evidentemente, não há processo minimamente justo onde não haja possibilidade de, de acordo, aliás, com o inciso subseqüente (LV), do exercício pleno do contraditório, o qual não se limita (...) à garantia de alegação oportuna e eficaz a respeito de fatos, mas implica a possibilidade de ser ouvido também em matéria jurídica. (...) Tem de ser ouvida, porque o fato de não ser ouvida (...) transforma a pessoa humana em objeto, em se dispondo sobre ela sem lhe dar oportunidade de ser ouvida e considerada como sujeito" (MS 24268/MG, Relator p/ Acórdão: Min. Gilmar Mendes, Julgamento: 05/02/2004, Tribunal Pleno, DJ 17.09.2004, p. 53). Aliás, em precedente que já conta mais de 10 anos, o STF, a partir de voto do Min. Sepúlveda Pertence, ditou que "contraditório, ampla defesa e devido processo legal (CF, art. 5º, LV e LIV) (...) implicam o direito à consideração das razões deduzidas em juízo, compreendido na 'pretensão à tutela jurídica'" (RE 163301/AM, Relator: Min. Sepúlveda Pertence, Julgamento: 21/10/1997, 1ª Turma, DJ 28.11.1997, p. 62230). De resto, sobre a *pretensão à tutela jurídica*, *vide* Darci Guimarães Ribeiro, *La pretensión procesal y la tutela judicial efectiva*, p. 75 e segs.

[691] Isso, aliás, é da jurisprudência do Supremo Tribunal Federal: "Recurso extraordinário: prequestionamento: ampla defesa: art. 5º, LV, da Constituição: conteúdo mínimo. 1. A garantia constitucional da ampla defesa tem, por força direta da Constituição, um conteúdo mínimo, que independe da interpretação da lei ordinária que a discipline (RE 266.397, 1ª T., Pertence, DJ 07.05.2004)" (RE 345580/SP, Relator: Min. Sepúlveda Pertence, Julgamento: 17/08/2004, 1ª Turma, DJ 10.09.2004, p. 59). Em igual sentido: "Contraditório e ampla defesa: art. 5º, LV, da Constituição: conteúdo mínimo. 1. A garantia constitucional do contraditório e da ampla defesa tem conteúdo mínimo: a decisão que o desconhece viola diretamente o art. 5º, LV, da Constituição, ainda que se pretenda conforme à lei estadual" (RE 266397/PR, Relator: Min. Sepúlveda Pertence, Julgamento: 09/03/2004, 1ª Turma, DJ 07.05.2004, p. 26). Ainda sobre o *conteúdo mínimo do contraditório*, *vide* Carlos Alberto Alvaro de Oliveira, para quem "o conteúdo mínimo do princípio do contraditório não se esgota na ciência bilateral dos atos do processo e na possibilidade de contraditá-los, mas faz também depender a própria formação dos provimentos judiciais da efetiva participação das partes. Por isso, para que seja atendido esse mínimo, insta a que cada uma das partes conheça as razões e argumentações expendidas pela outra, assim como os motivos e fundamentos que conduziram o órgão judicial a tomar determinada decisão, possibilitando-se sua manifestação a respeito em tempo adequado (seja mediante requerimentos, recursos, contraditas, etc.). Também se revela imprescindível abrir-se a cada uma das partes a possibilidade de participar do juízo de fato, tanto na indicação da prova quanto na sua formação, fator este último importante mesmo naquela determinada de ofício pelo órgão judicial. O mesmo se diga no concernente à formação do juízo de direito, nada obstante decorra dos poderes de ofício do órgão judicial ou por imposição da regra *iura novit curia*, pois a parte não pode ser surpreendida por um novo enfoque jurídico de caráter essencial tomado como fundamento da decisão, sem ouvida dos contraditores" (*A garantia do contraditório*, p. 16-17; e *idem*, O juiz e o princípio do contraditório, p. 10). Semelhantemente, *vide* José Carlos Barbosa Moreira, Os princípios do direito processual civil na Constituição de 1988, p. 243, e *idem*, *Les principes fondamentaux de la procédure civile dans le nouvelle Constitution brésiliene*, p. 42-43.

[692] Multiplicam-se os exemplos na jurisprudência do Supremo Tribunal Federal e do Superior Tribunal de Justiça: "I – A intimação do agravado para apresentar resposta é obrigatória, nos termos do artigo 527, III, CPC. II – Essa obrigação decorre precipuamente do princípio do contraditório, consagrado constitucionalmente (art. 5º, LV) e base do devido processo legal, razão pela qual, mesmo não havendo disposição legal expressa, indispensável é a ciência da parte dos atos praticados pelo seu adversário" (REsp 172712/SP, Rel. Ministro Sálvio de Figueiredo Teixeira, 4ª Turma, julgado em 06.08.1998, DJ 14.09.1998 p. 86); "A garantia constitucional do contraditório impõe que se ouça, previamente, a parte embargada na hipótese excepcional de os embargos de declaração haverem sido interpostos com efeito modificativo" (RE-ED 144981/RJ, Relator: Min. Celso de Mello, Julgamento: 11/04/1995, 1ª Turma, DJ 08.09.1995, p. 28362); "Embargos declaratórios – Efeito modificativo – Vista da parte contrária. Os pronunciamentos do Supremo Tribunal Federal são reiterados no sentido da exigência de intimação do Embargado quando os declaratórios veiculem pedido de efeito modificativo" (RE

Como se vê, o contraditório compreende o "direito ao conhecimento e à participação, participar conhecendo, participar agindo".[693] A participação exigida pelo contraditório, no entanto, não tem apenas o sentido de debate de questões entre as partes, mas, isto sim, o de exercício concreto do direito de defesa, ao longo de todo o processo, para formação do convencimento do juiz.[694]

De conseguinte, o objetivo principal do *contraditório* não é a *defesa*, no sentido negativo de resistência ou oposição à atuação da parte contrária, mas, isto sim, a *influência*, no sentido positivo de direito de influir ativamente sobre

---

250396/RJ, Relator: Min. Marco Aurélio, Julgamento: 14/12/1999, 2ª Turma, DJ 12.05.2000, p. 29); "Para corresponder às inspirações dessa garantia constitucional [CF, art. 5º, LV], (...) não cabe partir de um dado procedimento legal existente a fim de negar a alguém a condição de litigante, porque a lei não lhe haja previsto a intervenção. Ao contrário, há de partir-se do litígio, objeto do processo, a fim de assegurar-se o contraditório e a ampla defesa a quantos tenham interesse jurídico próprio na composição jurisdicional dele: a todos os litigantes, portanto. (...) O imperativo constitucional de garantia do contraditório (...) prescinde da lei para assegurar a intervenção, em qualquer processo, daquele cuja situação jurídica subjetiva (...) possa vir a ser desconstituída" (Pet-AgR 423/SP, Relator p/ Acórdão: Min. Sepúlveda Pertence, Julgamento: 26/04/1991, Tribunal Pleno, DJ 13.03.1992, p. 2921; "De todo irrelevante a circunstância (...) de não haver previsão expressa da audiência dos interessados na Lei (...), dada a incidência direta (...) das garantias constitucionais do devido processo. De qualquer modo, se se pretende insistir no mau vezo das autoridades brasileiras de inversão da pirâmide normativa. do ordenamento, de modo a acreditar menos na Constituição do que na lei ordinária, nem aí teria salvação o processo: nada exclui os procedimentos do Tribunal de Contas da União da aplicação subsidiária da lei geral do processo administrativo federal, a L. 9.784/99, já em vigor ao tempo dos fatos. Nela, explicitamente, se prescreve a legitimação, como 'interessados no processo administrativo', de todos 'aqueles que, sem terem iniciado o processo, têm direitos ou interesses que possam ser afetados pela decisão a ser adotada' (art. 9º, II)" (MS 23550/DF, Relator p/ Acórdão: Min. Sepúlveda Pertence, Julgamento: 04/04/2001, Tribunal Pleno, DJ 31.10.2001, p. 06); e "Processo civil. Cumprimento de obrigação de fazer. Sentença executiva 'lato sensu' (CPC, art. 461). Descabimento de embargos à execução. Defesa por simples petição, atendidos os limites do art. 741 do CPC. 1. Os embargos do devedor constituem instrumento processual típico de oposição à execução forçada promovida por ação autônoma (CPC, art. 736 do CPC). Sendo assim, só cabem embargos de devedor nas ações de execução processadas na forma disciplinada no Livro II do Código de Processo. 2. No atual regime do CPC, em se tratando de obrigações de prestação pessoal (fazer ou não fazer) ou de entrega de coisa, as sentenças correspondentes são executivas lato sensu, a significar que o seu cumprimento se opera na própria relação processual original, nos termos dos artigos 461 e 461-A do CPC. Afasta-se, nesses casos, o cabimento de ação autônoma de execução, bem como, conseqüentemente, de oposição do devedor por ação de embargos. 3. Todavia, isso não significa que o sistema processual esteja negando ao executado o direito de se defender em face de atos executivos ilegítimos, o que importaria ofensa ao princípio constitucional da ampla defesa (CF, art. 5º, LV). Ao contrário de negar o direito de defesa, o atual sistema o facilita: ocorrendo impropriedades ou excessos na prática dos atos executivos previstos no artigo 461 do CPC, a defesa do devedor se fará por simples petição, no âmbito da própria relação processual em que for determinada a medida executiva, ou pela via recursal ordinária, se for o caso. 4. A matéria suscetível de invocação pelo devedor submetido ao cumprimento de sentença em obrigações de fazer, não fazer ou entregar coisa tem seus limites estabelecidos no art. 741 do CPC, cuja aplicação subsidiária é imposta pelo art. 644 do CPC. 5. Tendo o devedor ajuizado embargos à execução, ao invés de se defender por simples petição, cumpre ao juiz, atendendo aos princípios da economia processual e da instrumentalidade das formas, promover o aproveitamento desse ato, autuando, processando e decidindo o pedido como incidente, nos próprios autos. 6. Recurso especial parcialmente provido" (REsp 654583/BA, Rel. Ministro Teori Albino Zavascki, 1ª Turma, julgado em 14.02.2006, DJ 06.03.2006 p. 177).

[693] Mauro Cappelletti, *Spunti in tema di contraddittorio*, p. 211. Semelhantemente, *vide* Cândido Rangel Dinamarco, *Instituições de direito processual civil*, v. 1, p. 216-217, observando que, em função da exigência constitucional do contraditório, "todo sistema processual é construído de modo a oferecer a cada uma das partes, ao longo de todo o procedimento, oportunidades para *participar pedindo, participar alegando* e *participar provando*", além de incluir "uma atividade, posta em ação pelo juiz e seus auxiliares, consistente na *comunicação processual* e destinada a oferecer às partes ciência de todos os atos que ocorrem no processo".

[694] Vittorio Denti, *Il ruolo del giudice nel processo civile tra vecchio e nuovo garantismo*, p. 732; e Giuseppe Martinetto, *Contraddittorio: principio del*, p. 460.

o desenvolvimento e resultado do processo.[695] O *contraditório* garante, assim, a possibilidade efetiva de influenciar o convencimento do juiz e o próprio conteúdo da decisão judicial.[696]

Daí que *decisões de surpresa* devem ser evitadas, porque suscetíveis de malferir o *contraditório*. Segundo Carlos Alberto Alvaro de Oliveira, "a liberdade concedida ao julgador de escolher a norma a aplicar, independentemente de sua invocação pela parte interessada, consubstanciada no brocardo *iura novit curia*, não dispensa a prévia ouvida das partes sobre os novos rumos a serem imprimidos à solução do litígio, em homenagem ao princípio do contraditório".[697] Com efeito, "a parte não pode ser surpreendida por um novo enfoque jurídico de caráter essencial tomado como fundamento da decisão".[698] Aliás, já decidiu o Supremo Tribunal Federal que "o exercício pleno do contraditório não se limita à garantia de alegação oportuna e eficaz a respeito de fatos, mas implica a possibilidade de ser ouvido também em matéria jurídica".[699] No Código de Processo Civil de 1973, porém, não se encontram disposições semelhantes ao § 139 da ZPO alemã,[700] ao

---

[695] Nicolò Trocker, *Processo civile e Costituzione*, p. 371; e José Lebre de Freitas, *Introdução ao processo civil*, p. 108-109.

[696] Francesco P. Luiso, *Diritto processuale civile*, v. 1, p. 29. Segundo J. J. Gomes Canotilho, a participação no processo constitui o exercício de um direito fundamental, sob a forma de *status activus processualis*, de modo que "o cidadão, ao desfrutar de instrumentos jurídico-processuais possibilitadores de uma influência directa no exercício das decisões dos poderes públicos que afectam ou podem afectar os seus direitos, garante a si mesmo um espaço de real liberdade e de efectiva autodeterminação no desenvolvimento de sua personalidade" (Tópicos de um Curso de Mestrado sobre direitos fundamentais, procedimento, processo e organização, p. 155).

[697] *O juiz e o princípio do contraditório*, p. 10.

[698] Carlos Alberto Alvaro de Oliveira, *A garantia do contraditório*, p. 17.

[699] MS 24268/MG, Relator p/ Acórdão: Min. Gilmar Mendes, Julgamento: 05/02/2004, Tribunal Pleno, DJ 17.09.2004, p. 53. Diversamente, confira-se precedente do Superior Tribunal de Justiça: "Não há violação ao devido processo legal ou ao contraditório pela adoção de fundamento jurídico diverso daquele esposado pelo acórdão estadual, porque o princípio de que ao juiz é dado conhecer o direito (iura novit curia e da mihi factum dabo tibi ius) decorre da própria matriz constitucional do art. 93, IX. Neste sentido também dispõe a legislação infraconstitucional no art. 126 do CPC, e art. 3° da LICC, e o art. 257 do RISTJ, e Súmula n. 456/STF" (AgRg no REsp 174856/RS, Rel. Ministra Nancy Andrighi, 2ª Seção, julgado em 23.05.2001, DJ 03.09.2001 p. 142).

[700] Na tradução de Carlos Alberto Alvaro de Oliveira: "(1) – O órgão judicial deve discutir com as partes, na medida do necessário, os fatos relevantes e as questões em litígio, tanto do ponto de vista jurídico quanto fático, formulando indagações, com a finalidade de que as partes esclareçam de modo completo e em tempo suas posições concernentes ao material fático, especialmente para suplementar referências insuficientes sobre fatos relevantes, indicar meios de prova e formular pedidos baseados nos fatos afirmados. (2) – O órgão judicial só poderá apoiar sua decisão numa visão fática ou jurídica que não tenha a parte, aparentemente, se dado conta ou considerado irrelevante, se tiver chamado a sua atenção para o ponto e lhe dado oportunidade de discuti-lo, salvo se se tratar de questão secundária. O mesmo vale para o entendimento do órgão judicial sobre uma questão de fato ou de direito que divirja da compreensão de ambas as partes. (3) – O órgão judicial deve chamar a atenção sobre as dúvidas que existam a respeito das questões a serem consideradas de ofício. (4) – As indicações conforme essas prescrições devem ser comunicadas e registradas nos autos tão logo seja possível. Tais comunicações só podem ser provadas pelos registros nos autos. Só é admitida contra o conteúdo dos autos a prova de falsidade. (5) – Se não for possível a uma das partes responder prontamente a uma determinação judicial de esclarecimento, o órgão judicial poderá conceder um para posterior esclarecimento por escrito". A propósito, *vide* Othmar Jauernig, *Direito processual civil*, p. 135, 143, 168-170. *Vide*, ainda, Gerhard Walter, *I diritti fondamentali nel processo civile tedesco*, p. 735-741; Fritz Baur, *Le garanties fondamentales des parties dans le process civil en Republique Fédérale d'Allemagne*, p. 15-19.

artigo 3º (3) do Código de Processo Civil português[701] e ao artigo 16 do *Noveau Code de Procedure Civile* francês,[702] que impõem ao órgão judicial o dever de ouvir as partes sobre o aspecto jurídico da causa, antes da decisão. Sem embargo, esse dever, no direito brasileiro, pode ser extraído diretamente do *conteúdo mínimo do contraditório* (art. 5º, LV, da Constituição de 1988). Por *exigência do contraditório*, cabe ao juiz, antes de proferir sua decisão, facultar às partes a possibilidade de debater não apenas as questões de fato, mas, igualmente, as questões de direito, inclusive as de conhecimento oficioso. Por exemplo, é vedado ao juiz, *em princípio*, extinguir *ex officio* o processo por ilegitimidade *ad causam*, sem, antes, mandar intimar as partes para que se manifestem sobre o ponto. *Decisões de surpresa* devem ser evitadas, porque suscetíveis de importar violação ao *contraditório* e ao *devido processo legal*.[703]

3.3. Igualdade das partes

A *igualdade das partes* constitui projeção no processo do *princípio geral de igualdade* (art. 5º da Constituição Federal de 1988),[704] sendo, ademais, imanente ao *devido processo legal*.[705]

Dois são os aspectos da igualdade: a *igualdade perante a lei*, que é *igualdade formal*, e a *igualdade na lei*, que é *igualdade material*. A *igualdade formal* garante a aplicação uniforme da lei, sem distinção de qualquer espécie. Trata-se do primeiro aspecto da igualdade. Todavia, não basta, para satisfação da exigência de igualdade, que a lei seja aplicada de modo uniforme. Além disso, é preciso que

---

[701] No original: "O juiz deve observar e fazer cumprir, ao longo de todo o processo, o princípio do contraditório, não lhe sendo lícito, salvo caso de manifesta desnecessidade, decidir questões de direito ou de facto, mesmo que de conhecimento oficioso, sem que as partes tenham tido a possibilidade de sobre elas se pronunciarem". A propósito, *vide* Miguel Teixeira de Sousa, Aspectos do novo processo civil português, p. 174-184.

[702] No original: "*Il le juge ne peut fonder sa décision sur les moyens de droit qu'il a relevés d'office sans avoir au préalable invite les parties à présenter leurs observations*". A propósito, *vide* Roger Perrot, *Institutions judiciaires*, p. 466-469; e *idem*, O processo civil francês na véspera do século XXI, p. 208-209.

[703] Walther Habscheid, *Les grands principes de la procédure civile: nouveaux aspects*, p. 10. Segundo John Anthony Jolowicz, Justiça substantiva e processual no processo civil: uma avaliação do processo civil, p. 169, "o juiz pode suscitar uma questão de direito por sua própria iniciativa, mas, se o faz, deve abrir às partes oportunidade adequada para discuti-la. Desse modo ficam satisfeitas tanto a exigência de justiça processual, segundo a qual as partes devem ser ouvidas sobre todas as questões relevantes para o desfecho do processo, quanto a exigência de justiça substantiva, segundo a qual a causa deve ser julgada com base no direito que o juiz considera aplicável".

[704] Manoel Gonçalves Ferreira Filho, *Direitos humanos fundamentais*, p. 118; e Cândido Rangel Dinamarco, *Instituições de direito processual civil*, v. 1, p. 207-208. Sobre o *conceito de igualdade* como "relação entre dois ou mais sujeitos, com base em medida(s) ou critério(s) de comparação, aferido(s) por meio de elemento(s) indicativo(s), que serve(m) de instrumento para a realização de uma determinada finalidade", *vide* Humberto Ávila, *Teoria da igualdade tributária*, p. 42 e segs.

[705] José Lebre de Freitas, *Introdução ao processo civil*, p. 118. Consoante já decidiu o Supremo Tribunal Federal, "a igualdade das partes é imanente ao 'procedural due process of law'" (ADI-MC 1753/DF, Relator: Min. Sepúlveda Pertence, Julgamento: 16/04/1998, Tribunal Pleno, DJ 12.06.1998, p. 51); e "o tratamento igualitário das partes é a medula do 'devido processo legal'" (HC 83255/SP, Relator: Min. Marco Aurélio, Julgamento: 05/11/2003, Tribunal Pleno, DJ 12.03.2004, p. 38).

Devido Processo Legal e Proteção de Direitos

a lei não encampe distinções arbitrárias. Este é o segundo aspecto da igualdade, vale dizer, a *igualdade material*.[706]

Daí que a igualdade das partes não deve ser apenas igualdade formal, mas, também, igualdade material.[707]

Portanto, o legislador e o órgão judicial estão encarregados da satisfação da *igualdade das partes*.[708] Neste sentido, a *igualdade das partes* importa, por um lado, "interdição ao juiz de fazer distinção entre situações iguais, ao aplicar a lei", e, por outro, "interdição ao legislador de editar leis que possibilitem tratamento desigual a situações iguais ou tratamento igual a situações desiguais por parte da Justiça".[709] Aliás, no plano da legislação ordinária, o art. 125, I, do CPC impõe expressamente ao juiz o dever de "assegurar às partes igualdade de tratamento".

Conforme se sabe, o art. 188 do CPC concede prazos diferenciados à Fazenda Pública e ao Ministério Público, em quádruplo para contestar e em dobro para recorrer.[710] Há quem entenda que "o benefício de prazos maiores para intervenção ao longo de processo judicial" é consequência do "princípio da supremacia do interesse público sobre o privado".[711] Todavia, as prerrogativas outorgadas à Fa-

---

[706] Humberto Ávila, *Teoria da igualdade tributária*, p. 74-75.

[707] Giuseppe Tarzia, *Parità delle armi tra le parti e poteri del giudice nel processo civile*, p. 311; e José Carlos Barbosa Moreira, *La igualdad de las partes en el proceso civil*, p. 67-68. Neste sentido, por um lado, já decidiu o Superior Tribunal de Justiça que "é direito da parte contrária ver cumprida a lei em termos de prazo, garantindo-se o princípio da igualdade de tratamento e evitando-se a insegurança nas relações jurídicas" (REsp 280382/MG, Rel. Ministro Sálvio de Figueiredo Teixeira, 4ª Turma, julgado em 22.03.2001, DJ 07.10.2002 p. 261); e que "deve-se observar o momento certo e definido para a prática dos atos processuais sob pena de implantar-se a insegurança e prejudicar o tratamento igualitário às partes. A parte interessada tem o direito de ver reconhecida a preclusão nos casos em que ocorrente" (REsp 146869/SP, Rel. Ministro Sálvio de Figueiredo Teixeira, 4ª Turma, julgado em 25.11.1997, DJ 16.03.1998 p. 155). Por outro lado, o Superior Tribunal de Justiça também decidiu que "a regra contida no art. 6º/VII do Código de Defesa do Consumidor, que cogita da inversão do ônus da prova, tem a motivação de igualar as partes que ocupam posições não-isonômicas, sendo nitidamente posta a favor do consumidor, cujo acionamento fica a critério do juiz sempre que houver verossimilhança na alegação ou quando o consumidor for hipossuficiente, segundo as regras ordinárias da experiência, por isso mesmo que exige do magistrado, quando de sua aplicação, uma aguçada sensibilidade quanto à realidade mais ampla onde está contido o objeto da prova cuja inversão vai operar-se" (REsp 140097/SP, Rel. Ministro Cesar Asfor Rocha, 4ª Turma, julgado em 04.05.2000, DJ 11.09.2000 p. 252). De resto, vale reproduzir célebre lição de Piero Calamandrei, *verbis*: "não basta que diante do juiz estejam duas partes em contraditório, de modo que o juiz possa ouvir as razões das duas; mas é necessário ademais que as duas partes se encontrem entre si em condição de igualdade não meramente jurídica (que se pode querer dizer meramente teórica), mas que exista entre elas uma efetiva igualdade *prática*, que quer dizer igualdade técnica e também igualdade econômica" (*Processo e democrazia*, p. 690, grifado no original).

[708] *Instituições de direito processual civil*, v. 1, p. 207-208.

[709] José Afonso da Silva, *Curso de direito constitucional positivo*, p. 221.

[710] Segundo o Supremo Tribunal Federal, "não ofende o princípio da isonomia, aplicável à igualdade das partes no processo, o conferimento de tratamento especial à Fazenda Pública, o que se faz em atenção ao peso e superioridade dos seus interesses em jogo. Aplicação vetusta do preceito questionado, sem impugnação" (RE 83432/SP, Relator: Min. Leitão de Abreu, Julgamento: 22/03/1979, Tribunal Pleno, RTJ 94-01/209). Em igual sentido, após a promulgação da Constituição de 1988: "o benefício do prazo recursal em dobro outorgado as pessoas estatais, por traduzir prerrogativa processual ditada pela necessidade objetiva de preservar o próprio interesse público, não ofende o postulado constitucional da igualdade entre as partes" (RE 181138/SP, Relator: Min. Celso de Mello, Julgamento: 06/09/1994, 1ª Turma, DJ 12.05.1995, p. 13019).

[711] Celso Antônio Bandeira de Mello, *Curso de direito administrativo*, p. 29 e segs. Em igual sentido, Juarez Freitas, *O controle dos atos administrativos e os princípios fundamentais*, p. 54.

zenda Pública ou ao Ministério Público – de que é exemplo a concessão de prazos processuais diferenciados (art. 188 do CPC) – devem fundamentar-se na própria igualdade, e não na suposta supremacia do interesse público.[712] Neste sentido, as prerrogativas "só são compatíveis com o princípio da igualdade quando suportadas por diferenças concretas". Sem diferenças concretas, as distinções são arbitrárias. As prerrogativas deixam de ser manifestações de "tratamento diferenciado justificado", convertendo-se em privilégios odiosos.[713] De conseguinte, o art. 188 do CPC não parece albergar distinção arbitrária, pelo menos no que diz respeito à Fazenda Pública, pois é notório que persiste a deficiência de instituições de defesa judicial de alguns entes estatais em juízo.[714] O mesmo, contudo,

---

[712] Segundo Humberto Ávila, Repensando o "princípio da supremacia do interesse público sobre o particular", *passim*, o interesse público "não pode ser descrito de modo objetivo como prevalente relativamente aos interesses particulares". Com efeito, "seu conteúdo é objetivamente indeterminável, além de ser indissociável dos interesses particulares e não poder ser deles separado ou a eles contrariamente descrito". Por outras palavras, "o interesse privado e o interesse público estão de tal forma instituídos pela Constituição brasileira que não podem ser separadamente descritos na análise da atividade estatal e de seus fins". Além disso, "se eles – o interesse público e o privado – são conceitualmente inseparáveis, a prevalência de um sobre outro fica prejudicada, bem como a contradição entre ambos". Concluindo, "os interesses privados consistem em uma parte do interesse público", de modo que, em todo caso em que o interesse público "legitima uma atuação estatal restritiva específica, deve haver uma ponderação relativamente aos interesses privados e à medida de sua restrição", pois "não há uma norma-princípio da supremacia do interesse público sobre o particular no Direito Brasileiro", o que, no entanto, não significa negar "a importância jurídica do interesse público".

[713] Humberto Ávila, *Teoria da igualdade tributária*, p. 45. Neste sentido, aliás, já decidiu o Supremo Tribunal Federal: "Ação rescisória: MProv. 1577-6/97, arts. 4º e parág. único: a) ampliação do prazo de decadência de dois para cinco anos, quando proposta a ação rescisória pela União, os Estados, o DF ou os Municípios e suas respectivas autarquias e fundações públicas (art. 4º) e b) criação, em favor das mesmas entidades públicas, de uma nova hipótese de rescindibilidade das sentenças – indenizações expropriatórias ou similares flagrantemente superior ao preço de mercado (art. 4º, parág. único): argüição plausível de afronta aos arts. 62 e 5º, I e LIV, da Constituição: conveniência da suspensão cautelar: medida liminar deferida. 1. Medida provisória: excepcionalidade da censura jurisdicional da ausência dos pressupostos de relevância e urgência à sua edição: raia, no entanto, pela irrisão a afirmação de urgência para as alterações questionadas à disciplina legal da ação rescisória, quando, segundo a doutrina e a jurisprudência, sua aplicação à rescisão de sentenças já transitadas em julgado, quanto a uma delas – a criação de novo caso de rescindibilidade – é pacificamente inadmissível e quanto à outra – a ampliação do prazo de decadência – é pelo menos duvidosa. 2. A igualdade das partes é imanente ao procedural *due process of law*; quando uma das partes é o Estado, a jurisprudência tem transigido com alguns favores legais que, além da vetustez, têm sido reputados não arbitrários por visarem a compensar dificuldades da defesa em juízo das entidades públicas; se, ao contrário, desafiam a medida da razoabilidade ou da proporcionalidade, caracterizam privilégios inconstitucionais: parece ser esse o caso das inovações discutidas, de favorecimento unilateral aparentemente não explicável por diferenças reais entre as partes e que, somadas a outras vantagens processuais da Fazenda Pública, agravam a conseqüência perversa de retardar sem limites a satisfação do direito do particular já reconhecido em juízo. 3. Razões de conveniência da suspensão cautelar até em favor do interesse público" (ADI-MC 1753/DF, Relator: Min. Sepúlveda Pertence, Julgamento: 16/04/1998, Tribunal Pleno, DJ 12.06.1998, p. 51).

[714] No julgamento do RE-ED-EDv 194925/MG, Relator: Min. Ilmar Galvão, o Pleno do Supremo Tribunal Federal deliberou novamente no sentido da compatibilidade do art. 188 do CPC com a igualdade das partes. No voto proferido pelo Relator, Min. Ilmar Galvão, lê-se que "o benefício do art. 188 do Código de Processo Civil, que estipula prazo em dobro para a Fazenda Pública, foi mantido pela Constituição Federal vigente, não havendo que se falar em afronta ao princípio da isonomia entre as partes". Por sua vez, o Min. Marco Aurélio ressaltou "a necessidade de enfrentarmos a questão referente à harmonia, ou não, do artigo 188 do Código de Processo Civil – no que prevê o prazo em dobro para recorrer, no tocante à Fazenda – com a Constituição Federal. (...) De há muito venho meditando sobre a matéria, sobre o alcance do devido processo legal tal como previsto não apenas nos incisos LIV e LV do rol das garantias constitucionais, mas também no inciso XXXV desse rol, ante o tratamento diferenciado emprestado pela legislação comum, e não pela Carta da República, frise-se, a certas pessoas jurídicas de direito público e ao Ministério Público. Não vejo como, nos dias atuais, agasalhar-se uma norma

não parece valer para o Ministério Público, que é, atualmente, entidade diligente e organizadíssima.[715]

Finalmente, a igualdade das partes é compreendida como "par condicio" ou igualdade de armas (*Waffengleichheit*), com o sentido de que o juiz deve assegurar a ambas as partes o poder de influir igualmente tanto no processamento quanto no julgamento da causa.[716] A igualdade de armas impõe, com efeito, o "equilíbrio entre as partes ao longo de todo o processo, na perspectiva dos meios processuais de que dispõem para apresentar e fazer vingar as respectivas teses".[717] Aliás, consoante jurisprudência iterativa da Corte Européia de Direitos do Homem, a igualdade de armas implica a "obrigação de oferecer a cada uma das partes a possibilidade razoável de apresentar a respectiva causa em condições tais que não importem situação de desvantagem em relação à parte contrária".[718] Daí dizer-se

---

[715] que, em última análise, encerra não uma prerrogativa – a de recorrer considerado o prazo em dobro –, mas um verdadeiro privilégio. A origem, em si, da norma, todos conhecemos, está na visão segundo a qual o Estado não teria como defender-se, porque não organizado suficientemente, nas causas ajuizadas, nas causas em andamento. Isso já não pode mais ser afirmado nos dias de hoje, passados tantos anos para o Estado aparelhar-se e, então, situar-se no processo em condições de igualdade com o particular. O contraditório (...) tem albergado o que Ada Pellegrini Grinover aponta como paridade de armas, o tratamento igualitário das partes, que deve ocorrer considerado não apenas aquele que tem o ofício judicante, mas também o do legislador. Peço vênia, portanto, (...) para assentar a inconstitucionalidade do artigo 188 do Código de Processo Civil. E algum dia teríamos mesmo que enfrentar essa matéria, no que envolvido prazo em dobro para recorrer e, pasmem, em quádruplo para contestar. Esse tratamento diferenciado, desigualizando, portanto, partes que devem estar no processo em situação de igualdade, de paridade, conflita, a meu ver, com a Carta de 1988, com os novos ares constitucionais que notamos nos dias de hoje". Por outro lado, o Min. Sepúlveda Pertence chamou a atenção para o fato de que "havia certos prazos, como os que trata o art. 188 do Código de Processo Civil, que tinham por si a respeitabilidade da vetustez e que, independentemente disso, (...) não ultrapassavam os limites da razoabilidade, ao menos enquanto persistir, notoriamente, a deficiência das instituições da defesa judicial de algumas entidades públicas em juízo que notoriamente prossegue. Sem me comprometer com a seqüência do processo de inconstitucionalização de tais normas e, sobretudo, das normas novas que se vêm multiplicando no sentido de criar novas prerrogativas, quanto a essas que são as vetustas, não me animo, neste momento, a mudar uma longa orientação do Tribunal, já sob a Constituição, afirmada (...) no RE 181.138". De resto, o Min. Moreira Alves sublinhou que, "quanto ao Estado, há de se levar em conta a imensidão do âmbito de questões contra ele, a exigir um aparelhamento de primeira ordem para atender às suas necessidades. Tudo isso é um problema de razoabilidade" (RE-ED-EDv 194925/MG, Relator: Min. Ilmar Galvão, Julgamento: 24/03/1999, Tribunal Pleno, DJ 19.04.2002, p. 59).

[715] Cândido Rangel Dinamarco, *Instituições de direito processual civil*, v. 1, p. 211-213.

[716] José Carlos Barbosa Moreira, *La igualdad de las partes en el proceso civil*, p. 70. A propósito, Ada Pellegrini Grinover observa que, modernamente, entende-se "por *par condicio* ou *igualdade de armas* o princípio de equilíbrio de situações, não iguais mas recíprocas, como o são, no processo penal, as dos ofícios da acusação e da defesa" (Defesa, contraditório, igualdade e *par condicio* na ótica do processo de estrutura cooperatória, p. 07). Aliás, já decidiu o Supremo Tribunal Federal: "Devido processo legal – Partes – Ministério Público e defesa – Paridade de armas. Acusação e defesa devem estar em igualdade de condições, não sendo agasalhável, constitucionalmente, interpretação de normas reveladoras da ordem jurídica que deságüe em tratamento preferencial. A 'par condicio' é inerente ao devido processo legal (Ada Pellegrini Grinover)" (RMS 21884/DF, Relator: Min. Marco Aurélio, Julgamento: 17/05/1994, 2ª Turma, DJ 25.11.1994, p. 32302).

[717] José Lebre de Freitas, *Introdução ao processo civil*, p. 118-119. Igualmente, *vide* Paolo Ferrua, *Il "giusto processo"*, p. 49-50.

[718] A propósito, *vide* Hélène Ruiz Fabri, *Ègalité des armes et procès équitable dans la jurisprudence de la Cour européene des droits de l'homme*, p. 50; e Bertrand Favreau, *Aux sources du procès équitable une certaine idée de la qualité de la justice*, p. 09-21. Aliás, consoante se colhe da jurisprudência do Superior Tribunal de Justiça, "o princípio da igualdade das partes deve ser observado pelo julgador, não podendo ele, em razão da importância ou qualidade de uma, favorecê-la em detrimento da outra" (REsp 11728/SP, Rel. Ministro Pedro Acioli, 1ª Turma, julgado em 12.02.1992, DJ 09.03.1992 p. 2533).

que a igualdade das partes serve de "suporte ao princípio do contraditório".[719] De fato, contraditório efetivo é contraditório equilibrado, vale dizer, contraditório com igualdade de armas.[720]

3.4. Direito à prova

Trata-se de posição jurídica fundamental inerente ao contraditório e ao devido processo legal (art. 5º, LV e LIV, da Constituição Federal de 1988).[721]

Neste sentido, o direito fundamental à prova compreende: (I) o direito à utilização de todas as provas disponíveis, com o objetivo de provar a verdade dos fatos em que está fundada a ação ou defesa; (II) o direito à produção das provas já admitidas; (III) o direito ao contraditório sobre as provas, isto é, o direito de contraditar as provas produzidas pela parte contrária ou por iniciativa oficial do

---

[719] Antonio Carlos de Araújo Cintra, *O princípio da igualdade processual*, p. 41.

[720] A propósito, *vide* Cândido Rangel Dinamarco, *Instituições de direito processual civil*, v. 1, p. 209; e Carlos Alberto Alvaro de Oliveira, *Del formalismo en el proceso civil*, p. 183.

[721] Nicola Picardi, *Manuale del processo civile*, p. 282; Walther Habscheid, *Les grands principes de la procédure civile: nouveaux aspects*, p. 11; e Antonio Carlos de Araújo Cintra, Ada Pellegrini Grinover, Cândido Rangel Dinamarco, *Teoria geral do processo*, p. 85. Consoante lição de Eduardo J. Couture, "a lei que priva do direito de provar equivale a lei que privar do direito de defender-se. Ambas são inconstitucionais, porque o 'devido processo' é aquele que encontra, na prova dos fatos, o necessário suporte das afirmações da defesa", e, ademais, "privar das garantias da defesa em juízo equivale, virtualmente, a privar do direito" (*Inconstitucionalidad por privación de la garantía del debido proceso*, p. 194 e 198). Neste sentido, aliás, já decidiu o Supremo Tribunal Federal: "Necessária observância, pelo Poder Público, da fórmula constitucional, do 'due process of law'. Prerrogativas que compõem a garantia constitucional do devido processo. O direito à prova como uma das projeções concretizadoras dessa garantia constitucional. (...) – A jurisprudência do Supremo Tribunal Federal tem reafirmado a essencialidade do princípio que consagra o 'due process of law', nele reconhecendo uma insuprimível garantia, que, instituída em favor de qualquer pessoa ou entidade, rege e condiciona o exercício, pelo Poder Público, de sua atividade, ainda que em sede materialmente administrativa, sob pena de nulidade do próprio ato punitivo ou da medida restritiva de direitos. (...) – Assiste, ao interessado, mesmo em procedimentos de índole administrativa, como direta emanação da própria garantia constitucional do 'due process of law' (CF, art. 5º, LIV) – independentemente, portanto, de haver previsão normativa nos estatutos que regem a atuação dos órgãos do Estado –, a prerrogativa indisponível do contraditório e da plenitude de defesa, com os meios e recursos a ela inerentes (CF, art. 5º, LV), inclusive o direito à prova. – Abrangência da cláusula constitucional do 'due process of law'". Na fundamentação do julgado, lê-se ainda que "o direito à prova qualifica-se como prerrogativa jurídica intimamente vinculada ao direito do interessado à observância, pelo Poder Público, da fórmula inerente ao 'due process of law'" (MS 26358 MC/DF, Decisão Monocrática, Relator: Ministro Celso de Mello, Julgamento: 27/02/2007). Ademais, *vide* Antonio Magalhães Gomes Filho, *Direito à prova no processo penal*, p. 82-83, para quem o *direito à prova*, que "já se entendia implícito em nosso sistema de garantias fundamentais", caracterizar-se-ia como direito "expresso", com "estatura e dignidade constitucionais", em razão da incorporação das "garantias contidas no Pacto Internacional sobre os Direitos Civis e Políticos, de 1966, e na Convenção Americana sobre Direitos Humanos (Pacto de São José da Costa Rica), de 1969", por meio do disposto no art. 5º, § 2º, da Constituição Federal, segundo o qual "os direitos e garantias expressos nesta Constituição não excluem outros decorrentes do regime e dos princípios por ela adotados, ou dos tratados internacionais em que a República Federativa do Brasil seja parte". Registre-se, de resto, que, consoante o § 3º do art. 5º da Constituição, incluído pela Emenda Constitucional nº 45, de 2004, "os tratados e convenções internacionais sobre direitos humanos que forem aprovados, em cada Casa do Congresso Nacional, em dois turnos, por três quintos dos votos dos respectivos membros, serão equivalentes às emendas constitucionais".

juiz, inclusive o direito à prova contrária; e (IV) o direito à valoração das provas pelo órgão judicial.[722]

Por um lado, o *direito à prova* é limitado pelo disposto no art. 5º, LVI, da Constituição de 1988, segundo o qual "são inadmissíveis, no processo, as provas obtidas por meios ilícitos". Daí afirmar-se que "qualquer meio de prova é útil, salvo se receber o repúdio do direito",[723] mais precisamente o *repúdio dos direitos fundamentais*.[724]

Restrições ao direito à prova são ditadas, além disso, "pelo próprio sistema dos *meios de prova*, regido por formas preestabelecidas, momentos, fases e principalmente *preclusões*". Destarte, é lícito concluir que o *direito à prova* configura-se como *"direito à prova legítima, a ser exercido segundo os procedimentos regidos pela lei"*.[725]

---

[722] Michele Taruffo, *Il diritto alla prova nel processo civile*, p. 77-78, 92, 98 e 106. Semelhantemente, *vide* Nicola Picardi, *Manuale del processo civile*, p. 282; Joan Picó i Junoy, *El derecho a la prueba en el proceso civil*, p. 18-31; e *idem*, *Las garantías constitucionales del proceso*, p. 143-144. A propósito, o Superior Tribunal de Justiça já decidiu, por exemplo, que o direito à prova "não ocorre quando uma das partes se vê cerceada em seu direito de produzir prova ou debater a que se produziu" (REsp 998/PA, Rel. Min. Sálvio de Figueiredo Teixeira, 4ª Turma, julgado em 24.10.1989, DJ 20.11.1989 p. 17297). Igualmente: REsp 6081/RJ, Rel. Ministro Sálvio de Figueiredo Teixeira, 4ª Turma, julgado em 21.05.1991, DJ 25.05.1992 p. 7398. Registre-se, de resto, que o art. 332 do CPC estabelece que "todos os meios legais, bem como os moralmente legítimos, ainda que não especificados neste Código, são hábeis para provar a verdade dos fatos, em que se funda a ação ou a defesa".

[723] REsp 59189/SP, Rel. p/ Acórdão Ministro Luiz Vicente Cernicchiaro, 6ª Turma, julgado em 21.03.1995, DJ 09.12.1997 p. 64778.

[724] Por exemplo: "Investigação de paternidade – Exame de DNA – Condução do réu 'debaixo de vara'. Discrepa, a mais não poder, de garantias constitucionais implícitas e explícitas – preservação da dignidade humana, da intimidade, da intangibilidade do corpo humano, do império da lei e da inexecução específica e direta de obrigação de fazer – provimento judicial que, em ação civil de investigação de paternidade, implique determinação no sentido de o réu ser conduzido ao laboratório, 'debaixo de vara', para coleta do material indispensável à feitura do exame DNA. A recusa resolve-se no plano jurídico-instrumental, consideradas a dogmática, a doutrina e a jurisprudência, no que voltadas ao deslinde das questões ligadas à prova dos fatos" (HC 71373/RS, Relator p/ Acórdão: Min. Marco Aurélio, Julgamento: 10/11/1994, Tribunal Pleno, DJ 22.11.1996, p. 45686). A teor da Súmula nº 301 do Superior Tribunal de Justiça, "em ação investigatória, a recusa do suposto pai a submeter-se ao exame de DNA induz presunção juris tantum de paternidade" (2ª Seção, julgado em 18/10/2004, DJ 22/11/2004 p. 425).

[725] Cândido Rangel Dinamarco, *Instituições de direito processual civil*, v. 3, p. 48. Com o clássico grão de sal, no entanto. Veja-se, por exemplo, que, nos termos do art. 396 do CPC, compete à parte instruir a petição inicial, ou a resposta, com os documentos destinados a provar suas alegações. No entanto, o Superior Tribunal de Justiça tem entendido que "somente os documentos tidos como pressupostos da causa é que devem acompanhar a inicial e a defesa", de modo que "os demais", que não se qualifiquem como indispensáveis ou substanciais, "podem ser oferecidos em outras fases e até mesmo na via recursal, desde que ouvida a parte contrária e inexistente o espírito de ocultação premeditada e o propósito de surpreender o juízo" (REsp 2373/MT, Rel. Ministro Sálvio de Figueiredo Teixeira, 4ª Turma, julgado em 22.05.1990, DJ 11.06.1990 p. 5361). Outro exemplo: o art. 452, III, do CPC, estabelece que, na audiência de instrução, devem ser inquiridas as testemunhas arroladas pelo autor e pelo réu, nesta ordem. Todavia, segundo orientação jurisprudencial do Superior Tribunal de Justiça, "além de não ser peremptória a ordem estabelecida no art. 452 do CPC, há a parte de evidenciar o prejuízo que lhe adviria com a inversão ocorrida" (REsp 35.786/SP, Rel. Ministro Barros Monteiro, 4ª Turma, julgado em 14.11.1994, DJ 12.12.1994 p. 34350). Por sua vez, o Supremo Tribunal Federal, recentemente, decidiu que a inversão da ordem de inquirição de testemunhas, "em todo e qualquer processo", implica "inobservância do contraditório e da ampla defesa", bem como "vulneração do justo processo de lei (*due process of law*)", sendo inadmissível e, conseqüentemente, padecendo de nulidade. Nesta inversão, ademais, o prejuízo é presumido, consoante se colhe do voto proferido pelo Ministro Sepúlveda Pertence: "o contraditório e a ampla defesa (...) são bastantes a impor (...) a regra de que a audiência das testemunhas da acusação haja de preceder à inquirição daquelas arroladas pela

Além disso, o direito à prova não é senão direito à prova relevante.[726] Somente a prova relevante deve ser admitida em juízo, o que pressupõe, conforme a prova seja direta ou indireta, a relevância do fato jurídico que se pretende provar, ou, então, a possibilidade de extrair consequências probatórias do fato secundário em relação ao fato jurídico que se quer ver provado.[727] A propósito, o art. 130 do CPC é expresso ao estipular que cabe ao juiz indeferir "diligências inúteis ou meramente protelatórias".[728]

Por outro lado, não constitui limitação ao direito à prova o exercício de poderes instrutórios pelo órgão judicial. Com efeito, o direito à prova, entendido

---

defesa. Essa precedência não é regra de mera ordenação procedimental, mas imperativo da 'relação dialógica' (...) em que se há de desenvolver todo e qualquer processo regido pela garantia da contraditoriedade, que (...) há de 'ser efetiva e real, não meramente simbólica ou retórica, ensejando-se ao que sofre uma acusação' – seja qual for a sua índole (...) – 'a possibilidade de contestar, de opor a qualquer prova que lhe seja prejudicial', o que (...) envolve a de produzir contraprova da anteriormente oferecida pela acusação. 'É formalidade essencial do processo' – já o proclamara o Tribunal, em acórdão – vetusto – da lavra autorizada do mestre Evandro Lins (RHC 43.941, 21.2.67) –, 'que as testemunhas arroladas pela acusação sejam ouvidas com anterioridade às da defesa. (...) A inversão das inquirições traz, por si mesma, prejuízo, que se presume de modo absoluto, à defesa do acusado'. A nulidade, pois, é chapada". Não menos relevante é o voto emitido pelo Ministro Cezar Peluso: "dispõe a Constituição, no artigo 5°, inciso LIV: 'ninguém será privado da liberdade ou de seus bens sem o devido processo legal'. Isto é, sem um processo que seja, ao mesmo tempo, legal, previsto na lei, qualquer que seja o escalão normativo, e, além de legal, tem que ser devido, no sentido de que deve corresponder a exigências éticas da civilização, ninguém pode ser merecedor de qualquer bem jurídico. (...) O fundamento relevante é o da inversão da ordem legal da inquirição das testemunhas. O princípio do contraditório, isso é elementar, significa, por definição, a possibilidade de contradição dentro do processo. O processo é uma realidade jurídica que não se compõe apenas de ações lingüísticas, isto é, que a cada afirmação, segundo o princípio do contraditório, deve corresponder, sempre, possibilidade de o adversário promover uma reação lingüística correspondente ou homóloga àquela que responde. Mas também se compõe de ações reais, de outro tipo, de ações de outra natureza, como, por exemplo, colheita de prova. Não há aí ação lingüística, mas o que a doutrina processual denomina de ação real, porque consiste em fatos ou outros atos. O princípio do contraditório implica possibilidade de a uma ação real, a produção de prova, por exemplo, corresponder reação real, isto é, produção de outra prova tendente a infirmar a prova anterior. Isso é elementar, é o cerne do princípio do contraditório. A cada prova produzida deve, pois, corresponder ao réu, em geral, (...) o poder de promover uma ação real tendente a aniquilar, enfim, a atenuar a força retórica dessa prova. É princípio não menos elementar de um processo (...) que a defesa deva ter a oportunidade de fazer a última prova. Por quê? Pela simples razão de que, de outro modo, se ofenderia a Constituição, (...) no princípio geral do devido processo legal, ou na cláusula específica do artigo 5°, inciso LV (...). (...) O procedimento não terminou. Como podemos, pois, antecipar que aquela testemunha de acusação, ouvida após as testemunhas de defesa, não terá nenhuma influência no julgamento final? Evidentíssimamente (...) que (...) sempre se reconhece prejuízo virtual, isto é, a capacidade que o defeito tem de influir no julgamento da causa. Este dano potencial à defesa tem de ser remediado, porque não o foi dentro procedimento (...)" (MS-MC 25647/DF, Relator p/ Acórdão: Min. Cezar Peluso, Julgamento: 30/11/2005, Tribunal Pleno, DJ 15.12.2006, p. 82).

[726] Michele Taruffo, *Il diritto alla prova nel processo civile*, p. 78.

[727] Michele Taruffo, *La prova dei fatti giuridici*, p. 338-339; *idem*, *Studi sulla rilevanza della prova*, p. 23 e segs.; e Joan Picó i Junoy, *El derecho a la prueba en el proceso civil*, p. 39 e segs.

[728] Conforme já decidiu o Supremo Tribunal Federal, "o direito à produção de provas – incluído, é certo, no âmbito da garantia constitucional da ampla defesa –, tem por pressuposto a relevância, no caso concreto, do fato que o litigante se proponha a provar: *frustra probatur quod probatum non relevat*" (HC 68609/DF, Relator: Min. Sepúlveda Pertence, Julgamento: 01/07/1991, Tribunal Pleno, DJ 30.08.1991, p. 11636), de modo que "não ofende o art. 5°, LV, da Constituição o indeferimento de diligência probatória tida por desnecessária" (AI-AgR 556550/RJ, Relator: Min. Sepúlveda Pertence, Julgamento: 14/02/2006, 1ª Turma, DJ 10.03.2006, p. 30). *Mutatis mutandis*, já decidiu o Superior Tribunal de Justiça que "evidencia-se o cerceamento de defesa, autorizador da nulidade parcial do processo, quando proferido julgamento antecipado que despreza a produção de prova relevante à solução do processo" (REsp 13407/ES, Rel. Ministro Sálvio de Figueiredo Teixeira, 4ª Turma, julgado em 31.10.1991, DJ 02.12.1991 p. 17544).

como direito à proposição de todas as provas relevantes para o julgamento da causa, não significa monopólio da iniciativa probatória pelas partes, nem interdição ao exercício de poderes instrutórios pelo juiz. Aliás, o art. 130 do CPC é explícito: cabe ao juiz, de ofício ou a requerimento da parte, "determinar as provas necessárias à instrução do processo". Não obstante, verificar-se-á limitação a ponto de infringir o direito à prova, quando as partes não puderem debater o resultado da prova produzida por iniciativa oficial do juiz, ou quando não lhes for permitido apresentar provas contrárias.[729]

De modo particular, *o direito à prova implica o direito à valoração das provas pelo órgão judicial.* O *momento de valoração* é regido pelo art. 131 do

---

[729] Michele Taruffo, *Il diritto alla prova nel processo civile,* p. 90-91; José Carlos Barbosa Moreira, A garantia do contraditório na atividade de instrução, p. 04 e 08-09; e Sérgio Luís Wetzel de Mattos, *Da iniciativa probatória do juiz no processo civil,* p. 74-77. Neste sentido, o Superior Tribunal de Justiça já ressaltou que, "diante do cada vez maior sentido publicista que se tem atribuído ao processo contemporâneo, o juiz deixou de ser mero espectador inerte da batalha judicial, passando a assumir uma posição ativa que lhe permite, dentre outras prerrogativas, determinar a produção de provas, desde que o faça, é certo, com imparcialidade e resguardando o princípio do contraditório" (REsp 43467/MG, Rel. Ministro Sálvio de Figueiredo Teixeira, 4ª Turma, julgado em 12.12.1995, DJ 18.03.1996 p. 7568). Em igual ou semelhante sentido: "Recurso Especial. Processual Civil. Prova. Produção. Iniciativa. Princípio dispositivo. Igualdade das partes. Ordem de oitiva das testemunhas. Admite-se no processo moderno a iniciativa probatória do juiz, pois a efetividade do processo e a absorção do conflito no plano social depende de uma decisão cunhada a partir do princípio da verdade real dos fatos. Tal poder, entretanto, deve ser exercido, sem que o julgador desmereça os demais princípios que norteiam o processo civil. A dispensa da prova oral pelo juiz, como conseqüência sancionatória à ausência do advogado do autor à audiência de instrução e julgamento do rito sumário, o impede de, mais tarde, determinar a inquirição das mesmas testemunhas. Violação aos princípios da imparcialidade do julgamento, do ônus da prova, da ordem de oitiva de testemunhas e do tratamento igualitário que deve conferir às partes. Recurso especial provido" (REsp 151.924/PR, Rel. Ministra Nancy Andrighi, 3ª Turma, julgado em 19.06.2001, DJ 08.10.2001 p. 210); "O Código de 1973 acolheu o princípio dispositivo, de acordo com o qual o juiz deve julgar segundo o alegado pelas partes (*iudex secundum allegata et probata partium iudicare debet*). Mas o abrandou, tendo em vista as cada vez mais acentuadas publicização do processo e socialização do direito, que recomendam, como imperativo de justiça, a busca da verdade real. O juiz, portanto, não é mero assistente inerte da batalha judicial, ocupando posição ativa, que lhe permite, dentre outras prerrogativas, determinar a produção de provas, desde que o faça com imparcialidade, sem ensejar injustificado favorecimento a litigante que haja descurado ou negligenciado em diligenciar as providências probatórias de seu interesse" (REsp 17591/SP, Rel. Ministro Sálvio de Figueiredo Teixeira, 4ª Turma, julgado em 07.06.1994, DJ 27.06.1994 p. 16982); "Prova. Determinação de ofício. Tendo em vista a formação de seu convencimento, o juiz pode determinar a produção de prova, desde que o faça com imparcialidade e sem ensejar injustificado favorecimento da parte, omissa em trazer, para os autos, elementos para amparar suas alegações" (REsp 198832/SP, Rel. Ministro Eduardo Ribeiro, 3ª Turma, julgado em 02.03.1999, DJ 24.05.1999 p. 166); "Processual civil. Processo. Caráter dispositivo. Restrição. Poder de instrução do juiz. Contraria o art. 130 do Código de Processo Civil o acórdão que desconsidera, por atentatório ao princípio da igualdade das partes, depoimento de testemunha determinado pelo juiz da causa" (REsp 25617/SP, Rel. Ministro Dias Trindade, 3ª Turma, julgado em 13.10.1992, DJ 09.11.1992 p. 20372). Não é outro, aliás, o entendimento do Supremo Tribunal Federal: "O respeito ao princípio constitucional do contraditório – que tem, na instrução probatória, um dos momentos mais expressivos de sua incidência no processo (...) –, traduz um dos elementos realizadores do postulado do devido processo legal. É preciso ter presente que os poderes inquisitivos do juiz encontram limite no princípio constitucional do contraditório, que impõe à autoridade judiciária – qualquer que seja o grau de jurisdição em que atue – o dever jurídico-processual de assegurar as partes o exercício das prerrogativas inerentes à bilateralidade do juízo. – A natureza probatória do exame pericial (...) impõe que se respeite a exigência de bilateralidade dos atos processuais, ensejando-se às partes, (...) em conseqüência, a possibilidade (a) de argüirem a incompatibilidade dos peritos (...), (b) de formularem quesitos (...) e (c) de criticarem o laudo pericial produzido. – O réu tem o ineliminável direito de ser ouvido previamente sobre quaisquer provas produzidas no processo (...). A inobservância dessa prerrogativa – que possui extração constitucional – implica cerceamento de defesa e gera, como inevitável efeito conseqüencial, a nulidade do procedimento (...)" (HC 69001/RJ, Relator: Min. Celso de Mello, Julgamento: 18/02/1992, 1ª Turma, DJ 26.06.1992, p. 10106).

CPC, segundo o qual "o juiz apreciará livremente a prova, atendendo aos fatos e circunstâncias constantes dos autos, ainda que não alegados pelas partes; mas deverá indicar, na sentença, os motivos que lhe formaram o convencimento". Aí se compreende o *princípio do livre convencimento do juiz*, que "não se confunde com o princípio da convicção íntima", exigindo "fundamentação concreta" e "vinculada à prova dos autos".[730] *A concepção racional do princípio do livre convencimento outorga ao juiz liberdade de apreciação das provas relevantes. Essa liberdade, no entanto, deve ser exercitada de modo racional e controlável, para que não prevaleça o subjetivismo na formação do juízo de fato. Destarte, o juiz deve empregar critérios racionais na valoração das provas relevantes, com o objetivo de reconstruir uma versão tão verdadeira quanto possível dos fatos do processo.* Daí decorre o *dever de motivação das decisões judiciais* (art. 93, IX, da Constituição Federal): *cabe ao juiz explicitar os critérios racionais adotados para valoração das provas, justificando, a partir daí, o juízo de fato.*[731]

Advirta-se, de resto, que o princípio do livre convencimento não deve reger o momento de admissão da prova. O juízo de admissibilidade, como se sabe, é inconfundível com o juízo de valoração das provas.[732] Segue-se daí que o princípio do livre convencimento, a rigor, não deve ser invocado pelo órgão judicial para

---

[730] REsp 184156/SP, Rel. Ministro Felix Fischer, 5ª Turma, julgado em 01.10.1998, DJ 09.11.1998 p. 161. Não basta, assim, apenas explicitar que "o juiz não está adstrito ao laudo pericial, podendo formar sua convicção com outros elementos ou fatos provados nos autos", ademais não sendo estritamente correto que "o princípio do livre convencimento motivado apenas reclama do juiz que fundamente sua decisão, em face dos elementos dos autos e do ordenamento jurídico" (REsp 400977/PE, Rel. Ministro Sálvio de Figueiredo Teixeira, 4ª Turma, julgado em 21.03.2002, DJ 03.06.2002 p. 212). Com efeito, segundo Carlos Alberto Alvaro de Oliveira, "mostra-se bem possível que o órgão judicial, mesmo com uma autêntica proclamação de princípios, ao justificar determinada visão dos fatos, lance mão de critérios vagos e indefinidos, empregado fórmulas puramente retóricas, despidas de conteúdo, aludindo por exemplo a 'verdade material', 'prova moral', 'certeza moral', 'prudente apreciação', 'íntima convicção'. Essas e outras expressões similares representam autênticos sinônimos de arbítrio, subjetivismo e manipulação semântica, por não assegurar nenhuma racionalidade na valorização da prova, implicar falsa motivação da decisão tomada e impedir, assim, o controle por parte da sociedade, do jurisdicionado e da instância superior" (Problemas atuais da livre apreciação da prova, p. 60).

[731] Michele Taruffo, *La prova dei fatti giuridici*, p. 373-377 e 408-411. A propósito, *vide* Cândido Rangel Dinamarco, *Instituições de direito processual civil*, v. 3, p. 105-107, concluindo que, "sem as exigências de racionalidade e atenção exclusiva aos elementos de convicção constantes dos autos, e sem ser necessária a motivação onde o juiz demonstre essas exigências, a regra do livre convencimento seria porta aberta ao arbítrio"; que, "nesse contexto de limitações à liberdade de convencimento do juiz (racionalidade, vinculação aos autos e dever de motivação) reside o fator que a compatibiliza com os fundamentos da garantia constitucional do *due process of law*"; e que "no direito atual o juiz valora livremente a prova, mas *não tão livremente assim*". Sobre os *critérios de racionalidade e controle* ou *modelos de constatação dos fatos*, *vide* Danilo Knijnik, *A prova nos juízos cível, penal e tributário*, p. 15 e segs.; e Os *standards* do convencimento judicial: paradigmas para o seu possível controle, p. 15-52.

[732] Consoante lição de Danilo Knijnik, "o juízo inerente ao livre convencimento não se confunde com o juízo de admissibilidade das provas. São planos diversos que devem ser separados com nitidez. (...) O juízo de admissibilidade de uma determinada prova é *questão de direito*, e é *preliminar* à entrada em funcionamento do princípio do livre convencimento. Somente depois de afirmada a admissibilidade de uma prova, ou seja, selecionadas as provas que poderão ser acessadas pelo julgador e pelas partes, é que se passa à sua avaliação, medida no plano da convicção judicial e, aí sim, à luz do livre convencimento, não antes. (...) Em conclusão, o princípio do livre convencimento nada tem a ver com a admissibilidade da prova. Tal princípio entra em operação somente *após* o processo de seleção do material que comporá o objeto de seu exercício" (*A prova nos juízos cível, penal e tributário*, p. 19-24).

Devido Processo Legal e Proteção de Direitos

efetuar o juízo de admissibilidade, vale dizer, não deve ser utilizado como carta branca para a livre inadmissão de provas, sob color de que "o destinatário final da prova é o juiz",[733] ou, ainda, de que, "em matéria de julgamento antecipado da lide, predomina a prudente discrição do magistrado, no exame da necessidade ou não da realização de prova em audiência".[734] De conseguinte, quando o juiz, com fundamento no princípio do livre convencimento (art. 131 do CPC), antecipa o juízo de valoração da prova, para indeferi-la, pode acabar infringindo o direito fundamental à prova, entendido como direito da parte de utilizar todas as provas relevantes para o julgamento da causa.[735]

3.5. Juiz natural

O *direito ao juiz natural* é *duplamente protegido* pela Constituição Federal de 1988: por um lado, "não haverá juízo ou tribunal de exceção" (art. 5°, XXXVII); por outro, "ninguém será processado nem sentenciado senão pela autoridade competente" (art. 5°, LIII). Só por aí já se vê que o *direito ao juiz natural* constitui *posição jurídica fundamental inseparável do devido processo legal.*[736]

---

[733] AgRg no Ag 109359/SP, Rel. Ministro Waldemar Zveiter, 3ª Turma, julgado em 26.06.1997, DJ 15.09.1997 p. 44376.

[734] REsp 3047/ES, Rel. Ministro Athos Carneiro, 4ª Turma, julgado em 21.08.1990, DJ 17.09.1990 p. 9514. Segundo Danilo Knijnik, "deve ser analisada com certa reserva a orientação jurisprudencial segundo a qual o juiz está autorizado a indeferir a prova se ele, juiz, já está convencido dos fatos, visto que a prova deve ser produzida à vista de todas as qualificações jurídicas possíveis, sob pena de, por via transversa, prejulgar-se a demanda, nos casos em que a hipótese apresentada pela parte seja inverossímil" (*A prova nos juízos cível, penal e tributário*, p. 189).

[735] A propósito, *vide* Michele Taruffo, *Studi sulla rilevanza della prova*, p. 77-78, ressaltando "*il convincimento conseguito dal giudice (...) circa l'esistenza dei fatti della causa non giustifica l'esclusione di nuove prove di cui venga chiesta l'ammissione, o la mancata assunzione di prove già ammesse*". Essa conclusão "*non porta a disconoscere l'esigenza di economia delle attività processuali. Essa va infatti contemperata con l'altra esigenza, di ben maggiore portata, di permettere alle parti di utilizzare concretamente nel processo tutti gli strumenti probatori che appaiano idonei alla dimostrazione del fondamento fattuale delle loro pretese*". Todavia, "*può in determinate ipotesi ammetersi che il precedente convincimento del giudice fondi l'esclusione di una 'prova'*". Dois casos devem ser distinguidos: "*a) prove sostanzialmente conformi a tal convincimento*"; e "*b) prove contrarie o contrastanti con il convincimento stesso*". No primeiro caso, "*si puó ammettere che il giudice escluda la prova, posto che essa, anche qualora fosse ammessa ed esperita con esito positivo, non modificherebbe la rappresentazione dei fatti già acquisita dal giudice*". No segundo caso, "*l'esclusione di una prova che, qualora venisse esperita con esito positivo, potrebe modificare l'accertamento dei fatti, priverebbe la parte di uno strumento potenzialmente idoneo a determinare la decisione sulla 'quaestio facti', e quindi non può ammettersi*". Portanto, "*l'esigenza di economia delle attività processuali opera dunque nel senso di consentire l'esclusione delle prove conformi al precedente convincimento del giudice*". Todavia, essa exclusão "*non può operare (...) quando l'ammissione e l'assunzione della prove possano portare all'acquisizione di elementi di giudizio tali da modificare il precedente convincimento del giudice*".

[736] Com efeito, já decidiu o Superior Tribunal de Justiça que "a distribuição da causa por dependência somente se dá nos casos autorizados por lei, sob pena de agressão ao princípio do juiz natural, um dos pilares do 'due process of law', devendo ser coibida com rigor qualquer praxe em contrário" (REsp 8449/AM, Rel. Ministro Sálvio de Figueiredo Teixeira, 4ª Turma, julgado em 19.11.1991, DJ 09.12.1991 p. 18037). Semelhantemente: "Processo civil. Mandado de segurança. Litisconsórcio ativo requerido após o deferimento da medida liminar. A admissão de litisconsorte ativo após o deferimento da medida liminar contraria o princípio do juiz natural, convertido em norma legal pelo artigo 251 do Código de Processo Civil; a regra evita que a parte escolha o juiz, bem assim os inconvenientes daí decorrentes, até de ordem moral. Recurso especial conhecido e provido" (REsp 87641/RS, Rel. Ministro Ari Pargendler, 2ª Turma, julgado em 17.03.1998, DJ 06.04.1998 p. 75).

Destarte, só são órgãos jurisdicionais os instituídos pela Constituição, proibidos, que estão, os juízos extraordinários. Além disso, ninguém pode ser julgado por órgão constituído *post factum*. E, de resto, "entre os juízes pré-constituídos vigora uma ordem taxativa de competências, que exclui qualquer alternativa deferida à discricionariedade de quem quer que seja".[737]

De acordo com os arts. 92 e 98, I, da Constituição Federal de 1988, são órgãos do Poder Judiciário o Supremo Tribunal Federal, o Conselho Nacional de Justiça, o Superior Tribunal de Justiça, os Tribunais Regionais Federais e Juízes Federais, os Tribunais e Juízes do Trabalho, os Tribunais e Juízes Eleitorais, os Tribunais e Juízes Militares, os Tribunais e Juízes dos Estados e do Distrito Federal e Territórios e os juizados especiais. Aí estão os órgãos instituídos pela Constituição. São proibidos, portanto, os juízos extraordinários. Daí dizer-se, com razão, que o *juiz natural* compreende "o princípio de que ninguém pode ser subtraído de seu *juiz constitucional*".[738]

---

[737] Ada Pellegrini Grinover, *O princípio do juiz natural e sua dupla garantia*, p. 39; e Luigi Ferrajoli, *Derecho y razón*, p. 590. Segundo Carlos Alberto Alvaro de Oliveira, o *direito fundamental ao juiz natural* circunscreve "o exercício arbitrário do poder impedindo a alteração da competência do órgão judicial ou a criação de tribunal especial, após a existência do fato gerador do processo, para colocar em risco os direitos e garantias da parte" (*Do formalismo no processo civil*, p. 87). Neste sentido, confira-se precedente do Supremo Tribunal Federal: "O princípio da naturalidade do juízo – que reflete noção vinculada as matrizes político-ideológicas que informam a concepção do Estado Democrático de Direito – constitui elemento determinante que conforma a própria atividade legislativa do Estado e que condiciona o desempenho, pelo Poder Público, das funções de caráter persecutório em juízo. O postulado do juiz natural, por encerrar uma expressiva garantia de ordem constitucional, limita, de modo subordinante, os poderes do Estado – que fica, assim, impossibilitado de instituir juízos 'ad hoc' ou de criar tribunais de exceção –, ao mesmo tempo em que assegura, ao acusado, o direito ao processo perante autoridade competente abstratamente designada na forma da lei anterior, vedados, em conseqüência, os juízos 'ex post facto'" (AI-AgR 177313/MG, Relator: Min. Celso de Mello, Julgamento: 23/04/1996, 1ª Turma, DJ 17.05.1996, p.16343).

[738] José Frederico Marques, Juiz natural, p. 447, grifado no original. Por exemplo, o Superior Tribunal de Justiça recentemente decidiu que "nulos são os julgamentos de recursos proferidos por Câmara composta, majoritariamente, por juízes de primeiro grau, por violação ao princípio do juiz natural e aos artigos 93, III, 94 e 98, I, da CF" (HC 72941/SP, Rel. Ministra Maria Thereza de Assis Moura, 6ª Turma, julgado em 11.09.2007, DJ 19.11.2007 p. 297). Por outro lado, veja-se precedente do Supremo Tribunal Federal: "O sistema de substituição externa nos Tribunais judiciários constitui, no plano de nosso direito positivo, matéria sujeita ao domínio temático da lei. Subordina-se, em conseqüência, ao princípio da reserva legal absoluta, cuja incidência afasta, por completo, a possibilidade de tratamento meramente regimental da questão. Esse tema – cuja 'sedes materiae' só pode ser a instância normativa da lei – não comporta, e nem admite, em conseqüência, que se proceda, mediante simples norma de extração regimental, a disciplina das convocações para substituição nos Tribunais de Justiça estaduais. Precedente do STF. Essa orientação, firmada pelo Pleno do Supremo Tribunal Federal, prestigia o postulado do juiz natural, cuja proclamação deriva de expressa referência contida na Lei Fundamental da Republica (art. 5º, LIII). O princípio da naturalidade do Juízo – que traduz significativa conquista do processo penal liberal, essencialmente fundado em bases democráticas – atua como fator de limitação dos poderes persecutórios do Estado e representa importante garantia de imparcialidade dos juizes e tribunais. Nesse contexto, o mecanismo das substituições dos juízes traduz aspecto dos mais delicados nas relações entre o Estado, no exercício de sua atividade persecutória, e o indivíduo, na sua condição de imputado nos processos penais condenatórios. – O Estado de São Paulo adotou um sistema de substituição em segunda instância que se ajusta, com plena fidelidade, ao modelo normativo consagrado pela Carta Federal. Esse sistema, instituído mediante lei local (Lei Complementar n. 646/90), obedece a mandamento consubstanciado na Carta Política estadual que, além de prever a criação de cargos de Juiz de Direito Substituto em Segundo Grau, dispõe que a respectiva designação, sempre feita pelo Tribunal de Justiça, destinar-se-á, dentre outras funções específicas, a viabilizar a substituição de membros dos Tribunais paulistas. – A regra consubstanciada no art. 93, III, da Constituição da República – que apenas dispõe sobre o acesso de magistrados aos Tribunais de Segundo Grau, mediante promoção – não atua, especialmente

Devido Processo Legal e Proteção de Direitos

219

Além disso, a Constituição da República proíbe a instituição de *tribunais de exceção*, quais sejam, órgãos constituídos *ex post facto*, "endereçados a julgamentos segundo influências espúrias".[739]

Por outro lado, a Constituição Federal confere o *direito ao julgamento por juiz competente*. Competente é o juiz definido como tal pelo próprio ordenamento constitucional ou por lei, "mediante a *indicação taxativa das causas que ele tem a atribuição de processar e julgar*".[740]

Neste contexto, é lícito concluir que o direito fundamental ao juiz natural compreende: (I) o direito ao juiz constitucional, que não é senão o juiz pré-constituído pela Constituição; (II) o direito ao juiz competente; e (III) o direito ao juiz imparcial.

De fato, o juiz natural "representa importante garantia de imparcialidade dos juizes e tribunais".[741] A imparcialidade do juiz, por sua vez, é elemento essencial

---

ante a impertinência temática de seu conteúdo material e em face da absoluta ausência de norma restritiva, como aquela inscrita no art. 144, VII, da revogada Carta Federal de 1969, como causa impeditiva do exercício, pelos Estados-membros, de seu poder de instituir, mediante legislação própria concernente a organização judiciária local, sistema de convocação de Juizes para efeito de substituição eventual nos Tribunais. – O procedimento de substituição dos Desembargadores no Tribunal de Justiça do Estado de São Paulo, mediante convocação de Juizes de Direito efetuada com fundamento na Lei Complementar estadual n. 646/90, evidencia-se compatível com os postulados constitucionais inscritos no art. 96, II, 'b' e 'd', da Carta Federal, e revela-se plenamente conivente com o princípio fundamental do juiz natural. Com isso, resta descaracterizada a alegação de nulidade do julgamento efetuado pelo Tribunal de Justiça do Estado de São Paulo, com a participação de Juiz de Direito Substituto em Segundo Grau, por evidente inocorrência do vício de composição do órgão julgador" (HC 69601/SP, Relator: Min. Celso de Mello, Julgamento: 24/11/1992, 1ª Turma, DJ 18.12.1992, p. 24377).

[739] Cândido Rangel Dinamarco, *Instituições de direito processual civil*, v. 1, p. 205. Igualmente, *vide* Luigi Ferrajoli, *Derecho y razón*, p. 590.

[740] Cândido Rangel Dinamarco, *Instituições de direito processual civil*, v. 1, p. 206, grifado no original. A propósito, *vide* Karl Heinz Schwab, *Divisão de funções e o juiz natural*, p. 124-131. Registre-se que a regulação da competência pelo Código de Processo Civil não é absolutamente rígida. Assim, a competência vai determinada "no momento em que a ação é proposta", nunca antes. Não prevalecerá a regra da *perpetuatio jurisdictionis* quando "modificações do estado de fato ou de direito ocorridas posteriormente (...) suprimirem o órgão judiciário ou alterarem a competência em razão da matéria ou da hierarquia" (art. 87). "A competência em razão do valor e do território poderá modificar-se pela conexão ou continência" (art. 102). As partes "podem modificar a competência em razão do valor e do território, elegendo foro onde serão propostas as ações oriundas de direitos e obrigações" (art. 111). Prorrogar-se-á a competência relativa, "se o réu não opuser exceção declinatória de foro e de juízo, no caso e prazos legais" (art. 114).

[741] HC 69601/SP, Relator: Min. Celso de Mello, Julgamento: 24/11/1992, 1ª Turma, DJ 18.12.1992, p. 24377. Segundo Luigi Ferrajoli, "enquanto a pré-constituição legal do juiz e a inalterabilidade das competências são garantias de imparcialidade, porque destinadas a impedir intervenções instrumentais de caráter individual ou geral sobre a formação do juiz, a proibição de juízes (...) extraordinários é, sobretudo, uma garantia de igualdade, que satisfaz o direito de todos a ter os mesmos juízes e os mesmos processos" (*Derecho y razón*, p. 590). Assim, aliás, já decidiu o Supremo Tribunal Federal: "Constitucional. Processual. Competência. Ação popular. Constituição, art. 102, I, 'n'. I. – Ação popular ajuizada para o fim de anular a nomeação de todos os membros do Tribunal de Justiça do Estado de Roraima, estando os Juizes de 1. grau do mesmo Estado em estágio probatório, assim sem a garantia de independência da vitaliciedade, dependentes do Tribunal cujos integrantes são litisconsortes passivos na ação popular. Impossibilidade de realização do devido processo legal, dado que um dos componentes deste, o juiz natural, conceituado como juiz com garantias de independência, juiz imparcial, juiz confiável, não existe, no caso. II. – Hipótese em que ocorre a competência do Supremo Tribunal Federal, para processar e julgar a ação popular, na forma do disposto no art. 102, I, 'n', da Constituição Federal. III. – Reclamação julgada procedente" (Rcl 417/RR, Relator: Min. Carlos Velloso, Julgamento: 11/03/1993, Tribunal Pleno, DJ 16.04.1993, p. 6430). De resto, *vide* Alessandro Pizzorusso, *Il principio del giudice naturale nel suo aspetto di norma sostanziale*, p.

da jurisdição.[742] Daí o alvitre certeiro de que, "sem o juiz natural, não há função jurisdicional possível".[743]

3.6. Direito ao juiz imparcial

A *imparcialidade do juiz* é condição *sine qua non* do legítimo exercício da função jurisdicional, constituindo "garantia, para os litigantes, de que a causa será processada e julgada por terceiro não envolvido no litígio, sem interesse próprio, pessoal, em que a vitória sorria a este ou àquele".[744] *Juiz imparcial é juiz equidistante aos interesses das partes em causa.*[745] Aliás, o *dever do juiz de ser imparcial* encontra-se ínsito no de "assegurar às partes igualdade de tratamento" (art. 125, I, do CPC, e art. 5º da Constituição Federal de 1988).[746]

O direito ao juiz imparcial é posição jurídica fundamental inerente ao devido processo legal.[747]

Cabe ao *juiz parcial* o dever de abster-se do julgamento da causa, de ofício. Em caso de violação do dever de abstenção, o juiz pode ser recusado por qualquer das partes, por meio da oposição de exceção de impedimento ou suspeição (arts. 312-314 do CPC). Nos arts. 134 e 135 do CPC estão elencados os *motivos de impedimento e de suspeição*, que são aplicáveis *a todos os juízes, sem qualquer exceção* (art. 137 do CPC). *A atuação do juiz impedido, não, porém, a do suspeito, vicia irremediavelmente o julgamento da causa.* A sentença de mérito, com trânsito em julgado, pode ser rescindida quando "proferida por juiz impedido" (art. 485, II, do CPC).[748]

11, observando que "*il rapporto fra il principio del giudice naturale ed il principio d'imparzialità del giudice è caratterizzato, da un lato, dell'identità dello scopo cui i due principi tendono, in quanto entrambi mirano ad impedire che la decisione della controversia possa dipendere dalla manovra delle regole sulla competenza e la composizione del giudice ad opera di chicchessia e, dall'altro lato, dalla reciproca influenza delle conseguenze pratiche nelle quali si realiza il loro concreto funzionamento*".

[742] Nicola Picardi, *Manuale del processo civile*, p. 113.

[743] Ada Pellegrini Grinover, *O princípio do juiz natural e sua dupla garantia*, p. 04.

[744] José Carlos Barbosa Moreira, Reflexões sobre a imparcialidade do juiz, p. 19. Destarte, consoante já decidiu o Superior Tribunal de Justiça, "a imparcialidade do magistrado, um dos pilares do princípio do juiz natural, que reclama juiz investido na função, competente e eqüidistante dos interesses pessoais das partes, se inclui entre os pressupostos de validade da relação processual, e não pode ser ilidido por afirmação genérica e subjetiva, desprovida de prova de favorecimento do autor" (AgRg no Ag 592004/GO, Rel. Ministro Castro Filho, 3ª Turma, julgado em 13.12.2005, DJ 01.02.2006 p. 529).

[745] Luigi Ferrajoli, *Derecho y razón*, p. 580.

[746] José Carlos Barbosa Moreira, *Reflexões sobre a imparcialidade do juiz*, p. 29.

[747] Nicola Picardi, *Manuale del processo civile*, p. 113 e 214, observando que "*non può considerarsi 'giusto' il processo che si svolga avanti ad un giudice parziale*". Igualmente, *vide* Sergio Chiarloni, *Il nuovo art. 111 Cost. e il processo civile*, p. 1.026, para quem "*un giudice parziale collide con l'idea stessa di giudice e, correlativamente, di giusto processo*". De resto, *vide* José Frederico Marques, *A reforma do Poder Judiciário*, v. 1, p. 103.

[748] José Carlos Barbosa Moreira, *Reflexões sobre a imparcialidade do juiz*, p. 19-20. A propósito, já decidiu o Superior Tribunal de Justiça: "I – A imparcialidade do magistrado, um dos pilares do princípio do juiz natural, que reclama juiz legalmente investido na função, competente e imparcial, se inclui entre os pressupostos de validade da relação processual, que se reflete na ausência de impedimento, nos termos do art. 134 do Código de Processo Civil. II – Anulam-se os atos praticados pelo Relator que se declarou impedido, por parentesco com as

Ademais, a Constituição Federal de 1988 instituiu, no art. 95 e seu parágrafo único, garantias funcionais em favor dos juízes, que compreendem garantias de independência e de imparcialidade. São garantias de independência: a vitaliciedade, a inamovibilidade e a irredutibilidade de subsídio (art. 95, I-III, da Constituição). As garantias de imparcialidade, por sua vez, estão enumeradas sob a forma de vedações (art. 95, parágrafo único, I-V). Assim, por exemplo, é vedado ao juiz "dedicar-se à atividade político-partidária" (art. 95, parágrafo único, III, da Constituição).[749]

Por aí se vê que a independência judicial constitui pressuposto essencial da imparcialidade, distinguindo-se entre independência da magistratura e independência do juiz. A independência da magistratura, por um lado, é a que implica a função de autogoverno do Poder Judiciário. A independência do juiz, por outro lado, importa garantia de que o magistrado não se submeterá a pressões do próprio aparelho judiciário ou de poderes externos.[750]

Ademais, *imparcialidade não se confunde com neutralidade*. O juiz não é apenas "a boca que pronuncia as palavras da lei".[751] Com efeito, "o juiz não pode ser alguém 'neutro', porque não existe neutralidade ideológica, salvo na forma de apatia, irracionalismo ou decadência do pensamento, que não são virtudes dignas de ninguém e menos ainda de um juiz". Neste contexto, não há outra *imparcialidade* a não ser a resultante do *pluralismo ideológico e valorativo* que é próprio do *regime democrático* (preâmbulo e art. 1º, V, da Constituição Federal de 1988).[752]

---

partes, após haver negado efeito suspensivo ao agravo de instrumento, seguimento a esse recurso e de ter, depois da manifestação de impedimento, participado do julgamento dos embargos de declaração que pretendiam exatamente a invalidade daqueles atos" (REsp 230009/RJ, Rel. Ministro Sálvio de Figueiredo Teixeira, 4ª Turma, julgado em 08.02.2000, DJ 27.03.2000 p. 113).

[749] José Afonso da Silva, *Curso de direito constitucional positivo*, p. 577-578. A esse respeito, veja-se precedente do Superior Tribunal de Justiça: "Processual civil. Magistrado. Predicamentos. Imparcialidade. Recebimento de dádiva para reforma do fórum. Exceção de suspeição. Reconhecimento objetivo. CPC, art. 135, VI. – As garantias constitucionais de vitaliciedade, inamovibilidade e irredutibilidade de vencimento têm por escopo colocar o magistrado em espaço superior aos interesses das partes em litígio, com efetivo resguardo do grande predicado da imparcialidade. – O nosso Código de Processo Civil, no art. 135, qualifica de fundada a suspeição de parcialidade do juiz com a simples constatação de uma das situações de fato arroladas nos seus incisos, independentemente de investigação subjetiva. – Se o juiz da causa, ao tem em que exercia a função de diretor do foro, recebeu de uma das partes valores pecuniários para a realização de obras de manutenção do prédio onde funciona a justiça local, fez nascer vínculo contratual a título gratuito, o que enseja, de modo objetivo, que sua imparcialidade seja posta em questão, impondo-se o reconhecimento da suspeição. – Recurso especial conhecido e provido" (REsp 83732/RJ, Rel. Ministro Vicente Leal, 6ª Turma, julgado em 14.04.1998, DJ 11.05.1998 p. 160).

[750] Eugenio Raúl Zaffaroni, *Poder Judiciário*: crise, acertos e desacertos, p. 87 e segs.; e Luigi Ferrajoli, *Derecho y razón*, p. 584. Aliás, conforme já decidiu o Supremo Tribunal Federal, "a garantia do juízo natural, proclamada no inciso LIII do art. 5º da Carta de Outubro, é uma das mais eficazes condições de independência dos magistrados. Independência, a seu turno, que opera como um dos mais claros pressupostos de imparcialidade que deles, julgadores, se exige" (RE 418852/DF, Relator: Min. Carlos Britto, Julgamento: 06/12/2005, 1ª Turma, DJ 10.03.2006, p. 30). Registre-se, de resto, que o art. 99 da Constituição de 1988 estabelece que "ao Poder Judiciário é assegurada autonomia administrativa e financeira".

[751] Montesquieu, *O espírito das leis*, p. 175.

[752] *Poder Judiciário*: crise, acertos e desacertos, p. 91-92. Igualmente, *vide* José Carlos Barbosa Moreira, *Reflexões sobre a imparcialidade do juiz*, p. 29-30.

De resto, não parece, em tese, incompatível com a preservação da imparcialidade o exercício de poderes instrutórios pelo juiz – com a condição de que o contraditório e o direito à prova sejam rigorosamente respeitados.[753]

3.7. Proibição de provas ilícitas

Dispõe o art. 5º, LVI, da Constituição Federal que "são inadmissíveis, no processo, as provas obtidas por meios ilícitos".

A proibição de provas ilícitas constitui posição jurídica fundamental ínsita ao devido processo legal.[754]

Consoante o novel art. 157 do Código de Processo Penal (alterado pela Lei nº 11.690, de 09/06/2008), *provas ilícitas* são provas adquiridas com infração a

---

[753] A propósito, *vide* Sérgio Luís Wetzel de Mattos, *Da iniciativa probatória do juiz no processo civil*, p. 25 e segs. Com efeito, segundo José Carlos Barbosa Moreira, Reflexões sobre a imparcialidade do juiz, p. 23, "claro está que, realizada a prova por iniciativa do juiz, o respectivo resultado por força aproveitará, no todo ou em parte, a algum dos litigantes: do contrário, haveria sido improfícua a diligência, e nem valeria a pena tê-la levado a cabo. Mas, no instante em que o órgão judicial a determina, normalmente não lhe é possível prever (melhor: adivinhar) o que dela resultará. (...) Ora, se o juiz se expõe à censura de parcialidade na hipótese de atuar, só porque a prova devida à sua atuação é suscetível de favorecer um dos litigantes, no rigor da lógica também ficaria exposto à mesma censura na hipótese de omitir-se: com efeito, a subsistente falta da prova, conseqüente à omissão, poderia favorecer a outra parte! Não soa razoável fulminar como parcial o magistrado quer no caso de atuar de ofício, quer no de não atuar – em outras palavras, prendê-lo por ter cão e prendê-lo por não o ter". Ainda segundo José Carlos Barbosa Moreira, *El neoprivatismo en el proceso civil*, p. 211, "*el ejercicio de poderes instructorios por el órgano judicial perfectamente se compadece con la preservación de las garantías procesales de las partes*". Cabe o registro, no entanto, de que, no julgamento da ADI 1570/DF, o Supremo Tribunal Federal, por maioria, declarou a inconstitucionalidade do art. 3º da Lei 9.034/95, que conferia ao juiz competência para diligenciar pessoalmente nos procedimentos de investigação e obtenção de provas nas persecuções penais relativas a atos de organizações criminosas, nas hipóteses em que houvesse possibilidade de violação de sigilo, por ofensa ao princípio do devido processo legal, entendendo que a coleta pessoal de provas desvirtua a função do juiz, de modo a comprometer a imparcialidade deste no exercício da prestação jurisdicional, vencido o Min. Carlos Velloso, por considerar que o caráter público do processo não proibiria, em hipóteses excepcionais, a participação ativa do juiz na busca da verdade material (ADI 1570/DF, Relator: Min. Maurício Corrêa, Julgamento: 12.2.2004, Tribunal Pleno, DJ 22.10.2004, p. 04).

[754] É o que já decidiu o Supremo Tribunal Federal: "A cláusula constitucional do 'due process of law' encontra, no dogma da inadmissibilidade processual das provas ilícitas, uma de suas mais expressivas projeções concretizadoras, pois o réu tem o direito de não ser denunciado, de não ser processado e de não ser condenado com apoio em elementos probatórios obtidos ou produzidos de forma incompatível com os limites ético-jurídicos que restringem a atuação do Estado em sede de persecução penal. – A prova ilícita – por qualificar-se como elemento inidôneo de informação – é repelida pelo ordenamento constitucional, apresentando-se destituída de qualquer grau de eficácia jurídica. – Qualifica-se como prova ilícita o material fotográfico, que, embora alegadamente comprobatório de prática delituosa, foi furtado do interior de um cofre existente em consultório odontológico pertencente ao réu, vindo a ser utilizado pelo Ministério Público, contra o acusado, em sede de persecução penal, depois que o próprio autor do furto entregou à Polícia as fotos incriminadoras que havia subtraído. No contexto do regime constitucional brasileiro, no qual prevalece a inadmissibilidade processual das provas ilícitas, impõe-se repelir, por juridicamente ineficazes, quaisquer elementos de informação, sempre que a obtenção e/ou a produção dos dados probatórios resultarem de transgressão, pelo Poder Público, do ordenamento positivo, notadamente naquelas situações em que a ofensa atingir garantias e prerrogativas asseguradas pela Carta Política (RTJ 163/682 – RTJ 163/709), mesmo que se cuide de hipótese configuradora de ilicitude por derivação (RTJ 155/508), ou, ainda que não se revele imputável aos agentes estatais o gesto de desrespeito ao sistema normativo, vier ele a ser concretizado por ato de mero particular" (RE 251445/GO, Decisão Monocrática, Relator: Min. Celso de Mello, Julgamento: 21/06/2000, DJ 03.08.00, p. 68). Em igual sentido: RHC 90376/RJ, Relator: Min. Celso de Mello, Julgamento: 03/04/2007, 2ª Turma, DJ 18.05.2007, p. 113.

"normas constitucionais ou legais" – e não apenas, como se vê, em violação a normas de direitos fundamentais.[755]

Há quem diga que a disposição do art. 5º, LVI, da Constituição de 1988 reveste-se de *caráter relativo*, no sentido de que "não se aplica de modo automático e indiscriminado sob quaisquer circunstâncias".[756] Concebe-se, assim, a inadmissibilidade das provas ilicitamente obtidas como *princípio*, que requer, para sua concretização, *ponderação* em face de *princípios e valores em sentido oposto*, pelo órgão judicial, à luz das circunstâncias do caso concreto.[757] Destarte, alvitra-se que *sempre* é invocável o "princípio" da proporcionalidade (*Verhältnismässigkeitsprinzip*).[758]

Por outro lado, há quem entenda que o art. 5º, LVI, da Constituição da República, porque proíbe em termos literalmente categóricos a utilização de provas ilicitamente adquiridas, "retirou a matéria da discricionariedade do julgador e vedou a possibilidade de ponderação de bens e valores em jogo", elegendo, desde logo, "o valor mais elevado: a segurança das relações sociais pela proscrição da prova ilícita". Apregoa-se, outrossim, que "qualquer discussão doutrinária acerca do tema perde relevância em face da peremptória vedação contida no texto constitucional".[759] Destarte, concebe-se a *proibição de provas ilícitas* como *regra*, cuja aplicação é uma *questão de tudo ou nada*.[760]

---

[755] Sobre o *conceito de provas ilícitas*, *vide* Joan Picó i Junoy, *El derecho a la prueba en el proceso civil*, p. 285-286; Ada Pellegrini Grinover, Provas ilícitas, p. 171; Luiz Francisco Torquato Avolio, *Provas ilícitas*, p. 43-45 e 161; e Isabel Alexandre, *Provas ilícitas em processo civil*, p. 21.

[756] José Carlos Barbosa Moreira, *A Constituição e as provas ilicitamente obtidas*, p. 113.

[757] José Carlos Barbosa Moreira, *A Constituição e as provas ilicitamente obtidas*, p. 113-114. Igualmente: Nelson Nery Júnior, *Princípios do processo civil na Constituição Federal*, p. 143-144.

[758] Consoante, aliás, já decidiu o Superior Tribunal de Justiça: "O inciso LVI do art. 5º da Constituição, que fala que 'são inadmissíveis as provas obtidas por meios ilícitos', não tem conotação absoluta. Há sempre um substrato ético a orientar o exegeta na busca de valores maiores na construção da sociedade. A própria Constituição Federal brasileira, que é dirigente e programática, oferece ao juiz, através da 'atualização constitucional' (*Verfassungsaktualisierung*), base para o entendimento de que a cláusula constitucional invocada é relativa. A jurisprudência norte-americana, mencionada em precedente do Supremo Tribunal Federal, não é tranqüila. Sempre é invocável o princípio da 'razoabilidade' (*reasonableness*). O 'princípio da exclusão das provas ilicitamente obtidas' (*exclusionary rule*) também pede temperamentos" (HC 3982/RJ, Rel. Ministro Adhemar Maciel, 6ª Turma, julgado em 05.12.1995, DJ 26.02.1996 p. 4084).

[759] Luís Roberto Barroso, A viagem redonda: *habeas data*, direitos constitucionais e as provas ilícitas, p. 217. Sob a égide da Constituição de 1969, Ada Pellegrini Grinover observava que "parece perigoso, ainda que não inteiramente inaceitável, o critério da proporcionalidade, por ser de natureza subjetiva, passível por isso mesmo de aberrações e insegurança. Assim, a medida e o limite da prova ilícita devem ser estabelecidos sempre com vistas à Constituição. Se a colheita de prova importar infringência a um direito ou a um princípio de caráter constitucional, a prova deverá ser afastada, ainda que com isso, vez ou outra, se corra o risco da impunidade do culpado" (Provas ilícitas, p. 178-179). Ademais, *vide* Danilo Knijnik, A "doutrina dos frutos da árvore venenosa" e os discursos da Suprema Corte na decisão de 16.12.93, p. 82, para quem o legislador constituinte estabeleceu uma "proibição absoluta" no art. 5º, LVI, da Constituição Federal.

[760] Há precedentes do Supremo Tribunal Federal: "No Brasil, (...) a inadmissibilidade da prova captada ilicitamente já se firmara no Supremo Tribunal Federal, antes da Constituição, seja no processo civil (RE 85.439, 11.11.77, Xavier, RTJ 84/609; RE 100.094, 28.6.84, Mayer, RTJ 110/798), seja na investigação criminal (HC 63.834, 18.12.86, Borja, RTJ 122/47). E a Constituição de 1988 explicitou peremptoriamente, no art. 5º, LVI, que 'são inadmissíveis, no processo, as provas obtidas por meios ilícitos'. No ponto, *legem habemus*: toda a discussão a respeito terá, no Brasil, sabor puramente acadêmico" (Voto do Min. Sepúlveda Pertence: HC 69912/RS,

Saber se o art. 5°, LVI, da Constituição Federal deve ser aplicado como *regra*, mediante *subsunção*, ou como *princípio*, mediante *ponderação*, é uma *questão de interpretação*, que emerge no *procedimento de concretização da norma constitucional*. Conforme já destacado, não há interpretação constitucional independente de problemas concretos.[761] Sem embargo, a literalidade do art. 5°, LVI, da Constituição é surpreendente: "são inadmissíveis, no processo, as provas obtidas por meios ilícitos". Ora, como se sabe, a *constitutio scripta* representa um "limite insuperável da interpretação constitucional", de modo que, "onde o intérprete passa por cima da Constituição, ele não mais interpreta, senão ele modifica ou rompe a Constituição" – o que lhe é proibido, porque o intérprete está vincula-

Relator p/ Acórdão: Min. Carlos Velloso, Julgamento: 30/06/1993, Tribunal Pleno, DJ 26.11.1993, p. 25532); "A ação persecutória do Estado, qualquer que seja a instância de poder perante a qual se instaure, para revestir-se de legitimidade, não pode apoiar-se em elementos probatórios ilicitamente obtidos, sob pena de ofensa à garantia constitucional do 'due process of law', que tem, no dogma da inadmissibilidade das provas ilícitas, uma de suas mais expressivas projeções concretizadoras no plano do nosso sistema de direito positivo. A 'Exclusionary Rule' consagrada pela jurisprudência da Suprema Corte dos Estados Unidos da América como limitação ao poder do Estado de produzir prova em sede processual penal. – A Constituição da República, em norma revestida de conteúdo vedatório (CF, art. 5°, LVI), desautoriza, por incompatível com os postulados que regem uma sociedade fundada em bases democráticas (CF, art. 1°), qualquer prova cuja obtenção, pelo Poder Público, derive de transgressão a cláusulas de ordem constitucional, repelindo, por isso mesmo, quaisquer elementos probatórios que resultem de violação do direito material (ou, até mesmo, do direito processual), não prevalecendo, em conseqüência, no ordenamento normativo brasileiro, em matéria de atividade probatória, a fórmula autoritária do 'male captum, bene retentum'. Doutrina. Precedentes. – A circunstância de a administração estatal achar-se investida de poderes excepcionais que lhe permitem exercer a fiscalização em sede tributária não a exonera do dever de observar, para efeito do legítimo desempenho de tais prerrogativas, os limites impostos pela Constituição e pelas leis da República, sob pena de os órgãos governamentais incidirem em frontal desrespeito às garantias constitucionalmente asseguradas aos cidadãos em geral e aos contribuintes em particular. – Os procedimentos dos agentes da administração tributária que contrariem os postulados consagrados pela Constituição da República revelam-se inaceitáveis e não podem ser corroborados pelo Supremo Tribunal Federal, sob pena de inadmissível subversão dos postulados constitucionais que definem, de modo estrito, os limites – inultrapassáveis – que restringem os poderes do Estado em suas relações com os contribuintes e com terceiros" (HC 82788/RJ, Relator: Min. Celso de Mello, Julgamento: 12/04/2005, 2ª Turma, DJ 02.06.2006, p. 43); "Prova: alegação de ilicitude da obtida mediante apreensão de documentos por agentes fiscais, em escritórios de empresa – compreendidos no alcance da garantia constitucional da inviolabilidade do domicílio – e de contaminação das provas daquela derivadas. (...) Objeção de princípio – em relação à qual houve reserva de Ministros do Tribunal – à tese aventada de que à garantia constitucional da inadmissibilidade da prova ilícita se possa opor, com o fim de dar-lhe prevalência em nome do princípio da proporcionalidade, o interesse público na eficácia da repressão penal em geral ou, em particular, na de determinados crimes: é que, aí, foi a Constituição mesma que ponderou os valores contrapostos e optou – em prejuízo, se necessário da eficácia da persecução criminal – pelos valores fundamentais da dignidade humana, aos quais serve de salvaguarda a proscrição da prova ilícita: de qualquer sorte – salvo em casos extremos de necessidade inadiável e incontornável – a ponderação de quaisquer interesses constitucionais oponíveis à inviolabilidade do domicílio não compete a posteriori ao juiz do processo em que se pretenda introduzir ou valorizar a prova obtida na invasão ilícita, mas sim àquele a quem incumbe autorizar previamente a diligência" (HC 79512/RJ, Relator: Min. Sepúlveda Pertence, Julgamento: 16/12/1999, Tribunal Pleno, DJ 16.05.2003, p. 92); e "Provas ilícitas: sua inadmissibilidade no processo (CF, art. 5°, LVI): considerações gerais. Da explícita proscrição da prova ilícita, sem distinções quanto ao crime objeto do processo (CF, art. 5°, LVI), resulta a prevalência da garantia nela estabelecida sobre o interesse na busca, a qualquer custo, da verdade real no processo: conseqüente impertinência de apelar-se ao princípio da proporcionalidade – à luz de teorias estrangeiras inadequadas à ordem constitucional brasileira – para sobrepor, à vedação constitucional da admissão da prova ilícita, considerações sobre a gravidade da infração penal objeto da investigação ou da imputação" (HC 80949/RJ, Relator: Min. Sepúlveda Pertence, Julgamento: 30/10/2001, 1ª Turma, DJ 14.12.2001, p. 26).

[761] Konrad Hesse, *Elementos de direito constitucional da República Federal da Alemanha*, p. 62.

Devido Processo Legal e Proteção de Direitos

do à Constituição.[762] Assim, parece que o art. 5º, LVI, da Constituição encontra-se dotado de um sentido mínimo que não pode ser, *sic et simpliciter*, negligenciado. *Legem habemus*. O sentido mínimo é o de que *provas adquiridas com infração a normas constitucionais ou legais são inadmissíveis*. Trata-se de uma *questão de tudo ou nada*: ou a regra é cumprida, ou a regra é descumprida, não consentindo *ponderação*, sob pena de insegurança nas relações sociais.

Ajunte-se, por outro lado, que o objetivo principal de disposições como a do art. 5º, LVI, da Constituição Federal é o de *"educação e prevenção"*.[763] A função é pedagógica e preventiva. Tenha-se presente, agora, a realidade brasileira: em 2007 foram mais de 409 mil escutas *autorizadas* e realizadas por operadoras telefônicas (art. 5º, XII, da Constituição de 1988, e Lei nº 9.296, de 1996).[764] A pergunta é inevitável: *quantas clandestinas*? Além disso, *a própria necessidade de autorização judicial para realização de escutas faz ver que o art. 5º, LVI, da Constituição deve ser interpretado e aplicado como regra*. Diga-se mais, com Manuel Monteiro Guedes Valente: "as interceptações e gravações de conversações e comunicações – vulgo *escutas telefónicas* – devem ser encaradas como um meio de obtenção de prova de *ultima ratio* e nunca de *prima ratio* ou *sola ratio* (...), pois ferem o mais íntimo dos segredos do ser humano cuja protecção emerge do direito à reserva da intimidade da vida privada e familiar".[765]

Neste contexto, conclui-se que o art. 5º, LVI, da Constituição deve ser aplicado como *regra*, mediante *subsunção* – e não como *princípio*, mediante *ponderação*. O contrário equivaleria a praticamente golpear de morte a proibição constitucional de provas ilícitas, pois sempre lhe poderiam ser opostos outros direitos e valores supostamente mais relevantes, como, por exemplo, o próprio direito à prova, a verdade "material", a justiça do caso concreto, etc.[766]

---

[762] Konrad Hesse, *Elementos de direito constitucional da República Federal da Alemanha*, p. 69-70.

[763] Nicolò Trocker, *Processo civile e Costituzione*, p. 634-635.

[764] Trata-se de notícia colhida do *site* do Fórum Nacional pela Democratização da Comunicação em 27/03/2008: http://www.fndc.org.br.

[765] *Escutas telefônicas*: da excepcionalidade à vulgaridade, p. 08, grifado no original.

[766] Consoante já decidiu o Supremo Tribunal Federal, "é indubitável que a prova ilícita, entre nós, não se reveste da necessária idoneidade jurídica como meio de formação do convencimento do julgador, razão pela qual deve ser desprezada, ainda que em prejuízo da apuração da verdade, em prol do ideal maior de um processo justo, condizente com o respeito devido a direitos e garantias fundamentais da pessoa humana, valor que se sobreleva, em muito, ao que é representado pelo interesse que tem a sociedade numa eficaz repressão aos delitos. É um pequeno preço que se paga por viver-se em estado de direito democrático. (...) A Constituição brasileira, no art. 5º, inc. LVI, com efeito, dispõe, a todas as letras, que 'são inadmissíveis, no processo, as provas obtidas por meios ilícitos" (AP 307/DF, Tribunal Pleno, Rel. Min. Ilmar Galvão, Julgamento: 13/12/1994, DJ 13.10.1995, p. 34247). Neste diapasão, confira-se o seguinte julgado do Superior Tribunal de Justiça: "Constitucional e processual civil. Mandado de segurança. Escuta telefônica. Gravação feita por marido traído. Desentranhamento da prova requerido pela esposa: viabilidade, uma vez que se trata de ilegalmente obtida, com violação da intimidade individual. Recurso ordinário provido. I – A impetrante/recorrente tinha marido, duas filhas menores e um amante médico. Quando o esposo viajava, para facilitar seu relacionamento espúrio, ela ministrava 'Lexotan' às meninas. O marido, já suspeitoso, gravou a conversa telefônica entre sua mulher e o amante. A esposa foi penalmente denunciada (tóxico). Ajuizou, então, ação de mandado de segurança, instando no desentranhamento da decodificação da fita magnética. II – Embora esta Turma já se tenha manifestado pela relatividade do inciso XII (última parte) do art. 5º da CF/1988 (HC 3.982/RJ, Rel. Min. Adhemar Maciel, DJU de 26/02/1996), no caso

As *provas ilícitas* são, ademais, *ineficazes*: o órgão judicial não pode levá-las em consideração, revelando-se nula a decisão que tem por fundamento exclusivo ou principal a violação do art. 5º, LVI, da Constituição Federal.[767] Todavia, não há por que invalidar o julgamento, se o juiz, ao motivá-lo, invoca *outras razões*, suficientes por si sós para sua manutenção, com abstração da prova impugnada como inadmissível.[768] Essas *outras razões*, no entanto, não podem derivar da prova ilicitamente adquirida, sob pena de contaminação. Tal é a doutrina dos frutos da árvore venenosa (*fruits of the poisonous tree*), criada e desenvolvida pela jurisprudência da Suprema Corte norte-americana, segundo a qual *o vício de origem é transmitido a todas as provas obtidas graças à prova ilícita*.[769] Segundo Danilo Knijnik, o legislador constituinte empregou, no art. 5º, LVI, da Constituição Federal, expressão claramente indicativa de que não apenas a *prova ilícita* está proibida, mas, igualmente, a *prova obtida por meios ilícitos*, razão pela qual "a prova, em si lícita, mas obtida ilicitamente" também está "abrangida pela inadmissibilidade processual". Destarte, o art. 5º, LIV, da Constituição da República "praticamente decalcou a doutrina dos frutos da árvore venenosa", o que, sem embargo, "não quer dizer que, diante de toda e qualquer prova originariamente ilícita, deva ocorrer a supressão das evidências dela derivadas": caberá ao órgão judicial verificar se o caso não se subsume, por exemplo, à limitação da fonte independente.[770]

---

concreto o marido não poderia ter gravado a conversa a arrepio de seu cônjuge. Ainda que impulsionado por motivo relevante, acabou por violar a intimidade individual de sua esposa, direito garantido constitucionalmente (art. 5º, X). (...) III – Recurso ordinário provido" (RMS 5352/GO, Rel. p/ Acórdão Ministro Adhemar Maciel, 6ª Turma, julgado em 27/05/1996, DJ 25/11/1996 p. 46227).

[767] José Carlos Barbosa Moreira, A Constituição e as provas ilicitamente obtidas, p. 114. Segundo o Superior Tribunal de Justiça, "admitem-se, em juízo, todos os meios de prova, salvo as obtidas por meio ilícito (Const., art. 5º, LVI). As provas ilícitas, porque proibidas, não podem ser consideradas. Cumpre desentranhá-las dos autos" (REsp 143520/SC, Rel. Ministro Luiz Vicente Cernicchiaro, 6ª Turma, julgado em 14.04.1998, DJ 11.05.1998 p. 165).

[768] José Carlos Barbosa Moreira, *A Constituição e as provas ilicitamente obtidas*, p. 114.

[769] José Carlos Barbosa Moreira, *A Constituição e as provas ilicitamente obtidas*, p. 115. A propósito, confira-se precedente do Supremo Tribunal Federal: "Prova ilícita: escuta telefônica mediante autorização judicial: afirmação pela maioria da exigência de lei, até agora não editada, para que, 'nas hipóteses e na forma' por ela estabelecidas, possa o juiz, nos termos do art. 5º, XII, da Constituição, autorizar a interceptação de comunicação telefônica para fins de investigação criminal; não obstante, indeferimento inicial do *habeas corpus* pela soma dos votos, no total de seis, que, ou recusaram a tese da contaminação das provas decorrentes da escuta telefônica, indevidamente autorizada, ou entenderam ser impossível, na via processual do *habeas corpus*, verificar a existência de provas livres da contaminação e suficientes a sustentar a condenação questionada; nulidade da primeira decisão, dada a participação decisiva, no julgamento, de Ministro impedido (MS 21.750, 24.11.93, Velloso); conseqüente renovação do julgamento, no qual se deferiu a ordem pela prevalência dos cinco votos vencidos no anterior, no sentido de que a ilicitude da interceptação telefônica – à falta de lei que, nos termos constitucionais, venha a discipliná-la e viabilizá-la – contaminou, no caso, as demais provas, todas oriundas, direta ou indiretamente, das informações obtidas na escuta (*fruits of the poisonous tree*), nas quais se fundou a condenação do paciente" (HC 69912/RS, Relator: Min. Sepúlveda Pertence, Julgamento: 16/12/1993, Tribunal Pleno, DJ 25.03.1994, p. 6012).

[770] Sobre essa *limitação*, *vide* Danilo Knijnik, A "doutrina dos frutos da árvore venenosa" e os discursos da Suprema Corte na decisão de 16.12.1993, p. 76-83; Antonio Carlos de Araújo Cintra, *Comentários ao Código de Processo Civil*, v. 4, p. 13; e Joan Picó i Junoy, *El derecho a la prueba en el proceso civil*, p. 355-365. Tal limitação tem sido adotada pelo Supremo Tribunal Federal: "Habeas corpus. Prova ilícita. Escuta telefônica. 'Fruits of

3.8. Publicidade dos atos processuais

Conhecida como a "alma da justiça",[771] a *publicidade dos atos processuais* é *duplamente garantida* pela Constituição Federal de 1988. De acordo com o art. 5º, LX, da Constituição, "a lei só poderá restringir a publicidade dos atos processuais quando a defesa da intimidade ou o interesse social o exigirem". Ademais, segundo o art. 93, IX, da Constituição, "todos os julgamentos dos órgãos do Poder Judiciário serão públicos (...), podendo a lei limitar a presença, em determinados atos, às próprias partes e a seus advogados, ou somente a estes, em casos nos quais a preservação do direito à intimidade do interessado no sigilo não prejudique o interesse público à informação".

A publicidade dos atos processuais configura posição jurídica fundamental imanente ao devido processo legal.[772] No fundo, a publicidade dos atos processuais

---

the poisonous tree'. Não-acolhimento. Não cabe anular-se a decisão condenatória com base na alegação de haver a prisão em flagrante resultado de informação obtida por meio de escuta telefônica deferida judicialmente. É que a interceptação telefônica – prova tida por ilícita até a edição da Lei nº 9.296, de 24.07.96, e que contaminava as demais provas que dela se originavam – não foi a prova exclusiva que desencadeou o procedimento penal, mas somente veio a corroborar as outras licitamente obtidas pela equipe de investigação policial. Habeas corpus indeferido" (HC 74599/SP, Relator: Min. Ilmar Galvão, Julgamento: 03/12/1996, 1ª Turma, DJ 07.02.1997, p. 1340); "A prova ilícita, caracterizada pela violação de sigilo bancário sem autorização judicial, não sendo a única mencionada na denúncia, não compromete a validade das demais provas que, por ela não contaminadas e delas não decorrentes, integram o conjunto probatório. (...) Não estando a denúncia respaldada exclusivamente em provas obtidas por meios ilícitos, que devem ser desentranhadas dos autos, não há porque declarar-se a sua inépcia porquanto remanesce prova lícita e autônoma, não contaminada pelo vício de inconstitucionalidade" (RHC 74807/MT, Relator: Min. Maurício Corrêa, Julgamento: 22/04/1997, 2ª Turma, DJ 20.06.1997, p. 28507); "Confissão – Obtenção irregular – Efeitos. O ato de obter-se a confissão de forma irregular mostra-se relevante quanto ao vício a atrair a nulidade se o provimento condenatório nela está lastreado. Se, ao contrário, ocorre referência à negativa do acusado e às provas coligidas, alicerçando-se nestas últimas a condenação, a inidoneidade do argumento salta aos olhos" (HC 69079/SP, Relator: Min. Marco Aurélio, Julgamento: 17/03/1992, 2ª Turma, DJ 10.04.1992, p. 4799); e "Prova – Ilicitudade – Irrelevância. Se o provimento condenatório está lastreado nas demais provas coligidas, descabe cogitar de nulidade em decorrência de alusão a gravação que o acusado tenha como ilícita" (HC 69209/SP, Relator: Min. Marco Aurélio, Julgamento: 31/03/1992, 2ª Turma, DJ 08.05.1992, p. 6268). Recentemente, a Lei nº 11.690, de 2008, positivou a *limitação da fonte independente* no direito brasileiro, alterando o art. 157, §§ 1º e 2º, do Código de Processo Penal, *in verbis*: "Art. 157. São inadmissíveis, devendo ser desentranhadas do processo, as provas ilícitas, assim entendidas as obtidas em violação a normas constitucionais ou legais. § 1º São também inadmissíveis as provas derivadas das ilícitas, salvo quando não evidenciado o nexo de causalidade entre umas e outras, ou quando as derivadas puderem ser obtidas por uma fonte independente das primeiras. § 2º Considera-se fonte independente aquela que por si só, seguindo os trâmites típicos e de praxe, próprios da investigação ou instrução criminal, seria capaz de conduzir ao fato objeto da prova".

[771] A expressão é de J. Bentham, *Tratado de las pruebas judiciales*, p. 114.

[772] Roberto José Ferreira de Almada, *A garantia processual da publicidade*, p. 102-138 e 156. A propósito, já decidiu o Superior Tribunal de Justiça que a "ampla publicidade dos atos processuais" é "corolário do devido processo legal", explicitando que "é obrigatório tornar pública a inclusão em pauta do Agravo de Instrumento, sob pena de afrontado o princípio da publicidade dos julgamentos, concretizado no comando do artigo 552 do CPC, cujas exceções, expressamente previstas no Código, são o conflito de competência e os embargos declaratórios" (REsp 171531/SP, Rel. Ministro Franciulli Netto, 2ª Turma, julgado em 11.04.2000, DJ 15.05.2000 p. 150). Semelhantemente: "I – O processo se desenvolve sob a égide da Publicidade, do Contraditório e da Ampla Defesa. Em decorrência desses princípios basilares informativos do processo civil, foi criado um sistema de comunicação dos atos processuais, através do qual o juiz cientifica as partes dos termos do processo, para que pratiquem, nos prazos legais, os atos que lhes competem. II – Funciona a intimação como mecanismo indispensável à marcha do processo, devendo a mesma ser realizada, de modo a não deixar dúvidas quanto a identificação de seus destinatários" (REsp 169690/SP, Rel. Ministro Waldemar Zveiter, 3ª Turma, julgado em 23.11.1999, DJ 08.03.2000 p. 104). Confira-se, outrossim, julgado do Supremo Tribunal Federal: "Ação direta de inconsti-

é inseparável do próprio regime democrático, exigindo transparência no exercício da função jurisdicional e permitindo o controle externo e interno sobre a boa administração da justiça.[773] A publicidade do processo é suscetível de robustecer a confiança popular na boa administração da justiça.[774]

A *publicidade processual*, ademais, compreende a *publicidade externa* e a *publicidade interna*. A primeira diz respeito à possibilidade de conhecimento dos atos do processo pelo público em geral, sendo *restringível em casos excepcionais*, em atenção a outros valores igualmente dignos de proteção, como, por exemplo, a defesa da intimidade (arts. 5º, LX, e 93, IX, da Constituição Federal). A segunda, que é *irrestrita*, alberga a possibilidade de ciência dos atos processuais pelas partes e pelos respectivos advogados, como condição de efetividade do contraditório.[775]

---

tucionalidade. Art. 16 da Lei 8.185, de 14.05.91. Arts. 144, par. único, e 150, caput, do Regimento Interno do Tribunal de Justiça do Distrito Federal e Territórios. Competência penal originária. Foro por prerrogativa de função. Ato de julgamento realizado em sessão secreta. Alegação de ofensa ao princípio da publicidade dos atos processuais. Arts. 5º, LX, e 93, IX, da Constituição Federal. (...) 3. São normas de direito processual as relativas às garantias do contraditório, do devido processo legal, dos poderes, direitos e ônus que constituem a relação processual, como também as normas que regulem os atos destinados a realizar a 'causa finalis' da jurisdição. 4. Ante a regra fundamental insculpida no art. 5º, LX, da Carta Magna, a publicidade se tornou pressuposto de validade não apenas do ato de julgamento do Tribunal, mas da própria decisão que é tomada por esse órgão jurisdicional. Presente, portanto, vício formal consubstanciado na invasão da competência privativa da União para legislar sobre direito processual. Precedente: HC 74761, rel. Min. Maurício Corrêa, DJ 12.09.97. 5. Ação direta parcialmente conhecida para declarar a inconstitucionalidade formal dos arts. 144, par. único e 150, caput do Regimento Interno do Tribunal de Justiça do Distrito Federal e Territórios" (ADI 2970/DF, Relatora: Min. Ellen Gracie, Julgamento: 20/04/2006, Tribunal Pleno, DJ 12.05.2006, p. 04).

[773] José Lebre de Freitas, *Introdução ao processo civil*, p. 123; Luigi Ferrajoli, *Derecho y razón*, p. 616-618; e Joan Picó i Junoy, *Las garantias constitucionales del proceso*, p. 116. Segundo Athos Gusmão Carneiro, *Audiência de instrução e julgamento e audiência preliminares*, p. 17, a publicidade dos atos processuais "é princípio de caráter democrático e que encontra sua ostensiva aplicação na audiência a portas abertas, sujeita ao crivo da opinião pública, evitando-se a desconfiança decorrente dos julgamentos sigilosos, ou assistidos apenas por limitado número de pessoas". Aliás, no plano da legislação ordinária, o art. 444 do CPC estabelece que "a audiência será pública; nos casos de que trata o art. 155, realizar-se-á a portas fechadas".

[774] Othmar Jauernig, *Direito processual civil*, p. 155, observando, ainda, que "um velho e natural preconceito suspeita do processo à porta fechada; o que se passa perante os olhos e os ouvidos do público, goza de melhor confiança".

[775] Antonio Magalhães Gomes Filho, *A motivação das decisões penais*, p. 50; José Carlos Barbosa Moreira, *La publicité des actes de procédure comme garantie constitutionnelle en droit brésilien*, p. 76; e Roberto José Ferreira de Almada, *A garantia processual da publicidade*, p. 122-138. Neste sentido, vale citar alguns julgados do Superior Tribunal de Justiça e do Supremo Tribunal Federal: "Ocorre cerceamento de defesa (...), com ofensa ao princípio da publicidade dos atos processuais, quando os embargos de declaração, sem inclusão em pauta, são apreciados seis (06) meses após, com nova composição da turma julgadora e com informação errônea do sistema de computação, em prejuízo da atuação do advogado da parte" (REsp 2100/PR, Rel. Ministro Sálvio de Figueiredo Teixeira, 4ª Turma, julgado em 03.04.1990, DJ 07.05.1990 p. 3833); "O princípio da ampla defesa, de magnitude constitucional, tem como um dos seus principais campos de projeção a publicidade dos atos processuais e a conseqüente intimação da defesa para os mesmos, em especial para as sessões de julgamento" (HC 11687/PE, Rel. Ministro Vicente Leal, 6ª Turma, julgado em 07.11.2000, DJ 27.11.2000 p. 188); e "Habeas corpus. Julgamento de HC no Superior Tribunal de Justiça. Pedido expresso de comunicação, por qualquer meio, da data de julgamento do 'writ'. Possibilidade de sustentação oral das razões do 'habeas corpus'. Advogados com domicílio fora do Distrito Federal. 1. Havendo requerimento expresso do impetrante quanto à comunicação da data do julgamento de 'habeas corpus', para o fim de sustentação oral das razões do 'writ', deve a Corte Superior de Justiça adotar procedimento capaz de permitir o uso de tal instrumento de defesa. 2. Segundo orientação jurisprudencial desta nossa Turma, tal procedimento consiste na divulgação, no endereço oficial do STJ na internet, da provável

---

Devido Processo Legal e Proteção de Direitos

Portanto, alguns processos, por exceção, correm "em segredo de justiça", afastando-se a *publicidade externa* em *defesa da intimidade* ou por *exigência do interesse público* (arts. 5º, LX, e 93, IX, da Constituição e art. 155, I, do CPC). Com isto, a presença em audiências, a consulta de autos e o requerimento de certidões ficam restritas às partes e aos respectivos advogados, como, por exemplo, em causas referentes a "casamento, filiação, separação dos cônjuges, conversão desta em divórcio, alimentos e guarda de menores", consoante, aliás, o disposto no art. 155, II, do CPC.

De resto, *publicidade processual* não se confunde com *espetaculosidade*. Com a *publicidade midiática do processo*, a *publicidade* corre o risco de converter-se em "instrumento de penalização social preventiva", deixando de ser *garantia contra o arbítrio*.[776] Todos aqueles que de qualquer forma participam do devido processo legal não devem ser degradados à condição de *objeto de entretenimento popular*, sob pena de violação à dignidade da pessoa humana (art. 1º, III, da Constituição de 1988). Daí a conclusão de que a *publicidade dos atos processuais* não constitui, para os *mass media*, garantia de liberdade absoluta de divulgação de processos e julgamentos públicos.[777]

3.9. Dever de motivação das decisões judiciais

De acordo com o art. 93, IX, da Constituição Federal, "serão (...) fundamentadas todas as decisões, sob pena de nulidade".[778]

Trata-se de garantia inerente ao Estado de direito e ao devido processo legal.[779]

---

data do julgamento, com antecedência mínima de 48 horas. Isso, é claro, na falta de ciência dos impetrantes por outro meio idôneo. 3. Ordem parcialmente concedida" (HC 92253/SP, Relator: Min. Carlos Britto, Julgamento: 27/11/2007, 1ª Turma, DJ 14.12.2007, p. 76).

[776] Luigi Ferrajoli, *Derecho y razón*, p. 618.

[777] José Carlos Barbosa Moreira, *La publicité des actes de procédure comme garantie constitutionnelle en droit brésilien*, p. 76; e Roberto José Ferreira de Almada, *A garantia processual da publicidade*, p. 156, concluindo que "há uma tendência de se admitir a restrição de acesso irrestrito dos meios de comunicação de *mass media* aos ambientes forenses sempre que for constatada a possibilidade de comprometimento da efetividade da função judiciária ou de submissão das partes e dos auxiliares da justiça ao escárnio público ou ao vexame".

[778] No plano da legislação ordinária, o Código de Processo Civil estabelece, no art. 131, que "o juiz apreciará livremente a prova, atendendo aos fatos e circunstâncias constantes dos autos, ainda que não alegados pelas partes; mas deverá indicar, na sentença, os motivos que lhe formaram o convencimento"; no art. 165, que "as sentenças e acórdãos serão proferidos com observância do disposto no art. 458; as demais decisões serão fundamentadas, ainda que de modo conciso"; e, no art. 458, II, que, nos "fundamentos" da "sentença", "o juiz analisará as questões de fato e de direito".

[779] José Carlos Barbosa Moreira, A motivação das decisões judiciais como garantia inerente ao Estado de direito, p. 83 e segs.; Michele Taruffo, *Il significato costituzionale dell'obbligo di motivazione*, p. 41; José Rogério Cruz e Tucci, *A motivação da sentença civil*, p. 100 e 153-155; e Enrico Tullio Liebman, Do arbítrio à razão: reflexões sobre a motivação da sentença, p. 80. É o que se depreende, igualmente, da jurisprudência do Superior Tribunal de Justiça e do Supremo Tribunal Federal: "I – A motivação das decisões judiciais, elevada a cânone constitucional, apresenta-se como uma das características incisivas do processo contemporâneo, calcado no 'due process of law', representando uma 'garantia inerente ao Estado de direito'. II – A motivação das decisões judiciais

Motivação é justificação.[780] A exigência constitucional de motivação requer justificação coerente e completa do juízo de fato e de direito, sob pena de nulidade da decisão judicial (art. 93, IX, da Constituição Federal de 1988).[781] São imposi-

reclama do órgão julgador, pena de nulidade, explicitação fundamentada quanto aos temas suscitados, mesmo que o seja em embargos declaratórios, sendo insuficiente a simples afirmação de inexistir omissão, contradição ou obscuridade na decisão embargada" (REsp 67514/RJ, Rel. Ministro Sálvio de Figueiredo Teixeira, 4ª Turma, julgado em 19.03.1996, DJ 15.04.1996 p. 11539); "É inquestionável que a exigência de fundamentação das decisões judiciais, mais do que expressiva imposição consagrada e positivada pela nova ordem constitucional (art. 93, IX), reflete uma poderosa garantia contra eventuais excessos do Estado-Juiz, pois, ao torná-la elemento imprescindível e essencial dos atos sentenciais, quis o ordenamento jurídico erigi-la como fator de limitação dos poderes deferidos aos magistrados e Tribunais" (HC 68202/DF, Relator: Min. Celso de Mello, Julgamento: 06/11/1990, 1ª Turma, DJ 15.03.1991, p. 2647); e "À guisa do devido processo legal, também as decisões interlocutórias devem ser fundamentadas" (AgRg no REsp 317012/RJ, Rel. Ministra Nancy Andrighi, 3ª Turma, julgado em 13.08.2001, DJ 10.09.2001 p. 385).

[780] Manuel Atienza, *As razões do direito*, p. 20-23; e M. Gascón Abellán, *Los hechos en el derecho*, p. 191.

[781] Michele Taruffo, *Il significato costituzionale dell'obbligo di motivazione*, p. 44-45; e *idem*, *La motivazione della sentenza*, p. 182-183. A propósito, multiplicam-se os precedentes do Superior Tribunal de Justiça e do Supremo Tribunal Federal: "I. Nula é a sentença completamente desprovida de fundamentação. II. Bem diversa da sentença com motivação sucinta é a sentença sem fundamentação, que agride o devido processo legal e mostra a face da arbitrariedade, incompatível com o Judiciário democrático" (REsp 18731/PR, Rel. Min. Sálvio de Figueiredo Teixeira, 4ª Turma, julgado em 25.02.1992, DJ 30.03.1992 p. 3995); "Acórdão insuficiente fundamentado, por omisso quanto a ponto relevante da defesa. Contrariedade ao artigo 458, II, do Código de Processo Civil. Recurso especial conhecido e provido" (REsp 3417/RS, Rel. Ministro Athos Carneiro, 4ª Turma, julgado em 07.08.1990, DJ 27.08.1990 p. 8325, com remissão expressa a vetusto precedente do Supremo Tribunal Federal, RE 74143/SP, Relator: Min. Barros Monteiro, Julgamento: 10/10/1972, 1ª Turma, DJ 10.11.1972); "Sentença: exigência constitucional de fundamentação: inteligência. O que a Constituição exige, no art. 93, IX, é que a decisão judicial seja fundamentada; não, que a fundamentação seja correta, na solução das questões de fato ou de direito da lide: declinadas no julgado as premissas, corretamente assentadas ou não, mas coerentes com o dispositivo do acórdão, está satisfeita a exigência constitucional" (RE 140370/MT, Relator: Min. Sepúlveda Pertence, Julgamento: 20/04/1993, 1ª Turma, DJ 21.05.1993, p. 9768). "A apelação devolve integralmente ao Tribunal a decisão da causa, de cujos motivos o teor do acórdão há de dar conta total: não o faz o que – sem sequer transcrever a sentença – limita-se a afirmar, para refutar apelação arrazoada com minúcia, que 'no mérito, não têm os apelantes qualquer parcela de razão', somando ao vazio dessa afirmação a tautologia de que 'a prova é tranqüila em desfavor dos réus': a melhor prova da ausência de motivação válida de uma decisão judicial – que deve ser a demonstração da adequação do dispositivo a um caso concreto e singular – é que ela sirva a qualquer julgado, o que vale por dizer que não serve a nenhum" (HC 78013/RJ, Relator: Min. Sepúlveda Pertence, Julgamento: 24/11/1998, 1ª Turma, DJ 19.03.1999, p. 09); "Decisão judicial: ausência de fundamentação e nulidade. Não satisfaz a exigência constitucional de que sejam fundamentadas todas as decisões do Poder Judiciário (CF, art. 93, IX) a afirmação de que a alegação deduzida pela parte é 'inviável juridicamente, uma vez que não retrata a verdade dos compêndios legais': não servem à motivação de uma decisão judicial afirmações que, a rigor, se prestariam a justificar qualquer outra" (RE 217631/GO, Relator: Min. Sepúlveda Pertence, Julgamento: 09/09/1997, 1ª Turma, DJ 24.10.1997, p. 54194); "A garantia constitucional alusiva ao acesso ao Judiciário engloba a entrega da prestação jurisdicional de forma completa, emitindo o Estado-juiz entendimento explícito sobre as matérias de defesa veiculadas pelas partes. Nisto está a essência da norma inserta no inciso XXXV do artigo 5º da Carta da República" (RE 172084/MG, Relator: Min. Marco Aurélio, Julgamento: 29/11/1994, 2ª Turma, DJ 03.03.1995, p. 4111); "Prestação jurisdicional – Inteireza. A ordem jurídico-constitucional assegura aos cidadãos o acesso ao Judiciário em concepção maior. Engloba a entrega da prestação jurisdicional da forma mais completa e convincente possível. Omisso o provimento judicial e, em que pese a interposição de embargos declaratórios, persistindo o vício na arte de proceder, forçoso é assentar a configuração da nulidade" (RE 158655/PA, Relator: Min. Marco Aurélio, Julgamento: 20/08/1996, 2ª Turma, DJ 02.05.1997, p. 16567); "Uma vez constatado o silêncio sobre matéria de defesa, impõe-se o acolhimento dos declaratórios. Persistindo o órgão julgador no vício de procedimento, tem-se a transgressão ao devido processo legal no que encerra garantia assegurada, de forma abrangente, pela Carta da República – artigo 5º, inciso LV" (RE 170463/DF, Relator: Min. Marco Aurélio, Julgamento: 16/12/1997, 2ª Turma, DJ 20.03.1998, p. 15); "Embargos declaratórios – Aperfeiçoamento do acórdão – Óptica flexível. Os embargos declaratórios não consubstanciam crítica ao ofício judicante, mas servem-lhe ao aprimoramento. Ao apreciá-los, o órgão deve fazê-lo com o espírito de compreensão, atentando para o fato de

tivas, portanto, a justificação interna e a justificação externa.[782] Na justificação interna, o juízo pode ser inferido logicamente das premissas de fato e de direito empregadas na motivação da decisão judicial. Na justificação externa, o juízo depende da correção das premissas de fato e de direito, vale dizer, essas premissas devem ser justificadas como boas razões.[783]

De modo particular, a motivação do juízo de fato articula-se com o princípio do livre convencimento do juiz,[784] exigindo justificação concreta e vinculada à prova dos autos.[785] Não basta, portanto, a motivação implícita do juízo de fato. Com efeito, uma coisa é o princípio de que o juiz não está obrigado a responder analiticamente a todos os argumentos expostos pelas partes, o que até pode ser admitido.[786] Outra coisa, completamente diferente, é o juiz, na motivação do juízo de fato, a pretexto de que não está obrigado a responder a todos os argumentos deduzidos pelas partes, negligenciar a valoração de provas relevantes para o julgamento da causa, aludindo apenas às provas que confirmem a sua versão dos fatos. Conforme se sabe, a verdade processual não emerge apenas das provas favoráveis a uma versão dos fatos individualizada de antemão, mas, sobretudo, do confronto entre provas favoráveis e provas contrárias. Ora bem, se as provas contrárias são desprezadas pelo juiz especialmente porque são contrárias à sua versão dos fatos, segue-se daí que a reconstrução dos fatos não é adequadamente justificada, na

---

consubstanciarem verdadeira contribuição da parte em prol do devido processo legal" (AI-AgR-ED 163047/PR, Relator: Min. Marco Aurélio, Julgamento: 18/12/1995, 2ª TURMA, DJ 08.03.1996, p. 6223).

[782] Segundo M. Gascón Abellán, *Los hechos en el derecho*, p. 193-194, "a justificação de uma decisão só pode entender-se completa quando esteja não apenas interna, mas também externamente justificada". Igualmente, *vide* Michele Taruffo, *La motivazione della sentenza*, p. 183.

[783] Manuel Atienza, *As razões do direito*, p. 39-40; Humberto Ávila, Argumentação jurídica e a imunidade do livro eletrônico, p. 164; Robert Alexy, *Teoría de la argumentación jurídica*, p. 213 e segs.; e Michele Taruffo, *La motivazione della sentenza*, p. 183.

[784] Michele Taruffo, *Il significato costituzionale dell'obbligo di motivazione*, p. 45-46; e José Rogério Cruz e Tucci, *A motivação da sentença civil*, p. 102-104, observando que "a liberdade do juiz no desempenho da atividade jurisdicional (...) encontra exatamente na fundamentação o seu preço".

[785] REsp 184156/SP, Rel. Ministro Felix Fischer, 5ª Turma, julgado em 01.10.1998, DJ 09.11.1998 p. 161. Semelhantemente, veja-se precedente do Supremo Tribunal Federal: "Sentença: exigência de motivação que exprima a valoração devida às provas relevantes produzidas no processo: direito à 'motivação extrínseca' (Bellavista) ou à 'tutela jurídica' (cf. RE 163.301): pouco importa, no entanto, a falta de menção explícita a certo depoimento se se demorou, a decisão condenatória, no demonstrar a inverossimilhança da versão a que poderiam servir as informações de terceiro ou dos próprios acusados, que a testemunha invocada se limitou a relatar" (HC 76596/RJ, Relator: Min. Sepúlveda Pertence, Julgamento: 17/03/1998, 1ª Turma, DJ 30.04.1998, p. 10)

[786] A propósito, *vide* José Rogério Cruz e Tucci, *A motivação da sentença civil*, p. 19-20. Ademais, colhe-se da jurisprudência do Supremo Tribunal Federal que "não está o juiz obrigado a examinar, um a um, os pretensos fundamentos das partes, nem todas as alegações que produzem: o importante é que indique o fundamento suficiente de sua conclusão, que lhe apoiou a convicção no decidir. De outra forma, tornar-se-ia o juízo o exercício fatigante e estéril de alegações e contra-alegações, mesmo inanes, *flatus voci* inconseqüente, para suplício de todos; e não prevalência de razões, isto é, capazes de convencimento e conduzindo à decisão" (RE-ED 97558/GO, Relator: Min. Oscar Corrêa, Julgamento: 25/05/1984, RTJ 109-03/1098); e do Superior Tribunal de Justiça que "o órgão judicial para expressar a sua convicção não precisa aduzir comentários sobre todos os argumentos levantados pelas partes. Embora sucinta ou deficiente, a motivação, pronunciando-se sobre as questões de fato e de direito para fundamentar o resultado, exprimindo o sentido geral do julgamento, não emoldura negativa de vigência ao art. 535, II, do CPC" (AgRg no Ag 321653/RS, Rel. Ministro Milton Luiz Pereira, 1ª Turma, julgado em 12.12.2000, DJ 02.04.2001 p. 272).

medida em que não vão explicitadas as razões que excluem a possibilidade de reconstrução diversa, à luz das provas contrárias. Neste caso, a motivação implícita corresponde a uma não-motivação.[787] A decisão judicial, de conseguinte, padece de nulidade, ex vi do art. 93, IX, da Constituição de 1988.

Por outro lado, a motivação "per relationem", segundo a qual o juiz, em vez de elaborar justificação autônoma para o ponto decidido, serve-se do reenvio à justificação de outra decisão,[788] vem sendo admitida na jurisprudência do Superior Tribunal de Justiça e do Supremo Tribunal Federal.[789] Tal expediente, contudo, compromete a função extraprocessual ou político-democrática da motivação, pois, como ressaltava o velho Bentham, a "convicção do juiz não significa nada se não está acompanhada da do público. Não basta que sua decisão seja justa, mas é necessário, ademais, que pareça justa" aos olhos do público.[790] A motivação per relationem, destarte, deve ser empregada em casos excepcionais, sob a condição de que, pelo menos, haja não apenas um "nexo quanto ao objeto da deliberação", mas, igualmente, uma "identidade quanto à profundidade da cognição realizada nos provimentos que se integram".[791]

---

[787] Michele Taruffo, *La motivazione della sentenza*, p. 184. Igualmente, *vide* Ovídio Baptista da Silva, Fundamentação das sentenças como garantia constitucional, p. 08, observando que "a exigência de que a motivação seja 'completa', abrangendo tanto a versão aceita pelo julgador, quanto as razões pelas quais ele recusara a versão oposta, é fundamental para que o convencimento judicial alcance o nível de racionalidade exigido pela lei". De resto, *vide* Juan Igartua Salaverria, *La motivación de las sentencias: imperativo constitucional*, p. 135-187.

[788] Michele Taruffo, *La motivazione della sentenza civile*, p. 422.

[789] "A validade do acórdão impõe fundamentação. Revela-se, entretanto, pelo conteúdo. Não exige longa explanação. Lícito e suficiente reportar-se a outro julgamento, identificado e que tratou da mesma matéria" (REsp 1219/RJ, Rel. Ministro Luiz Vicente Cernicchiaro, 2ª Turma, julgado em 29.11.1989, DJ 18.12.1989 p. 18471); "Inexiste norma legal que impeça o magistrado, ao proferir sua decisão, que a mesma tenha como fundamentação outro julgado, e, até mesmo, que o juízo 'ad quem' não se apóie, no todo ou em parte, em decisões outras prolatadas no mesmo feito que se analisa" (EDcl no REsp 159365/RS, Rel. Ministro José Delgado, 1ª Turma, julgado em 07.05.1998, DJ 15.06.1998 p. 46, REPDJ 26.10.1998 p. 33); e "O fato de a decisão haver-se reportado às razões expostas no julgado de segundo grau, para refutar os argumentos apresentados pelo recorrente, não autoriza a afirmativa no sentido de que teria sido afrontado o disposto no art. 93, inc. IX, da Lei Fundamental. O que a Constituição exige e que a decisão esteja suficientemente fundamentada, e isso, sem duvida, ocorre na hipótese" (AI-AgR 167580/RJ, Relator: Min. Ilmar Galvão, Julgamento: 12/09/1995, 1ª Turma, DJ 20.10.1995, p. 35271).

[790] J. Bentham, *Tratado de las pruebas judiciales*, p. 76.

[791] Antonio Magalhães Gomes Filho, *A motivação das decisões penais*, p. 246-247. *Vide*, ademais, José Rogério Cruz e Tucci, *A motivação da sentença civil*, p. 18-19, qualificando a motivação "*per relationem*" como "espécie excepcional de motivação". A propósito, já decidiu o Superior Tribunal de Justiça que, "exigindo a lei apresente o apelante as razões por que pretende a reforma da sentença, a isso corresponde o dever do tribunal de esclarecer os motivos que o levam a confirmá-la. Insuficiência da afirmação, traduzida na fórmula de que a sentença é mantida 'por seus próprios e jurídicos fundamentos', salvo se o apelante se limita a repisar argumentos já examinados pela sentença, sem atacar os motivos que levaram o juiz a recusá-los" (REsp 8416/SP, Rel. Ministro Eduardo Ribeiro, 3ª Turma, julgado em 20.08.1991, DJ 09.09.1991 p. 12197). De resto, *vide* Juan Igartua Salaverria, *La motivación de las sentencias: imperativo constitucional*, p. 28, observando que "*en ocasiones los tribunales, con la cita genérica de algunos precedentes suyos, intentan motivar algo sobre lo que no han dicho ni una palabra. La sentencia se basa entonces en una motivación 'per relationem', una no-motivación; sólo sirve para crear un efecto persuasivo que resiste hasta que alguien se toma la molestia de analizarlo y descubre el truco retórico. La situación se agrava con el uso malicioso de la motivación 'per relationem' cuando el tribunal se muestra infiel con las argumentaciones anteriores dándoles un significado diferente del que tenían en la sentencia invocada*".

Devido Processo Legal e Proteção de Direitos

De resto, a *motivação sucinta*, por si só, não é suscetível de nulificar a decisão judicial. A razão é singela: *a decisão sucintamente motivada pode conter justificação coerente e completa do juízo de fato e de direito.* A concisão é mais propriamente uma questão de estilo.[792]

3.10. Assistência por advogado

Segundo o art. 133 da Constituição Federal de 1988, "o advogado é indispensável à administração da justiça".

A assistência por advogado constitui posição jurídica fundamental inerente ao devido processo legal.[793]

A *indispensabilidade do advogado* não foi positivada no art. 133 da Constituição Federal como "favor corporativo aos advogados ou para reserva de mercado profissional". Trata-se de "garantia de efetivação da cidadania", vale dizer, "garantia da parte e não do profissional". Com efeito, a *boa administração da justiça* pressupõe *igualdade das partes*, que não é senão *igualdade de armas*, exigindo, portanto, *representação e defesa dos interesses das partes por profis-*

---

[792] Segundo Michele Taruffo, a motivação sucinta não implica que a motivação seja necessariamente incompleta. A concisão não diz respeito à completude ou incompletude da motivação. Com efeito, pode haver motivações longas e redundantes, mas incompletas; e pode haver motivações sucintas e completas. A concisão depende da capacidade do juiz de exprimir de forma clara e sintética os fundamentos da decisão. Trata-se, no fundo, de uma questão de estilo, e não de um problema relativo ao conteúdo da motivação (*La motivazione della sentenza*, p. 185). Neste sentido, multiplicam-se os precedentes do Supremo Tribunal Federal e do Superior Tribunal de Justiça: "Somente a sentença não motivada é nula. Não é nula a sentença com motivação sucinta" (RE 77792/MG, Relator: Min. Rodrigues Alckmin, Julgamento: 15/10/1974, 1ª Turma, DJ 04.11.1974); "Decisão fundamentada: o que a Constituição exige, no inc. IX, do art. 93, é que o juiz ou o tribunal dê as razões de seu convencimento, não se exigindo que a decisão seja amplamente fundamentada, extensamente fundamentada, dado que a decisão com motivação sucinta é decisão motivada" (RE-AgR 345845/SP, Relator: Min. Carlos Velloso, Julgamento: 17/09/2002, 2ª Turma, DJ 11.10.2002, p. 43); "A fundamentação sucinta, que exponha os motivos que ensejaram a conclusão alcançada, não inquina a decisão de nulidade, ao contrário do que sucede com a decisão desmotivada" (REsp 271930/SP, Rel. Ministro Sálvio de Figueiredo Teixeira, 4ª Turma, julgado em 19.04.2001, DJ 25.03.2002 p. 290); e "Não é omisso o acórdão que, utilizando linguajar técnico, utiliza poucas palavras para expressar sua fundamentação: 'para bom entendedor, meia palavra basta'. A economia de palavras é um imperativo, na atual circunstância, em que os tribunais superiores encontram-se sufocados por irracional número de processos" (EDcl no REsp 232404/SP, Rel. Ministro Garcia Vieira, 1ª Turma, julgado em 04.09.2001, DJ 05.11.2001 p. 82). Igualmente: EDcl no REsp 739/RJ, Rel. Ministro Athos Carneiro, 4ª Turma, julgado em 23.10.1990, DJ 12.11.1990 p. 12871, DJ 11.03.1991 p. 2395; e REsp 19661/SP, Rel. Min. Sálvio de Figueiredo Teixeira, 4ª Turma, julgado em 12.05.1992, DJ 08.06.1992 p. 8623.

[793] A propósito, o Supremo Tribunal Federal já decidiu que o "direito à assistência efetiva e permanente por advogado" constitui "uma projeção concretizadora da garantia constitucional do 'due process of law'". Com efeito, "o Advogado – ao cumprir o dever de prestar assistência técnica àquele que o constituiu, dispensando-lhe orientação jurídica perante qualquer órgão do Estado – converte, a sua atividade profissional, quando exercida com independência e sem indevidas restrições, em prática inestimável de liberdade. Qualquer que seja o espaço institucional de sua atuação (Poder Legislativo, Poder Executivo ou Poder Judiciário), ao Advogado incumbe neutralizar os abusos, fazer cessar o arbítrio, exigir respeito ao ordenamento jurídico e velar pela integridade das garantias jurídicas – legais ou constitucionais – outorgadas àquele que lhe confiou a proteção de sua liberdade e de seus direitos" (HC 88015/DF, Relator: Min. Celso de Mello, Decisão Monocrática, Julgamento 08/06/2006, DJ 16/06/2006, p. 30). Em igual sentido: MS 25917/DF, Relator: Min. Gilmar Mendes, Julgamento: 01/06/2006, Tribunal Pleno, DJ 01.09.2006, p. 19. Semelhantemente, *vide* Sergio Chiarloni, *Relazioni tra i parti i giudici e i defensori*, p. 13-14; e Geoffrey C. Hazzard e Angelo Dondi, *Etiche della professione legale*, p. 09 e segs.

sionais com habilitação e capacidade técnica. Daí dizer-se que a *assistência por advogado* constitui *garantia de acesso igualitário à justiça* (art. 5º, XXXV, da Constituição de 1988).[794]

A assistência por advogado, contudo, reveste-se de caráter relativo, no processo civil.[795]

---

[794] Paulo Luiz Netto Lôbo, *Comentários ao Estatuto da Advocacia e da OAB*, p. 29. São os advogados que "restabelecem a igualdade entre as partes litigantes", já observava J. Bentham, *Tratado de las pruebas judiciales*, p. 152.

[795] A propósito, *vide* Fernando Antonio de Souza e Silva, *O direito de litigar sem advogado*, p. 01-07 e 151-157, demonstrando, com bons argumentos, que "qualquer pessoa que participe de um processo judicial pode peticionar ao juiz, diretamente, sem a necessidade da intermediação de um advogado", e propondo que "a parte ficaria livre para escolher, de maneira informada e confortável, entre litigar com ou sem advogado, o que respeitaria, ao mesmo tempo, a sua liberdade individual e a exigência igualitária inerente ao processo". No julgamento da ADI-MC 1127/DF, o Supremo Tribunal Federal entendeu ser inaplicável aos juizados especiais o art. 1º, I, da Lei nº 8.906, de 1994, segundo o qual "a postulação a qualquer órgão do Poder Judiciário e aos juizados especiais" é atividade privativa de advogado, como se vê: "Ação direta de inconstitucionalidade. Estatuto da Advocacia e da Ordem dos Advogados do Brasil – Lei 8.906/94. Suspensão da eficácia de dispositivos que especifica. Liminar. Ação direta. (...). Interpretação conforme e suspensão da eficácia até final decisão dos dispositivos impugnados, nos termos seguintes: Art. 1º, inciso I – postulações judiciais privativas de advogado perante os juizados especiais. Inaplicabilidade aos Juizados de Pequenas Causas, à Justiça do Trabalho e à Justiça de Paz. (...). Razoabilidade na concessão da liminar" (ADI-MC 1127/DF, Relator: Min. Paulo Brossard, Julgamento: 06/10/1994, Tribunal Pleno, DJ 29.06.2001, p. 32). Recentemente, o Supremo Tribunal Federal, por um lado, julgou prejudicada a alegação de inconstitucionalidade relativamente à expressão "juizados especiais", em face da superveniência da Lei nº 9.099, de 1995, que dispõe sobre os Juizados Especiais, e do julgamento da ADI 1539/UF, de 24/04/2003; por outro lado, julgou procedente a ação direta para declarar a inconstitucionalidade quanto à expressão "qualquer" (ADI 1127/DF, Relator p/ Acórdão: Min. Ricardo Lewandowski, Julgamento: 17/05/2006, Tribunal Pleno, DJ 26/05/2006). Doravante, restou estabelecido, no art. 1º, I, da Lei nº 8.906, de 1994, que é atividade privativa de advogado "a postulação a órgão do Poder Judiciário". Com efeito, no julgamento da ADI 1539/UF, o Supremo Tribunal Federal decidiu que "não é absoluta a assistência do profissional da advocacia em juízo, podendo a lei prever situações em que é prescindível a indicação de advogado", como no caso do art. 9º da Lei nº 9.099, de 1995, "dados os princípios da oralidade e da informalidade adotados pela norma para tornar mais célere e menos oneroso o acesso à justiça" (ADI 1539/UF, Relator: Min. Maurício Corrêa, Julgamento: 24/04/2003, Tribunal Pleno, DJ 05.12.2003, p. 17). Veja-se, no entanto, que o art. 9º, §§ 1º e 2º, da Lei nº 9.099, de 1995, estabelece que "nas causas de valor superior a vinte salários mínimos, a assistência por advogado é obrigatória", que, "sendo facultativa a assistência, se uma das partes comparecer assistida por advogado, ou se o réu for pessoa jurídica ou firma individual, terá a outra parte, se quiser, assistência judiciária prestada por órgão instituído junto ao Juizado Especial, na forma da lei local", e que, "o Juiz alertará as partes da conveniência do patrocínio por advogado". De resto, no julgamento da ADI 3168/DF, o Supremo Tribunal Federal reafirmou que, no processo civil, "a imprescindibilidade de advogado é relativa, podendo, portanto, ser afastada pela lei em relação aos juizados especiais", na espécie os Juizados Especiais Federais, instituídos pela Lei nº 10.259, de 2001, "desde que a causa não ultrapasse o valor de sessenta salários mínimos (art. 3º da Lei nº 10.259/2001) e sem prejuízo da aplicação subsidiária integral dos parágrafos do art. 9º da Lei nº 9.099/1995" (ADI 3168/DF, Relator: Min. Joaquim Barbosa, Julgamento: 08/06/2006, Tribunal Pleno, DJ 03.08.2007, p. 29). A propósito, *vide*, criticamente, Paulo Luiz Netto Lôbo, *Comentários ao Estatuto da Advocacia e da OAB*, p. 22, observando "o entendimento do Supremo Tribunal Federal restringiu fortemente o alcance do art. 133 da Constituição", dado que a disposição constitucional "não fez qualquer ressalva". Nos juizados especiais também "há administração da justiça", sendo "insubsistente" o argumento de que, ali, "a indispensabilidade do advogado pode dificultar o acesso à justiça", porque "o direito ao advogado e à assistência jurídica integral é garantia de todo cidadão. A cidadania sai maculada se não há igualdade de meios técnicos, quando uma parte é defendida por profissional e outra não, fazendo com que os mais fracos sejam entregues à própria sorte, à sua inexperiência e ao desconhecimento dos procedimentos e do aparelho judiciário. De toda sorte, a Constituição cometeu ao Estado o dever de prestação de assistência jurídica gratuita aos necessitados, mediante a Defensoria Pública, obrigatoriamente disponível. E se esta faltar, o advogado indicado pela OAB prestará a assistência devida, percebendo os honorários fixados pelo juiz e pagos pelo Estado ou pela União (art. 22, § 1º, do Estatuto da OAB)".

Sem embargo, *a assistência por advogado – dispensável ou obrigatória, não importa – não deixa de qualificar-se como direito fundamental.*[796] Não por outro motivo, aliás, a Constituição de 1988 estabelece, no art. 134, que "a Defensoria Pública é instituição essencial à função jurisdicional do Estado, incumbindo-lhe a orientação jurídica e a defesa, em todos os graus, dos necessitados, na forma do art. 5º, LXXIV".

Com efeito, é da jurisprudência do Supremo Tribunal Federal o reconhecimento de direitos fundamentais, "entre os quais o de fazer-se assistir por advogado", até mesmo no inquérito policial, "que não é processo, porque não destinado a decidir litígio algum, ainda que na esfera administrativa".[797]

No processo jurisdicional, igualmente, o Supremo Tribunal Federal há muito reconhece o direito de ser assistido por advogado, como se vê: "a ordem jurídica em vigor assegura (...) o direito de ser defendido por profissional da advocacia";[798] "o direito de (...) constituir defensor de sua confiança (...) é um desdobramento da garantia constitucional da ampla defesa, portanto, impostergável";[799] "é direito do paciente a escolha de advogado de sua confiança para patrocinar a sua defesa. Esse direito é impostergável".[800]

Neste contexto, o Supremo Tribunal Federal já decidiu, por exemplo, que "a juntada de novo instrumento de mandato – procuração – ao processo, habilitando advogados diversos, não resulta na revogação automática do contrato de mandato anterior, continuando credenciados à prática de atos em nome da outorgante os causídicos antes constituídos". No caso, o Supremo Tribunal Federal reformou acórdão que não conhecera de recurso por irregularidade de representação processual, chamando a atenção para o disposto no art. 682 do Novo Código Civil – sobre a extinção do mandato –, e considerando *violado o devido processo legal*, já que *incumbe à própria parte a escolha e o credenciamento dos re-*

---

[796] A propósito, consoante lição de Friedrich Müller, Interpretação e concepções atuais dos direitos do homem, p. 539, "a liberdade é 'não apenas' liberdade 'para', mas sempre também liberdade 'de', vale dizer, de heterodeterminação [*Fremdbestimmung*]. Não se pode sustentar que o exercício de direitos fundamentais se torne uma 'função' pública, um dever". Semelhantemente, *vide* Luigi Ferrajoli, *Derecho y razón*, p. 614, observando que a "*la asistencia legal obligatoria (...) no quiere decir que la asistencia de un abogado dotado de capacidad profesional sea una obligación para el imputado, sino que es un derecho, al que puede renunciar libremente, sin perjuicio de la obligación del Estado de asegurarla gratuitamente si aquél no dispone de médios para beneficiarse de ella*". Destaque-se, de resto, que, "*in modern American litigation, use of attorney is still not legally obligatory. Litigants who cannot afford to retain an attorney, or who do not wish to do so, are entitled to present their cases personally – in propria persona*" (Geoffrey C. Hazard Jr., Michele Taruffo, *American civil procedure: an introduction*, p. 87). *Isso, porém, não retira da assistência por advogado a natureza de direito fundamental, no direito norte-americano*, consoante, aliás, julgamento proferido pela Suprema Corte no caso *Gideon v. Wainright*, 372 U.S. 335 (1963).

[797] HC 90232/AM, Relator: Min. Sepúlveda Pertence, Julgamento: 18/12/2006, 1ª Turma, DJ 02.03.2007, p. 38. Registre-se que, a teor da Súmula Vinculante nº 5, do STF, "a falta de defesa técnica por advogado no processo administrativo disciplinar não ofende a Constituição" (Sessão Plenária de 07/05/2008, DJe 88/2008, p. 1, de 16/5/2008).

[798] HC 72317/PB, Relator: Min. Marco Aurélio, Julgamento: 02/05/1995, 2ª Turma, DJ 09.06.1995, p. 17233.

[799] RHC 63979/AL, Relator: Min. Rafael Mayer, Julgamento: 02/05/1986, 1ª Turma, DJ 30.05.1986, p. 9276.

[800] HC 32785/RS, Relator: Min. Ribeiro da Costa, Julgamento: 21/10/1954, 2ª Turma, ADJ 30.04.1956, p. 635.

presentantes processuais, podendo fazê-lo de maneira múltipla e não somente individualizada.[801]

Semelhantemente, a Corte Especial do Superior Tribunal de Justiça já reconheceu a obrigatoriedade de intimação em nome de advogado substabelecido, sob os seguintes fundamentos:

1. No caso dos autos, houve substabelecimento, com reserva de poderes, com solicitação expressa para que as intimações fossem expedidas 'também' em nome do Advogado substabelecido. Logo, na publicação deveria constar, pelo menos, o nome deste. Nada impediria que na publicação constasse, além do nome daquele patrono substabelecido, o de qualquer dos outros. O que não poderia acontecer era deixar de fora, justamente, o daquele que peticionou com solicitação expressa no sentido da providência não atendida. 2. Na esteira da jurisprudência desta Corte, 'Constando expressamente de petição de juntada de substabelecimento que as intimações sejam feitas no nome dos advogados substabelecidos, o seu desatendimento implica ofensa ao disposto no art. 236, § 1º, do CPC' (REsp 515.690/MG, 3ª Turma, Rel. Min. Antônio de Pádua Ribeiro, DJ de 24/11/2003).[802]

Feitos esses registros, examinemos, a seguir, o duplo grau de jurisdição.

3.11. Duplo grau de jurisdição

É conhecida a orientação jurisprudencial do Supremo Tribunal Federal no sentido de que "não é possível, sob as sucessivas Constituições da República, erigir o duplo grau em princípio e garantia constitucional, tantas são as previsões, na própria Lei Fundamental, do julgamento de única instância ordinária, já na área cível, já, particularmente, na área penal".[803]

---

[801] RE 410463/SP, Relator: Min. Marco Aurélio, Julgamento: 18/10/2005, 1ª Turma, DJ 19.05.2006, p. 17.

[802] EREsp 900818/RS, Rel. Ministra Laurita Vaz, Corte Especial, julgado em 13/03/2008, DJe 12.06.2008.

[803] Confira-se: "I. Duplo grau de jurisdição no Direito brasileiro, à luz da Constituição e da Convenção Americana de Direitos Humanos. 1. Para corresponder à eficácia instrumental que lhe costuma ser atribuída, o duplo grau de jurisdição há de ser concebido, à moda clássica, com seus dois caracteres específicos: a possibilidade de um reexame integral da sentença de primeiro grau e que esse reexame seja confiado à órgão diverso do que a proferiu e de hierarquia superior na ordem judiciária. 2. Com esse sentido próprio – sem concessões que o desnaturem – não é possível, sob as sucessivas Constituições da República, erigir o duplo grau em princípio e garantia constitucional, tantas são as previsões, na própria Lei Fundamental, do julgamento de única instância ordinária, já na área cível, já, particularmente, na área penal. 3. A situação não se alterou, com a incorporação ao Direito brasileiro da Convenção Americana de Direitos Humanos (Pacto de São José), na qual, efetivamente, o art. 8º, 2, 'h', consagrou, como garantia, ao menos na esfera processual penal, o duplo grau de jurisdição, em sua acepção mais própria: o direito de 'toda pessoa acusada de delito', durante o processo, 'de recorrer da sentença para juiz ou tribunal superior'. 4. Prevalência da Constituição, no Direito brasileiro, sobre quaisquer convenções internacionais, incluídas as de proteção aos direitos humanos, que impede, no caso, a pretendida aplicação da norma do Pacto de São José: motivação. II. A Constituição do Brasil e as convenções internacionais de proteção aos direitos humanos: prevalência da Constituição que afasta a aplicabilidade das cláusulas convencionais antinômicas. 1. Quando a questão – no estágio ainda primitivo de centralização e efetividade da ordem jurídica internacional – é de ser resolvida sob a perspectiva do juiz nacional – que, órgão do Estado, deriva da Constituição sua própria autoridade jurisdicional – não pode ele buscar, senão nessa Constituição mesma, o critério da solução de eventuais antinomias entre normas internas e normas internacionais; o que é bastante a firmar a supremacia sobre as últimas da Constituição, ainda quando esta eventualmente atribua a tratados a prevalência no conflito: mesmo nessa hipótese, a primazia derivará da Constituição e não de uma apriorística força intrínseca da convenção internacional. 2. Assim como não o afirma em relação às leis, a Constituição não precisou dizer-se sobreposta

---

Devido Processo Legal e Proteção de Direitos

237

Por outro lado, apregoa-se que o *duplo grau de jurisdição* "não está definido em texto algum, nem tem significação universal fixada *a priori*", de modo que "seu alcance será aquele que resulta do exame do *ius positum*". Daí, por exemplo, o alvitre de que discutir se a disposição do art. 515, § 3º, do CPC infringe ou não o duplo grau de jurisdição "é inverter os termos da questão".[804] Ademais, entende-

aos tratados: a hierarquia está ínsita em preceitos inequívocos seus, como os que submetem a aprovação e a promulgação das convenções ao processo legislativo ditado pela Constituição e menos exigente que o das emendas a ela e aquele que, em conseqüência, explicitamente admite o controle da constitucionalidade dos tratados (CF, art. 102, III, *b*). 3. Alinhar-se ao consenso em torno da estatura infraconstitucional, na ordem positiva brasileira, dos tratados a ela incorporados, não implica assumir compromisso de logo com o entendimento – majoritário em recente decisão do STF (ADInMC 1.480) – que, mesmo em relação às convenções internacionais de proteção de direitos fundamentais, preserva a jurisprudência que a todos equipara hierarquicamente às leis ordinárias. 4. Em relação ao ordenamento pátrio, de qualquer sorte, para dar a eficácia pretendida à cláusula do Pacto de São José, de garantia do duplo grau de jurisdição, não bastaria sequer lhe conceder o poder de aditar a Constituição, acrescentando-lhe limitação oponível à lei como é a tendência do relator: mais que isso, seria necessário emprestar à norma convencional força ab-rogante da Constituição mesma, quando não dinamitadoras do seu sistema, o que não é de admitir. III. Competência originária dos Tribunais e duplo grau de jurisdição. 1. Toda vez que a Constituição prescreveu para determinada causa a competência originária de um Tribunal, de duas uma: ou também previu recurso ordinário de sua decisão (CF, arts. 102, II, *a*; 105, II, *a* e *b*; 121, § 4º, III, IV e V) ou, não o tendo estabelecido, é que o proibiu. 2. Em tais hipóteses, o recurso ordinário contra decisões de Tribunal, que ela mesma não criou, a Constituição não admite que o institua o direito infraconstitucional, seja lei ordinária seja convenção internacional: é que, afora os casos da Justiça do Trabalho – que não estão em causa – e da Justiça Militar – na qual o STM não se superpõe a outros Tribunais –, assim como as do Supremo Tribunal, com relação a todos os demais Tribunais e Juízos do País, também as competências recursais dos outros Tribunais Superiores – o STJ e o TSE – estão enumeradas taxativamente na Constituição, e só a emenda constitucional poderia ampliar. 3. À falta de órgãos jurisdicionais ad qua, no sistema constitucional, indispensáveis a viabilizar a aplicação do princípio do duplo grau de jurisdição aos processos de competência originária dos Tribunais, segue-se a incompatibilidade com a Constituição da aplicação no caso da norma internacional de outorga da garantia invocada" (RHC 79785/RJ, Relator: Min. Sepúlveda Pertence, Julgamento: 29/03/2000, Tribunal Pleno, DJ 22.11.2002, p. 57); e "Jurisdição – Duplo grau – Inexigibilidade constitucional. Diante do disposto no inciso III do artigo 102 da Carta Política da República, no que revela cabível o extraordinário contra decisão de última ou única instância, o duplo grau de jurisdição, no âmbito da recorribilidade ordinária, não consubstancia garantia constitucional" (RE-AgR 216257/SP, Relator: Min. Marco Aurélio, Julgamento: 15/09/1998, 2ª Turma, DJ 11.12.1998, p. 07). Na doutrina brasileira, *vide* José Carlos Barbosa Moreira, *Comentários ao Código de Processo Civil*, v. 5, p. 240, para quem, "embora parte considerável da doutrina, desde a época anterior ao advento da atual Carta da República, tenda a considerá-lo ínsito em nosso sistema constitucional, nem o texto da Constituição anterior nem o da vigente ministra, no particular, conceito que se imponha ao legislador ordinário; nenhum dos dois alude sequer, *expressis verbis*, ao princípio do duplo grau de jurisdição".

[804] José Carlos Barbosa Moreira, *Comentários ao Código de Processo Civil*, v. 5, p. 239 e 430. O art. 515, § 3º, do CPC estabelece que "nos casos de extinção do processo sem julgamento do mérito (art. 267), o tribunal pode julgar desde logo a lide, se a causa versar questão exclusivamente de direito e estiver em condições de imediato julgamento". Tal disposição legal ampliou o efeito devolutivo da apelação, possibilitando a substituição da sentença terminativa por um acórdão relativo ao *meritum causae*. Exige-se, para aplicação do art. 515, § 3º, do CPC, que "apelação seja admissível", que, além de a sentença ser válida, "aos olhos do órgão *ad quem* não exista (ou já não subsista) o impedimento visto pelo órgão *a quo* ao exame do mérito, nem qualquer outro, conhecível de ofício ou alegado e rejeitado, mas não precluso", que a causa verse "questão exclusivamente de direito" e esteja "em condições de imediato julgamento". Estes dois últimos pressupostos se superpõem: "a entender-se que a causa estará 'em condições de imediato julgamento' sempre que já não haja necessidade de outras provas além das produzidas nos autos, a cláusula abrangerá as hipóteses de discutir-se naquela 'questão exclusivamente de direito', pois só por exceção (art. 337) é concebível que se necessite de prova para resolver *quaestio iuris*" (José Carlos Barbosa Moreira, *Comentários ao Código de Processo Civil*, v. 5, p. 430-431). Neste sentido, confira-se precedente do Superior Tribunal de Justiça: "I – Reformando o tribunal a sentença que acolhera a preliminar de prescrição, não pode o mesmo ingressar no mérito propriamente dito, salvo quando suficientemente debatida e instruída a causa. II – Nesse caso, encontrando-se 'madura' a causa, é permitido ao órgão ad quem adentrar o mérito da controvérsia, julgando as demais questões, ainda que não apreciadas diretamente em primeiro grau. II – Nos termos do § 3º do art. 515, CPC, introduzido pela Lei n. 10.352/2001, 'o tribunal pode julgar desde logo

se que o art. 515, § 3°, do CPC "procura dar efetividade à prestação jurisdicional, sem deixar de atentar para o devido processo legal".[805]

De fato, não há falar em inconstitucionalidade do art. 515, § 3°, do CPC. Trata-se de disposição legal compatível com o art. 5°, LIV, da Constituição Federal de 1988.[806]

---

a lide, se a causa versar questão exclusivamente de direito e estiver em condições de imediato julgamento'" (EREsp 89240/RJ, Rel. Ministro Sálvio de Figueiredo Teixeira, Corte Especial, julgado em 06.03.2002, DJ 10.03.2003 p. 76).

[805] É o que se colhe da jurisprudência do Superior Tribunal de Justiça: "Uma vez conhecido o recurso, passa-se à aplicação do direito à espécie, nos termos do art. 257, RISTJ e também em observância à regra do § 3° do art. 515, CPC, que procura dar efetividade à prestação jurisdicional, sem deixar de atentar para o devido processo legal" (REsp 469921/PR, Rel. Ministro Sálvio de Figueiredo Teixeira, 4ª Turma, julgado em 06.05.2003, DJ 26.05.2003 p. 366); "Afastada a carência da ação pela inadequação da via eleita, não há empeço a que esta Corte aprecie o mérito da controvérsia, que versa sobre matéria eminentemente de direito (cálculo da correção das cadernetas de poupança das contas à disposição do BACEN), evitando determinar o retorno dos autos à origem, em respeito aos princípios da efetividade do processo e da economia processual, conforme previsão do § 3°, art. 515, do CPC, acrescentado pela Lei 10.352/2001, que possibilita ao Tribunal julgar, desde logo, todas as questões de direito discutidas no processo, ainda que não tenha sido apreciada em sua íntegra pela instância de origem" (REsp 523904/SP, Rel. Ministro Teori Albino Zavascki, 1ª Turma, julgado em 04.11.2003, DJ 24.11.2003 p. 226, REPDJ 25.02.2004 p. 109); e "Após a Lei n° 10.352/2001, que imprimiu profundas modificações no Código de Processo Civil, houve um abrandamento do princípio 'tantum devolutum quantum appellatum', já que o art. 515, § 3°, permitiu ao Tribunal, nos casos de extinção do processo sem julgamento do mérito, 'julgar desde logo a lide, se a causa versar questão exclusivamente de direito e estiver em condições de imediato julgamento'. (...) Se o tribunal pode analisar diretamente o mérito da causa, afastada a alegação de julgamento ultra ou extra petita, por força da autorização contida no art. 515, § 3° do CPC, igualmente pode determinar a baixa dos autos ao juízo singular, ainda que o apelante não tenha requerido, sem que isso importe em violação ao postulado do devido processo legal" (REsp 657407/RS, Rel. Ministro Castro Meira, 2ª Turma, julgado em 21.06.2005, DJ 05.09.2005 p. 365).

[806] Segundo Cândido Rangel Dinamarco, *A reforma da reforma*, p. 151-152, o art. 515, § 3°, do CPC, constitui "oportuna supressão de grau jurisdicional, sem inconstitucionalidade", na medida em que "atende ao desiderato de acelerar a outorga da tutela jurisdicional, rompendo com um histórico e prestigioso mito que ao longo dos séculos os processualistas alimentam sem discutir. Não há por que levar tão longe um princípio, como tradicionalmente se levava o do duplo grau de jurisdição nos termos em que ele sempre foi entendido, quando esse verdadeiro culto não for indispensável para preservar as balizas do processo justo e équo, fiel às exigências do devido processo legal". Neste sentido, registre-se que, antes da inclusão do art. 515, § 3°, no Código de Processo Civil, a Corte Especial do Superior Tribunal de Justiça já havia decidido que, "afastada a prescrição aceita no primeiro grau, o Tribunal deve julgar o mérito da causa, se em condições de ser apreciado" (EREsp 299246/PE, Rel. Ministro Ruy Rosado de Aguiar, Corte Especial, julgado em 06.03.2002, DJ 20.05.2002 p. 96). No voto do Ministro Relator, lê-se o seguinte: "Estou cada vez mais convencido de que um dos nossos males na prestação da justiça é a perda da oportunidade de decidir de vez a demanda. Se as partes já apresentaram as suas alegações e as suas provas, qual a razão séria a impedir que a Câmara, afastando a questão prévia da prescrição, não formule desde logo o juízo sobre o pedido apresentado pela autora? Falta de contraditório? Mas isso já foi permitido no primeiro grau, quando se concluiu inexistir outra prova a produzir e as partes arrazoaram sobre o seu direito e as questões surgidas no processo. Falta de acesso ao segundo grau de jurisdição? Mas isso já foi obtido, tanto que o processo está sendo julgado no Tribunal. Se a Câmara que julga a sentença pode desde logo proferir a sua decisão, não cabe reabrir mais uma instância, retornar sobre os próprios passos apenas para cumprir a formalidade, com a volta dos autos ao primeiro grau a fim de que o Juiz profira nova sentença. Essa providência é inútil, uma vez que todas as razões sobre a causa já estão nos autos, por pressuposto, e o processo está pronto para ser julgado". Destaque-se, no entanto, que, para José Rogério Cruz e Tucci, o art. 515, § 3°, do CPC constituiu "o ponto mais negativo de toda a nova reforma processual", sustentando que, com a ampliação do efeito devolutivo da apelação, são malferidos os princípios do duplo grau de jurisdição e do contraditório (*Lineamentos da nova reforma do CPC*, p. 58-60). Todavia, como lembra Cândido Rangel Dinamarco, o art. 515, § 3°, do CPC "encontra apoio no princípio da *instrumentalidade das formas*, porque o atalho feito pelo tribunal não causa prejuízo a quem quer que seja: ao julgar desde logo o mérito, o tribunal está a antecipar o que julgaria se mandasse o juiz decidir a causa e ficasse à espera da apelação que o vencido viesse depois a interpor contra a sentença que ele proferisse".

Sem embargo, não parece correto afirmar que o sentido do duplo grau de jurisdição depende exclusivamente do exame da legislação ordinária. Antes, o duplo grau de jurisdição é dotado de um conteúdo mínimo que resulta diretamente da Constituição.

Neste sentido, o art. 5º, LIV e LV, da Constituição Federal é explícito ao positivar que "ninguém será privado da liberdade ou de seus bens sem o *devido processo legal*", no qual "são assegurados o *contraditório e ampla defesa*, com os *meios e recursos* a ela inerentes". Ademais, a Constituição de 1988 instituiu como órgãos do Poder Judiciário o Supremo Tribunal Federal, o Superior Tribunal de Justiça e Tribunais Regionais Federais, atribuindo-lhes *competência para o julgamento de recursos com efeito devolutivo amplo ou limitado* (arts. 92, I, II e III, 102, II e III, 105, II e III, e 108, II).[807] E, como se sabe, o *cabimento dos recursos com efeito devolutivo limitado pressupõe, no comum dos casos, o julgamento de recursos com efeito devolutivo amplo por tribunais de segundo grau ou turmas recursais dos juizados especiais*.[808] Mas não é só. Ainda segundo a Constituição de 1988, são órgãos do Poder Judiciário os Tribunais estaduais, e *"os Estados organizarão sua Justiça, observados os princípios estabelecidos nesta Constituição"* (art. 92, VII, e 125). Por sua vez, o art. 98, I, da Constituição dispõe que a União e os Estados criarão "juizados especiais, providos por juízes togados, ou togados e leigos, competentes para a conciliação, o julgamento e a execução de causas cíveis de menor complexidade e infrações penais de menor potencial ofensivo, mediante os procedimentos oral e sumaríssimo, permitidos, nas hipóteses previstas em lei, a transação e o *julgamento de recursos por turmas de juízes de primeiro grau"*.[809] De resto, o art. 5º, § 2º, da Constituição da República estabelece que "os direitos e garantias expressos nesta Constituição não excluem *outros decorrentes do regime e dos princípios por ela adotados, ou dos tratados internacionais em que a República Federativa do Brasil seja parte"*.[810]

Além disso, "não há quebra do *due process of law* nem exclusão do contraditório, porque o julgamento feito pelo tribunal incidirá sobre o processo precisamente no ponto em que incidiria a sentença do juiz inferior, sem privar o autor de qualquer oportunidade para alegar, provar ou argumentar – oportunidades que ele também já não teria se o processo voltasse para ser sentenciado em primeiro grau jurisdicional" (*A reforma da reforma*, p. 160-161, grifado no original).

[807] Registre-se que, consoante já decidiu o Supremo Tribunal Federal: "o artigo 108, II, da Constituição Federal encerra somente uma *norma de competência* segundo a qual, quando houver recurso para a segunda instância (e *nada impede que a legislação ordinária não o admita*), por não ter o texto constitucional criado, no caso, recurso específico, caberá ao Tribunal Regional Federal julgá-lo" (AI-AgR 151641/CE, Relator: Min. Moreira Alves, Julgamento: 27/06/1997, 1ª Turma, DJ 12.09.1997, p. 43717).

[808] A propósito, *vide* Súmula nº 640 do Supremo Tribunal Federal: "é cabível recurso extraordinário contra decisão proferida por juiz de primeiro grau nas causas de alçada, ou por turma recursal de juizado especial cível e criminal" (Sessão Plenária de 24/09/2003, DJ de 9/10/2003, p. 02).

[809] Segundo o art. 41 e seu § 1º da Lei nº 9.099, de 1995, o recurso cabível da sentença proferida por juizado especial "será julgado por uma turma composta por três juízes togados, em exercício no primeiro grau de jurisdição, reunidos na sede do juizado". Essa disposição legal vale igualmente para os juizados especiais federais (art. 1º da Lei nº 10.259, de 2001).

[810] De acordo com o art. 8º, § 2º, "h", da Convenção Americana sobre Direitos Humanos, promulgada no Brasil pelo Decreto nº 678, de 1992, "durante o processo penal, toda pessoa tem direito, em plena igualdade, às seguintes garantias mínimas: (...) direito de recorrer da sentença para juiz ou tribunal superior".

Por aí se vê que: (I) a defesa essencial ao devido processo legal deve ser ampla, com os meios e recursos a ela inerentes (art. 5º, LIV e LV, da Constituição); (II) o Supremo Tribunal Federal, o Superior Tribunal de Justiça, os Tribunais Regionais Federais, os Tribunais estaduais e os juizados especiais estão encarregados do julgamento de recursos com efeito devolutivo amplo (arts. 92, I, II, III e VII, 102, II e III, 105, II e III, e 108, II, e 125 da Constituição); (III) o julgamento do recurso não precisa ser efetuado por órgão jurisdicional de hierarquia superior (art. 98, I, da Constituição).

Assim sendo, é possível concluir que o conteúdo mínimo do duplo grau de jurisdição compreende o direito ao reexame da causa por órgão judicial situado, geralmente, em nível superior na hierarquia do Poder Judiciário, mediante a interposição de recurso com efeito devolutivo amplo.[811]

Tenha-se presente, por um lado, que o *duplo grau* não exige que só passem ao exame do juízo *ad quem* as questões efetivamente resolvidas pelo juízo *a quo*. Em vez disso, dá-se por satisfeito com a simples possibilidade de apreciação das questões pelo juízo *a quo*, vale dizer, que este já estivesse em condições de resolvê-las, quando proferiu sua decisão.[812] Por outro lado, o *duplo grau* atua principalmente por meio de *apelação* (arts. 513-521 do CPC), que é tida como o *recurso por excelência*.[813]

Neste contexto, o duplo grau de jurisdição constitui posição jurídica fundamental ínsita no devido processo legal.[814]

---

[811] Semelhantemente, Sérgio Bermudes, *Comentários ao Código de Processo Civil*, v. 7, p. 05-06; Antonio Carlos de Araújo Cintra, Ada Pellegrini Grinover, Cândido Rangel Dinamarco, *Teoria geral do processo*, p. 74-76; Nelson Nery Júnior, *Teoria geral dos recursos*, p. 44; José Carlos Barbosa Moreira, *Comentários ao Código de Processo Civil*, v. 5, p. 238-239; Ingo Wolfgang Sarlet, Valor de alçada e limitação do acesso ao duplo grau de jurisdição, p. 88-120; e Oreste Nestor de Souza Laspro, *Duplo grau de jurisdição no direito processual civil*, p. 27 e 176-177.

[812] José Carlos Barbosa Moreira, *Comentários ao Código de Processo Civil*, v. 5, p. 442-443. Consoante lição de Luigi Paolo Comoglio, Corrado Ferri e Michele Taruffo: *"ogni controversia deve poter passare, salvo casi eccezionali, attraverso due gradi di esame da parte del giudice in fatto e diritto. Tuttavia la dottrina ha posto ben in luce come questa regola non esiga affatto che ogni singola questione venga esaminata e decisa due volte perché è la controversia nel complesso che deve poter passare attraverso il duplice grado di giudizio"* (*Lezioni sul processo civile*, p. 678).

[813] José Carlos Barbosa Moreira, *Comentários ao Código de Processo Civil*, v. 5, p. 406; e Enrico Allorio, *Sul doppio grado del processo civile*, p. 1.783-1.812. Assim, aliás, já decidiu o Superior Tribunal de Justiça: "A apelação é o recurso por excelência, consagrado por todos os nossos matizes europeus e pelos sistemas latino-americanos do mesmo tronco científico do que o nosso, singularizando-se pelo fato de dirigir-se ao pronunciamento último do juízo e pela sua ampla devolutividade, que investe o tribunal no conhecimento irrestrito da causa, concretizando o dogma do duplo grau de jurisdição" (REsp 706373/RS, Rel. Ministro Luiz Fux, 1ª Turma, julgado em 13.09.2005, DJ 26.09.2005 p. 234).

[814] A propósito, *vide* Nelson Nery Júnior, para quem "é exigência do *due process of law* (...) a existência do princípio do duplo grau de jurisdição" (*Teoria geral dos recursos*, p. 43). Ademais, *vide* Ingo Wolfgang Sarlet, Valor de alçada e limitação do acesso ao duplo grau de jurisdição, p. 88-120; e J. J. Calmon de Passos, O devido processo e o duplo grau de jurisdição, p. 02-07. É o que se colhe, aliás, da jurisprudência do Superior Tribunal de Justiça: "Em respeito aos princípios constitucionais do devido processo legal, do qual é corolário o princípio do duplo grau de jurisdição, não se pode negar curso à apelação criminal regularmente interposta, sendo irrelevante o fato de encontrar-se o réu foragido" (RHC 8833/SP, Rel. Ministro Vicente Leal, 6ª Turma, julgado em 18.11.1999, DJ 18.02.2002 p. 493); "Processo civil. Direito de acesso à justiça. Assistência judiciária. Agravo

Com efeito, o *duplo grau de jurisdição* é *"garantia fundamental de boa justiça"*.[815] Isto porque: (I) há "maior probabilidade de acerto", com a "sujeição dos pronunciamentos judiciais ao crivo da revisão", dado que "o controle exercido pelo juízo *ad quem* beneficia-se da presença, nos autos, de material já trabalhado, já submetido ao crivo do primeiro julgamento, e ao da crítica formulada pelas próprias partes, ao arrazoarem, num sentido e noutro, o recurso";[816] (II) o *duplo grau* promove "a relativa *uniformização da jurisprudência* quanto à interpretação da Constituição e da lei federal",[817] contribuindo para a "melhor interpretação das

---

interposto pelo requerente contra a decisão que indeferiu o benefício não conhecido porque subscrito por Defensoria Pública. Violação do princípio da garantia do duplo grau de jurisdição. Recurso provido. (...) II – A criação, no caso concreto, de situação na qual ficou a parte impossibilitada de obter o reexame da decisão denegatória da assistência judiciária, por ter sido a petição recursal subscrita por Defensora Pública, redundou em violação das garantias do acesso à Justiça e ao duplo grau de jurisdição, ensejando o conhecimento do recurso pela alínea 'a' do permissor constitucional. III – A Justiça gratuita é benefício amplo, ensejando o patrocínio por profissional habilitado, além da isenção das despesas do processo e de honorários de sucumbência" (REsp 258174/RJ, Rel. Ministro Sálvio de Figueiredo Teixeira, 4ª Turma, julgado em 15.08.2000, DJ 25.09.2000 p. 110); "A sentença extinguiu o processo, sem julgamento de mérito, ante a inépcia da inicial, porque faltante o pedido. Em sede de apelação o Tribunal 'a quo' manteve a sentença afirmando que o pedido realmente não foi externado. Opostos embargos de declaração pela ora agravada, relevou-se que se, de fato, a merecer emenda a inicial, deveria então lhe ser aberto o prazo previsto no art. 284 do Código de Processo Civil para tanto. Nada obstante, rejeitou a Corte ordinária os declaratórios, deixando de se pronunciar sobre o direito reivindicado e imprescindível à correta solução da controvérsia, motivo por que violado o art. 535 da Lei Instrumental Civil, na hipótese. Ademais, se a questão se encontra preclusa ou não, ao Tribunal de Justiça cabe tal julgamento, devendo-se restringir este eg. Sodalício aos limites do recurso especial interposto. Noutras palavras, visa a agravante ao exame do próprio mérito dos embargos de declaração opostos na origem, o que ainda inviável, naturalmente, frente ao princípio constitucional implícito do duplo grau de jurisdição" (AgRg no AgRg no REsp 650217/RJ, Rel. Ministro Francisco Falcão, 1ª Turma, julgado em 05.04.2005, DJ 16.05.2005 p. 249); e "Frente à possibilidade de nova instrumentalização do recurso de apelação, resta assegurado ao paciente o princípio constitucional do duplo grau de jurisdição" (HC 25640/GO, Rel. Ministro Félix Fischer, 5ª Turma, julgado em 17.06.2003, DJ 12.08.2003 p. 249). Segundo Cândido Rangel Dinamarco, *A nova era do processo civil*, p. 158-161, o duplo grau de jurisdição "integra o conjunto democrático dos modelos processuais inerentes ao Estado-de-direito e, mais precisamente, a cláusula do *due process of law*". A seguir, contudo, Cândido Dinamarco observa que "o princípio do duplo grau de jurisdição não é uma garantia constitucional", mas um "*conselho* (a) ao legislador, no sentido de que evite confinar causas a um nível só, sem a possibilidade de um recurso amplo e (b) ao juiz, para que, em casos duvidosos, opte pela solução mais liberal, inclinando-se a afirmar a admissibilidade do recurso"; e que "um princípio não imposto como garantia não passa de *conselho*, ainda quando plantado na ordem constitucional e mesmo quando racionalmente se entenda que sua aplicação é conveniente e, em regra, deve prevalecer". Entretanto, normas constitucionais, de modo geral, e normas de direitos fundamentais, de modo particular, como é o caso do *duplo grau de jurisdição*, não são *conselhos*. Segundo Friedrich Müller, Interpretação e concepções atuais dos direitos do homem, p. 537-543, "os direitos fundamentais devem ser aplicados como 'regras jurídicas atuais' [*aktuelle Rechtssätze*]; eles não são meras 'regras programáticas' [*Programmsätze*]"; "os direitos humanos e de cidadania são 'normas positivas'", isto é, "são direito vigente"; e "levar os diretos humanos positivos a sério significa respeitá-los, aperfeiçoá-los e implementá-los enquanto direito positivo". Não obstante, como "direitos positivos", como "todo e qualquer direito vigente", os direitos fundamentais "são limitados", sem que isso implique, porém, que sejam *conselhos* aos poderes públicos.

[815] Nelson Nery Júnior, *Teoria geral dos recursos*, p. 39, grifado no original. Trata-se de "garantia de boa solução" das lides (José Carlos Barbosa Moreira, *Comentários ao Código de Processo Civil*, v. 5, p. 237), ou "exigência de justiça" (Sérgio Bermudes, *Comentários ao Código de Processo Civil*, v. 7, p. 12), encontrando-se a serviço da "segurança jurídica", sem a qual "não existe nenhuma justiça real" (Otfried Höffe, *O que é justiça?*, p. 56).

[816] José Carlos Barbosa Moreira, *Comentários ao Código de Processo Civil*, v. 5, p. 237.

[817] Cândido Rangel Dinamarco, *Instituições de direito processual civil*, v. 1, p. 236-237, grifado no original.

leis";[818] (III) põe "os juízes inferiores *sob o controle dos superiores*",[819] convertendo a liberdade do juiz em "*liberdade vigiada*";[820] (IV) oferece "aos perdedores *mais uma oportunidade de êxito*",[821] sabido que "errar é humano" e que "ninguém se conforma com um juízo único e desfavorável".[822]

De resto, *o direito fundamental ao duplo grau de jurisdição conhece limites, que são ditados pela própria Constituição*.[823] As "tantas (...) previsões, na própria Lei Fundamental, do julgamento de única instância ordinária, já na área cível, já, particularmente, na área penal",[824] apenas evidenciam que o *duplo grau*, como posição jurídica fundamental *prima facie*, não goza – nem pode gozar – de tutela irrestrita e absoluta. Neste sentido, *a tutela do direito fundamental ao duplo grau de jurisdição encontra, em certo ponto, um limite insuperável na tutela de outros direitos ou valores igualmente fundamentais e concorrentes, especialmente o direito fundamental à duração razoável do processo, o que requer ponderação*.[825]

---

[818] Sérgio Bermudes, *Comentários ao Código de Processo Civil*, v. 7, p. 12

[819] Cândido Rangel Dinamarco, *Instituições de direito processual civil*, v. 1, p. 236-237, grifado no original.

[820] Sérgio Bermudes, *Comentários ao Código de Processo Civil*, v. 7, p. 11-12, grifado no original.

[821] Cândido Rangel Dinamarco, *Instituições de direito processual civil*, v. 1, p. 236-237, grifado no original.

[822] Nelson Nery Júnior, *Teoria geral dos recursos*, p. 39; e Sérgio Bermudes, *Comentários ao Código de Processo Civil*, v. 7, p. 08. Criticamente, *vide* Mauro Cappelletti, *Dictamen iconoclastico sobre la reforma del proceso civil italiano*, p. 278-280.

[823] Segundo Nelson Nery Júnior, *Teoria geral dos recursos*, p. 40-41, "é a própria Constituição Federal que dá a tônica, os contornos e os limites do duplo grau de jurisdição". Semelhantemente, *vide* Ingo Wolfgang Sarlet, *Valor de alçada e limitação do acesso ao duplo grau de jurisdição*, p. 88-120.

[824] RHC 79785/RJ, Relator: Min. Sepúlveda Pertence, Julgamento: 29/03/2000, Tribunal Pleno, DJ 22.11.2002, p. 57.

[825] Neste sentido, decidiu, recentemente, o Supremo Tribunal Federal: "A questão centra-se em se discutir se a mera anotação da expressão 'apelo' seria suficiente para materializar o recurso, remetendo o Juízo de 2º grau às argumentações da peça inicial ou da contestação. Registre-se que por determinação expressa do art. 13 da Lei n. 10.259, de 12 de julho de 2001, não se aplica à hipótese dos autos o reexame necessário previsto no art. 475, II, do CPC. Muito mais do que os efeitos de se anotar 'apelo' em peça recursal, a discussão enseja matéria constitucional, em âmbito de 'devido processo legal'. O princípio do 'devido processo legal', que lastreia todo o leque de garantias constitucionais voltadas para a efetividade dos processos jurisdicionais e administrativos, assegura que todo julgamento seja realizado com a observância das regras procedimentais previamente estabelecidas, e, além disso, representa uma exigência de 'fair trial', no sentido de garantir a participação equânime, justa, leal, enfim, sempre imbuída pela boa-fé e pela ética dos sujeitos processuais. A máxima do 'fair trial' é uma das faces do princípio do 'devido processo legal' positivado na Constituição de 1988, a qual assegura um modelo garantista de jurisdição, voltado para a proteção efetiva dos direitos individuais e coletivos, e que depende, para seu pleno funcionamento, da boa-fé e lealdade dos sujeitos que dele participam, condição indispensável para a correção e legitimidade do conjunto de atos, relações e processos jurisdicionais e administrativos. Nesse sentido, tal princípio possui um âmbito de proteção alargado, que exige o 'fair trial' não apenas dentre aqueles que fazem parte da relação processual, ou que atuam diretamente no processo, mas de todo o aparato jurisdicional, o que abrange todos os sujeitos, instituições e órgãos, públicos e privados, que exercem, direta ou indiretamente, funções qualificadas constitucionalmente como essenciais à Justiça. Contrárias à máxima do 'fair trial' – como corolário do 'devido processo legal', e que encontra expressão positiva, por exemplo, no art. 14 e seguintes do Código de Processo Civil – são todas as condutas suspicazes praticadas por pessoas às quais a lei proíbe a participação no processo em razão de suspeição, impedimento ou incompatibilidade; ou nos casos em que esses impedimentos e incompatibilidades são forjados pelas partes com o intuito de burlar as normas processuais. O art. 514 do CPC indica os requisitos da apelação, (...). Como regra, não se conhece da apelação apresentada sem razões (...). Também é praxe não se conhecer de apelação interposta mediante simples cota lançada nos autos, e não por petição (...). O caso presente, no entanto, conta com elemento diferenciador. É que a decisão de 1ª instância, expressa e especificamente, prescreveu que a mera indicação 'apelo' seria necessária e suficiente

Concluindo, destaque-se: consoante jurisprudência mais recente do Supremo Tribunal Federal, a "garantia do devido processo legal engloba o direito ao duplo grau de jurisdição".[826]

3.12. Coisa julgada

A *coisa julgada* é uma situação jurídica consequente ao trânsito em julgado da sentença de mérito. Tal situação se forma quando esgotados os recursos ou exaurido o duplo grau de jurisdição obrigatório (art. 475 do CPC). A sentença, com o trânsito em julgado, passa da condição de mutável e discutível à de imutável e indiscutível. Com a formação da *coisa julgada*, a sentença recebe o selo da imutabilidade e da indiscutibilidade (art. 467 do CPC).[827]

Reza o art. 5º, XXXVI, da Constituição Federal que "a lei não prejudicará (...) a coisa julgada".

Aí se compreende o direito fundamental de ser exigido o respeito à coisa julgada.[828] A intangibilidade da coisa julgada é expressão constitucional positiva

---

para instrumentalizar o recurso, com implícita reiteração do conteúdo discursivo da peça inicial. O duplo grau de jurisdição suscita um paradoxo. Deve ser conservado, na medida em que se realiza em benefício do princípio da justiça. Paralelamente, deve ser restringido, como medida de resguardo aos princípios da certeza e da brevidade (cf. Ada Pellegrini Grinover, Os Princípios Constitucionais e o Código de Processo Civil, São Paulo: José Bushatsky Editor, 1975, p. 137). O princípio do duplo grau de jurisdição '(...) tem sido entendido como garantia fundamental de boa justiça' (Luiz Rodrigues Wambier, Curso Avançado de Processo Civil, vol. 1, São Paulo: RT, 2005, p. 570). Há referências na concepção constitucional presente, que prevê a ampla defesa (art. 5º, LV, CF/88), sopesada com a garantia de uma razoável duração do processo (art. 5º, LXXVIII, redação da EC n. 45, de 8 de dezembro de 2004). É com base na ponderação entre os dois valores acima identificados que a decisão de 1ª instância admitia que uma mera cota de 'apelo' seria suficiente para devolver a Juízo superior a matéria discutida. A presunção não se concretizou, na medida em que não se admitiu que a cota 'apelo' fosse suficiente para instrumentalizar as razões de recurso, em prejuízo da autarquia, e da autoridade da decisão desafiada. Em outras palavras, com base em parte dispositiva da sentença, a recorrente deu continuidade ao feito, cujo desate lhe foi adverso. E o que se propunha ser instrumental engendrou discussão paralela (...). O curso da discussão deve ser corrigido por esta Corte, com fundamento na realização do devido processo legal. (...) De modo que se intime o recorrente (...) para emendar o recurso inominado, devolvendo-lhe o prazo legal" (AI 529733/RS, Relator: Min. Gilmar Mendes, Julgamento: 17/10/2006, 2ª Turma, DJ 01.12.2006, p. 97). Mais recentemente, o Supremo Tribunal Federal decidiu que "A garantia do devido processo legal engloba o direito ao duplo grau de jurisdição, sobrepondo-se à exigência prevista no art. 594 do CPP. IV – O acesso à instância recursal superior consubstancia direito que se encontra incorporado ao sistema pátrio de direitos e garantias fundamentais. V – Ainda que não se empreste dignidade constitucional ao duplo grau de jurisdição, trata-se de garantia prevista na Convenção Interamericana de Direitos Humanos, cuja ratificação pelo Brasil deu-se em 1992, data posterior à promulgação Código de Processo Penal. VI – A incorporação posterior ao ordenamento brasileiro de regra prevista em tratado internacional tem o condão de modificar a legislação ordinária que lhe é anterior" (HC 88420/PR, Relator: Min. Ricardo Lewandowski, Julgamento: 17/04/2007, 1ª Turma, DJ 08.06.2007, p. 37).

[826] AI 529733/RS, Relator: Min. Gilmar Mendes, Julgamento: 17/10/2006, 2ª Turma, DJ 01.12.2006, p. 97; e HC 88420/PR, Relator: Min. Ricardo Lewandowski, Julgamento: 17/04/2007, 1ª Turma, DJ 08.06.2007, p. 37.

[827] José Carlos Barbosa Moreira, *Eficácia da sentença e autoridade da coisa julgada*, p. 107-113.

[828] José Frederico Marques, *Manual de direito processual civil*, v. 3, p. 239. Igualmente, *vide* Eduardo Talamini, *Coisa julgada e sua revisão*, p. 51. A propósito, confira-se a jurisprudência do Supremo Tribunal Federal: "Recurso extraordinário – Postulado constitucional da coisa julgada – Alegação de ofensa direta – Inocorrência – Limites objetivos – Tema de direito processual – Matéria infraconstitucional – Violação oblíqua à Constituição – Recurso de Agravo improvido. – Se a discussão em torno da integridade da coisa julgada reclamar análise prévia e necessária dos requisitos legais, que, em nosso sistema jurídico, conformam o fenômeno processual da 'res judicata',

do princípio da segurança jurídica.[829] O respeito à coisa julgada constitui elemento essencial do Estado de direito e do direito fundamental ao devido processo legal, com o sentido de que, "se o Poder Judiciário já interferiu uma vez na esfera jurídica das pessoas, não lhe é dado voltar a interferir senão quando a lei a tanto o autorize, e da maneira legalmente prescrita".[830]

Apregoa-se, contudo, que a *coisa julgada* "não é um valor constitucional absoluto", configurando "princípio, como tal sujeito a relativização, de modo a possibilitar sua convivência harmônica com outros princípios da mesma hierarquia existentes no sistema".[831] Neste sentido, há quem cogite da necessidade de fazer a *ponderação* da *coisa julgada* "com outros princípios de igual estatura, como o da justiça ou da moralidade, mediante a utilização do princípio instrumental da razoabilidade-proporcionalidade", ressalvando, no entanto, que a superação da *garantia constitucional da coisa julgada* somente será legítima em "situações-limite, de quase-ruptura do sistema".[832]

---

revelar-se-á incabível o recurso extraordinário, eis que, em tal hipótese, a indagação em torno do que dispõe o art. 5º, XXXVI, da Constituição – por supor o exame, 'in concreto', dos limites subjetivos (CPC, art. 472) e/ou objetivos (CPC, arts. 468, 469, 470 e 474) da coisa julgada – traduzirá matéria revestida de caráter infraconstitucional, podendo configurar, quando muito, situação de conflito indireto com o texto da Carta Política, circunstância essa que torna inviável o acesso à via recursal extraordinária. Precedentes" (RE-AgR 220517/SP, Relator: Min. Celso de Mello, Julgamento: 10/04/2001, 2ª Turma, DJ 10.08.2001, p. 15); "III. – Coisa julgada: a ofensa ocorre no caso de ocorrer erro conspícuo quanto ao conteúdo e à autoridade, em tese, da coisa julgada. Se o reconhecimento da ofensa ao art. 5º, XXXV, C.F., depender do exame in concreto, dos limites da coisa julgada, não se tem questão constitucional que autorizaria a admissão do recurso extraordinário: Ag 143.712, Pertence, RTJ 159/682" (RE-AgR 226887/PE, Relator: Min. Carlos Velloso, Julgamento: 03/11/1998, 2ª Turma, DJ 11.12.1998, p. 08); e "Recurso extraordinário: matéria constitucional: coisa julgada. Só quando partir a decisão recorrida de erro conspícuo quanto ao conteúdo e a autoridade, em tese, da coisa julgada e que se terá questão constitucional a resolver em recurso extraordinário; não, porém, quando o reconhecimento da ofensa ao art. 5., XXXVI, da Constituição, depender do exame, 'in concreto', dos limites objetivos da coisa julgada" (AI-AgR 143712/SP, Relator: Min. Sepúlveda Pertence, Julgamento: 06/09/1994, 1ª Turma, DJ 02.06.1995, p. 16233).

[829] Carlos Alberto Alvaro de Oliveira, *Del formalismo en el proceso civil*, p. 148-149; Eduardo Talamini, *Coisa julgada e sua revisão*, p. 50; e Humberto Ávila, *Teoria da igualdade tributária*, p. 123. De resto, *vide* Luis Roberto Barroso, *Controle de constitucionalidade no direito brasileiro*, p. 171, observando que "a proteção da coisa julgada é a materialização, sob a forma de uma regra explícita, do princípio da segurança jurídica, em cujo âmbito se resguardam a estabilidade das relações jurídicas, a previsibilidade das condutas e a certeza jurídica que se estabelece acerca de situações anteriormente controvertidas. De fato, o fim da situação litigiosa e o restabelecimento da paz social são valores relevantes para a sociedade e para o Estado, e em seu nome se impede a reabertura da discussão, mesmo diante da alegada injustiça da decisão".

[830] José Carlos Barbosa Moreira, *Considerações sobre a chamada "relativização" da coisa julgada material*, p. 246-248.

[831] Teori Albino Zavascki, *Eficácia das sentenças na jurisdição constitucional*, p. 126, esclarecendo, ademais, que "o instrumento processual para isso é a ação rescisória, também contemplada na Constituição, destinada a corrigir, em caráter excepcional, decisões judiciárias transitadas em julgado, inclusive as proferidas pelas mais altas cortes (CF, art. 102, I, *j*, e art. 105, I, *e*)".

[832] Luis Roberto Barroso, *Controle de constitucionalidade no direito brasileiro*, p. 173-174, chegando ao ponto de admitir, com cautela, "a propositura de qualquer ação comum destinada a reexaminar a mesma relação jurídica litigiosa", com o reconhecimento ao juiz de um "poder geral de controle incidental da constitucionalidade da coisa julgada". Segundo os partidários da "relativização" da coisa julgada, a sentença deve ser justa; se injusta, não produz coisa julgada, pois "*a ordem constitucional não tolera que se eternizem injustiças a pretexto de não eternizar litígios*" (Cândido Rangel Dinamarco, *Relativizar a coisa julgada material*, p. 72, grifado no original). Vale citar dois exemplos na jurisprudência do Superior Tribunal de Justiça: "Processual civil. Tutela antecipada. Efeitos. Coisa julgada. 1. Efeitos da tutela antecipada concedidos para que sejam suspensos pagamentos

Por outro lado, salienta-se que, "ressalvadas as hipóteses legalmente contempladas, com a coisa julgada material chegou-se a um *point of no return*", de modo que "subordinar a prevalência da *res iudicata*, em termos que extravasem do álveo do direito positivo, à justiça da decisão, a ser aferida depois do término do processo, é esvaziar o instituto do seu sentido essencial".[833] Portanto, concebe-se a *proteção da coisa julgada* como *regra constitucional*, "não podendo ser afastada mediante um mero procedimento de ponderação por meio do qual se atribua peso maior ou menor a ela".[834]

---

de parcelas acordados em cumprimento a precatório expedido. 2. Alegação, em sede de Ação Declaratória de Nulidade, de que a área reconhecida como desapropriada, por via de Ação Desapropriatória Indireta, pertence ao vencido, não obstante sentença trânsito em julgado. 3. Efeitos de tutela antecipada que devem permanecer até solução definitiva da controvérsia. 4. Conceituação dos efeitos da coisa julgada em face dos princípios da moralidade pública e da segurança jurídica. 5. Direitos da cidadania em face da responsabilidade financeira estatal que devem ser asseguradas. 6. Inexistência de qualquer pronunciamento prévio sobre o mérito da demanda e da sua possibilidade jurídica. 7. Posição que visa, unicamente, valorizar, em benefício da estrutura social e estatal, os direitos das partes litigantes. 8. Recurso provido para garantir os efeitos da tutela antecipada, nos moldes e nos limites concedidos em primeiro grau" (REsp 240712/SP, Rel. Ministro José Delgado, 1ª Turma, julgado em 15.02.2000, DJ 24.04.2000 p. 38); e "Processo civil. Investigação de paternidade. Repetição de ação anteriormente ajuizada, que teve seu pedido julgado improcedente por falta de provas. Coisa julgada. Mitigação. Doutrina. Precedentes. Direito de família. Evolução. Recurso acolhido. I – Não excluída expressamente a paternidade do investigado na primitiva ação de investigação de paternidade, diante da precariedade da prova e da ausência de indícios suficientes a caracterizar tanto a paternidade como a sua negativa, e considerando que, quando do ajuizamento da primeira ação, o exame pelo DNA ainda não era disponível e nem havia notoriedade a seu respeito, admite-se o ajuizamento de ação investigatória, ainda que tenha sido aforada uma anterior com sentença julgando improcedente o pedido. II – Nos termos da orientação da Turma, 'sempre recomendável a realização de perícia para investigação genética (HLA e DNA), porque permite ao julgador um juízo de fortíssima probabilidade, senão de certeza' na composição do conflito. Ademais, o progresso da ciência jurídica, em matéria de prova, está na substituição da verdade ficta pela verdade real. III – A coisa julgada, em se tratando de ações de estado, como no caso de investigação de paternidade, deve ser interpretada modus in rebus. Nas palavras de respeitável e avançada doutrina, quando estudiosos hoje se aprofundam no reestudo do instituto, na busca sobretudo da realização do processo justo, 'a coisa julgada existe como criação necessária à segurança prática das relações jurídicas e as dificuldades que se opõem à sua ruptura se explicam pela mesmíssima razão. Não se pode olvidar, todavia, que numa sociedade de homens livres, a Justiça tem de estar acima da segurança, porque sem Justiça não há liberdade'. IV – Este Tribunal tem buscado, em sua jurisprudência, firmar posições que atendam aos fins sociais do processo e às exigências do bem comum" (REsp 226436/PR, Rel. Ministro Sálvio de Figueiredo Teixeira, 4ª Turma, julgado em 28.06.2001, DJ 04.02.2002 p. 370).

[833] José Carlos Barbosa Moreira, Considerações sobre a chamada "relativização" da coisa julgada material, p. 243-244 e 249, observando, ainda, que "condicionar a prevalência da coisa julgada, pura e simplesmente, à verificação da justiça da sentença redunda em golpear de morte o próprio instituto". Segundo Carlos Alberto Alvaro de Oliveira, "a chamada relativização da coisa julgada (fora dos casos excepcionais de rescindibilidade, inexistência ou nulidade do julgado) constitui uma contradição em termos. E isto porque a imutabilidade é a essência do instituto, se falta esta não se trata mais de 'relativizar' a coisa julgada, mas, realmente, de eliminá-la do sistema jurídico: se água é pura ou não é água, a coisa julgada material consiste na imutabilidade do comando sentencial ou não é coisa julgada material" (*Del formalismo en el proceso civil*, p. 149-150). De resto, *vide* Eduardo Talamini, *Coisa julgada e sua revisão, passim*.

[834] Humberto Ávila, *Teoria da igualdade tributária*, p. 124-125, explicitando, ainda, que "a proteção da coisa julgada só pode ser relativizada em situações absolutamente extraordinárias de excessividade e de irrazoabilidade (...). Isso porque a proteção da coisa julgada, por meio de regra constitucional, visa, precisamente, a evitar a reabertura eterna das decisões, impedindo que uma decisão anterior seja afastada por uma segunda decisão sob o argumento de que a primeira era injusta, porque, assim se aceitando, sempre se poderá admitir que uma terceira decisão afaste a segunda pelos mesmos motivos, e uma quarta venha depois a afastar a terceira, e, assim, sem fim".

Também entendemos que a coisa julgada é regra constitucional – que deve ser fielmente observada, sob pena de insegurança nas relações jurídicas. Destarte, as hipóteses de atenuação do rigor da autoridade da coisa julgada são apenas aquelas expressamente previstas pelo legislador.[835] Neste sentido, a "relativização" da coisa julgada é possível por meio de ação rescisória, nos casos do art. 485 do CPC, observado o biênio decadencial para o respectivo ajuizamento (art. 495 do CPC),[836] por meio de embargos da Fazenda Pública à execução, nos casos do art. 741, parágrafo único, do CPC, e por meio de impugnação ao cumprimento de sentença, nos casos do art. 475-L, § 1º, do CPC.[837] Fora dessas hipóteses, a coisa julgada é intangível, não podendo ser "relativizada", sob pena de violação ao art. 5º, XXXVI e LIV, da Constituição Federal de 1988.[838]

---

[835] A propósito, *vide* Araken de Assis, Eficácia da coisa julgada inconstitucional, p. 13-14 e 28, ressaltando que "a segurança jurídica é valor constitucional que entrou em flagrante declínio e retrocesso", que "urge a intervenção do legislador, com o fito de estabelecer, previamente, as situações em que a eficácia de coisa julgada não opera na desejável e natural extensão e o remédio adequado para retratá-la", e que "parece pouco provável que as vantagens da justiça do caso concreto se sobreponham às desvantagens da insegurança geral".

[836] Por exemplo: ajuizamento de ação rescisória com fundamento em laudo de exame de DNA, obtido depois do julgamento de ação de investigação de paternidade (art. 485, VII, do CPC), consoante, aliás, já decidiu o Superior Tribunal de Justiça: "Ação rescisória – Investigação de paternidade – Exame de DNA após o trânsito em julgado – Possibilidade – Flexibilização do conceito de documento novo nesses casos. Solução pró verdadeiro 'status pater'. – O laudo do exame de DNA, mesmo posterior ao exercício da ação de investigação de paternidade, considera-se 'documento novo' para aparelhar ação rescisória (CPC, art. 485, VII). É que tal exame revela prova já existente, mas desconhecida até então. A prova do parentesco existe no interior da célula. Sua obtenção é que apenas se tornou possível quando a evolução científica concebeu o exame intracitológico" (REsp 300084/GO, Rel. Ministro Humberto Gomes de Barros, 2ª Seção, julgado em 28.04.2004, DJ 06.09.2004 p. 161).

[837] A propósito, confira-se precedente do Superior Tribunal de Justiça: "Processo civil. Sentença inconstitucional. Embargos à execução. Exegese e alcance do parágrafo único do art. 741 do CPC. (...) 1. O parágrafo único do art. 741 do CPC, buscando solucionar específico conflito entre os princípios da coisa julgada e da supremacia da Constituição, agregou ao sistema de processo um mecanismo com eficácia rescisória de sentenças inconstitucionais. Sua utilização, contudo, não tem caráter universal, sendo restrita às sentenças fundadas em norma inconstitucional, assim consideraras as que (a) aplicaram norma inconstitucional (1ª parte do dispositivo), ou (b) aplicaram norma em situação tida por inconstitucional ou, ainda, (c) aplicaram norma com um sentido tido por inconstitucional (2ª parte do dispositivo). 2. Indispensável, em qualquer caso, que a inconstitucionalidade tenha sido reconhecida em precedente do STF, em controle concentrado ou difuso (independentemente de resolução do Senado), mediante (a) declaração de inconstitucionalidade com redução de texto (1ª parte do dispositivo), ou (b) mediante declaração de inconstitucionalidade parcial sem redução de texto ou, ainda, (c) mediante interpretação conforme a Constituição (2ª parte). 3. Estão fora do âmbito material dos referidos embargos, portanto, todas as demais hipóteses de sentenças inconstitucionais, ainda que tenham decidido em sentido diverso da orientação do STF, como, v.g, as que a) deixaram de aplicar norma declarada constitucional (ainda que em controle concentrado), b) aplicaram dispositivo da Constituição que o STF considerou sem auto-aplicabilidade, c) deixaram de aplicar dispositivo da Constituição que o STF considerou auto-aplicável, d) aplicaram preceito normativo que o STF considerou revogado ou não recepcionado, deixando de aplicar ao caso a norma revogadora. 4. Também estão fora do alcance do parágrafo único do art. 741 do CPC as sentenças, ainda que eivadas da inconstitucionalidade nele referida, cujo trânsito em julgado tenha ocorrido em data anterior à da sua vigência. 5. O dispositivo, todavia, pode ser invocado para inibir o cumprimento de sentenças executivas lato sensu, às quais tem aplicação subsidiária por força do art. 744 do CPC. (...)" (REsp 720953/SC, Rel. Ministro Teori Albino Zavascki, 1ª Turma, julgado em 28.06.2005, DJ 22.08.2005 p. 142). Igualmente, *vide* Teori Albino Zavascki, Inexigibilidade de sentenças constitucionais, p. 57-73.

[838] Segundo Humberto Ávila, *Teoria da igualdade tributária*, p. 127, "a tentativa de afastar a coisa julgada, sem mais, é um atentado direto à garantia da coisa julgada e uma ofensa indireta aos princípios da segurança jurídica e do Estado de direito".

Devido Processo Legal e Proteção de Direitos

3.13. Duração razoável do processo

Dispõe o art. 5º, LXXVIII, da Constituição Federal de 1988, *in verbis*: "a todos, no âmbito judicial e administrativo, são assegurados a razoável duração do processo e os meios que garantam a celeridade de sua tramitação".[839]

Aí está compreendido o direito fundamental à duração razoável do processo, que é posição jurídica essencial ao devido processo legal.[840] A garantia da duração razoável do processo, aliás, é projeção constitucional do princípio da economia processual.[841]

A *tutela jurisdicional* deve ser prestada em *tempo útil*, pois, conforme se sabe, justiça tardia equivale a denegação de justiça – "*justice delayed is justice denied*".[842] Contudo, *processo rápido* não corresponde necessariamente a *processo justo*.[843] Com efeito, "um processo de empenho garantístico é por força um processo menos célere".[844] Além disso, *processo rápido* não é processo isento de problemas, pois "rapidez e profundidade casam-se mal", dando ensanchas à possi-

---

[839] Assinale-se que a Convenção Americana sobre Direitos Humanos, de 1969, promulgada no Brasil por meio do Decreto nº 678, de 06/11/1992, estabelece, no art. 8º, § 1º, que "toda pessoa tem direito a ser ouvida com as devidas garantias e dentro de um prazo razoável (...)". Por sua vez, o art. 125, II, do CPC põe, para o juiz, o dever de "velar pela rápida solução do litígio".

[840] José Rogério Cruz e Tucci, *Tempo e processo*, p. 85 e segs.; Samuel Miranda Arruda, *O direito fundamental à razoável duração do processo*, p. 81-95; e Juvêncio Vasconcelos Viana, Da duração razoável do processo, p. 56-57. É o que igualmente se colhe da jurisprudência do Supremo Tribunal Federal: "O julgamento sem dilações indevidas constitui projeção do princípio do devido processo legal. – O direito ao julgamento, sem dilações indevidas, qualifica-se como prerrogativa fundamental que decorre da garantia constitucional do 'due process of law'. (...) – O excesso de prazo, quando exclusivamente imputável ao aparelho judiciário – não derivando, portanto, de qualquer fato procrastinatório causalmente atribuível ao réu – traduz situação anômala que compromete a efetividade do processo, pois, além de tornar evidente o desprezo estatal pela liberdade do cidadão, frustra um direito básico que assiste a qualquer pessoa: o direito à resolução do litígio, sem dilações indevidas e com todas as garantias reconhecidas pelo ordenamento constitucional" (HC 80379/SP, Relator: Min. Celso de Mello, Julgamento: 18/12/2000, 2ª Turma, DJ 25.05.2001, p. 11); e "O excesso de prazo, quando exclusivamente imputável ao aparelho judiciário – não derivando, portanto, de qualquer fato procrastinatório causalmente atribuível ao réu – traduz situação anômala que compromete a efetividade do processo, pois, além de tornar evidente o desprezo estatal pela liberdade do cidadão, frustra um direito básico que assiste a qualquer pessoa: o direito à resolução do litígio, sem dilações indevidas (CF, art. 5º, LXXVIII) e com todas as garantias reconhecidas pelo ordenamento constitucional (...). – A duração prolongada, abusiva e irrazoável (...) ofende, de modo frontal, o postulado da dignidade da pessoa humana, que representa – considerada a centralidade desse princípio essencial (CF, art. 1º, III) – significativo vetor interpretativo, verdadeiro valor-fonte que conforma e inspira todo o ordenamento constitucional vigente em nosso País e que traduz, de modo expressivo, um dos fundamentos em que se assenta, entre nós, a ordem republicana e democrática consagrada pelo sistema de direito constitucional positivo. Constituição Federal (Art. 5º, incisos LIV e LXXVIII). EC 45/2004. Convenção Americana sobre Direitos Humanos" (HC 85237/DF, Relator: Min. Celso de Mello, Julgamento: 17/03/2005, Tribunal Pleno, DJ 29.04.2005, p. 08).

[841] Francesco P. Luiso, *Diritto processuale civile*, v. 1, p. 37. A propósito, *vide* Luigi Paolo Comoglio, *Il principio di economia processuale*, t. 2, p. 273-280 e 318-362.

[842] J. J. Gomes Canotilho, *Direito constitucional e Teoria da Constituição*, p. 486-487, grifado no original. Igualmente, *vide* Joan Picó i Junoy, *Las garantías constitucionales del proceso*, p. 120; José Lebre de Freitas, *Introdução ao processo civil*, p. 125; e Sergio Chiarloni, *Il nuovo art. 111 Cost. e il processo civile*, p. 1.032.

[843] Araken de Assis, *Duração razoável do processo e reformas da lei processual civil*, p. 196, salientando que "nem sempre o processo rápido traduz processo justo. Impõe-se abreviá-lo para melhorá-lo e, não, para piorá-lo, sonegando outros tantos direitos fundamentais a uma das partes ou a ambas".

[844] José Carlos Barbosa Moreira, *O futuro da Justiça: alguns mitos*, p. 05.

bilidade de erros judiciários.[845] A exigência constitucional de duração razoável do processo não pode redundar no sacrifício dos direitos fundamentais daqueles que de qualquer forma participam do devido processo legal.[846] Antes, deve ser conciliada com esses direitos fundamentais, especialmente a garantia constitucional do contraditório.[847]

Ademais, não é possível estabelecer, de modo geral, *os termos de duração razoável dos processos.*[848] A *duração razoável dos processos* só pode ser aferida concretamente. Não há outra alternativa a não ser verificar caso por caso se o processo extrapolou o respectivo limite de duração razoável. Neste contexto, a Corte Européia dos Direitos do Homem vem entendendo que a complexidade da causa, o comportamento das partes e dos respectivos advogados e a atuação judicial devem ser utilizados como critérios para determinação da duração razoável dos processos, caso por caso.[849]

Por outro lado, a intempestividade da tutela jurisdicional pode ser combatida com o emprego de: (I) mecanismos endoprocessuais de repressão à chicana; (II) mecanismos de aceleração do processo; (III) mecanismos de controle externo da lentidão.[850]

---

[845] Othmar Jauerning, *Direito processual civil*, p. 157.

[846] J. J. Gomes Canotilho, *Direito constitucional e Teoria da Constituição*, p. 486-487; e Juvêncio Vasconcelos Viana, *Da duração razoável do processo*, p. 56.

[847] José Carlos Barbosa Moreira, *O problema da duração dos processos*: premissas para uma discussão séria, p. 377.

[848] Marcelo de Lima Guerra, *Direitos fundamentais e a proteção do credor na execução civil*, p. 106; e Juvêncio Vasconcelos Viana, *Da duração razoável do processo*, p. 65.

[849] José Rogério Cruz e Tucci, *Tempo e processo*, p. 67 e segs., que reproduz o inteiro teor de acórdão prolatado pela Corte Européia dos Direitos do Homem em 25 de junho de 1987, no *leading case* em que o Estado italiano foi condenado ao pagamento de indenização por dano moral resultante do estado de prolongada ansiedade da litigante pelo êxito da demanda. A propósito, *vide*, ainda, Mario Chiavario, *Diritto ad un processo equo*, p. 206-216. De resto, *vide* Joan Picó i Junoy, *Las garantías constitucionales del proceso*, p. 121-122; e José Lebre de Freitas, *Introdução ao processo civil*, p. 127.

[850] Tal é a proposta de José Rogério Cruz e Tucci, *Tempo e processo*, p. 119-142, que recebe, aqui, adesão explícita. Semelhantemente, *vide* Marcelo Lima Guerra, *Direitos fundamentais e a proteção do credor na execução civil*, p. 108, observando que o *direito fundamental à duração razoável do processo* exige "tanto medidas destinadas a preservar a sua realização no caso concreto, sobretudo medidas judiciais fundadas no *poder diretivo* do juiz, como também medidas *ressarcitórias*, voltadas à reparação dos danos sofridos em virtude da violação ao mesmo direito ao tempo razoável". A propósito, confira-se precedente do Supremo Tribunal Federal: "Mandado de injunção. Alegação (inconsistente) de inércia da União Federal na regulação normativa do direito à celeridade no julgamento dos processos, sem indevidas dilações (CF, art. 5°, inciso LXXVIII). Emenda Constitucional nº 45/2004. Pressupostos constitucionais do mandado de injunção (RTJ 131/963 – RTJ 186/20-21). Direito subjetivo à legislação/dever estatal de legislar (RTJ 183/818-819). Necessidade de ocorrência de mora legislativa (RTJ 180/442). Critério de configuração do estado de inércia legiferante: superação excessiva de prazo razoável (RTJ 158/375). Situação inocorrente no caso em exame. Ausência de 'inertia agendi vel deliberandi' do Congresso Nacional. 'Pacto de Estado em favor de um Poder Judiciário mais rápido e republicano'. O direito individual do cidadão ao julgamento dos litígios sem demora excessiva ou dilações indevidas: uma prerrogativa que deve ser preservada (RTJ 187/933-934). Doutrina. Projetos de lei já remetidos ao Congresso Nacional, objetivando a adoção de meios necessários à implementação do inciso LXXVIII do art. 5° da Constituição (EC nº 45/2004). Conseqüente inviabilidade do presente mandado de injunção" (MI 715/DF, Decisão Monocrática, Relator: Min. Celso de Mello, Julgamento: 25/02/2005, DJ 04/03/2005, p. 40). Na fundamentação da decisão, ressalta-se que, "apesar do exíguo intervalo de tempo decorrido desde a promulgação da EC 45/2004, (...) houve a celebração do denominado 'Pacto de Estado em favor de um Judiciário mais Rápido e Republicano', formalizado pelos Chefes

São *mecanismos endoprocessuais de repressão à chicana*, por exemplo: as sanções por ato atentatório ao exercício da jurisdição (art. 14, I-IV, e seu parágrafo único do CPC), litigância de má-fé (arts. 17 e 18 do CPC), embargos de declaração manifestamente protelatórios (art. 538, parágrafo único, do CPC), ato atentatório à dignidade da Justiça (arts. 600 e 601 do CPC), embargos à execução manifestamente protelatórios (art. 740, parágrafo único, do CPC), etc.

São *mecanismos de aceleração do processo*, por exemplo: a antecipação dos efeitos da tutela jurisdicional (art. 273 do CPC), o processo monitório (art. 1.102-A do CPC), o processo coletivo (art. 5º, LXX e LXXIII, e 129, III, da Constituição Federal, Leis nos 4.717, de 29/06/1965, 7.347, de 24/07/1985, e 8.078, de 11/09/1990, etc.), o caráter ininterrupto da atividade jurisdicional, com juízes funcionando em plantão permanente nos dias em que não há expediente forense

---

dos Poderes da República. Imbuídos desse espírito, os Senhores Presidentes da República, da Câmara dos Deputados, do Senado Federal e do Supremo Tribunal Federal, por considerarem que 'a morosidade dos processos judiciais e a baixa eficiência de suas decisões retardam o desenvolvimento nacional, desestimulam investimentos, propiciam a inadimplência, geram impunidade e solapam a crença dos cidadãos no regime democrático', propuseram, dentre outras medidas, (1) a implementação da Reforma Constitucional do Judiciário (EC 45/2004), (2) a reforma do sistema recursal e dos procedimentos, por meio de apresentação dos concernentes projetos de lei, apoiados em propostas formuladas por juristas, magistrados e entidades da sociedade civil, (3) a constituição de uma Comissão para apresentar metas claras para a progressiva ampliação da Defensoria Pública da União, (4) a coordenação, pelo Ministério da Previdência Social, de um diálogo com os juízes, para que os procedimentos observados na concessão de benefícios previdenciários e assistenciais sejam aperfeiçoados, melhorando o atendimento aos cidadãos e desonerando a máquina judicial, (5) a viabilização de soluções relativamente às execuções fiscais, com base em proposta já formalizada pelo Conselho da Justiça Federal, (6) a realização de debates e audiências de conciliação visando à construção de modelos institucionais e à adoção de providências que resultem na superação do problema dos precatórios vencidos, (7) a implementação de um banco de dados no qual serão identificados todos os casos de graves violações contra os direitos humanos, a partir da plena integração do Brasil nos Sistemas Internacionais de Proteção aos Direitos Humanos, (8) a inclusão, na agenda parlamentar, de projetos de lei que visem a regular e incentivar os procedimentos eletrônicos no âmbito judicial, (9) o funcionamento do Banco Nacional de Dados sobre o Poder Judiciário e a implementação, sob a coordenação do Supremo Tribunal Federal, do Centro Nacional de Estudos e Pesquisas Judiciais, (10) a realização de um esforço de coerência entre a atuação administrativa e as orientações jurisprudenciais já pacificadas, com a edição de súmulas administrativas e, finalmente, (11) o incentivo à aplicação de penas alternativas. Torna-se necessário reconhecer, ainda, que, em razão do mencionado 'Pacto de Estado', foram encaminhadas, ao Congresso Nacional, pelo Senhor Presidente da República, as seguintes proposições legislativas, todas elas visando a tornar real e efetiva a desejada celeridade na tramitação dos processos: (a) o PL 4.723/04 (que dispõe sobre a uniformização de jurisprudência no âmbito dos Juizados Especiais Cíveis e Criminais); (b) o PL 4.724/04 (que altera artigos do Código de Processo Civil, relativamente à forma de interposição de recursos); (c) o PL 4.725/04 (que altera dispositivos da Lei nº 5.869/73, possibilitando a realização do inventário, partilha, separação consensual e divórcio consensual por via administrativa); (d) o PL 4.726/04 (que altera artigos do Código de Processo Civil concernentes à incompetência relativa, meios eletrônicos, prescrição, distribuição por dependência, exceção de incompetência, revelia, carta precatória e rogatória, ação rescisória e vista dos autos); (e) o PL 4.727/04 (que dá nova redação a artigos do Código de Processo Civil, relativos ao agravo de instrumento e ao agravo retido); (f) o PL 4.728/04 (que dispõe sobre a racionalização do julgamento de processos repetitivos); (g) o PL 4.729/04 (relativo ao julgamento de agravos); e (h) os Projetos de Lei nos 4.730/04, 4.731/04, 4.732/04, 4.733/04, 4.734/04 e 4.735/04, que introduzem modificações na CLT, em ordem a conferir celeridade à tramitação dos processos trabalhistas. Vê-se, portanto, que não se apresenta configurada qualquer situação de omissão abusiva ou de superação excessiva de tempo razoável, por parte do Congresso Nacional, no que concerne à adoção de medidas destinadas a viabilizar, instrumentalmente, a plena incidência do inciso LXXVIII do art. 5º da Constituição da República. Cumpre registrar, finalmente, que já existem, em nosso sistema de direito positivo, ainda que de forma difusa, diversos mecanismos legais destinados a acelerar a prestação jurisdicional (CPC, art. 133, II e art. 198; LOMAN, art. 35, incisos II, III e VI, art. 39, art. 44 e art. 49, II, v.g.), de modo a neutralizar, por parte de magistrados e Tribunais, retardamentos abusivos ou dilações indevidas na resolução dos litígios".

normal (art. 93, XII, da Constituição), a distribuição imediata de processos em todos os graus de jurisdição (art. 93, XV, da Constituição), a possibilidade de julgamento pelo relator (art. 557 do CPC),[851] a desnecessidade de autenticação de peças processuais (arts. 544, § 1º, do CPC),[852] etc.

Além disso, a *duração razoável do processo* confere ao prejudicado pela demora excessiva da prestação jurisdicional o direito ao ressarcimento dos danos sofridos, em face do Estado. Em caso de violação, esse direito pode ser feito valer em juízo, cabendo indenização dos danos causados (art. 5º, V e X, da Constituição de 1988).[853] Tem-se, aí, *mecanismo de controle externo da lentidão.*[854] Outro exemplo de *mecanismo* deste tipo é a *representação por excesso injustificado de prazo contra magistrado* – que pode ser formulada ao Conselho Nacional de Justiça – CNJ, nos termos dos arts. 198 e 199 do Código de Processo Civil (arts. 80 do Regimento Interno do CNJ e 103-B da Constituição Federal).

De resto, é lícito dizer que o combate à morosidade na entrega da prestação jurisdicional exige, em verdade, uma *mudança de mentalidade* de todos aqueles que participam do devido processo legal, especialmente os juízes, "seja na

---

[851] Consoante já decidiu o Superior Tribunal de Justiça, "o 'novo' art. 557 do CPC tem como escopo desobstruir as pautas dos tribunais, a fim de que as ações e os recursos que realmente precisam ser julgados por órgão colegiado possam ser apreciados o quanto antes possível. Por essa razão, os recursos intempestivos, incabíveis, desertos e contrários à jurisprudência consolidada no tribunal de segundo grau ou nos Tribunais Superiores deverão ser julgados imediatamente pelo próprio relator, através de decisão singular, acarretando o tão desejado esvaziamento das pautas. Prestigiou-se, portanto, o princípio da economia processual e o princípio da celeridade processual, que norteiam o direito processual moderno" (REsp 156311/BA, Rel. Ministro Adhemar Maciel, 2ª Turma, julgado em 19.02.1998, DJ 16.03.1998 p. 102). Igualmente: AgRg no Ag 458025/RS, Rel. Ministro José Delgado, 1ª Turma, julgado em 01.10.2002, DJ 28.10.2002 p. 260. E, segundo o Supremo Tribunal Federal, "não ofende os princípios constitucionais da ampla defesa e do contraditório, o disposto no artigo 557, caput, do Código de Processo Civil, com as alterações da Lei nº 9.756/98. Precedentes: AGRAG 182440, rel. Min. Sidney Sanches, DJ 13.08.1999 e AGRMI-595, rel. Min. Carlos Velloso, DJ 23.04.1999. Agravo regimental improvido" (RE-AgR 226217/SP, Relatora: Min. Ellen Gracie, Julgamento: 22/06/2001, 1ª Turma, DJ 22.06.2001, p. 30); e "é legítima, sob o ponto de vista constitucional, a atribuição conferida ao Relator para arquivar ou negar seguimento a pedido ou recurso – RI/STF, art. 21, § 1º; Lei 8.038/90, art. 38; CPC, art. 557, redação da Lei 9.756/98 – desde que, mediante recurso, possam as decisões ser submetidas ao controle do Colegiado" (MI-AgR 595/MA, Relator: Min. Carlos Velloso, Julgamento: 17/03/1999, Tribunal Pleno, DJ 23.04.1999, p. 15).

[852] Neste sentido, veja-se julgado do Superior Tribunal de Justiça: "a necessidade de autenticação das peças, como requisito de admissibilidade do agravo, não encontra respaldo na legislação processual, nem se ajusta ao escopo do processo como instrumento de atuação da função jurisdicional do Estado, atritando, inclusive, com os princípios da economia e celeridade" (REsp 204887/SP, Rel. Ministro Sálvio de Figueiredo Teixeira, 4ª Turma, julgado em 15.02.2001, DJ 02.04.2001 p. 296).

[853] Carlos Alberto Alvaro de Oliveira, *Del formalismo en el proceso civil*, p. 160; e José Carlos Barbosa Moreira, *O problema da duração dos processos: premissas para uma discussão séria*, p. 373.

[854] José Rogério Cruz e Tucci, *Tempo e processo*, p. 139-142; Juvêncio Vasconcelos Viana, *Da duração razoável do processo*, p. 58-59. Segundo Flávio Luiz Yarshell, *A reforma do Judiciário e a promessa de "duração razoável do processo"*, p. 33, "não se descarta que o Estado venha mesmo a ser condenado pela extrapolação do prazo razoável. O problema aí será apenas o de determinar em quanto tempo será julgado eventual pleito indenizatório". Igualmente, *vide* Araken de Assis, *Duração razoável do processo e reformas da lei processual civil*, p. 196, observando que "indubitável que seja a conseqüência" de atribuir-se responsabilidade civil ao Estado, "dificilmente as demandas dos incontáveis prejudicados contribuirão com a diminuição do número de feitos, e, portanto, com a brevidade para os demais processos pendentes".

Devido Processo Legal e Proteção de Direitos

percepção dos problemas a eles lançados, seja na aplicação do Direito ao caso concreto".[855]

4. SÍNTESE CONCLUSIVA

Ao final da 2ª parte deste estudo, cumpre elencar algumas *teses* sobre a *funcionalidade do justo processo civil no direito brasileiro*.

No art. 5º, LIV, da Constituição Federal de 1988, encontra-se o texto, enunciado normativo ou disposição do devido processo legal.

Da interpretação e aplicação da disposição do devido processo legal, à luz das circunstâncias do caso concreto, pode resultar, por hipótese, mais de uma norma do devido processo legal.

A disposição do devido processo legal é uma disposição de direito fundamental.

O direito fundamental ao devido processo legal é direito fundamental com fundamentalidade formal e material.

O direito fundamental ao devido processo legal reveste-se de duplo caráter, constituindo direito subjetivo e elemento fundamental objetivo da ordem jurídico-constitucional.

O direito fundamental ao devido processo legal é um direito fundamental como um todo, no sentido de um conjunto de normas e posições jurídicas fundamentais que se relacionam entre si e que convergem para a disposição do art. 5º, LIV, da Constituição Federal. As posições jurídicas conferidas pelas normas (princípios ou regras) do direito fundamental ao devido processo legal podem ser, conforme o caso, posições *prima facie* ou posições definitivas.

O direito fundamental ao devido processo legal configura-se como direito a algo. Trata-se, simultaneamente, de direito de defesa e de direito a ações positivas, incluindo-se, de modo particular, na classe dos direitos a organização e procedimento.

O direito fundamental de acesso à justiça (art. 5º, XXXV, da Constituição Federal), entendido como direito de provocar a atuação dos órgãos jurisdicionais e de obter, em prazo razoável, uma decisão justa, eficaz e efetiva, implica o direito fundamental ao devido processo legal. A efetividade da jurisdição constitui fundamento do direito fundamental ao devido processo legal.

---

[855] Cesar Asfor Rocha, *A luta pela efetividade da jurisdição*, p. 40. A propósito, *vide* Nicolò Trocker, *Il nuovo articolo 111 della Costituzione e il "giusto processo" in materia civile: profili generali*, p. 405, observando que "*la durata del processo dipende primariamente dagli uomini*".

O direito fundamental ao devido processo legal é ínsito ao princípio do Estado de direito, concebido como Estado constitucional, encontrando fundamento, igualmente, na segurança jurídica.

O direito fundamental ao devido processo legal, em matéria civil, deve ser entendido como direito fundamental a um processo justo.

Menos genericamente, o direito fundamental a um processo justo, como *princípio jurídico-constitucional*, compreende o direito a um processo legal e informado por direitos fundamentais, celebrado em clima de boa-fé e lealdade de todos aqueles que de qualquer forma dele participam, adequado ao direito material e às exigências do caso concreto, e, enfim, voltado para a obtenção de uma proteção judicial efetiva.

São posições jurídico-fundamentais inerentes ao direito fundamental ao devido processo legal, pelo menos: contraditório e ampla defesa, igualdade das partes, direito à prova, juiz natural, imparcialidade do juiz, duração razoável do processo, dever de motivação das decisões judiciais, inadmissibilidade das provas obtidas por meios ilícitos, publicidade dos atos processuais, coisa julgada, assistência por advogado e duplo grau de jurisdição.

Conclusão

A vocação do nosso tempo é para a jurisdição. Vive-se, no início do século XXI, o "momento jurisprudencial do direito".[856]

Sem embargo, cabe a advertência: *liberty finds no refuge in a jurisprudence of doubt*.[857]

Neste contexto, o presente estudo dedicou-se ao exame da *funcionalidade do devido processo legal, sob os aspectos substantivo e processual, no direito brasileiro*. Foram investigados, assim, os elementos estruturais do *devido processo legal*, com o propósito de identificar critérios intersubjetivamente controláveis para o melhor funcionamento do *devido processo substantivo* e do *justo processo civil*.

Duas teses podem ser formuladas.

Por um lado, o devido processo substantivo, como princípio constitucional de garantia da liberdade em geral contra as arbitrariedades do Estado, pode ser aplicado, em tese, com o objetivo de reconhecer e proteger direitos fundamentais implícitos como parte da liberdade assegurada pela disposição do devido processo legal (art. 5º, LIV, da Constituição de 1988), concretizando, igualmente, o princípio da dignidade da pessoa humana (art. 1º, III, da Constituição Federal).

Por outro lado, o devido processo legal, como princípio de justiça processual, deve ser concebido como direito fundamental a um processo justo, vale dizer, um processo legal e informado por direitos fundamentais, realizado em clima de boa-fé e lealdade de todos aqueles que dele participam, adequado ao direito material e às exigências do caso concreto, e, enfim, destinado à obtenção de uma proteção judicial efetiva.

Essas duas teses, por sua vez, conduzem a outra, a saber: *devido processo substantivo* e *justo processo civil* não são apenas espécies do gênero *devido pro-*

---

[856] Nicola Picardi, *La giurisdizione all'alba del terzo millenio*, p. 01-16.

[857] "A liberdade não encontra refúgio em uma jurisprudência vacilante." É o que se colhe do voto proferido pelos *Justices* O'Connor, Kennedy e Souter, no julgamento do caso *Planned Parenthood of Southeastern PA. v. Casey*, 505 U.S. 833 (1992).

cesso legal, mas, sobretudo, *dois aspectos de um mesmo fenômeno*, qual seja, o da *proteção de direitos contra o exercício arbitrário do poder estatal*.[858]

Para encerrar. Ninguém menos que Felix Frankfurter propôs, certa feita, que se expulsasse o devido processo legal do direito norte-americano: *"the due process clauses ought to go"*.[859] Não é o caso de bancar semelhante alvitre no direito brasileiro. Longe disso. Vida longa ao devido processo substantivo e ao justo processo civil, no direito brasileiro. Com o melhor funcionamento possível. A pretensão deste estudo é – sempre foi – a de contribuir para tanto.

---

[858] A propósito, *vide* Humberto Ávila, O que é "devido processo legal"?, p. 10-14, para quem "o dispositivo relativo ao 'devido processo legal' (...) deve ser interpretado como fundamento de um princípio que exige a realização de um estado ideal de protetividade de direitos", preconizando, porém, "que se use o 'devido processo legal' apenas como princípio procedimental".

[859] *The red terror of judicial reform*, p. 113.

Bibliografia

AARNIO, Aulis. *Le rationnel comme raisonable*. Trad. Geneviève Warland. Paris: LGDJ, 1992.

ACKERMAN, Bruce A. *Beyond Carolene Products*. Harvard Law Review, v. 98, p. 713-746, 1985.

——. *Nós, o povo soberano*: fundamentos de direito constitucional. Trad. Mauro Raposo de Mello. Belo Horizonte: Del Rey, 2006.

ADEODATO, João Maurício. A legitimação pelo procedimento juridicamente organizado. *In: Ética e retórica*. São Paulo: Saraiva, 2003. p. 53-80.

——. A concretização normativa: um estudo crítico. *In: Ética e retórica*. São Paulo: Saraiva, 2003. p. 221-259.

ALDER, John. *General principles of constitutional and administrative law*. 4. ed. Basingstoke: Palgrave Macmillan, 2002.

ALEINIKOFF, T. Alexander. Constitutional law in the age of balancing. The Yale Law Journal, v. 96, p. 943-1.005, 1986-1987.

ALEXANDRE, Isabel. *Provas ilícitas em processo civil*. Coimbra: Almedina, 1998.

ALEXY, Robert. *Sistema jurídico, principios y razón practica*. Trad. Manuel Atienza. *Doxa*, Alicante, v. 5, p. 139-151, 1988.

——. Legal argumentation as rational discourse. *Rivista Internazionale di Filosofia del Diritto*, Milano, v. 2, p. 165-178, apr./giug. 1993.

——. *Derechos, razonamiento jurídico y discurso racional*. Trad. Pablo Larrañaga. Isonomía, Alicante, v. 1, p. 37-49, 1994.

——. *El concepto y la validez del derecho*. 2. ed. Trad. Jorge M. Seña. Barcelona: Gedisa, 1997.

——. *Teoría de la argumentación jurídica*. Trad. Manuel Atienza e Isabel Espejo. Madrid: Centro de Estúdios Constitucionales, 1997.

——. *Direitos fundamentais no Estado democrático de direito*. Trad. Luís Afonso Heck. *Revista da Faculdade de Direito da UFRGS*, Porto Alegre, v. 16, p. 203-214, 1999.

——. *Colisão de direitos fundamentais e realização de direitos fundamentais no Estado de direito democrático*. Trad. Luís Afonso Heck. *Revista de Direito Administrativo*, Rio de Janeiro, v. 217, p. 67-79, jul./set. 1999.

——. On the structure of legal principles. *Ratio Juris*, v. 13, p. 294-304, sept. 2000.

——. *Teoría de los derechos fundamentales*. Trad. Ernesto Garzón Valdés. Madrid: Centro de Estudios Políticos y Constitucionales, 2001.

——. Balancing, constitutional review, and representation. *International Journal of Constitutional Law*, v. 3, p. 572-581, oct. 2005.

——. *Constitucionalismo discursivo*. Trad. Luís Afonso Heck. Porto Alegre: Livraria do Advogado, 2007.

ALLORIO, Enrico. Sul doppio grado del processo civile. In: *Studi in onore di Enrico Tullio Liebman*. Milano: D. A. Giuffrè, 1979. v. 3. p. 1.783-1.812.

ALMADA, Roberto José Ferreira da. *A garantia processual da publicidade*. São Paulo: Revista dos Tribunais, 2005.

ALMEIDA, Joaquim Canuto Mendes de. *A contrariedade na instrução criminal*. São Paulo: Saraiva, 1937.

ALVARO DE OLIVEIRA, Carlos Alberto. Procedimento e ideologia no direito brasileiro atual. *Revista da Ajuris*, Porto Alegre, v. 33, p. 79-85, mar. 1985.

——. O juiz e o princípio do contraditório. *Revista de Processo*, São Paulo, v. 73, p. 07-14, jan./mar. 1994.

——. *Do formalismo no processo civil*. São Paulo: Saraiva, 1997.

Devido Processo Legal e Proteção de Direitos

——. A garantia do contraditório. *Revista da Faculdade de Direito da UFRGS*, Porto Alegre, v. 15, p. 07-20, 1998.

——. Efetividade e processo de conhecimento. *Revista da Faculdade de Direito da UFRGS*, Porto Alegre, v. 16, p. 07-19, 1999.

——. O processo civil na perspectiva dos direitos fundamentais. *In*: ALVARO DE OLIVEIRA, Carlos Alberto (org.). *Processo e Constituição*. Rio de Janeiro: Forense, 2004. p. 01-15.

——. Problemas atuais da livre apreciação da prova. *In*: ALVARO DE OLIVEIRA, Carlos Alberto (org.). *Prova cível*. 2. ed. Rio de Janeiro: Forense, 2005. p. 51-64.

——. O formalismo-valorativo no confronto com o formalismo excessivo. *Revista de Processo*, São Paulo, v. 137, p. 07-31, jul. 2006.

——. *Os direitos fundamentais à efetividade e à segurança em perspectiva dinâmica*. Porto Alegre, 2007. 25 p. Lido no original digitado, gentilmente cedido pelo Autor.

——. *Del formalismo en el proceso civil: propuesta de un formalismo-valorativo*. Trad. Juan José Monroy Palácios. Lima: Palestra, 2007.

—— (coord.). *A nova execução*. Rio de Janeiro: Forense, 2006.

—— (coord.). *A nova execução de títulos extrajudiciais*. Rio de Janeiro: Forense, 2007.

AMODIO, Enio. Giusto processo, procès equitable e fair trial: la riscoperta del *giusnaturalismo processuale in Europa. Rivista Italiana di Diritto e Procedura Penale*, Milano, v. 1-2, p. 93-107, gen./giug. 2003.

AMOS, Maurice. A day in court at home and abroad. *Cambridge Law Journal*, v. 2, p. 340-349, 1924-1926.

ANDRADE, José Carlos Vieira de. *O dever da fundamentação expressa de actos administrativos*. Coimbra: Almedina, 1992.

——. *Os direitos fundamentais na Constituição Portuguesa de 1976*. Coimbra: Almedina, 1998.

ANDRÉ, Adélio Pereira. *Defesa dos direitos e acesso aos tribunais*. Lisboa: Horizonte, 1980.

ARRUDA, Samuel Miranda. *O direito fundamental à razoável duração do processo*. Brasília: Brasília Jurídica, 2006.

ASSIS, Araken de. Eficácia da coisa julgada inconstitucional. *Revista Dialética de Direito Processual*, São Paulo, v. 4, p. 09-28, jul. 2003.

——. Duração razoável do processo e reformas da lei processual civil. *In*: FUX, Luiz, NERY JÚNIOR, Nelson, WAMBIER, Teresa Arruda Alvim (coord.). *Processo e Constituição*: estudos em homenagem ao Professor José Carlos Barbosa Moreira. São Paulo: Revista dos Tribunais, 2006. p. 196-204.

ATIENZA, Manuel. *Para una razonable definición de "razonable". Doxa*, Alicante, v. 4, p. 189-200, 1987.

——. *As razões do direito*. 3. ed. Trad. Maria Cristina Guimarães Cupertino. São Paulo: Landy, 2003.

ÁVILA, Humberto. Repensando o "princípio da supremacia do interesse público sobre o particular". *In:* SARLET, Ingo Wolfgang (org.). *Direito público em tempos de crise*. Porto Alegre: Livraria do Advogado, 1999. p. 99-127.

——. A distinção entre princípios e regras e a redefinição do dever de proporcionalidade. *Revista de Direito Administrativo*, Rio de Janeiro, v. 215, p. 151-179, jan./mar. 1999.

——. Benefícios fiscais inválidos e a legítima expectativa dos contribuintes. *Revista Diálogo Jurídico*, Salvador, v. 13, p. 01-17, abr./maio 2002.

——. *Teoria dos princípios*. São Paulo: Malheiros, 2003.

——. ——. 4. ed. São Paulo: Malheiros, 2005.

——. Conteúdo, limites e intensidade dos controles de razoabilidade, de proporcionalidade e de excessividade. *Revista de Direito Administrativo*, Rio de Janeiro, v. 236, p. 369-384, abr./jun. 2004.

——. *Sistema constitucional tributário*. São Paulo: Saraiva, 2004.

——. *Teoria da igualdade tributária*. São Paulo: Malheiros, 2008.

——. *O que é "devido processo legal"?* Porto Alegre, 2008, 14 p.

AVOLIO, Luiz Francisco Torquato. *Provas ilícitas*. 2. ed. São Paulo: Revista dos Tribunais, 1999.

BAKER, J. H. *An introduction to english legal history*. 2. ed. London: Butterworths, 1979.

BANDEIRA DE MELLO, Celso Antônio. *Curso de direito administrativo*. 10. ed. São Paulo: Malheiros, 1998.

BARBOSA MOREIRA, José Carlos. A garantia do contraditório na atividade de instrução. *Revista de Jurisprudência do Tribunal de Justiça do Estado do Rio de Janeiro*, Rio de Janeiro, v. 46, p. 01-14, 1981.

——. Notas sobre o problema da "efetividade" do processo. *In: Temas de direito processual*: terceira séria. São Paulo: Saraiva, 1984. p. 27-42.

——. Eficácia da sentença e autoridade da coisa julgada. *In: Temas de direito processual*: terceira séria. São Paulo: Saraiva, 1984. p. 99-113.

——. A motivação das decisões judiciais como garantia inerente ao Estado de direito. *In: Temas de direito processual*: segunda série. 2. ed. São Paulo: Saraiva, 1988. p. 83-95.

——. La igualdad de las partes en el proceso civil. *In: Temas de direito processual*: quarta série. São Paulo: Saraiva, 1989. p. 67-81.

——. O Poder Judiciário e a efetividade da nova Constituição. *Revista de Direito da Procuradoria-Geral de Justiça do Estado do Rio de Janeiro*, Rio de Janeiro, v. 30, p. 100-107, jul./dez. 1989.

——. Os princípios do direito processual civil na Constituição de 1988. *In*: TUBENCHLAK, James *et al.* (coord.). *Livro de estudos jurídicos*. Rio de Janeiro: Instituto de Estudos Jurídicos, 1992. v. 4. p. 238-251.

——. Les principes fondamentaux de la procédure civile dans la nouvelle Constitution brésilienne. *In: Temas de direito processual*: quinta série. São Paulo: Saraiva, 1994. p. 109-129.

——. Efetividade e técnica processual. *In: Temas de direito processual*: sexta série. São Paulo: Saraiva, 1997. p. 17-29.

——. Miradas sobre o processo civil contemporâneo. *In: Temas de direito processual*: sexta série. São Paulo: Saraiva, 1997. p. 45-62.

——. A Constituição e as provas ilicitamente obtidas. *In: Temas de direito processual*: sexta série. São Paulo: Saraiva, 1997. p. 107-123.

——. Reflexões sobre a imparcialidade do juiz. *In: Temas de direito processual*: sétima série. São Paulo: Saraiva, 2001. p. 19-30.

——. Evoluzione della scienza processuale latino-americana in mezzo secolo. *In: Temas de direito processual*: sétima série. São Paulo: Saraiva, 2001. p. 145-154.

——. *Comentários ao Código de Processo Civil*. 11. ed. Rio de Janeiro: Forense, 2003. v. 5.

——. O futuro da justiça: alguns mitos. *In: Temas de direito processual*: oitava série. São Paulo: Saraiva, 2004. p. 01-13.

——. Le publicité des actes de procédure comme garantie constitutionnelle en droit brésilien. *In: Temas de direito processual: oitava série*. São Paulo: Saraiva, 2004. p. 69-76.

——. El neoprivativismo en el proceso civil. *In*: MONTERO AROCA, Juan (coord.). *Proceso civil e ideología*. Valencia: Tirant lo Blanch, 2006. p. 199-215.

——. A Emenda Constitucional nº 45 e o processo. *In: Temas de direito processual*: nona série. São Paulo: Saraiva, 2007. p. 21-37.

——. Considerações sobre a chamada "relativização" da coisa julgada material. *In: Temas de direito processual*: nona série. São Paulo: Saraiva, 2007. p. 235-265.

——. O problema da duração dos processos: premissas para uma discussão séria. *In: Temas de direito processual*: nona série. São Paulo: Saraiva, 2007. p. 367-377.

BARCELLOS, Ana Paula de. *Ponderação, racionalidade e atividade jurisdicional*. Rio de Janeiro: Renovar, 2005.

BARNETT, Hilaire. *Constitutional and administrative law*. 4. ed. London: Cavendish, 2003.

BARROS, Suzana de Toledo. *O princípio da proporcionalidade e o controle de constitucionalidade das leis restritivas de direitos fundamentais*. Brasília: Brasília Jurídica, 1996.

BARROSO, Luís Roberto. *Interpretação e aplicação da Constituição*. São Paulo: Saraiva, 1996.

——. Fundamentos teóricos e filosóficos do novo direito constitucional brasileiro. *Revista de Direito Administrativo*, Rio de Janeiro, v. 225, p. 05-37, jul./set. 2001.

——. A viagem redonda: *habeas data*, direitos constitucionais e as provas ilícitas. *In: Temas de direito constitucional*. Rio de Janeiro: Renovar, 2001. p. 199-222.

——. *O direito constitucional e a efetividade de suas normas*. 7. ed. Rio de Janeiro: Renovar, 2003.

——. *O controle de constitucionalidade no direito brasileiro*. São Paulo: Saraiva, 2004.

BAUR, Fritz. Les garanties fondamentales des parties dans le procès civil en Republique Fédérale d'Allemagne. In: CAPPELLETTI, Mauro, TALLON, Denis (ed.). *Fundamental guarantees of the parties in civil litigation*. Milano: D. A. Giuffrè, 1973. p. 01-30.

BEDAQUE, José Roberto dos Santos. *Direito e processo*. São Paulo: Malheiros, 1995.

——. *Efetividade do processo e técnica processual*. São Paulo: Malheiros, 2006.

BENDA, Ernst. Dignidad humana y derechos de la personalidad. In: BENDA, Ernst *et al. Manual de derecho constitucional*. Madrid: Marcial Pons, 1996. p. 117-144.

BENTHAM, J. *Tratado de las pruebas judiciales*. Trad. Manuel Ossorio Florit. Granada: Comares, 2001.

BERGUER, Raoul. Doctor Bonham's case. *University of Pennsylvania Law Review*, v. 117, p. 521-545, 1969.

——. *Government by Judiciary*: the transformation of the Fourteenth Amendment. 2. ed. Indianapolis: Liberty Fund, 1997.

Devido Processo Legal e Proteção de Direitos

BERMUDES, Sergio. *Comentários ao Código de Processo Civil*. 2. ed. São Paulo: Revista dos Tribunais, 1977. v. 7.

———. *A reforma do Judiciário pela Emenda Constitucional* nº 45. Rio de Janeiro: Forense, 2005.

BERNSTEIN, David E. *Lochner's legacy's legacy*. *Texas Law Review*, v. 82, p. 01-64, 2003-2004.

BICKEL, Alexander M. *The least dangerous branch: the Supreme Court at the bar of politics*. 2. ed. New Haven: Yale University Press, 1986.

BITAR, Orlando. A lei e a Constituição: alguns aspectos do controle jurisdicional de constitucionalidade. *In: Obras completas de Orlando Bitar*. Rio de Janeiro: Renovar, 1996. v. 1. p. 445-654.

BITTENCOURT, C. A. Lúcio. *O controle jurisdicional da constitucionalidade das leis*. 2. ed. Rio de Janeiro: Forense, 1968.

BLACK, Hugo Lafayette. *Crença na Constituição*. Trad. Luiz Carlos F. de Paula Xavier. Rio de Janeiro: Forense, 197?.

BLACKSTONE, William. *Commentaries of the laws of England*. Philadelphia: W. Y. Birch & A. Small, 1803.

BOBBIO, Norberto. *A era dos direitos*. Trad. Carlos Nelson Coutinho. Rio de Janeiro: Campus, 1992.

BODIN DE MORAES, Maria Celina. *Danos à pessoa humana:* uma leitura civil-constitucional dos danos morais. Rio de Janeiro: Renovar, 2003.

BORK, Robert H. *Neutral principles and some First Amendment problems*. *Indiana Law Review*, v. 47, p. 01-35, 1971.

———. *The tempting of America*: the political seduction of the law. New York: Simon & Schuster, 1991.

———. *Introduction. In:* BORK, Robert H. (ed.). *A Country I do not recognize: the legal assault on american values*. [s.l.]: Hoover Institution Press, 2005. p. IX-XXXVI.

BORK, Robert H., TRIBE, Laurence H. Interpretação da Constituição. *Revista de Direito Público*, v. 93, p. 05-12, jan./mar. 1990.

BRANDEIS, Louis D., WARREN, Samuel D. *The right to privacy*. *Harvard Law Review*, v. 4, p. 193-220, 1890.

BROWN, Ray A. Due process, police power, and the Supreme Court. *Harvard Law Review*, v. 40, p. 943-968, 1927.

BUZAID, Alfredo. Ensaio para uma revisão do sistema de recursos no Código de Processo Civil. *In: Estudos de direito*. São Paulo: Saraiva, 1972. v. 1.

CAENEGEM, R. C. von. *Uma introdução histórica ao direito privado*. 2. ed. Trad. Carlos Eduardo de Lima Machado. São Paulo: Martins Fontes, 2000.

CALAMANDREI, Piero. *Il processo como giuoco*. *Rivista di Diritto Processuale*, Padova, v. 1, p. 42-63, gen./mar. 2001.

———. *Processo e giustizia. In: Opere giuridiche*. Napoli: Morano, 1965. v. 1. p. 563-578.

———. *Processo e democrazia. In: Opere giuridiche*. Napoli: Morano, 1965. v. 1. p. 618-702.

CANOTILHO, J. J. Gomes. Tópicos de um curso de mestrado sobre direitos fundamentais, procedimento, processo e organização. *Boletim da Faculdade de Direito da Universidade de Coimbra*, Coimbra, v. 66, p. 151-201, 1990.

———. *Direito constitucional*. 6. ed. Coimbra: Almedina, 1995.

———. *Estado de direito*. Lisboa: Gradiva, 1999.

———. *Direito constitucional e Teoria da Constituição*. 4. ed. Coimbra: Almedina, 2000.

———. A "principialização" da jurisprudência através da Constituição. *Revista de Processo*, São Paulo, v. 98, p. 83-89, abr./jun. 2000.

———. Métodos de protecção de direitos, liberdades e garantias. *In: Boletim da Faculdade de Direito da Universidade de Coimbra*, Coimbra, volume comemorativo, p. 793-814, 2003.

———. Constituição e défice procedimental. *In: Estudos sobre direitos fundamentais*. Coimbra: Coimbra, 2004. p. 69-84.

———, MOREIRA, Vital. *Fundamentos da Constituição*. Coimbra: Coimbra, 1991.

CAPPELLETTI, Mauro. Dictamen iconoclastico sobre la riforma del proceso civil italiano. *In: Proceso, ideologías, sociedad*. Trad. Santiago Sentís Melendo et al. Buenos Aires: EJEA, 197?. p. 273-284.

———. Spunti in tema di contraddittorio. *In: Studi in memoria di Salvatore Satta*. Padova: CEDAM, 1982. v. 1. p. 211-217.

———. *O controle judicial de constitucionalidade das leis*. 2. ed. Trad. Aroldo Plínio Gonçalves. Porto Alegre: S. A. Fabris, 1992.

———. *Juízes legisladores?* Trad. Carlos Alberto Alvaro de Oliveira. Porto Alegre: S. A. Fabris, 1993.

——. Repudiando Montesquieu? A expansão e a legitimidade da "justiça constitucional". Trad. Fernando Sá. *Revista do TRF-4ª Região*, Porto Alegre, v. 40, p. 15-49, 2001.

——, VIGORITI, Vincenzo. Fundamental guarantees of the litigants in civil proceedings: Italy. In: CAPPELLETTI, Mauro, TALLON, Denis (ed.). Fundamental guarantees of the parties in civil litigation. Milano: D. A. Giuffrè, 1973. p. 511-566.

——, GARTH, Bryant. *Acesso à justiça*. Trad. Ellen Gracie Northfleet. Porto Alegre: S. A. Fabris, 1988.

CARDOZO, Benjamin N. *A natureza do processo judicial*. Trad. Silvana Vieira. São Paulo: Martins Fontes. 2004.

CARNEIRO, Athos Gusmão. *Audiência de instrução e julgamento e audiências preliminares*. 10 ed. Rio de Janeiro: Forense, 2002.

CARNELUTTI, Francesco. *Torniamo al "giudizio"*. *Rivista di Diritto Processuale*, Padova, v. 4, p. 165-174, 1949.

CASTRO, Carlos Roberto Siqueira. *O devido processo legal e a razoabilidade das leis na nova Constituição do Brasil*. Rio de Janeiro: Forense, 1989.

——. *O devido processo legal e os princípios da razoabilidade e da proporcionalidade*. 3. ed. Rio de Janeiro: Forense, 2005.

CHEMERINSKY, Erwin. *The Supreme Court and the Fourteenth Amendment*: the unfulfilled promise. Loyola of Los Angeles Law Review, v. 25, p. 1.143-1.157, 1991-1992.

——. *Substantive due process*. Touro Law Review, v. 15, p. 1.501-1.534, 1998-1999.

——. *The jurisprudence of Justice Scalia*: a critical appraisal. University of Hawaii Law Review, v. 22, p. 385-401, 2000.

——. *Constitutional law*: principles and policies. New York: Aspen Publishers, 2002.

CHIARLONI, Sergio. *Il nuovo art. 111 Cost. e il processo civile*. *Rivista di Diritto Processuale*, Padova, v. 4, p. 1.010-1.034, ott./dic. 2000.

——. Relazioni tra le parti i giudice e i defensori. *Rivista di Diritto Processuale*, v. 1, p. 11-34, gen./mar. 2004.

——. Giusto processo, garanzie processuali, giustizia della decisione. *Revista de Processo*, São Paulo, v. 152, p. 87-108, out. 2007.

CHIAVARIO, Mario. *Garanzie individuali ed efficienza del processo*. In: AAVV. Il giusto processo. Milano: D. A. Giuffrè, 1998. p. 51-77.

——. Diritto ad un processo equo. In: BARTOLE, Sergio *et al. Commentario alla Convenzione Europea per la Tutela dei Diritti dell'Uomo e delle Libertà Fondamentali*. Padova: CEDAM, 2001. p. 153-248.

CHIOVENDA, Giuseppe. *Principii di diritto processuale*. 3. ed. Roma: [s.e.], 1919.

——. Dell'azione nascente dal contratto preliminare. *In: Saggi di diritto processuale*. Roma: Foro Italiano, 1930. v. 1. p. 101-119.

——. *Instituições de direito processual civil*. Trad. Paolo Capitanio. Campinas: Bookseller, 1998. v. 1.

CHRISTIE, George C. *Due process of law: a confused and confusing notion. In:* PERELMAN, Chaïm, VANDER ELST, Raymond (*editeur). Les notion à contenu variable en droit*. Bruxelles: Bruylant, 1984. p. 157-179.

CINTRA, Antonio Carlos de Araújo. O princípio da igualdade processual. *Revista da Procuradoria-Geral do Estado de São Paulo*, São Paulo, v. 19, p. 39-44, dez. 1981.

——. *Comentários ao Código de Processo Civil*. Rio de Janeiro: Forense, 2000. v. 4.

CINTRA, Antonio Carlos de Araújo, GRINOVER, Ada Pellegrini, DINAMARCO, Cândido Rangel. *Teoria geral do processo*. 12. ed. São Paulo: Malheiros, 1996.

COELHO, Fábio Ulhoa. A teoria da desconsideração da personalidade jurídica e o devido processo legal. *Repertório IOB de Jurisprudência*, v. 2, p. 45-48, jan. 2000.

COKE, Sir Edward. The Second Part of the Institutes of the Laws of England. In: SHEPPARD, Steve (ed.). The selected writings and speeches of Sir Edward Coke. Indianapolis: Liberty Fund, 2003. v. 2.

COMOGLIO, Luigi Paolo. *La garanzia costituzionale dell'azione ed il processo civile*. Padova: CEDAM, 1970.

——. *Il principio di economia processuale*. Padova: CEDAM, 1982. 2 v.

——. Valori etici e ideologie del "giusto processo": modelli a confronto. *Rivista Trimestrale di Diritto e Procedura Civile*, Milano, v. 3, p. 887-938, set. 1998.

——. Garanzie minime del "giusto processo" civile negli ordinamenti ispano-latinoamericani. *Revista de Processo*, São Paulo, v. 112, p. 159-176, out./dez. 2003.

——. Il "giusto processo" civile in Italia e in Europa. *Revista de Processo*, São Paulo, v. 116, p. 97-158, jul./ago. 2004.

Devido Processo Legal e Proteção de Direitos

——. *Etica e tecnica del "giusto processo"*. Torino: G. Giappichelli, 2004.

COMOGLIO, Luigi Paolo, FERRI, Corrado, TARUFFO, Michele. *Lezioni sul processo civile*. 2. ed. Bologna: Il Mulino, 1998.

COMPARATO, Fábio Konder. *A afirmação histórica dos direitos humanos*. São Paulo: Saraiva, 1999.

COOLEY, Thomas. *Princípios gerais de direito constitucional dos Estados Unidos da América do Norte*. 2. ed. Trad. Alcides Cruz. São Paulo: Revista dos Tribunais, 1982.

CORWIN, Edward S. The Supreme Court and the Fourteenth Amendment. *Michigan Law Review*, v. 7, p. 643-672, 1908-1909.

——. The doctrine of due process of law before Civil War. *Harvard Law Review*, v. 24, p. 366-385/460-479, 1910-1911.

——. The "Higher Law" background of american constitutional law. *Harvard Law Review*, v. 42, p. 149-185/365-409, 1928-1929.

——. *Libertad y gobierno*. Trad. Wefley De Benedetti. Buenos Aires: Bibliográfica Argentina, 1958.

COUTO E SILVA, Clóvis V. do. As idéias fundamentais da Constituição de 1891. *Revista de Informação Legislativa*, Brasília, v. 69, p. 81-90, jan./mar. 1981.

COUTURE, Eduardo J. La garanzia costituzionale del "dovuto processo legale". *Rivista di Diritto Processuale*, Padova, v. 2, p. 81-101, 1954.

——. Las garantías constitucionales del proceso civil. In: Estudios de derecho procesal civil. 2. ed. Buenos Aires: Depalma, 1978. t. 1. p. 17-95.

——. Inconstitucionalidad por privación de la garantía del debido proceso. In: Estudios de derecho procesal civil. 2. ed. Buenos Aires: Depalma, 1978. t. 1. p. 193-202.

CRAIG, Paul. *Unreasonableness and proportionality in UK law*. Oxford, 1999. 37 p. Lido no original digitado, gentilmente cedido pelo Autor.

DAMASKA, Mirjan R. *I volti della giustizia e del potere: analisi comparatistica del processo*. Trad. Andréa Giussani e Fabio Rota. Bologna: Il Mulino, 1991.

DANTAS, F. C. de San Tiago. Igualdade perante a lei e *due process of law*. *Revista Forense*, Rio de Janeiro, v. 116, p. 357-367, abr. 1948.

DAVID, René. *Os grandes sistemas do direito contemporâneo*. 2. ed. Trad. Hermínio A. Carvalho. São Paulo: Martins Fontes, 1993.

DENTI, Vittorio. Il ruolo del giudice nel processo civile tra vecchio e nuovo garantismo. *Rivista Trimestrale di Diritto e Procedura Civile*, Milano, v. 3, p. 726-740, set. 1984.

——. Valori costituzionali e cultura processuale. *Rivista di Diritto Processuale*, Padova, v. 3, p. 443-464, 1984.

DICEY, A. V. *Introduction to the study of the law of the Constitution*. 10. ed. London: St. Martin's Press, 1973.

DINAMARCO, Cândido Rangel. *A instrumentalidade do processo*. 3. ed. rev. e atual. São Paulo: Malheiros, 1993.

——. *A reforma do Código de Processo Civil*. São Paulo: Malheiros, 1995.

——. *Instituições de Direito Processual Civil*. São Paulo: Malheiros, 2001. 3 v.

——. *Fundamentos do Processo Civil Moderno*. 5. ed. São Paulo: Malheiros, 2002. 2 v.

——. *A Reforma da Reforma*. São Paulo: Malheiros, 2002.

——. *Nova Era do Processo Civil*. São Paulo: Malheiros, 2003.

DIXON, Robert G. *The "new" substantive due process and the democratic ethic*: a prolegomenon. BYU Law Review, p. 43-88, 1976.

DÓRIA, Antonio Roberto Sampaio. *Direito constitucional tributário e "due process of law"*. 2. ed. Rio de Janeiro: Forense, 1986.

DWORKIN, Ronald. *Los derechos em serio*. Trad. Marta Guastavino. Barcelona: Ariel, 1997.

——. *Freedom's law*: the moral reading of the American Constitution. Cambridge: Harvard University Press, 1999.

——. *Domínio da vida*. Trad. Jefferson Luiz Camargo. São Paulo: Martins Fontes, 2003.

——. *A virtude soberana*. Trad. Jussara Simões. São Paulo: Martins Fontes, 2005.

EASTERBROOK, Frank H. *Substance and due process*. Sup. Ct. Rev., p. 85-125, 1982.

ECO, Umberto. *Como se faz uma tese*. 12. ed. Trad. Gilson Cesar Cardoso de Souza. São Paulo: Perspectiva, 1995.

ELY, John Hart. *The wages of crying wolf*: a comment on Roe v. Wade. Yale Law Journal, v. 82, p. 920-949, 1973.

––––––. *On constitutional ground*. Princeton: Princeton University Press, 1996.

––––––. *Democracy and distrust: a theory of judicial review*. 13. ed. Cambridge: Harvard University Press, 2001.

ELY, James W. *The oxymoron reconsidered*: myth and reality in the origins of the substantive due process. Constitutional Commentary, v. 16, p. 315-345, 1999.

FABRI, Hélène Ruiz. Égalité des armes et procès équitable dans la jurisprudence de la Cour européenne des droits de l'homme. In: LAMBERT, Thierry *et al. Égalité et équité*. Paris: Econômica, 1999. p. 47-64.

FAIRMAN, Charles. Does the Fourteenth Amendment incorporate the Bill of Rights? *Stanford Law Review*, v. 2, p. 5-139, 1949-1950.

FALLON JUNIOR, Richard H. Some confusions about due process, judicial review, and constitutional remedies. *Columbia Law Review*, v. 93, p. 309-373, 1993.

––––––. Implementing the Constitution. *Harvard Law Review*, v. 111, p. 54-152, 1997-1998.

FAZZALARI, Elio. Procedimento e processo: teoria generale. *In: Enciclopedia del Diritto*. Milano: Giuffrè, 1986. v. 35. p. 819-836.

––––––. Il giusto processo e i "procedimenti speciali" civili. *Rivista Trimestrale di Diritto e Procedura Civile*. Milano, v. 1, p. 01-06, mar. 2003.

––––––. *Instituições de direito processual*. Trad. Elaine Nassif. Campinas: Bookseller, 2006.

FAVREAU, Bertrand. Aux sources du procès equitable une certaine idée de la qualité de la justice. *In: AAVV. Le process equitable et la protection jurisdictionnelle du citoyen*. Bruxelles: Bruyant, 2001. p. 09-21.

FELDMAN, David. *The Human Rights Act 1998 and constitutional principles*. Legal Studies, v. 19, p. 165-206, 1999.

FERNANDES, Antonio Scarance. *Processo penal constitucional*. 2. ed. São Paulo: Revista dos Tribunais, 2000.

FERRAJOLI, Luigi. *Derecho y razón*. Trad. Perfecto Andrés Ibáñez *et al.* Madrid: Trotta, 2000.

FERRAZ JÚNIOR, Tercio Sampaio. Do amálgama entre razoabilidade e proporcionalidade na doutrina e na jurisprudência brasileiras e seu fundamento no devido processo legal substantivo. *In: Direito constitucional*. Barueri: Manole, 2007. p. 37-46.

––––––. Coisa julgada, ação rescisória e justiça. *In: Direito constitucional*. Barueri: Manole, 2007. p. 135-150.

FERREIRA FILHO, Manoel Gonçalves. *Direitos humanos fundamentais*. 2. ed. São Paulo: Saraiva, 1998.

FIGUEIREDO, Lúcia Valle. Estado de direito e devido processo legal. *Revista de Direito Administrativo*, Rio de Janeiro, v. 209, p. 07-18, jul./set. 1997.

FRADERA, Vera Maria Jacob de. A circulação de modelos jurídicos europeus na América Latina. *Revista dos Tribunais*, São Paulo, v. 736, p. 20-39, fev. 1997.

FRANKFURTER, Felix. The red terror of judicial reform. *The New Republic*, v. 40, p. 110-113, 1924.

FREITAS, Juarez. *O controle dos atos administrativos e os princípios fundamentais*. 2. ed. São Paulo: Malheiros, 1999.

FRIED, Charles. Types. *Constitutional Commentary*, v. 14, p. 55-82, 1997.

––––––. *Saying what the law is: the Constitution in the Supreme Court*. Cambridge: Harvard University Press, 2005.

GADAMER, Hans-Georg. *Verdade e método*. 2. ed. Trad. Flávio Paulo Meurer. Petrópolis: Vozes, 1997.

GALLOWAY, Russel W. Means-end scrutiny in American constitutional law. *Loyola of Los Angeles Law Review*, v. 21, p. 449-496, 1987-1988.

––––––. Basic substantive due process analysis. *University of San Francisco Law Review*, v. 26, p. 625-656, 1991-1992.

GARVEY, John H., ALEINIKOFF, T. Alexander. *Modern constitutional theory*. 4. ed. St. Paul: West Group, 1999.

GASCÓN ABELLÁN, Marina. *Los hechos en el derecho*. 2. ed. Madrid: Marcial Pons, 2004.

GAVIÃO FILHO, Anizio Pires. *Direito fundamental ao ambiente*. Porto Alegre: Livraria do Advogado, 2005.

GIANFORMAGGIO, Letizia. L'interpretazione della Costituzione tra applicazione di regole ed argumentazione basta su principi. *Rivista Internazionale di Filosofia del Diritto*, Milano, v. 1, p. 65-103, gen./mar. 1985.

GILISSEN, John. *Introdução histórica ao direito*. 2. ed. Trad. A. M. Hespanha e L. M. Macaísta Malheiros. Lisboa: Fundação Calouste Gulbenkian, 1995.

GIULIANI, L'ordo iudiciarius medioevale: riflessioni su un modelo puro di ordine isonomico. *Rivista di Diritto Processuale*, Padova, v. 43, p. 598-614, 1988.

GOMES FILHO, Antonio Magalhães. *Direito à prova no processo penal*. São Paulo: Revista dos Tribunais, 1997.

Devido Processo Legal e Proteção de Direitos

———. *A motivação das decisões penais*. São Paulo: Revista dos Tribunais, 2001.

GOULD, Stephen Jay. Carrie Buck's daughter. *Constitutional Commentary*, v. 2, p. 331-339, 1985.

GRAU, Eros Roberto. *Ensaio e discurso sobre a interpretação/aplicação do direito*. 2. ed. São Paulo: Malheiros, 2003.

GRINOVER, Ada Pellegrini. *As garantias constitucionais do direito de ação*. São Paulo: Revista dos Tribunais, 1973.

———. O princípio do juiz natural e sua dupla garantia. *In: O processo em sua unidade*: 2. Rio de Janeiro: Forense, 1984. p. 03-40.

———. Provas ilícitas. *In: O processo em sua unidade*: 2. Rio de Janeiro: Forense, 1984. p. 170-181.

———. Defesa, contraditório, igualdade e *par condicio* na ótica do processo de estrutura cooperatória. *In: Novas tendências do direito processual*. Rio de Janeiro: Forense Universitária, 1990. p. 01-16.

———. O controle do raciocínio judicial pelos tribunais superiores brasileiros. *Revista da Ajuris*, Porto Alegre, v. 50, p. 05-20, nov. 1990.

GUASTINI, Riccardo. *Distinguendo*. Torino: G. Giappichelli, 1996.

———. *Das fontes às normas*. Trad. Edson Bini. São Paulo: Quartier Latin, 2005.

GUERRA, Marcelo Lima. *Direitos fundamentais e a proteção do credor na execução civil*. São Paulo: Revista dos Tribunais, 2003.

GUERRA FILHO, Willis Santiago. Princípio da proporcionalidade e devido processo legal. *In:* SILVA, Virgílio Afonso da (org.). *Interpretação constitucional*. São Paulo: Malheiros, 2005. p. 255-269.

GUNTHER, Gerald. In search of evolving doctrine on a changing Court: a model for a newer equal protection. *Harvard Law Review*, v. 86, p. 01-48, 1972.

HABSCHEID, Walther J. Les grands principes de la procedure civile: nouveaux aspects. *In: Scritti in onore di Elio Fazzalari*. Milano: Giuffrè, 1993. v. 2. p. 03-14.

HARRISON, John. Substantive due process and the constitutional text. *Virginia Law Review*, v. 83, p. 493-558, 1997.

HAWKINS, Brian. The "Glucksberg" renaissance: substantive due process since "Lawrence v. Texas". *Michigan Law Review*, v. 105, p. 409-443, 2006.

HAZARD, Geoffrey C., DONDI, Angelo. *Etiche della professione legale*. Bologna: Il Mulino, 2005.

HAZARD, Geoffrey C., TARUFFO, Michele. *American civil procedure: an introduction*. New Haven: Yale University Press, 1993.

HECK, Luís Afonso. *O Tribunal Constitucional Federal e o desenvolvimento dos princípios constitucionais*. Porto Alegre: S. A. Fabris, 1995.

———. Princípios e garantias constitucionais do processo. *Genesis – Revista de Direito Processual Civil*, Curitiba, v. 7, p. 46-52, jan./mar. 1998.

———. O modelo das regras e o modelo dos princípios na colisão de direitos fundamentais. *Direito e democracia – Revista do Centro de Ciências Jurídicas da ULBRA*, Canoas, v. 1, p. 113-122, 2000.

———. Regras, princípios jurídicos e sua estrutura no pensamento de Robert Alexy. *In:* LEITE, George Salomão (org.). *Dos princípios constitucionais*. São Paulo: Malheiros, 2003. p. 53-100.

HESSE, Konrad. *A força normativa da Constituição*. Trad. Gilmar Ferreira Mendes. Porto Alegre: S. A. Fabris, 1991.

———. Significado de los derechos fundamentales. In: BENDA, Ernst *et al. Manual de derecho constitucional*. Madrid: Marcial Pons, 1996. p. 83-115.

———. Elementos de direito constitucional da República Federal da Alemanha. Trad. Luís Afonso Heck. Porto Alegre: S. A. Fabris, 1998.

HEYDE, Wolfgang. *La jurisdición. In:* BENDA, Ernst *et al. Manual de derecho constitucional*. Madrid: Marcial Pons, 1996. p. 767-822.

HÖFFE, Otfried. *O que é justiça?* Trad. Peter Naumann. Porto Alegre: EDIPUCRS, 2003.

HOLMES, Stephen, SUNSTEIN, Cass R. *The cost of rights*. New York: W. W. Norton & Company, 1999.

HOUAISS, Antônio, VILLAR, Mauro de Salles. *Dicionário Houaiss da Língua Portuguesa*. Rio de Janeiro: Objetiva, 2001.

HOUGH, Charles M. Due process of law: to-day. *Harvard Law Review*, v. 32, p. 218-233, 1919.

IGARTUA SALAVERRÍA, Juan. *La motivación de las sentencias: imperativo constitucional*. Madrid: Centro de Estúdios Políticos y Constitucionales, 2003.

JACOB, Jack I. H. *La giustizia civile in Inghilterra*. Trad. Elisabetta Silvestri. Bologna: Il Mulino: 1995.

JAMES, Philip S. *Introduction to english law*. 20. ed. London: Butterworths, 1989.

JAUERNG, Othmar. *Direito processual civil*. Trad. F. Silveira Ramos. Coimbra: Almedina, 2002.

JHERING, R. von. *L'esprit du droit romain*. 3 ed. Trad. O. de Meulenaere. Paris: Maresq Ainé, 1888. t. 3 e 4.

JOLOWICZ, J. A. Fundamental guarantees in civil litigation: England. In: CAPPELLETTI, Mauro, TALLON, Denis (ed.). *Fundamental guarantees of the parties in civil litigation*. Milano: D. A. Giuffrè, 1973. p. 121-173.

------. Justiça substancial e justiça processual no processo civil: uma avaliação do processo civil. Trad. José Carlos Barbosa Moreira. *Revista de Processo*, São Paulo, v. 135, p. 161-178, maio 2006.

JOWELL, Jeffrey. Judicial review of the substance of official decisions. *Acta Juridica*, p. 117-127, 1993

KANT, Immanuel. *Fundamentação da metafísica dos costumes*. Trad. Paulo Quintela. Lisboa: Edições 70, 1995.

KELSEN, Hans. *Teoria pura do direito*. 4. ed. Trad. João Baptista Machado. São Paulo: Martins Fontes, 1994.

KNIJNIK, Danilo. A "doutrina dos frutos da árvore venenosa" e os discursos da Suprema Corte na decisão de 16/12/93. *Revista da Ajuris*, Porto Alegre, v. 66, p. 61-84, mar. 1996.

------. Os *standards* do convencimento judiciail: paradigmas para o seu possível controle. *Revista Forense*, Rio de Janeiro, v. 353, p. 15-52, jan./fev. 2001.

------. *O recurso especial e a revisão da questão de fato pelo Superior Tribunal de Justiça*. Rio de Janeiro: Forense, 2005.

------. *A prova nos juízos cível, penal e tributário*. Rio de Janeiro: Forense, 2007.

KOMMERS, Donald P., FINN, John E. *American constitutional law*. Belmont: West Wadsworth, 1998. v. 2.

LACERDA, Galeno. Processo e cultura. *Revista de Direito Processual Civil*, São Paulo, v. 3, p. 74-86, jan./jun. 1961.

------. O Código como sistema de adequação legal do processo. *Revista do IARGS*: comemorativa do cinqüentenário, Porto Alegre, p. 161-170, 1976.

------. O Código e o formalismo processual. *Revista da Ajuris*, Porto Alegre, v. 28, p. 07-14, jul. 1983.

LARENZ, Karl. *Metodologia da ciência do direito*. 2. ed. Trad. José Lamego. Lisboa: FCG, 1989.

LASPRO, Oreste Nestor de Souza. *Duplo grau de jurisdição no direito processual civil*. São Paulo: Revista dos Tribunais, 1996.

LE SUER, Andrew. The rise and ruin of unreasonableness? *Judicial Review*, v. 10, p. 01-21, 2005.

LEBRE DE FREITAS, José. *Introdução ao processo civil*. 2. ed. Coimbra: Coimbra, 2006.

LIEBMAN, Enrico Tullio. Do arbítrio à razão: reflexões sobre a motivação da sentença. *Revista de Processo*, São Paulo, v. 29, p. 79-81, jan./mar. 1983.

------. *Manual de direito processual civil*. Trad. e notas Cândido Rangel Dinamarco. São Paulo: Malheiros, 2005. v. 1.

LIMA, Maria Rosynete Oliveira. *Devido processo legal*. Porto Alegre: S. A. Fabris, 1999.

LLORENTE, Francisco Rubio. *Derechos fundamentals y principios constitucionales*: doctrina jurisprudencial. Barcelona: Ariel, 1995.

LÔBO, Paulo Luiz Netto. *Comentários ao Estatuto da Advocacia e da OAB*. 3. ed. São Paulo: Saraiva, 2002.

LOPES DA COSA, Alfredo de Araújo. *Direito processual civil brasileiro*. 2. ed. Rio de Janeiro: Forense, 1959. v. 3.

LORD DENNING. *The due process of law*. London: Butterworths, 1980.

LORD HOFFMANN. Human rights and the House of Lords. *Modern Law Review*, v. 62, p. 159-166, 1999.

LUHMAN, Niklas. *Legitimação pelo procedimento*. Trad. Maria da Conceição Côrte-Real. Brasília: UnB, 1980.

LUISO, Francesco P. *Diritto processuale civile*. 3. ed. Milano: Giuffrè, 2000. v. 1.

MacCORMICK, Neil. On reasonableness. In: PERELMAN, Chaïm, VANDER ELST, Raymond. *Les notion à contenu variable en droit*. Bruxelles: Bruylant, 1984. p. 131-156.

MACIEL, Adhemar. Devido processo legal e a Constituição brasileira de 1988. In: *Dimensões do direito público*. Belo Horizonte: Del Rey, 2000. p. 229-240.

MALTZ, Earl M. The Court, the Academy, and the Constitution: a comment on Bowers v. Hardwick and its critics. *BYU Law Review*, p. 59-93, 1989.

MARINONI, Luiz Guilherme. *Técnica processual e tutela dos direitos*. São Paulo: Revista dos Tribunais, 2004.

MARQUES, José Frederico. *Ensaio sobre a jurisdição voluntária*. 2. ed. São Paulo: Saraiva, 1959.

------. *A reforma do Poder Judiciário*. São Paulo: Saraiva, 1979. v. 1.

------. Juiz natural. In: *Enciclopédia Saraiva do Direito*. São Paulo: Saraiva, 1980. v. 46. p. 444-450.

------. *Manual de direito processual civil*. 9. ed. São Paulo: Saraiva, 1987. v. 3.

Devido Processo Legal e Proteção de Direitos

MARTINETTO, Giuseppe. Contraddittorio: principio del. In: Novissimo Digesto Italiano. Torino: UTET, 1964. v. 4. p. 458-461.

MATTOS, Sérgio Luís Wetzel. Da iniciativa probatória do juiz no processo civil. Rio de Janeiro: Forense, 2001.

MAURER, Hartmut. Direito processual estatal-jurídico. In: Contributos para o direito do Estado. Trad. Luís Afonso Heck. Porto Alegre: Livraria do Advogado, 2007. p. 175-215.

MAXIMILIANO, Carlos. Hermenêutica e aplicação do direito. 16. ed. Rio de Janeiro: Forense, 1996.

McDOWELL, Gary. The perverse paradox of privacy. In: BORK, Robert H. (ed.). A Country I do not recognize: the legal assault on american values. [s.l.]: Hoover Institution Press, 2005. p. 57-83.

McILWAIN, C. H. Due process of law in Magna Carta. Columbia Law Review, v. 14, p. 27-51, 1914.

MELLO FILHO, José Celso de. Constituição Federal anotada. 2. ed. ampl. e atual. São Paulo: Saraiva, 1986.

MENDES, Gilmar Ferreira. Significado do direito de defesa. In: Direitos fundamentais e controle de constitucionalidade. São Paulo: C. Bastos-IBDC, 1998. p. 93-95.

————. O princípio da proporcionalidade na jurisprudência do Supremo Tribunal Federal: novas leituras. Repertório IOB de Jurisprudência, v. 14, p. 361-372, jul. 2000.

MENDES, Gilmar Ferreira, COELHO, Inocêncio Mártires, BRANCO, Paulo Gustavo Gonet. Curso de direito constitucional. São Paulo: Saraiva, 2007.

MÉNDEZ, Francisco Ramos. El sistema procesal español. Barcelona: J. M. Bosch, 2000.

MENDONÇA, Luís Correia de. 80 anos de autoritarismo: uma leitura política do processo civil português. In: MONTERO AROCA, Juan (coord.). Proceso civil e ideología. Valencia: Tirant lo Blanch, 2006. p. 381-438.

MILLAR, Robert Wyness. The formative principles of civil procedure. In: ENGELMAN, Arthur et al. A history of continental civil procedure. New York: A. M. Kelley, 1969. p. 01-81.

MIRANDA, Jorge. Manual de direito constitucional. 2. ed. Coimbra: Coimbra, 1998. t. 4.

————. Constituição e processo civil. Revista de Processo, São Paulo, v. 98, p. 29-42, abr./jun. 2000.

MONTERO AROCA, Juan. El proceso civil llamado "social" como instrumento de "justicia" autoritaria. In: MONTERO AROCA, Juan (coord.). Proceso civil e ideología. Valencia: Tirant lo Blanch, 2006. p. 130-165.

MORELLO, Augusto M. Costitución y proceso. Buenos Aires: Abeledo-Perrot, 1998.

MORRONE, Andrea. Il custode della ragionevolezza. Milano: D. A. Giuffrè, 2001.

MOTT, Rodney. Due process of law. New York: De Capo Press, 1973.

MÜLLER, Friedrich. Interpretação e concepções atuais dos direitos do homem. Trad. Peter Naumann. In: Anais da XV Conferência Nacional da OAB. São Paulo: JBA Comunicações, 1995. p. 535-545.

————. Métodos de trabalho do direito constitucional. Trad. Peter Naumann. Porto Alegre: Síntese, 1999.

NERY JÚNIOR, Nelson. Princípios do processo civil na Constituição Federal. 2. ed. São Paulo: Revista dos Tribunais, 1995.

————. Teoria geral dos recursos. 6. ed. São Paulo: Revista dos Tribunais, 2004.

NOVAIS, Jorge Reis. Contributo para uma teoria do Estado de direito. Coimbra: Coimbra, 1987.

————. As restrições aos direitos fundamentais não expressamente autorizadas pela Constituição. Coimbra: Coimbra, 2003.

NOWAK, John E., ROTUNDA, Ronald D. Constitutional law. 4. ed. St. Paul: West Publishing Co., 1991.

NUNES, Castro. Teoria e prática do Poder Judiciário. Rio de Janeiro: Forense, 1943.

————. Do mandado de segurança. 9. ed. atual. por José de Aguiar Dias. Rio de Janeiro: Forense, 1987.

ORTH, John V. Did Sir Edward Coke mean what he said? Constitutional commentary, v. 16, p. 33-38, 1999.

————. Due process of law: a brief history. Lawrence: University Press of Kansas, 2003.

PASTOR, Daniel. Acerca del derecho fundamental al prazo razonable de duración del proceso penal. Revista Brasileira de Ciências Criminais, São Paulo, v. 52, p. 203-249, jan./fev. 2005.

PASSOS, J. J. Calmon de. O devido processo e o duplo grau de jurisdição. Revista Forense, v. 277, p. 01-07, jan./mar. 1982.

————. Instrumentalidade do processo e devido processo legal. Revista de Processo, São Paulo, v. 102, p. 55-67, abr./jun. 2001.

PERELMAN, Chaïm. O razoável e o desarrazoado em direito. In: Ética e direito. Trad. Maria Ermantina Galvão G. Pereira. São Paulo: Martins Fontes, 1996. p. 427-437.

————. As noções com conteúdo variável em direito. In: Ética e direito. Trad. Maria Ermantina Galvão G. Pereira. São Paulo: Martins Fontes, 1996. p. 659-671.

PERROT, Roger. O processo civil francês na véspera do século XXI. Trad. José Carlos Barbosa Moreira. *Revista de Processo*, São Paulo, v. 91, p. 203-212, jul./set. 1998.

——. *Institutions judiciaires*. 12. ed. Paris: Montchrestien, 2006.

PERRY, Michael J. *The Constitution in the courts*. New York: Oxford University Press, 1994.

PHILLIPS, Michael J. How many times was Lochner-era substantive due process effective? Mercer Law Review, v. 48, p. 1.048-1.090, 1997.

PICARDI, Nicola. Processo civile: diritto moderno. *!r. En ⟨⟩ opedia del Diritto*. Milano: Giuffrè, 1987. v. 36, p. 101-118.

——. Il principio del contraddittorio. *Rivista di Diritto Processuale*, Padova, v. 3, p. 673-681, lug./set. 1998.

——. "Audiatur et altera pars": le matrici storico-culturali del contraddittorio. *Rivista Trimestrale di Diritto e Procedura Civile*, Milano, v. 1, p. 07-22, mar. 2003.

——. La vocazione del nostro tempo per la giurisdizione. *Rivista Trimestrale di Diritto e Procedura Civile*, Milano, v. 1, p. 41-71, mar. 2004.

——. *Manuale del processo civile*. Milano: Giuffrè, 2006.

——. La giurisdizione all'alba del terzo millenio. Milano: Giuffrè, 2007.

PICÓ I JUNOY, Joan. *El derecho a la prueba en el proceso civil*. Barcelona: J. M. Bosch, 1996.

——. *Las garantías constitucionales del proceso*. Barcelona: J. M. Bosch, 1997.

——. El derecho procesal entre el garantismo y la eficacia:un debate mal planteado. In: MONTERO AROCA, Juan (coord.). *Proceso civil e ideología*. Valencia: Tirant lo Blanch, 2006. p. 109-127.

PIZZORUSSO, Alessandro. Il principio del giudice naturale nel suo aspetto di norma sostanziale. *Rivista Trimestrale di Diritto e Procedura Civile*, Milano, v. 1, p. 01-17, mar. 1975.

——. *Uso ed abuso del diritto processuale costituzionale. In:* MIRANDA, Jorge (org.). *Perspectivas constitucionais*: nos 20 anos da Constituição de 1976. Coimbra: Coimbra, 1996. v. 1. p. 879-908.

PREISER, Peter. Rediscovering a coherent rationale for substantive due process. *Marquette Law Review*, v. 87, p. 01-53, 2003.

PROTO PISANI, Andrea. Giusto processo e valore della cognizione piena. *Rivista di Diritto Civile*, Padova, v. 2, p. 265-280, mar./apr. 2002.

——. *Lezioni di diritto processuale civile*. 5. ed. Napoli: Jovene, 2006.

RADBRUCH, Gustav. *Filosofia do direito*. 6. ed. Trad. L. Cabral de Moncada. Coimbra: Arménio Amado, 1997.

RANGEL, Vicente Marotta. *Direito e relações internacionais*. 6. ed. São Paulo: Revista dos Tribunais, 2000.

RATNER, Leonard G. The function of the due process clause. *University of Pennsylvania Law Review*, v. 116, p. 1.048-1.117, 1967-1968.

RAWLS, John. *Uma teoria da justiça*. Trad. Almiro Pisetta e Lenita M. R. Esteves. São Paulo: Martins Fontes, 2000.

REALE, Miguel. *O Estado democrático de direito e o conflito das ideologias*. São Paulo: Saraiva, 1998.

REHNQUIST, William H. *The notion of a living Constitution. Texas Law Review*, v. 54, p. 693-706, 1975-1976.

RIBEIRO, Darci Guimarães. *La pretension procesal y la tutela judicial efectiva*. Barcelona: J. M. Bosch, 2004.

ROSAS, Roberto. Devido processo legal: proporcionalidade e razoabilidade. *Revista dos Tribunais*, São Paulo, v. 783, p. 11-15, jan. 2001.

ROSSUM, Ralph A., TARR, G. Alan. *American constitutional law: the Bill of Rights and subsequent amendments*. 4. ed. New York: St. Martin's Press, 1995. v. 2.

RUBENFELD, Jed. *The right of privacy. Harvard Law Review*, v. 102, p. 737-807, 1988-1989.

RUBIN, Peter J. *Square pegs and round holes*: substantive due process, procedural due process and the Bill of Rights. Columbia Law Review, v. 103, p. 833-892, 2003.

RUTHERFORD, Jane. *The myth of due process*. Boston University Law Review, v. 72, p. 01-99, 1992.

SARLET, Ingo Wolfgang. Valor de alçada e limitação do acesso ao duplo grau de jurisdição: problematização em nível constitucional, à luz de um conceito material de direitos fundamentais. *Revista da Ajuris*, Porto Alegre, v. 66, p. 85-130, mar. 1996.

——. *A eficácia dos direitos fundamentais*. Porto Alegre: Livraria do Advogado, 1998.

——. *Dignidade da pessoa humana e direitos fundamentais na Constituição Federal de 1988*. 3. ed. Porto Alegre: Livraria do Advogado, 2004.

SARMENTO, Daniel. *A ponderação de interesses na Constituição Federal*. Rio de Janeiro: Lumen Juris, 2000.

Devido Processo Legal e Proteção de Direitos

SATTA, Salvatore. Il mistero del processo. *In: Soliloqui e colloqui di un giurista*. Padova: CEDAM, 1968. p. 03-18.

SCALIA, Antonin. *Originalism: the lesser evil. U. Cinn. Law Review*, v. 57, p. 849-865, 1988-1989.

———. *A matter of interpretation*. Princeton: Princeton University Press, 1997.

SHAMAN, Jeffrey M. *Constitutional interpretation: illusion and reality*. Westport: Greenwood Press, 2001.

SCHWAB, Karl Heinz. Divisão de funções e o juiz natural. Trad. Nelson Nery Júnior. *Revista de Processo*, São Paulo, v. 48, p. 124-131, out./dez. 1987.

SCHWARTZ, Bernard. Old wine in old bottles? The renaissance of the contract clause. *The Supreme Court Review*, p. 95-121, 1979.

SICHES, Luis Recaséns. *Introducción al studio del derecho*. 8. ed. México: Porrúa, 1990.

SILVA, José Afonso da. Prefácio. *In:* CASTRO, Carlos Roberto Siqueira. *O devido processo legal e a razoabilidade das leis na nova Constituição do Brasil*. Rio de Janeiro: Forense, 1989. p. XIII-XV.

———. *Curso de direito constitucional positivo*. 16. ed. rev. e atual. São Paulo: Malheiros, 1999.

———. A dignidade da pessoa humana como valor supremo da democracia. *In: Poder constituinte e poder popular*. São Paulo: Malheiros, 2000. p. 144-149.

———. Constituição e segurança jurídica. *In:* ROCHA, Cármen Lúcia Antunes (coord.). *Constituição e segurança jurídica*: estudos em homenagem a José Paulo Sepúlveda Pertence. Belo Horizonte: Fórum, 2004.

———. *Comentário contextual à Constituição*. São Paulo: Malheiros, 2005.

SILVA, Luís Virgílio Afonso da. O proporcional e o razoável. *Revista dos Tribunais*, São Paulo, v. 798, p. 23-50, abr. 2002.

SILVA, Ovídio A. Baptista da. A "plenitude de defesa" no processo civil. *In:* TEIXEIRA, Sálvio de Figueiredo (coord.). *As garantias do cidadão na Justiça*. São Paulo: Saraiva, 1993. p. 149-165.

———. Fundamentação das sentenças como garantia constitucional. 09/11/2007. http://www.baptistadasilva. com.br/artigos010.htm.

SOUSA, Miguel Teixeira de. Aspectos do novo processo civil português. *Revista de Processo*, São Paulo, v. 86, p. 174-184, abr./jun. 1997.

SOUZA E SILVA, Fernando Antonio. *O direito de litigar sem advogado*. Rio de Janeiro: Renovar, 2007.

SOUZA JUNIOR, Cezar Saldanha. *A supremacia do direito no Estado democrático e seus modelos básicos*. Porto Alegre: [s.e.], 2002.

STEINMETZ, Wilson Antônio. *Colisão de direitos fundamentais e princípio da proporcionalidade*. Porto Alegre: Livraria do Advogado, 2001.

———. *A vinculação dos particulares a direitos fundamentais*. São Paulo: Malheiros, 2004.

STRAUSS, David A. Why was Lochner wrong? *The University of Chicago Law Review*, v. 70, p. 373-386, 2003.

STUMM, Raquel Denize. *Princípio da proporcionalidade no direito constitucional brasileiro*. Porto Alegre: Livraria do Advogado, 1995.

SULLIVAN, Kathleen M., GUNTHER, Gerald. *Constitutional law*. 15. ed. New York: Foundation Press, 2004.

SUNSTEIN, Cass R. *Lochner's legacy. Columbia Law Review*, v. 87, p. 873-919, 1987.

———. *The right to die. Yale Law Journal*, v. 106, p. 1.123-1.163, 1996-1997.

———. *Lochnering. Texas Law Review*, v. 82, p. 65-71, 2003-2004.

———. *One case at a time*: judicial minimalism on the Supreme Court. Cambridge: Harvard University Press, 1999.

TALAMINI, Eduardo. *Coisa julgada e sua revisão*. São Paulo: Revista dos Tribunais, 2005.

TARUFFO, Michele. *Studi sulla rilevanza della prova*. Padova: CEDAM, 1970.

———. *La motivazione della sentenza civile*. Padova: CEDAM, 1975.

———. Il diritto alla prova nel processo civile. *Rivista di Diritto Processuale*, Padova, v. 39, p. 74-120, 1984.

———. Il significato costituzionale dell'obbligo di motivazione. *In:* GRINOVER, Ada Pellegrini *et al.* (coord.). *Participação e processo*. São Paulo: Revista dos Tribunais, 1988. p. 37-50.

———. *La prova dei fatti giuridici*. Milano: D. A. Giuffrè, 1992.

———. Idee per una teoria della decisione giusta. *Rivista Trimestrale di Diritto e Procedura Civile*, Milano, v. 2, p. 315-328, giug. 1997.

———. Il giudice e la "Rule of Law". *Rivista Trimestrale di Diritto e Procedura Civile*, Milano, v. 3, p. 931-943, sett. 1999.

——. *Racionalidad y crisis de la ley procesal.* Trad. Mercedes Fernández López. *Doxa*, Alicante, v. 22, p. 311-320, 1999.

——. Aspetti fondamentali del processo civile di civil law e di common law. *Revista da Faculdade de Direito da UFPR*, Porto Alegre, v. 36, p. 27-48, 2001.

——. La motivazione della sentenza. Genesis – *Revista de Direito Processual Civil*, Curitiba, v. 31, p. 177-185, jan./mar. 2004.

——. Le garanzie fondamentali della giustizia civile nel mondo globalizzato. *Revista Trimestral de Direito Civil*, Rio de Janeiro, v. 17, p. 117-130, jan./mar. 2004.

TARZIA, Giuseppe. Parità delle armi tra le parti e poteri del giudice nel processo civile. In: *Problemi del processo civile di cognizione*. Padova: CEDAM, 1989. p. 311-320.

TAVARES, Ana Lúcia de Lyra. A Constituição brasileira de 1988: subsídios para os comparatistas. *Revista de Informação Legislativa*, Brasília, v. 109, p. 71-108, jan./mar. 1991.

TEIXEIRA, Sálvio de Figueiredo. O processo civil na nova Constituição. *Revista de Processo*, São Paulo, v. 53, p. 78-84, jan./mar. 1989.

TEqSHEINER, José Maria Rosa. Sobre o princípio do devido processo legal em sentido substancial. 16/01/2006. http://www.tex.pro.br/.

——. O princípio do devido processo e a razoabilidade das leis. 16/01/2006. http://www.tex.pro.br/.

THEODORO JÚNIOR, Humberto. *A execução de sentença e a garantia do devido processo legal*. Rio de Janeiro: Aide, 1987.

TRIBE, Laurence H. *Constitutional choices*. Cambridge: Harvard University Press, 1985.

——. *American constitutional law*. 2. ed. New York: The Foundation Press, 1988.

——. *American constitutional law*. 3. ed. New York: The Foundation Press, 2000. v. 1.

——. Lawrence v. Texas: the "fundamental right" that dare not speak its name. *Harvard Law Review*, v. 117, p. 1.894-1.955, 2004.

TRIBE, Laurence H, DORF, Michael C. *On reading the Constitution*. Cambridge: Harvard University Press, 1991.

TROCKER, Nicolò. *Processo civile e Costituzione*. Milano: Giuffrè, 1974.

——. Il nuovo articolo 111 della Costituzione e il "giusto processo" in materia civile: profili generali. *Rivista Trimestrale di Diritto e Procedura Civile*, Milano, v. 02, p. 381-410, giug. 2001.

——. La Carta dei diritti fondamentali dell'Unione Europea ed il processo civile. *Rivista Trimestrale di Diritto e Procedura Civile*, Milano, v. 4, p. 1.171-1.241, dic. 2002.

TUCCI, Rogério Lauria, TUCCI, José Rogério Cruz e. *Constituição de 1988 e processo*. São Paulo: Saraiva, 1989.

TUCCI, José Rogério Cruz e. *A motivação da sentença no processo civil*. São Paulo: Saraiva, 1987.

——. *Tempo e processo*. São Paulo: Revista dos Tribunais, 1997.

——. *Lineamentos da nova reforma do CPC*. São Paulo: Revista dos Tribunais, 2002.

VALENTE, Manuel Monteiro Guedes. *Escutas telefónicas*: da excepcionalidade à vulgaridade. Coimbra: Almedina, 2004.

VELLOSO, Carlos Mário da Silva. Princípios constitucionais de processo. *In: Temas de direito público*. Belo Horizonte: Del Rey, 1997. p. 219-246.

——. Apresentação. *In:* CASTRO, Carlos Roberto Siqueira. *O devido processo legal e os princípios da razoabilidade e da proporcionalidade*. 3. ed. Rio de Janeiro: Forense, 2005. p. XV-XVII.

VELU, Jacques. La Convention Européenne des Droits de l'Homme et les garanties fondamentales des parties dans le procès civil. In: CAPPELLETTI, Mauro, TALLON, Denis (ed.). *Fundamental guarantees of the parties in civil litigation*. Milano: D. A. Giuffrè, 1973. p. 245-333.

VERDE, Giovanni. Giustizia e garanzie nella giurisdizione civile. *Rivista di Diritto Processuale*, v. 2, p. 299-317, apr./giug. 2000.

VIANA, Juvêncio Vasconcelos. Da duração razoável do processo. *Revista Dialética de Direito Processual*, São Paulo, v. 34, p. 53-68, jan. 2006.

VIEHWEG, Theodor. *Tópica y jurisprudencia*. Trad. Luis Diez-Picazo. Madrid: Taurus, 1964.

VIGORITI, Vincenzo. *Garanzie costituzionali del processo civile*. Milano: D. A. Giuffrè, 1973.

WALTER, Gerhard. I diritti fondamentali nel processo civile tedesco. *Rivista di Diritto Processuale*, v. 3, p. 733-749, lug./set. 2001.

WATANABE, Kazuo. Acesso à justica e sociedade moderna. *In:* GRIONVER, Ada Pellegrini *et al.* (coord.). *Participação e processo*. São Paulo: Revista dos Tribunais, 1988. p. 128-135.

Devido Processo Legal e Proteção de Direitos

WIENER, Stewart M. Substantive due process in the twilight zone: protecting property interests from arbitrary land use decisions. *Temple Law Review*, v. 69, p. 1.467-1.500, 1996.

WILLOUGHBY, Westel Woodbury. *The constitutional law of the United States*. New York: Baker, Voorhis & Company, 1910. v. 2.

YARSHELL, Flávio Luiz. A reforma do Judiciário e a promessa de "duração razoável do processo". *Revista da AASP*, São Paulo, v. 75, p. 28-33, abr. 2004.

ZAFFARONI, Eugenio Raúl. *Poder Judiciário*: crise, acertos e desacertos. Trad. Juarez Tavares. São Paulo: Revista dos Tribunais, 1995.

ZAGREBELSKY, Gustavo. *Processo costituzionale*. Milano: D. A. Giuffrè, 1989.

———. *El derecho dúctil*. 5. ed. Trad. Marina Gascón. Madrid: Trotta, 2003.

———. *Principî e voti:la Corte Costituzionale e la politica*. Torino: G. Einaudi, 2005.

———. *Fragilità e forza dello Stato costituzionale*. Napoli: Editoriale Scientifica, 2006.

———. *Il giudice delle leggi artefice del diritto*. Napoli: Editoriale Scientifica, 2007.

———. *La virtù del dubbio*. Roma: Laterza, 2007.

——— (a cura di). *Diritti e Costituzione nell'Unione Europea*. 2. ed. Roma: Laterza, 2004.

ZANCANER, Weida. Razoabilidade e moralidade: princípios concretizadores do perfil constitucional do Estado social e democrático de direito. *Revista Diálogo Jurídico*, Salvador, v. 9, p. 01-13, dez. 2001.

ZAVASCKI, Teori. Os princípios constitucionais do processo e suas limitações. *Revista da ESMEC*, Florianópolis, v. 6, p. 49-58, maio 1999.

———. *Eficácia das sentenças na jurisdição constitucional*. São Paulo: Revista dos Tribunais, 2001.

———. Inexigibilidade de sentenças inconstitucionais. *Revista da AJUFERGS*, Porto Alegre, v. 3, p. 57-73, 2007.

ZIPPELIUS, Reinhold. *Teoria geral do Estado*. Trad. Karin Praefke-Aires Coutinho. Lisboa: Fundação Calouste Gulbenkian, 1997.

ZOLLER, Elizabeth. Esplendores e misérias do constitucionalismo. *Direito Público*, Porto Alegre, v. 4, p. 91-117, abr./jun. 2004.

Impressão e Acabamento

Rotermund

Fone/Fax (51) 3589-5111
comercial@rotermund.com.br